《新青年》文选

陈平原 选编

北京大学出版社
PEKING UNIVERSITY PRESS

图书在版编目(CIP)数据

《新青年》文选/陈平原选编. —北京：北京大学出版社，2019.9
（博雅文渊阁）
ISBN 978-7-301-30728-1

Ⅰ.①新…　Ⅱ.①陈…　Ⅲ.①期刊—汇编—中国—民国　Ⅳ.①Z62

中国版本图书馆 CIP 数据核字(2019)第 191653 号

书　　名	《新青年》文选 《XIN QINGNIAN》WENXUAN
著作责任者	陈平原　选编
责任编辑	延城城
标准书号	ISBN 978-7-301-30728-1
出版发行	北京大学出版社
地　　址	北京市海淀区成府路 205 号　100871
网　　址	http://www.pup.cn　新浪微博：@北京大学出版社
电子信箱	pkuwsz@126.com
电　　话	邮购部 010-62752015　发行部 010-62750672 编辑部 010-62756467
印刷者	涿州市星河印刷有限公司
经销者	新华书店
	965 毫米×1300 毫米　16 开本　29.5 印张　382 千字 2019 年 9 月第 1 版　2021 年 9 月第 8 次印刷
定　　价	98.00 元

未经许可，不得以任何方式复制或抄袭本书之部分或全部内容。
版权所有，侵权必究
举报电话：010-62752024　电子信箱：fd@pup.pku.edu.cn
图书如有印装质量问题，请与出版部联系，电话：010-62756370

目 录

导读:思想史视野中的文学 ………………………… 陈平原(1)

论 文

文学改良刍议 ………………………………………… 胡 适(75)
文学革命论 …………………………………………… 陈独秀(85)
我之改良文学观 ……………………………………… 方孝岳(89)
我之文学改良观 ……………………………………… 刘半农(93)
文学革新申义 ………………………………………… 傅斯年(106)
北京大学征集全国近世歌谣简章 …………………………(116)
建设的文学革命论 …………………………………… 胡 适(118)
论短篇小说 …………………………………………… 胡 适(132)
人的文学 ……………………………………………… 周作人(143)
白话文的价值 ………………………………………… 朱希祖(151)
思想革命 ……………………………………………… 仲 密(159)
文学研究会宣言 ……………………………………… 周作人等(161)

述 学

敬告青年 ……………………………………………… 陈独秀(167)
青年与工具 …………………………………………… 吴稚晖(173)
经济学之总原则 ……………………………………… 章士钊(179)

以美育代宗教说 …………………………… 蔡元培（182）
近世三大政治思想之变迁 ………………… 高一涵（187）
女子问题 …………………………………… 陶履恭（191）
读武者小路君所作《一个青年的梦》 …… 周作人（197）
偶像破坏论 ………………………………… 陈独秀（201）
庶民的胜利 ………………………………… 李大钊（204）
"作揖主义" ………………………………… 刘半农（207）
本志罪案之答辩书 ………………………… 陈独秀（211）
我们现在怎样做父亲 ……………………… 唐　俟（213）
吃人与礼教 ………………………………… 吴　虞（223）
什么是科学方法？ ………………………… 王星拱（227）

随　感

随感录一 …………………………………… 独　秀（235）
随感录五 …………………………………… 孟　和（237）
随感录十三 ………………………………… 独　秀（239）
随感录十七 ………………………………… 玄　同（240）
随感录二五 ………………………………… 唐　俟（241）
随感录二九 ………………………………… 玄　同（243）
随感录三〇 ………………………………… 玄　同（245）
随感录三五 ………………………………… 唐　俟（246）
随感录三六 ………………………………… 唐　俟（248）
随感录三七 ………………………………… 鲁　迅（249）
随感录三八 ………………………………… 鲁　迅（251）
随感录三九 ………………………………… 唐　俟（254）
随感录四一 ………………………………… 唐　俟（256）
随感录四三 ………………………………… 鲁　迅（258）

随感录四六	唐 俟	(260)
随感录四八	唐 俟	(262)
随感录五〇	玄 同	(264)
随感录五一	玄 同	(265)
随感录五五	玄 同	(266)
随感录五六 "来了"	唐 俟	(269)
随感录五七 现在的屠杀者	唐 俟	(271)
随感录六五 暴君的臣民	唐 俟	(272)
随感录七一 调和论与旧道德	独 秀	(273)
随感录七五 新出版物	独 秀	(276)
随感录八三 解放	独 秀	(277)
随感录一一七 青年底误会	独 秀	(279)
随感录一二一 过渡与造桥	独 秀	(280)

新 诗

朋友	胡 适	(283)
鸽子	胡 适	(284)
鸽子	沈尹默	(285)
人力车夫	沈尹默	(286)
人力车夫	胡 适	(287)
相隔一层纸	刘半农	(288)
月夜	沈尹默	(289)
除夕	沈尹默	(290)
除夕	胡 适	(291)
丁巳除夕歌	陈独秀	(293)
除夕	刘半农	(295)
梦	唐 俟	(297)

篇名	作者	页码
爱之神	唐俟	(298)
三弦	沈尹默	(299)
山中即景	李大钊	(300)
香山早起作,寄城里的朋友们。	沈兼士	(301)
小河	周作人	(302)
爱与憎	周作人	(305)
白杨树	沈尹默	(306)
庐山纪游	康白情	(307)
登香港太平山	刘复	(310)
绍兴西郭门的半夜	俞平伯	(311)
儿歌	周作人	(314)
十一月二十四夜	胡适	(315)
稻棚	刘复	(316)
过去的生命	周作人	(317)
山居杂诗	周作人	(318)
希望	胡适	(322)
竹叶	汪静之	(323)

小　说

篇名	作者	页码
碎簪记	苏曼殊	(327)
狂人日记	鲁迅	(341)
孔乙己	鲁迅	(351)
药	鲁迅	(355)
风波	鲁迅	(363)
小雨点	陈衡哲	(370)
波儿	陈衡哲	(376)
故乡	鲁迅	(380)

戏 剧

老夫妻	………………………………	陈衡哲(391)
终身大事	………………………………	胡　适(393)
人力车夫	………………………………	陈　绵(404)

通 信

通信 ……………………………… 胡　适　独　秀(411)
通信 ……………………………… 程演生　独　秀(415)
通信 ……………………………… 钱玄同　独　秀(416)
通信 ……………………………… 钱玄同　独　秀(417)
通信 ……………………………… 刘半农　独　秀(423)
通信 ……………………………… 钱玄同　独　秀(425)
论小说及白话韵文 ……………… 胡　适　钱玄同(432)
论汉字索引制及西洋文学 ……… 林玉堂　钱玄同(437)
新文学及中国旧戏
　　……… 张厚载　胡　适　钱玄同　刘半农　独　秀(440)
新文学问题之讨论 ……… 朱经农　胡　适　任鸿隽　钱玄同(447)
论中国旧戏之应废 ……………… 周作人　钱玄同(460)
白话诗的三大条件 ……………… 俞平伯　胡　适(463)

导读:思想史视野中的文学
——《新青年》研究

陈平原

1919年底,《新青年》为重印前五卷刊登广告,其中有这么一句:"这《新青年》,仿佛可以算得'中国近五年的思想变迁史'了。不独社员的思想变迁在这里面表现,就是外边人的思想变迁也有一大部在这里面表现。"①这则广告,应出自《新青年》同人之手,因其与半年前所刊代表群益书社立场的《〈新青年〉自一至五卷再版预约》大不相同:后者只是强调《新青年》乃"提倡新文学,鼓吹新思想,通前到后,一丝不懈,可算近来极有精彩的杂志"②;不若前者之立意高迈,直接从思想史角度切入。

四年后,胡适在其主编的《努力周报》上发表《与高一涵等四位的信》,既是讲述历史,也在表达志向:

> 二十五年来,只有三个杂志可代表三个时代,可以说是创造了三个新时代:一是《时务报》;一是《新民丛报》;一是《新青年》。而《民报》与《甲寅》还算不上。③

---

① 《〈新青年〉第一、二、三、四、五卷合装本全五册再版》,《新青年》第七卷第一号,1919年12月。
② 《〈新青年〉自一至五卷再版预约》,《新青年》第六卷第五号,1919年5月。
③ 胡适:《与高一涵等四位的信》,《努力周报》第75期,1923年10月。

胡适并未解释为何谈论足以代表"一个时代"的杂志时,不提读者面很广的《东方杂志》或备受史家推崇的《民报》。我的推测是:可以称得上"创造了"一个时代的杂志,首先必须有明确的政治立场,这样方才可能直接介入并影响时代思潮之走向;其次必须有广泛而且相对固定的读者群;再则必须有较长的生存时间。依此三者衡量,存在时间很长的《东方杂志》与生气淋漓的《民报》,"还算不上"是"代表"并"创造了"一个新时代。①

　　十几年后,思想史家郭湛波正式坐实《新青年》同人的自我期待,称"由《新青年》可以看他(指陈独秀——引者按)个人思想的变迁,同时可以看到当时思想界的变迁"②。此后,从思想史的角度来评述《新青年》,成为学界的主流声音。政治立场迥异的学者,在论述《新青年》的历史意义时,居然能找到不少共同语言——比如同样表彰其对于"民主"与"科学"的提倡等③。可作为一代名刊的《新青年》,毕竟不同于个人著述;如何在思想史、文学史、报刊史三者的互动中,理解其工作程序并诠释其文化/文学价值④,则有待进一步深入开掘。

---

　　① 参见拙文《杂志与时代》,《掬水集》140—142页,天津:百花文艺出版社,2001年。

　　② 郭湛波《近五十年中国思想史》82页,济南:山东人民出版社,1997年(据1936年北平人文书店版重印)。

　　③ 参看彭明《五四运动史》(修订本)第五章,北京:人民出版社,1998年;萧超然《北京大学与五四运动》第二章,北京:北京大学出版社,1986年;周策纵著、周子平等译:《五四运动:现代中国的思想革命》第三章,南京:江苏人民出版社,1996年;微拉·施瓦支著、李国英等译《中国的启蒙运动——知识分子与五四遗产》第二章,太原:山西人民出版社,1989年。

　　④ 《五四时期期刊介绍》第一集(北京:三联书店,1978年)"《新青年》"章的最后一节专门讨论《新青年》与报刊工作;陈万雄《五四新文化的源流》(北京:三联书店,1997年)第一章题为"《新青年》及其作者";拙文《学问家与舆论家》(《读书》1997年第11期)关注《新青年》中的"通信"与"随感";李宪瑜《〈新青年〉研究》(北京大学博士论文,2000年,未刊)设第五章"栏目与文体"。

陈独秀主编的《青年杂志》创刊于1915年9月15日；第二卷起改题《新青年》，杂志面貌日渐清晰。《新青年》第二卷最后一期出版时（1917年2月），陈独秀已受聘为北京大学文科学长，故第三卷起改在北京编辑，出版发行则仍由上海群益书社负责。1920年春，陈独秀因从事实际政治活动而南下，《新青年》随其迁回上海，后又迁至广州，1922年7月出满九卷后休刊。1923至1926年间出现的季刊或不定期出版物《新青年》，乃中共中央的理论刊物，不再是新文化人的同人杂志。故谈论作为五四新文化"经典文献"的《新青年》，我主张仅限于前九卷。

是否将瞿秋白主编的季刊或不定期出版物《新青年》纳入考察视野，牵涉到对该刊的宗旨、性质、人员构成以及运营方式的理解，将在以下的论述中逐渐展开。

一 同人杂志"精神之团结"

谈论作为一代名刊的《新青年》，首先必须将其置于晚清以降的报刊大潮中，方能理解其成败得失。不仅是主编陈独秀，几乎所有主要作者，在介入《新青年》事业之前，都曾参与报刊这一新生的文化事业，并多有历练。广为人知的，如陈独秀办《安徽俗话报》，蔡元培办《警钟日报》，吴稚晖办《新世界》，章士钊办《甲寅》，钱玄同办《教育新语杂志》，马君武协办《新民丛报》，高一涵编《民彝》，李大钊编《言治》，胡适编《竞业旬报》，刘叔雅编《民立报》，吴虞编《蜀报》，以及谢无量任《京报》主笔，苏曼殊兼《太平洋报》笔政，刘半农为《小说界》撰稿，周氏兄弟为《河南》《浙江潮》《女子世界》等撰稿并积极筹备《新生》杂志。周策纵曾提醒我们注意，"《新青年》是在中国近代第一份中文刊物出现整整一百年后创刊的"①,言下之意是必须关注晚清的办报热潮。这个提醒无疑是必要的,尤其对于刻意拔高《新青年》在报刊史上意义的流行思路,更有反拨作用。可我更愿意指出,中国知识者大量介入新兴的报刊事业,是戊戌变法前后方才开始的。《新青年》的作者群及编辑思路,与《清议报》《新民丛报》《民报》《甲寅》等清末民初著名报刊,有着千丝万缕的联系。也就是说,陈独秀等人所开创的事业,并不是建基于一张"可画最新最美图画"的白纸,而是在已经纵横交错的草图上删繁就简、添光加彩。如果承认这一点,我们努力寻觅的,便不是一般意义上的编辑技巧,而是陈独秀们如何修正前人的脚步,以便更有效地使用此一"传播文明之利器"。

　　清末民初迅速崛起的报刊,已经大致形成商业报刊、机关刊物、同人杂志三足鼎立的局面。不同的运作模式,既根基于相左的文化理念,也显示出不同的编辑风格。注重商业利益的《申报》《东方杂志》等,一般来说眼观六路、耳听八方,立论力求"平正通达";代表学会、团体或政党立场的《新民丛报》《民报》等,横空出世,旗帜鲜明,但容易陷于"党同伐异";至于晚清数量极多的同人杂志,既追求趣味相投,又不愿结党营私,好处是目光远大,胸襟开阔,但有一致命弱点,那便是缺乏稳定的财政支持,且作者圈子太小,稍有变故,当即"人亡政息"。

　　陈独秀之创办《新青年》,虽然背靠群益书社,有一定的财政支持②,但走的是同人杂志的路子,主要以文化理想而非丰厚稿酬来聚集作者。前三卷的《投稿简章》规定,稿酬每千字2—5元,这在约略同期

---

① 参阅周策纵著、周子平等译:《五四运动:现代中国的思想革命》59页。所谓百年,是从1815年于南洋马六甲创办的《察世俗每月统记传》说起。

② 据汪原放《回忆亚东图书馆》(上海:学林出版社,1983年)称,群益书社每月提供编辑费及稿费二百元(32页)。

的书刊中,属于中等水平①;第四卷开始,方才取消所有稿酬,改由同人自撰。第四卷第三号的《新青年》上,赫然印着《本志编辑部启事》:

> 本志自第四卷一号起,投稿章程,业已取消。所有撰译,悉由编辑部同人,公同担任,不另购稿。②

这固然表明杂志对于自家能力的极端自信,更凸显同人做事谋义不谋利的情怀。

晚清以降,不乏具有如此高尚情怀的读书人,只是同人之间,难得有持之以恒的精诚合作。《新青年》的成功,很大程度得益于大批第一流知识者的积极参与。在吸纳人才方面,主编陈独秀有其独得之秘。前期的利用《甲寅》旧友,后期的依赖北大同事,都是显而易见的高招。以至日后谈论《新青年》,单是罗列作者名单,便足以让人心头一振。

《新青年》乃陈独秀独力创办的杂志,第二、三卷的封面甚至标明"陈独秀先生主撰";但《新青年》从来不是个人刊物,始终依赖众多同道的支持。1915年9月15日创办的《青年杂志》,草创之初,带有明显的《甲寅》印记,自家面目并不突出。经过短暂休刊,调整了编辑方针并改名为《新青年》,方才给人耳目一新的感觉。第二卷第一号的《新青年》上,有两则通告,第一则是:

> 自第二卷起,欲益加策励,勉副读者诸君属望,因更名为《新青年》。且得当代名流之助,如温宗尧、吴敬恒、张继、马君武、胡适、苏曼殊诸君,允许关于青年文字,皆由本志发表。嗣后内容,当较前尤有精彩。此不独本志之私幸,亦读者诸君文字之缘也。③

---

① 参见拙著《二十世纪中国小说史》第1卷76—81页,北京:北京大学出版社,1989年。
② 《本志编辑部启事》,《新青年》第四卷第三号,1918年3月。
③ 《通告》,《新青年》第二卷第一号,1916年9月。

聪明绝顶的陈独秀,将因刊名雷同而不得不重起炉灶这一不利因素,说成是因应读者要求而改名,且由此引申出新旧青年如何具天壤之别,不可同日而语①,刻意制造杂志的"全新"面貌。此举不但博得当年读者的极大好感,也让后世的史家马失前蹄②。

此"通告"开列的撰稿人名单,仅限于第二卷新加盟者,第一卷就有出色表现的高一涵、易白沙、高语罕、刘叔雅、谢无量等不在此列。预告即将出场的"当代名流"中,除张继落空外,其他各位均不曾食言。倒是当初没有预告,但在第二卷中渐露峥嵘的李大钊、刘半农、杨昌济、陶履恭、吴虞等,给人意外的惊喜。稍稍排列,不难发现,到第二卷结束时,日后名扬四海的《新青年》,其作者队伍已基本成型。

至于后人记忆中英才辈出的《新青年》作者群,尚未出场的,基本上是北大教授。1936年上海亚东图书馆重印《新青年》前七卷,其《重印〈新青年〉杂志通启》,开列了一大串值得夸耀的作者:

> 如胡适、周作人、吴稚晖、鲁迅、钱玄同、陈独秀、刘半农、苏曼殊、蔡元培、沈尹默、任鸿隽、唐俟、马君武、陈大齐、顾孟余、陶孟和、马寅初等。

这自然是按书店老板的眼光来编排,有许多策略性考虑。以第二卷方才加盟的胡适打头,可见其时胡氏声望之高;将创始人陈独秀夹在中间,则是因陈氏正服刑狱中,不好过分宣扬。至于"唐俟"乃周树人的另一笔名,不该与"鲁迅"重复,尚属小错;曾轮流主编的"六君子"中,

---

① 参见陈独秀《新青年》一文,刊《新青年》第二卷第一号,1916年9月。
② 萧超然《北京大学与五四运动》称"陈独秀应读者的希望,更名为《新青年》,添加一个'新'字,以与其鼓吹新思想、新文化的内容名实相符"(38页),属于想当然的猜想。事情的缘起是,上海基督教青年会曾写信给群益书社,指责《青年杂志》与他们创刊于1901年的《上海青年》(周刊)雷同,陈子寿商得陈独秀同意,从第二卷起改名《新青年》(参见汪原放《回忆亚东图书馆》32—33页)。

竟然遗漏了李大钊和高一涵二位,实在不可饶恕。即便如此,一个杂志,能开列如此壮观的作者队伍,还是令后人歆羡不已的。

更值得关注的是,这些日后真的成为"当代名流"的作者,是如何在恰当的时机恰当的地点"粉墨登场"的。第一卷的作者,多与主编陈独秀有密切的个人交往;第二卷开始突破皖籍为主的局面,但仍以原《甲寅》《中华新报》的编辑和作者为骨干①。第三卷起,作者队伍迅速扩张,改为以北京大学教员为主体。此中关键,在陈独秀应聘出任北大文科学长,以及《新青年》编辑部从上海迁到北京。

作为同人杂志,《新青年》之所以敢于公开声明"不另购稿",因其背靠当时的最高学府"国立北京大学"。第三至七卷的《新青年》,绝大部分稿件出自北大师生之手。至于编务,也不再由陈独秀独力承担。第六卷的《新青年》,甚至成立了由北大教授陈独秀、钱玄同、高一涵、胡适、李大钊、沈尹默六人组成的编委会,实行轮流主编②。

比起晚清执思想界牛耳的《新民丛报》《民报》等,《新青年》的特异之处,在于其以北京大学为依托,因而获得了丰厚的学术资源。创刊号上刊载的《社告》称:"本志之作,盖欲与青年诸君商榷将来所以修身治国之道";"本志于各国事情学术思潮尽心灌输";"本志执笔诸君,皆一时名彦"。③ 以上三点承诺,在其与北大文科携手后,变得轻而易举。晚清的新学之士,提及开通民智,总是首推报馆与学校。二者同为"教育人才之道""传播文明"之"利器"④,却因体制及利益不同,无法珠联璧合。蔡元培之礼聘陈独秀与北大教授之参加《新青年》,乃现代史上

---

① 参见陈万雄《五四新文化的源流》6、11—12 页。
② 参见《新青年》第六卷第一号(1919 年 1 月)的"第六卷分期编辑表"。
③ 《社告》,《青年杂志》第一卷第一号,1915 年 9 月。
④ 参见郑观应《盛世危言·学校上》(《郑观应集》上册 247 页,上海:上海人民出版社,1982 年)及梁启超《自由书·传播文明三利器》(《饮冰室合集·专集》第 2 册 41 页,上海:中华书局,1936 年)。

具有里程碑性质的大事。正是这一校一刊的完美结合,使新文化运动得以迅速展开。

以北大教授为主体的《新青年》同人,是个有共同理想,但又倾向于自由表述的松散团体。谈论报刊与大学的合作,有一点必须注意——《新青年》从来不是"北大校刊"。第六卷第二号的《新青年》上,有一则重要启事:

> 近来外面的人往往把《新青年》和北京大学混为一谈,因此发生种种无谓的谣言。现在我们特别声明:《新青年》编辑和做文章的人虽然有几个在大学做教员,但是这个杂志完全是私人的组织,我们的议论完全归我们自己负责,和北京大学毫不相干。此布。①

如此辩解,并非"此地无银三百两"。有针对保守派的猛烈攻击,希望减轻校方压力的策略性考虑;但更深层的原因,恐怕还在于坚持以"杂志"为中心,不想依附其他任何势力。同是从事报刊事业,清末主要以学会、社团、政党等为中心,基本将其作为宣传工具来利用;民初情况有所改变,出版机构的民间化、新式学堂的蓬勃发展,再加上接纳新文化的"读者群"日渐壮大,使得像《新青年》这样运作成功的报刊,除了社会影响巨大,本身还可以赢利②。因此,众多洁身自好、独立于政治集团之外的自由知识者,借报刊为媒介,集合同道,共同发言,形成某种"以杂志为中心"的知识群体。③

到了这一步,"同人杂志"已超越一般意义上的大众传媒,而兼及社会团体的动员与组织功能。世人心目中的"《新青年》同人",已经不

---

① 《〈新青年〉编辑部启事》,《新青年》第六卷第二号,1919年2月。

② 《青年杂志》初创时只发行一千份,改刊后印数上升,最多时月销一万五六千本(参见汪原放《回忆亚东图书馆》32页)。

③ 参见李宪瑜《〈新青年〉研究》"绪论"第二节。

仅仅是某一杂志的作者群,而是带有明显政治倾向的"文化团体"。看看 1921 年初因杂志是否迁回北京所引发的争论中,《新青年》同人如何反对分裂,唯恐"破坏《新青年》精神之团结"①,可见此群体内部的凝聚力。

一旦成为"团体"或"准团体",杂志的个人色彩以及主编的控制能力,必然明显下降。《新青年》前三卷各号的头条,均为陈独秀所撰;从第四卷开始,陈独秀的文章不再天然地独占鳌头。之所以由"陈独秀先生主撰"变成诸同人"共同编辑",主要不是因文科学长太忙,而是作者群迅速扩大的结果。对于办刊者来说,面临两难的局面:广招天下豪杰,固然有利于壮大声势;可众多"当代名流"集合于此,又不可避免会削弱主编的权威。据周作人日记,1919 年 10 月 5 日,《新青年》同人在胡适家聚会,商讨编辑事宜,结论是:"自七卷始,由仲甫一人编辑。"②尽管真正实行轮流主编的只有第六卷,但只要杂志还在北京,陈独秀必定受制于同人,无法像当初"主撰"时那样特立独行。之所以将《新青年》移回上海,有北京舆论环境恶化的原因,但也与陈独秀在京时被同人感情捆住手脚,无法实施改革方案有关。

与北大文科的联手,既是《新青年》获得巨大成功的保证,也是其维持思想文化革新路向的前提。重归上海后的《新青年》,脱离了北大同人的制约,成为提倡社会主义的政治刊物。1920 年 9 月 1 日出版的《新青年》第八卷第一号,被改组为中国共产党上海发起组的机关刊物,与群益书社脱离关系,另组"新青年社"办理编辑、印刷和发行事务。不久,陈独秀南下广州,将《新青年》委托给与北京诸同人"素不相

---

① 参见《关于〈新青年〉问题的几封信》,见张静庐辑《中国现代出版史料》甲编 7—16 页,北京:中华书局,1956 年。

② 《周作人日记》中册 52 页,郑州:大象出版社,1996 年。

识"的陈望道来主编,这更激怒了胡适等①。

除了压在纸背的个人意气之争,第八、九卷的编辑方针确实与此前大相径庭,难怪北京诸同人要紧急商议。比如,第八卷第一至六号以及第九卷第三号连续编发的"俄罗斯研究",集中介绍苏俄的政治、经济、社会教育、女性地位等,共收文35篇。胡适抱怨"今《新青年》差不多成了Soviet Russia 的汉译本"②,有"道不同不相与谋"的意味;可如此明显的党派意识,确实有违"同人杂志"宗旨③。此前的《新青年》,也曾提倡"马克思学说",或者鼓吹"劳工神圣",可始终将其局限在思想文化层面。而且,作为整体的杂志,各种主义兼容并包。而今,"众声喧哗"转为"一枝独秀",独立知识分子的思考,被坚定的政党立场所取代,《新青年》因而面目全非。

作为一本曾在中国思想文化界独领风骚的杂志,《新青年》完全有权利适应时代需要,及时调转方向,以便继续保持其"新锐地位"。问题在于,《新青年》的这一转向,逐渐失去"同人杂志"的特色。八、九两卷的《新青年》中,虽继续刊发胡适、鲁迅、周作人、刘半农以及后起的

---

① 胡适是这样陈述为何必须将《新青年》迁回北京的:"《新青年》在北京编辑或可以多逼迫北京同人做点文章。否则独秀在上海时尚不易催稿,何况此时在素不相识的人的手里呢?"(《关于〈新青年〉问题的几封信》,见《中国现代出版史料》甲编9页)后一句明显带有怨气,"素不相识"四字值得关注——可以体会到此次分裂中的"个人意气"成分。因此前陈独秀给李大钊、钱玄同、胡适等《新青年》同人的信中,通告他们:"望道先生已移住编辑部,以后来稿请寄编辑部陈望道先生收不误。"(参见《胡适来往书信选》上册116页,北京:中华书局,1979年)

② 参见《关于〈新青年〉问题的几封信》,见张静庐辑《中国现代出版史料》甲编10页。

③ 当年在北大讲授新闻学的徐宝璜,在其代表作《新闻学》(北京:北京大学出版部,1919年)中,特别强调:"若仅代表一人或一党之意思,则机关报耳,不足云代表舆论也。新闻纸亦社会产品之一种,故亦受社会之支配。如愿为机关报,而显然发表与国民舆论相反的言论,则必不见重于社会,而失其本有之势力。"徐虽被蔡元培聘为北大文科教授兼校长室秘书,与《新青年》同人并无密切合作,但这段话有助于了解胡适等人的立场。

陈衡哲、俞平伯等人的作品,但属于不太要紧的诗文及小说;唱主角的,已变成周佛海、陈公博、李季、李达等左派论述,以及有关苏俄文件的译介。即便如此,由于胡适等人作品的存在,第八、九卷的《新青年》,依然具有"统一战线"的表面形式,可以算作此前事业的延续。至于1923—1926年间陆续刊行的季刊或不定期《新青年》,作为中共机关刊物,着力介绍列宁和斯大林著作,自有其价值;但已经与此前的"同人杂志"切断最后一丝联系,应另立门户加以论述。①

假如以"同人杂志"来衡量②,在正式出版的九卷五十四期《新青年》中,依其基本面貌,约略可分为三个阶段,分别以主编陈独秀1917年春的北上与1920年春的南下为界标。因编辑出版的相对滞后,体现在杂志面貌上的变化,稍有延宕。大致而言,在上海编辑的最初两卷,主要从事社会批评,已锋芒毕露,声名远扬。最后两卷着力宣传社会主义,倾向于实际政治活动,与中国共产党的创建颇有关联。中间五卷在北京编辑,致力于思想改造与文学革命,更能代表北京大学诸同人的趣味与追求。

二 "仍以趋重哲学文学为是"

1920年初,陈独秀欣喜于新文化运动的顺利展开,但对时人之"富于模仿力",竞相创办大同小异的杂志不以为然,因而借谈论新出版物

---

① 中共中央马克思、恩格斯、列宁、斯大林著作编译局研究室编的《五四时期期刊介绍》第一集从另一角度立论,批评出版于中国共产党成立后的第九卷《新青年》"也还没有完全消除这个统一战线性质的某些较微弱的痕迹",一直要到改成季刊后,《新青年》方才"成了纯粹以宣传马克思主义思想为目的的刊物"(29页)。

② 陈万雄称《新青年》第一卷为"同仁杂志时期"(见《五四新文化的源流》第一章第一节),李宪瑜将《新青年》第四至六卷命名为"北京大学的同人杂志"(见《新青年研究》第三章),我则倾向于将第一至九卷的《新青年》全都作为"同人杂志"来分析。

的缺点,表述自家办刊体会:

> 凡是一种杂志,必须是一个人一团体有一种主张不得不发表,才有发行底必要;若是没有一定的个人或团体负责任,东拉人做文章,西请人投稿,像这种"百衲"杂志,实在是没有办的必要,不如拿这人力财力办别的急着要办的事。①

"杂志"之不同于"著作",其最大特色本在于"杂"——作者众多、文体迥异、立场不求一致;为何陈独秀看不起那些"东拉人做文章,西请人投稿"的办刊方式?就因为在他看来,理想的杂志必须具备两大特征:一是"有一种主张不得不发表",一是"有一定的个人或团体负责任"。后者指向同人杂志的形式,前者则凸显同人杂志的精神。

《新青年》之所以能吸引那么多目光,关键在于其"有一种主张不得不发表",故态度决绝,旗帜鲜明。那么,到底什么是《新青年》同人"不得不发表"的"主张"呢?这牵涉到《新青年》的另一特色:有大致的路向,而无具体的目标。可以这么说,作为民初乃至整个20世纪中国影响最大的思想文化杂志,《新青年》的发展路径不是预先设计好的,而是在运动中逐渐成型。因此,与其追问哪篇文章更多地隐涵着其理论主张与生存密码,不如考察几个至关重要的关节点。

创刊号上的《社告》,除了表明杂志的拟想读者为"青年",以及"本志于各国事情学术思潮尽心灌输,可备攻错"②,其他几点,属于具体的编辑技巧。要说办刊理想,陈独秀撰写的杂志"头条"《敬告青年》,倒有几分相似。对于新时代"青年"应有的六点陈述——"自主的而非奴隶的""进步的而非保守的""进取的而非退隐的""世界的而非锁国的""实利的而非虚文的""科学的而非想象的"③,最有新意的,当属首

---

① 陈独秀:《随感录七五·新出版物》,《新青年》第七卷第二号,1920年1月。
② 《社告》,《青年杂志》第一卷第一号,1915年9月。
③ 陈独秀:《敬告青年》,《青年杂志》第一卷第一号,1915年9月。

尾二者。首倡"人权平等之说",希望借此"脱离夫奴隶之羁绊";尾称"举凡一事之兴,一物之细,罔不诉之科学法则"。二者合起来,便是日后家喻户晓的"德先生"与"赛先生"的雏形:

> 国人而欲脱蒙昧时代,羞为浅化之民也,则急起直追,当以科学与人权并重。①

比起第二年为杂志改名而作的《新青年》一文来,这篇《敬告青年》更值得注意。前者虽常被作为"准发刊词"解读,但其激情澎湃,声调铿锵,属于没有多少实际内容的宣传鼓动文字②;不若后者之体大思精,日后大有发展余地。

1919年1月,新文化运动如火如荼,为对抗社会上日益增加的讥骂与嘲讽,陈独秀撰《本志罪案之答辩书》,坦然承认世人对于《新青年》"破坏礼教"等罪名的指责。接下来的辩解,正是刊物所"不得不发表"的"主张":

> 但是追本溯源,本志同人本来无罪,只因为拥护那德莫克拉西(Democracy)和赛因斯(Science)两位先生,才犯了这几条滔天的大罪。要拥护那德先生,便不得不反对礼教,礼法,贞节,旧伦理,旧政治。要拥护那赛先生,便不得不反对旧艺术,旧宗教。要拥护德先生又要拥护赛先生,便不得不反对国粹和旧文学。大家平心细想,本志除拥护德赛两先生之外,还有别项罪案没有呢?若是没有,请你们不用专门非难本志,要有力气有胆量来反对德赛两先生,才算是好汉,才算是根本的办法。③

认定只有德、赛二先生可以救治中国政治上、道德上、学术上、思想

---

① 陈独秀:《敬告青年》,《青年杂志》第一卷第一号,1915年9月。
② 参见陈独秀《新青年》一文,载《新青年》第二卷第一号,1916年9月。
③ 陈独秀:《本志罪案之答辩书》,《新青年》第六卷第一号,1919年1月。

上一切的黑暗,陈独秀代表杂志同人宣誓:"若因为拥护这两位先生,一切政府的压迫,社会的攻击笑骂,就是断头流血,都不推辞。"①

这两段文字见解精辟、表述生动,常为史家所征引。其实,除"德赛两先生"之外,《新青年》同人再也找不到"共同的旗帜"。《新青年》上发表的文章,涉及众多的思想流派与社会问题,根本无法一概而论。以《新青年》的"专号"而言,"易卜生""人口问题"与"马克思主义研究",除了同是新思潮,很难找到什么内在联系。作为思想文化杂志,《新青年》视野开阔,兴趣极为广泛,讨论的课题涉及孔子评议、欧战风云、女子贞操、罗素哲学、国语进化、科学方法、偶像破坏以及新诗技巧等。可以说,举凡国人关注的新知识、新问题,"新青年"同人都试图给予解答。因此,只有这表明政治态度而非具体学术主张的"民主"与"科学",能够集合起众多壮怀激烈的新文化人。

《新青年》同人第一次公开表明"公同意见",迟至1919年12月。这篇刊于第七卷第一号上的《本志宣言》,显然是各方意见折中的产物。开篇之庄严肃穆,令人不能不耸起脊梁、打起精神认真倾听:

> 本志具体的主张,从来未曾完全发表。社员各人持论,也往往不能尽同。读者诸君或不免怀疑,社会上颇因此发生误会。现当第七卷开始,敢将全体社员的公同意见,明白宣布。就是后来加入的社员,也公同担负此次宣言的责任。

如此"明白宣布",而且要求后来者也得承担"此次宣言的责任",不大像是同人杂志的作为,倒有点"歃血为盟"的意味。好在以下的具体论述,涉及的领域极为宽广,包括政治、道德、科学、艺术、宗教、教育、文学的改革创新,以及破除迷信思想,维护女子权利等,尽可各取所需。

此宣言中,真正有意义的是以下两点:一是表明杂志同人破旧立新

---

① 陈独秀:《本志罪案之答辩书》。

的强烈愿望,再就是表明对于政党政治的拒绝。前者乃新文化人的共同姿态,不难做到"宣言"所期待的"实验我们的主张,森严我们的壁垒"。后者则是个极有争议的话题——当初立说本就含混不清,日后更是众说纷纭。因其牵涉到对《新青年》办刊宗旨的确认,值得认真辨析:

> 我们主张的是民众运动社会改造,和过去及现在各派政党,绝对断绝关系。
>
> 我们虽不迷信政治万能,但承认政治是一种重要的公共生活……至于政党,我们也承认他是运用政治应有的方法;但对于一切拥护少数人私利或一阶级利益,眼中没有全社会幸福的政党,永远不忍加入。①

有意思的是,借发表"全体社员的公同意见",来弥合同人间本就存在的缝隙,不只没有实际效果,反而使得矛盾进一步公开化。随后不久发生的刊物转向,使得此一"信誓旦旦"显得有点滑稽。

对《新青年》的转向政治运作,直接表示异议的,乃年少气盛的胡适。1921年1月,胡适写信给《新青年》诸编委,希望支持其"注重学术思想"的路向,并"声明不谈政治";实在不行,则"另创一个专管学术文艺的杂志"。仍在北京的胡适、鲁迅、周作人、钱玄同等,与远走上海、广州,积极投身社会革命的陈独秀,对《新青年》的期待明显不同。就像周氏兄弟所说的,既然"不容易勉强调和统一",也就只好"索性任他分裂"了。② 天下没有不散的筵席,文化转型期的分化与重组,更属正常现象。《新青年》同人中本就存在着不同的声音,既有基于政治理想的分歧(如对待苏俄的态度),也因其文化策略的差异(如是否直接参

---

① 《本志宣言》,《新青年》第七卷第一号,1919年12月。
② 参见张静庐编《中国现代出版史料》甲编中《关于〈新青年〉问题的几封信》。

政)。五四运动后社会思潮的激荡以及学界的日益激进,使得引领风骚的《新青年》很难再局限于大学校园。

在这场意味深长的论争中,始作俑者的胡适①,其态度广为人知。值得注意的,倒是其他几位的立场。在胡适要求诸同人表态的信上,钱玄同留下这么一段话:"我以为我们对于仲甫兄的友谊,今昔一样,本未丝毫受伤。但《新青年》这个团体,本是自由组合的,即此其中有人彼此意见相左,也只有照'临时退席'的办法,断不可提出解散的话。"②三天后,意犹未尽的钱玄同给胡适写了一封私人信件,更清晰地表明了自己的立场:

> 因为《新青年》的结合,完全是彼此思想投契的结合,不是办公司的结合。所以思想不投契了,尽可宣告退席,不可要求别人不办。换言之,即《新青年》若全体变为《苏维埃俄罗斯》的汉译本,甚至于说这是陈独秀、陈望道、李汉俊、袁振英等几个人的私产,我们也只可说陈独秀等办了一个"劳农化"的杂志,叫做《新青年》,我们和他全不相干而已,断断不能要求他们停板。③

设想同人分手但不伤感情,这几乎不可能,因涉及众人好不容易打拼出来的《新青年》这一"金字招牌"。钱氏要求大家尊重创办者陈独秀的个人选择,"私产"二字虽然下得很重,可也不无道理。无论胡适等人如何认定《新青年》已经成为"公共财产",仍无法抹去创办者强烈的个人印记。有意思的是,钱氏强调原先彼此的结合,乃基于"思想投契"。此乃《新青年》当初之得以迅速崛起,以及今日之分道扬镳的根本原因。想清楚了这一点,钱玄同认同周氏兄弟的主张:"与其彼此隐

---

① 协调诸同人意见,并给陈独秀回信的是胡适;建议将《新青年》迁回北京,并"声明不谈政治"的也是胡适。
② 参见《关于〈新青年〉问题的几封信》,张静庐编《中国现代出版史料》甲编11页。
③ 《钱玄同致胡适》,见《胡适来往书信选》上册122页。

忍迁就的合作,还是分裂的好。"

以鲁迅的思想深邃、目光如炬,当然明白胡适为保护《新青年》而提出的"声明不谈政治"是何等的天真——无论你如何韬光养晦,自有嗅觉灵敏的御用文人出来"戳穿伪装"。既然如此,何必束缚住自己的手脚?"这固然小半在'不甘示人以弱',其实则凡《新青年》同人所作的作品,无论如何宣言,官场总是头痛,不会优容的。"如此带有明显鲁迅个人风格的杂文笔调,接下来的,竟是抒情味十足的祈使句:

> 此后只要学术思想艺文的气息浓厚起来——我所知道的几个读者,极希望《新青年》如此,——就好了。①

毕竟是国学大师章太炎的弟子,而且其时正撰写一代名著《中国小说史略》,虽然话说得很委婉,鲁迅显然也不希望《新青年》转变为一份纯粹的政治读物。日后,出于对某些"名人学者"喜欢借吹嘘学术崇高来打击青年学生的爱国热情,鲁迅经常故意对"学者"和"学问"表示不屑与不恭。但上引这段话,起码让我们明白,对于"学术思想艺文",鲁迅骨子里还是很尊崇敬重的。②

在给胡适的信中,陈独秀称:"《新青年》色彩过于鲜明,弟近亦不以为然",而且表示同意"以后仍以趋重哲学文学为是"③,但拒绝将《新青年》迁回北京。对于杂志该不该介入实际政治,陈独秀的态度有过摇摆。早年的"批评时政,非其旨也",以及"从事国民运动,勿囿于党派运动"④,并非只是策略考虑;不管是孔教问题的论争,还是文学革

---

① 《致胡适》,《鲁迅全集》第11卷371页,北京:人民文学出版社,1981年。

② 参见拙文《作为文学史家的鲁迅》,《文学史的形成与建构》14—55页,南宁:广西教育出版社,1999年。

③ 参见《关于〈新青年〉问题的几封信》,张静庐编《中国现代出版史料》甲编7页。

④ 参见王庸工、记者(陈独秀)《通信》(《青年杂志》第一卷第一号,1915年9月)以及陈独秀《一九一六年》(《青年杂志》第一卷第五号,1916年1月)。

命的提倡,在这些"趋重哲学文学"的话题上,陈独秀都更能发挥其"老革命党"的长处。关心国家命运,但从改革思想文化的角度切入——这种"大政治"的眼光,本是《新青年》同人的共识。不见得都像胡适那样,"打定二十年不谈政治的决心",陈独秀、李大钊、高一涵等明显比胡适更关心现实政治;但"要想在思想文艺上替中国政治建筑一个革新的基础"①,确实形成了前七卷《新青年》的主导方向。

陈独秀身上强烈的"老革命党"气质,与胡适借思想文化解决问题的思路,着眼点明显有异,这就埋下了日后分裂的种子。同样都想拯世济民,问题在于,从何处入手更可行、更有效。在已经投身实际政治运动的陈独秀看来,依旧固守校园的书生,其见解即便不是完全错误,也都显得有点迂腐。陈独秀之所以拒绝将《新青年》移回北京,"老实说是因为近来大学空气不太好"②。话说到这份上,再无回旋的余地。政治家对于刊物的使命,另有一番诠释;再说,一旦成为"机关报",必须服从集团利益,与当初的书生议政大不一样。这样的抉择,甚至不再是陈独秀个人所能一力主宰的了。

只要还在北京,北大教授们相互制约,《新青年》必然以学理探讨为主;一旦转移到上海,情势大变,不可能回到"趋重哲学文学"的老路。争论刊物办在北京还是上海,对于《新青年》来说,关系十分重大。以学院为根基,还是以社会为背景,二者几乎决定了其办刊方针与论述策略。正是在这个意义上,我倾向于将陈独秀的北上、南下作为《新青年》发展三阶段的标志。

1918年底《每周评论》的创刊,已开北大学人议政的先河;《新青年》第八、九卷的转向,其实并不十分突然。只是因五四运动爆发,形

---

① 参见胡适《我的歧路》(《努力周报》第7期,1922年6月)、《纪念"五四"》(《独立评论》第149号,1935年5月)和《胡适口述自传》第九章(北京:华文出版社,1992年)。

② 参见《关于〈新青年〉问题的几封信》,张静庐编《中国现代出版史料》甲编13页。

势急转直下,知识者直接参政的热情迅速膨胀。而陈独秀作为中国共产党的创始人,对于《新青年》之由思想评论转为政治宣传,起决定性作用。虽然有了日后的分裂,综观第一至九卷的《新青年》,其基本立场仍属于"有明显政治情怀的思想文化建设"。这一点,既体现在"民主"与"科学"这样响彻云霄的口号,也落实于"新文化"与"文学革命"的实绩。也就是说,在我看来,《新青年》的意义,首先在思想史,而后才是文学史、政治史等。换句话说,《新青年》的主导倾向,是在思想史的视野中,从事文学革命与政治参与。

三 以"运动"的方式推进文学事业

以思想文化革新为主旨的《新青年》,从一开始就着意经营文学作品。第一卷只有屠格涅夫小说《春潮》《初恋》以及王尔德"爱情喜剧"《意中人》的中译本,另加若干谢无量的旧体诗,实在是乏善可陈。第二卷虽有苏曼殊的小说、刘半农的笔记加盟,也都没有根本性变化。第三卷起,《新青年》在文学创作方面的成绩,方才令人刮目相看。胡适、沈尹默、刘半农、周作人、俞平伯、康白情等竞相"尝试"新诗,陈衡哲、胡适、陈绵等"练习"话剧写作,最令人兴奋的,当属鲁迅的出场——其刊于《新青年》上的短篇小说《狂人日记》《孔乙己》《药》《风波》《故乡》等,至今仍是中国现代短篇小说的经典之作。与其他新文学家有开创之功,但艺术技巧幼稚不同,作为小说家的鲁迅,一出手便博得满堂彩。至于将正襟危坐的"政论",改造成寸铁杀人的"随感",开启了现代中国的"杂文时代",更是《新青年》的一大功绩。但有一点不该忘记,《新青年》上刊发的文学作品,是在"文学革命"大旗下展开的——即便特立独行的鲁迅,其小说创作也有"听将令"的成分①。

---

① 参见《〈呐喊〉自序》,《鲁迅全集》第1卷419页。

陈独秀本人并不擅长诗文小说,可作为主编,却对编发文学作品保有浓厚的兴趣。从创刊号起,《新青年》每期都有著译的小说、诗歌、戏剧等;头两卷显得捉襟见肘,但还是坚持下来了。中间五卷有北大师生撑腰,其有关"新文学"的提倡与实践,蔚为奇观。八、九两卷虽侧重苏俄文化宣传,也没有停止刊发新文化人的小说、诗歌。如此重视文学,包含《新青年》同人的苦心孤诣,但也与晚清开创的报刊体例大有关系。

1872年创办的《申报》上,已在新闻与论说之外,为"骚人韵士"的竹枝词、长歌短赋等预留了天地。① 此后,只要你办报办刊,无论是综合类,还是以时事、学术、科学为中心,一般都会腾出一定篇幅,用来刊发文学作品。之所以大家都勉为其难地非要"文学"不可,基于以下几点考虑:第一,吸引读者;第二,作为改良群治的工具;第三,传播新知(即介绍西洋)的文学艺术;第四,如果可能的话,促成文学革命。四者兼及,最成功的例子,莫过于梁启超的提倡诗界革命、文界革命和小说界革命。其他报刊,限于自身能力或机遇,只好在某一层面上做文章。

陈独秀撰于1904年的《论戏曲》,基本上沿袭梁启超的思路,不外国事危急,须着力开通民智;办学堂嫌学生太少,开报馆又碰上国人识字不多,唯有戏曲改良,乃"开通风气第一方便的法门"。此文有新意处,在于开列改良戏曲的五种途径:"要多多的新排有益风化的戏";"可以采用西法,戏中夹些演说,大可长人见识";"不唱神仙鬼怪的戏";"不可唱淫戏";"除去富贵功名的俗套"。② 十年后重做冯妇,已经走出"改良戏曲"的陈独秀,主张径直以欧洲文学为榜样,重塑中国文学形象。《现代欧洲文艺史谭》先是开列"欧洲文艺思想之变迁",如何从"古典主义"到"理想主义"到"写实主义",再到"自然主义",隐含

---

① 参见《申报馆条例》,《申报》1872年4月30日。
② 三爱(陈独秀):《论戏曲》,《陈独秀文章选编》57—60页,北京:三联书店,1984年。此文初刊《安徽俗话报》第11期,后以文言改写,刊《新小说》第2期。

着以最新潮流"自然主义"改造中国文学的思路。接下来关于文体等级的排列,隐约还能见到十年前注重"开通风气"的影子:

> 现在欧洲文坛第一推重者,厥唯剧本。诗与小说,退居第二流。以其实现于剧场,感触人生愈切也。至若散文,素不居文学重要地位。①

从强调文学的教化作用,到突出欧洲文学榜样,这一变化,很能体现清末民初两代人思考方式的差异。梁启超等人也引泰西成例,但立足点在于传统的教化说;陈独秀等也会谈论文学如何有益于国计民生,但更强调对于欧洲文艺的学习与借鉴。

接过胡适温和的"改良刍议",陈独秀以一贯的决绝口吻,将其上升到你死我活的"革命论"。其攻击传统中国的贵族文学、古典文学、山林文学的基本立场,在于"今日庄严灿烂之欧洲"。以下这段激情洋溢的论述,将时人推崇的明之前后七子以及追慕唐宋八大家的归、方、刘、姚称为"十八妖魔",并将其置于由欧洲文学经典锻造的"四十二生的大炮"的猛烈轰击下:

> 予爱卢梭、巴士特之法兰西,予尤爱虞哥、左喇之法兰西;予爱康德、赫克尔之德意志,予尤爱桂特、郝卜特曼之德意志;予爱倍根、达尔文之英吉利,予尤爱狄铿士、王尔德之英吉利。吾国文学界豪杰之士,有自负为中国之虞哥、左喇、桂特、郝卜特曼、狄铿士、王尔德者乎?有不顾迂儒之毁誉,明目张胆以与十八妖魔宣战者乎?予愿拖四十二生的大炮,为之前驱。②

如此以"气势"而非"论理"取胜,确实如胡适所说,很能体现陈独秀的"老革命党"气质。比起胡适对症下药的"八不主义"来,陈独秀的

---

① 陈独秀:《现代欧洲文艺史谭》,《青年杂志》第一卷第三号,1915 年 11 月。
② 陈独秀《文学革命论》,《新青年》第二卷第六号,1917 年 2 月。

"三大主义"更像是关于"文学革命"的口号。① 陈氏甚至拒绝胡适"甚愿国中人士能平心静气与吾辈同力研究此问题"的"学究气",斩钉截铁地表示:"必不容反对者有讨论之余地,必以吾辈所主张者为绝对之是,而不容他人之匡正也。"理由是:"改良中国文学当以白话为正宗之说,其是非甚明。"② 对于如此"武断的态度",受过系统哲学训练的胡适不大以为然,但也不得不承认,正是"得着了这样一个坚强的革命家做宣传者,做推行者",新文学方才可能摧枯拉朽般迅速推进③。可也正是这种过于注重提倡、讲究策略、追求效果,而相对忽略细致入微的学理探究,日后成为《新青年》进一步发展时很难跨越的障碍。比如,关于文学的审美特征及其如何体现"国民精神",《新青年》的众多讨论,甚至不及晚清的黄人、王国维、周作人④;同样主张"别求新声于异邦",陈独秀刊于1915年的《现代欧洲文艺史谭》,就其对于域外文学的理解深度与阐释能力而言,无法与鲁迅撰于1907年的《摩罗诗力说》相比拟⑤;至于胡适的名文《论短篇小说》⑥,放在晚清以降小说革新大潮

---

① 参见胡适的《文学改良刍议》(《新青年》第二卷第五号,1917年1月)和陈独秀的《文学革命论》(《新青年》第二卷第六号,1917年2月)。

② 胡适、独秀:《通信》,《新青年》第三卷第三号,1917年5月。

③ 参见胡适《逼上梁山》,《中国新文学大系·建设理论集》27页,上海:良友图书印刷公司,1935年。

④ 参见王国维《文学小言》(《教育世界》第139号,1906年12月)、摩西(黄人)《〈小说林〉发刊词》(《小说林》第1期,1907年2月)以及独应(周作人)《论文章之意义暨其使命因及中国近时论文之失》(《河南》第4、5期,1908年5、6月)等。

⑤ 《摩罗诗力说》初刊1908年2、3月《河南》第2、3期,署名令飞。据北冈正子《〈摩罗诗力说〉材源考》(何乃英译,北京:北京师范大学出版社,1983年),鲁迅撰述此文时多有借鉴;但此乃晚清介绍西学时的通例,不必苛求。值得注意的是,此文主旨十分明确,表彰"立意在反抗,指归在动作"的摩罗诗人,呼唤"精神界之战士"。而这两点,日后贯穿整个"鲁迅文学"。

⑥ 参见胡适《论短篇小说》,《新青年》第四卷第五号,1918年5月。

中审视①,也不见得格外出色。真正体现《新青年》同人文学趣味和理论贡献的,是其将文学革新推进到语言层面。

所谓"白话文学之为中国文学之正宗,又为将来文学必用之利器,可断言也"②,此语确实成了引爆"文学革命"的"导火索"。不过,胡适在追忆这段光荣史时,只顾自家的冥思苦想,而忘记陈独秀的诱导之功。《文学改良刍议》刊于《新青年》第二卷第五号,而第二卷第二号上胡、陈之间的通信,已经透露玄机。胡适信中简要提及其拟想中"须从八事入手"的文学革命,这八事依次为不用典、不用陈套语、不讲对仗、不避俗字俗语、须讲求文法之结构、不作无病之呻吟、不摹仿古人语、须言之有物。陈独秀除对第五、第八两项略有疑义,"其余六事,仆无不合十赞叹,以为今日中国文界之雷音"。接下来的催稿,体现了陈独秀作为编辑家的敏锐与魄力:

  倘能详其理由,指陈得失,衍为一文,以告当世,其业尤盛。③

胡适果然不负厚望,很快寄来调整充实后的《文学改良刍议》。八事次序重新排列,尤其是将"不避俗字俗语"放在文章最后着重论述④,

---

① 关于晚清小说及小说观念的转变,近年著述颇多,可主要参阅拙著《中国小说叙事模式的转变》(上海:上海人民出版社,1988年)和《二十世纪中国小说史》第1卷(北京:北京大学出版社,1989年)、袁进《中国小说的近代变革》(北京:中国社会科学出版社,1992年)、康来新《晚清小说理论研究》(台北:大安出版社,1986年)、黄锦珠《晚清时期小说观念之转变》(台北:文史哲出版社,1995年)、樽本照雄《清末小说论集》(京都:法律文化社,1992年),以及David Der-wei Wang, *Fin-de-siecle Splendor: Repressed Modernities of Late Qing Fiction,1849-1911* (Stanford University Press,1997)。

② 胡适:《文学改良刍议》,《新青年》第二卷第五号,1917年1月。

③ 胡适、独秀:《通信》,《新青年》第二卷第二号,1916年10月。

④ 在《逼上梁山》一文中,胡适叙述其如何改动八事的次第,将"不避俗字俗语"放在最后,目的是"很郑重的提出我的白话文学的主张",参见《中国新文学大系·建设理论集》25页。

并最终逼出"白话文学,将为中国文学之正宗"的结论,令陈独秀欣喜不已①。作为杂志主编,陈独秀时刻警觉着,寻觅大有潜力的新作者与任何可能的突破口——这既是思想境界,也是出版压力。一旦找到,便不失时机地大力鼓噪,迅速推进。从一则读者来信中发现新说,当机立断,付诸行动,这需要舆论家的敏感与革命家的气魄——对于陈独秀来说,后人更多关注其革命家的气质,相对忽略了其编辑眼光及技巧。

《新青年》的编者其实非常注意"寻觅"乃至"制造"新的话题,但那么多次尝试,最成功的,还属白话文的讨论——既有理论意义,又有可操作性,将理想与现实如此巧妙地缝合在一起,真是千载难逢的机遇。白话文问题,远不只是"文学形式"或"表达工具",而是牵涉到整个思想观念与文化传统的是非,这才可能吸引那么多论者参与辩难。比起"以平易语言表达深刻学理"这样的老生常谈,胡适们弄出个文(言)白(话)、死(文学)活(文学)二元对立模式,既简单明了,又切实可行。如果说五四时期的新旧思想/文学之争有什么不可逾越的鸿沟,那无疑是支持或反对白话文:

> 我总要上下四方寻求,得到一种最黑,最黑,最黑的咒文,先来诅咒一切反对白话,妨害白话者。即使人死了真有灵魂,因这最恶的心,应该堕入地狱,也将决不改悔,总要先来诅咒一切反对白话,妨害白话者。②

鲁迅的这段自白,表达的正是新文化人"态度的同一性"③,或曰"《新青年》精神之团结"。大敌当前,来不及深思熟虑,首先是表明立场,至于各自的理论分歧,只好暂时搁置一边,等尘埃落定,白话文运动取得

---

① 参见胡适《文学改良刍议》及陈独秀的识语,见《新青年》第二卷第五号,1917年1月。
② 鲁迅:《〈二十四孝图〉》,《鲁迅全集》第2卷251页。
③ 汪晖在《预言与危机——中国现代历史中的"五四"启蒙运动》(《文学评论》1989年第3—4期)一文中,对五四启蒙运动的"态度的同一性"有精彩的论述,可参阅。

胜利后,再仔细分辨,或做必要的自我调整。

这一"集团作战"的思路,对于思想/文学运动的推行十分有效。有晚清白话文运动做铺垫,胡适们登高一呼,竟然应者云集,"文学革命"出奇地顺利。如果说《建设的文学革命论》标志着文学革命和国语运动的合流①,1919年教育部附属"国语统一筹备会"的成立,则预示着官方、民间改革力量的携手。此后,《新青年》同人刘复、胡适、周作人、钱玄同等在"统一会"开会时提出《国语统一进行方法》议案,以及教育部训令自1920年秋季起"凡国民学校一二年级先改国文为语体文,以期收言文一致之效"②,便都是顺理成章的了。这是一个有开头、有结尾,中间部分时而波澜起伏时而峰回路转的曲折有趣的故事。正因为是"群众运动"而非"个人著述",可以吸引无数英雄豪杰,因而也就有赖于所谓的"策划""组织"与"协调"。这对于"以杂志为中心"的同人来说,是再恰当不过的好题目。

比起挥洒个人才华的"文学创作",或者需要天时地利人和的"制度变更",以白话文为突破口的"文学革命",因其兼及语言、文学、思想、文化等诸多领域,可以召唤诸多学者参与,更适合于杂志的实际操作。这就难怪后人提及《新青年》,最容易被记忆的,还是此功勋卓著的"文学革命"。所谓《新青年》"初提倡文学革命,后则转入共产"③,戈公振的评述无疑是片面的,但这恐怕不是由于资料残缺,而是代表时人的共识。只是随着学界对于五四新文化运动理解的日渐深入,《新青年》发起孔教问题、妇女问题、劳工问题等的讨论,其意义方才被逐渐发掘出来。

---

① 参见王枫《新文学的建立与现代书面语的产生》(北京大学博士论文,2000年,未刊)第四章"'国语运动'与'文学革命'"。

② 参见《教育杂志》第十二卷第二号(1920年2月)及黎锦熙《国语运动史纲》卷二(上海:商务印书馆,1935年)。

③ 戈公振:《中国报学史》192页,北京:三联书店,1955年。

这里并不否认胡适提倡白话文的功绩,只是想指出,作为杂志主编,陈独秀是如何高瞻远瞩,善于寻找"最佳话题",并加以大力扶植。除了撰写《文学革命论》与之呼应,陈独秀还用通信、论文、读者论坛等形式,不断激发公众参与讨论的热情。随着钱玄同、刘半农、傅斯年等学者的加盟,讨论日趋深入。但《新青年》同人还是略感寂寞,于是上演了影响极为深远的"双簧戏"。先是钱玄同化名王敬轩,集合众多反对言论,撰成一挑衅之文,再由刘半农逐一批驳。① 此举本身带有游戏意味,落笔时只求痛快,不问轻重,虽吸引了不少公众注意力,但其语调之刻薄,也容易引起反感,在不明就里的外人看来,自是有违"费厄泼赖"。可换一个角度,不从文章是否刻薄,而从运动能否推进来思考,这"双簧戏"未尝不可上演。相对于风云激荡的大时代,个人的道德品质与文章趣味是可以牺牲的——正是这种"集团意识",支撑着《新青年》同人奋力进取。

同人间相互支持,并肩作战,撰文时你征我引,开口处我赞你叹,有效地"御敌于国门之外"。即便在局外人看来,新文化人的口气未免过于霸道;但在守旧势力依旧十分强大的1910年代,力主革新的弱势群体,不得不更多地"意气用事"。正是这王道、霸道并用,庄言、寓言杂出,招来林纾、梅光迪等论敌,使得整个讨论上升到思想史的层面。

切入口是文学形式,着眼点则是整个思想文化革命。将学者的书斋著述,转化为大众的公共话题,借以引起全社会的广泛关注,并进而推动讨论的深入展开,这种"从问题入手"的编辑方针,有效地聚集了人才与文化资源,将文学论争转化为思想革命。更重要的是,从第二卷开始发动的关于孔教问题和文学革命的两大论争,至此获得了某种内在联系。钱玄同由此推出的极端主张——"欲废孔学,不可不先废汉

---

① 参见王敬轩、半农《文学革命之反响》,《新青年》第四卷第三号,1918年3月。

文"①,不被《新青年》同人认可;倒是刘半农之比较"改良文学"与"破坏孔教"两大话题,颇为耐人寻味:

> 改良文学,是永久的学问。破坏孔教,是一时的事业。因文学随时世以进步,不能说今日已经改良,明日即不必改良。孔教之能破坏与否,却以宪法制定之日为终点。其成也固幸,其不成亦属无可奈何。故《青年杂志》对于文学改良问题,较破坏孔教更当认真一层。尤贵以毅力坚持之,不可今朝说了一番,明朝即视同隔年历本,置之不问。

刘氏乃文学家,"思想"与"政治"非其所长,如此立说,无可非议。再说,此信着重讨论"改良文学之事",提了好多具体建议,故陈独秀并不计较其对于孔教讨论之蔑视,反而称"所示各条,均应力谋实行"②。当然,"文学革命"有破有立,留下很多可供后人品鉴的"实绩",如白话文真的成了"文学必用之利器",胡适、鲁迅等人关于新诗、话剧、小说的"尝试"奠定了现代中国文学的根基等。正因这一点,史家对于"文学革命"的评价,很快取得基本共识;至于《新青年》同人之反孔以及对传统纲常伦理的激烈批判,其功过得失,一直到今天仍有不少争议。

"孔教批判"与"文学革命",二者表面上各自独立,但在深层次上,却不无互相沟通的可能——都根源于对"传统中国"的想象。这一点,不妨以戏曲讨论为例。《新青年》同人的文学理想,在当年确系振聋发聩。谈小说,辩诗文,胡适等全都得心应手。唯独到了评价传统戏曲,方才遭遇新文化人的"滑铁卢"。

第四卷第六号的《新青年》上,有一组关于旧戏的讨论,面对张厚载咄咄逼人的挑战,胡适、钱玄同、刘半农、陈独秀等人的答辩,显得苍

---

① 钱玄同:《中国今后之文字问题》,《新青年》第四卷第四号,1918年4月。
② 参见刘半农、独秀《通信》,《新青年》第三卷第三号,1917年5月。

白无力。所谓脸谱化的表演、"极喧闹的锣鼓""助长淫杀心理于稠人广众之中"①,均不足以置旧戏于死地。一个月后,快人快语的钱玄同,重新披挂上阵。先是引录朋友的话,"要中国有真戏,非把中国现在的戏馆全数关闭不可"。至于理由嘛,其实很简单:

> 如其要中国有真戏,这真戏自然是西洋派的戏,决不是那"脸谱"派的戏。要不把那扮不象人的人,说不象话的话全数扫除,尽情推翻,真戏怎样能推行呢?②

以"注重写实"的西洋话剧——很奇怪,西洋歌剧从不在五四新文化人视野之内——为评价标准,充满虚拟性的中国戏曲,自是一无可取。

问题在于,宣判中国戏曲死刑的新文化人,不觉得有深入理解其表演程式的必要。那位声称"就技术而论,中国旧戏,实在毫无美学的价值","再就文学而论,现在流行的旧戏,颇难当得起文学两字"的傅斯年,在《戏剧改良各面观》里开宗明义:

第一,我对于社会上所谓旧戏,新戏,都是门外汉;

第二,我对于中国固有的音乐和歌曲,都是门外汉。

这可不是故作谦虚的套话,而是强调门内人陷溺深了,不能容纳改良与创造,"我这门外汉,却是不曾陷溺的人",方才有资格谈论中国戏曲的命运。为何不懂戏的人更有资格谈戏,这种无端的骄傲,来自改革现实社会的激情:"使得中国人有贯彻的觉悟,总要借重戏剧的力量;所以旧戏不能不推翻,新戏不能不创造。"③可这么一来,不是又回到梁启超

---

① 参见张厚载、胡适、钱玄同、刘半农、独秀《新文学及中国旧戏》,《新青年》第四卷第六号,1918年6月。

② 钱玄同:《随感录一八》,《新青年》第五卷第一号,1918年7月。

③ 傅斯年:《戏剧改良各面观》,《新青年》第五卷第四号,1918年10月。

"欲新一国之民,不可不先新一国之小说"①的老路上去了吗?

胡适从文学进化观念有四层意义入手,论证中国旧戏确实没有任何保留价值,似乎显得很有学理性。可所谓缺乏"悲剧的观念",不讲究"文学的经济方法",对于旧戏的这两点指责,其实很难站得住脚。归根结底,问题的症结还在于对待西学的态度:

> 现在的中国文学已到了暮气攻心,奄奄断气的时候!赶紧灌下西方的"少年血性汤",还恐怕已经太迟了;不料这位病人家中的不肖子孙还要禁止医生,不许他下药,说道:"中国人何必吃外国药!"……哼!②

同样自称"门外汉"的周作人,其断言中国旧戏该废的理由,一是"从世界戏曲发达上看来,不能不说中国戏的野蛮",二是中国旧戏"有害于'世道人心'"。而真正透出底牌的,是以下的这两句:

> 至于建设一面,也只有兴行欧洲式的新戏一法。……倘若亚洲有了比欧洲更进化的戏,自然不必去舍近求远;只可惜没有这样如意的事。

中间省略部分,不外将是否接纳"欧洲式的新戏",转化成了自家擅长的"欧化"与"国粹"之争,难怪钱玄同拍案叫绝,称此乃"至精至确之论"③。五四新文化人关于旧戏的论述,其实目标十分明确,即以西洋话剧取代中国戏曲;至于理由,首先来自思想史,而后才是文学史。

对传统戏曲充满偏见的嘲讽,基于《新青年》同人的思想立场——拥抱西学,改造中国。不懂,也不感兴趣,可照样大胆发言,而且理直气壮,因其着眼的是戏曲改革的思想史意义。这场很不成功的讨论,显示

---

① 参见梁启超《论小说与群治之关系》,《新小说》第1号,1902年。
② 胡适:《文学进化观念与戏剧改良》,《新青年》第五卷第四号,1918年10月。
③ 周作人、钱玄同:《论中国旧戏之应废》,《新青年》第五卷第五号,1918年11月。

了新文化人的盲点:极端自信,注重集团形象,基于思想史立场,对西洋榜样及尺度缺乏必要的反省。

王晓明在其才气横溢的论文《一份杂志和一个"社团"》中,批评胡适等提倡文学革命的文章"读上去就仿佛一份施工报告",作家们"没有充分意识到文学自身的独特性","先有理论的倡导,后有创作的实践"等。就现象描述而言,这些指责都很容易落实。但作者太急于"拨乱反正",对研究对象缺乏必要的理解与同情,将20世纪中国文学的众多负面因素(如轻视文学自身特点、主张文学应有主流和中心、文学进程可以设计等),一股脑儿算到《新青年》头上①,将一份"完全是彼此思想投契的结合"的"同人杂志",解读为执政党的"文艺政策",似乎颇有偏差。

其实,《新青年》同人思维方式的最大特点,不在于"功利主义""绝对主义"或"以救世主自居",而是力图将文学革命与思想革命统一起来,用发起运动的方式来促进文学革新。无论是杂志编排,还是话题设计,陈独秀等人都是希望兼及思想与文学。至于周作人的两则名文《人的文学》和《思想革命》②,更是将新文化人的这一意图表述得淋漓尽致。"五四文学革命"并非自然而然的历史进程,很大程度依赖于外力的推动;思想史意义的召唤,使得不少本不以文学见长的学者,也都投身"白话诗"的尝试。意识到的历史责任与个人审美趣味之间的矛盾,此乃改革者常常面临的两难境地。对于那些基于"中间物意识",自觉扛住黑暗的闸门,放后人到光明的地方去的先行者,我更倾向于采取理解与同情的态度。至于这一选择,是否一定严重伤害其文学成就,

---

① 参见王晓明《一份杂志和一个"社团"》,《刺丛里的求索》,上海:远东出版社,1995年。

② 《人的文学》刊《新青年》第五卷第六号,1918年12月;《思想革命》初刊《每周评论》第11号(1919年3月),署名仲密,1919年4月出版的第六卷第四号《新青年》予以转载。

这要看当事人对此尴尬的境地有无清醒的认识。鲁迅曾提及其应钱玄同的邀请,为《新青年》撰写文章,"有时候仍不免呐喊几声,聊以慰藉那在寂寞里奔驰的猛士,使他不惮于前驱"。接下来的这段话,常被论者提及:

> 既然是呐喊,则当然须听将令的了,所以我往往不恤用了曲笔,在《药》的瑜儿的坟上平空添上一个花环,在《明天》里也不叙单四嫂子竟没有做到看见儿子的梦,因为那时的主将是不主张消极的。①

一看到"听将令"三字,马上断言其缺乏"文学价值",我以为是不公允的。鲁迅到底是"听"哪个"将"的"令",陈独秀?胡适?资产阶级?马克思主义?我看都不像。感受到某种弥漫在空气中的时代精神,愿意与"完全是彼此思想投契的结合"的《新青年》同人共命运,在小说创作中略做呼应,我以为,这样的选择,实在无可非议。与时代潮流保持一种"必要的张力",不即不离,在追随中反省——此乃鲁迅小说获得成功的一大诀窍。

不曾"为艺术而艺术",以"运动"的方式推进文学事业,以至常有胡适"提倡有心,创造无力"那样的感叹,这确实是《新青年》所倡导的"文学革命"的基本特色。作为具体作家,过分清醒的思想史定位,很可能导致"主题先行";但作为同人杂志,策划这么一场精彩的文学运动,实际上不可能不"理论优先"。这也是我们谈论《新青年》上的作品(鲁迅小说除外)时,更关注其"文学史意义"而不是"文学价值"的缘故。

四 文体对话与思想草稿

报刊业的迅速崛起,乃近代中国文学革命的关键因素。所谓"文

---

① 《〈呐喊〉自序》,《鲁迅全集》第 1 卷 419 页。

集之文"与"报馆之文"的区别,以及"俗语之文学"的逐渐被认可,均与其时方兴未艾的报刊事业密不可分。① 报刊面对大众,讲求浅近通俗,因而文章没必要、也不可能过于渊雅。正是这一技术手段和拟想读者的变化,直接导致了晚清文坛风气的转移。这一点,学界已经普遍关注。问题的另一面,则还没有引起足够的重视。那便是,杂志无所不包,"总宇宙之文",不同文体互相渗透的结果,是文体变异乃至新文体的诞生。1897年6月,在《报章文体说》一文中,谭嗣同首次从正面角度,阐发报章"总宇宙之文"的意义。在谭氏看来,天下文章三类十体,唯有报章博硕无涯,百无禁忌;至于俗士指责"报章繁芜阘茸,见乖体例",乃井蛙之见。② 谭氏的远见卓识,在清末民初诸多报人的积极实践中,得到充分的证实。无论是梁启超之发起"文界革命""小说界革命",还是陈独秀的提倡白话文与新文化,都大大得益于迅速崛起的近代报业。

  从文学史而不是新闻史、思想史的角度审视《新青年》,需要关注的,主要不是其政治主张或传播范围,而是其表达方式。将一份存在时间长达七年,总共刊行九卷五十四期的"杂志",作为一个完整且独立的"文本"来阅读、分析,那么,首先吸引我们的,是各种文体的自我定位及相互间的对话,还有这种对话所可能产生的效果。比起各专业刊物(如文艺杂志)的出现、各报纸副刊(如文艺副刊)的设置这样言之凿凿的考辨,《新青年》中不同文体间的对话、碰撞与融合,显得比较曲折与隐晦,需要更多的史实与洞见。以下的分析,即便做不到"每下一义,泰山不移",也希望能为后来者打开思路。

  大凡精明且成功的报人,其心目中的理想文章,应该是有"大体"

---

  ① 参见拙著《中华文化通志·散文小说志》192—198页,上海:上海人民出版社,1998年。

  ② 参见谭嗣同《报章文体说》,《时务报》第29、30册,1897年6月。

而无"定体",就像金人王若虚在《文辨》中所说的。那是因为,读者在变化,作者在变化,时局与市场也在变化,报章文体不可能一成不变。但一方面,万变不离其宗,主心骨不能动,否则东摇西摆,杂志很容易随风飘去。在这方面,陈独秀是老手,火候掌握得很好。胡适对陈独秀将编辑部转移到上海,以及搁下风头正健的新文学,转而介绍苏俄的政治革命很不以为然,那是因为胡适误解了陈独秀的趣味——自始至终,文学都不是仲甫先生的"最爱"。

蔡元培为《中国新文学大系》撰写总序,曾提及:"为什么改革思想,一定要牵涉到文学上?这因为文学是传导思想的工具。"①包括陈独秀在内的《新青年》同人,大都认同这一思路。只不过对于编杂志的人来说,引入文学话题,还有吸引更多读者这一营销方面的考虑。除此之外,坚硬的政论与柔和的诗文之间的互补,可以调剂谈话的氛围,以及丰富杂志的形象。《新青年》的一头一尾,政论占绝对优势,姿态未免过于僵硬;只有与北大教授结盟那几卷,张弛得当,政治与文学相得益彰。但即便是最为精彩的三至七卷,文学依旧只是配角。一个明显的例子,总共五十四期杂志,只有1919年2月出版的第六卷第二号,将周作人的《小河》列为头条。依据此前一期刊出的《第六卷分期编辑表》,可知负责第六卷第二号编辑工作的,正是一贯语出惊人的钱玄同。在同时期的白话诗中,《小河》确实是难得的佳作,日后的文学史家对其多有褒扬。但我怀疑钱玄同的编排策略,乃是希望"出奇制胜",而不是颠覆《新青年》以政论为中心的传统。

陈独秀等《新青年》同人,借助于版面语言,凸显议政、述学与论文,而相对压低文学创作,此举可以有以下三种解读:第一,"文以载道"的传统思路仍在延续;第二,《新青年》以思想革新为主攻方向;第三,即便"高谈阔论",也可能成为好文章。表面上只是编辑技巧,实则

---

① 蔡元培:《〈中国新文学大系〉总序》9页,《中国新文学大系·建设理论集》。

牵涉到《新青年》的文化及文学理想。即便将眼光局限在"文章流变"，《新青年》的贡献也是有目共睹。黎锦熙 1939 年为钱玄同作传时，专门强调五四新文化人之提倡白话文，最大困难不在"文艺文"，而在"学术文"。胡适发表白话诗"算是创体，但属文艺"；"惟有规规矩矩作论文而大胆用白话"，对于当时的读书人，"还感到有点儿扭扭捏捏"。①正是这一点，使得五四新文化人的"议政""述学"与"论文"，本身就具有"文章学"的意义。

有趣的是，一个以政论为中心的思想/文化杂志，真正引起社会上强烈关注的，却是其关于文学革命的提倡。当然，若依时论，只从文学角度解读《新青年》，难免买椟还珠之讥。五四新文化人之所以选择白话文作为文学革命的切入口，以及组织易卜生专号，意图何在，鼓动女同胞出面讨论"女子问题"为何没有获得成功②，诸如此类大大小小的问题，只有放在政治史及思想史脉络上，才能得到较为完满的解释。可以这么说，《新青年》"提倡"新文学，确实功勋卓著；但"新文学"的建设，却并非《新青年》的主要任务。套用胡适的话，《新青年》的"文学史地位"，主要体现在"自古成功在尝试"。

"但开风气不为师"，这一思路决定了《新青年》的注意力集中在"提倡"而不是"实践"。与陈独秀们唱对台戏的《学衡》诸君，正是抓

---

① 黎锦熙：《钱玄同先生传》，载曹述敬《钱玄同年谱》147—202 页，济南：齐鲁书社，1986 年。此处引文见《钱玄同年谱》170—171 页。

② 《新青年》第六卷第四号（1919 年 4 月 15 日）上，刊有一则"新青年记者启事"，标题是"女子问题"："本志于此问题，久欲有所论列。只以社友多属男子，越俎代言，虑不切当。敢求女同胞诸君，于'女子教育''女子职业''结婚''离婚''再醮''姑媳同居''独身生活''避妊''女子参政''法律上女子权利'等关于女子诸重大问题，任择其一，各就所见，发表于本志。一以征女界之思想，一以示青年之指针。无计于文之长短优劣，主张之新旧是非，本志一律汇登，以容众见。记者倘有一得之愚，将亦附骥尾以披露焉。"很可能是因其时女子教育没有充分开展，加上五四运动很快爆发，《新青年》邀请"女同胞诸君"讨论"女子问题"的设想并没有真正落实。

住《新青年》的这一弱点,称:

> 且一种运动之成败,除作宣传文字外,尚须出类拔萃之著作以代表之,斯能号召青年,使立于旗帜之下。……至吾国文学革命运动,虽为时甚暂,然从未产生一种出类拔萃之作品。①

我们固然可以反唇相讥:《学衡》派的文学成绩更是乏善可陈;但胡先骕的责难其实必须认真面对。胡适在《〈中国新文学大系·建设理论集〉导言》》中也称:"一个文学运动的历史的估价,必须也包括他的出产品的估价。"那是因为:

> 文学革命产生出来的新文学不能满足我们赞成革命者的期望,就同政治革命不能产生更满意的社会秩序一样,虽有最圆满的革命理论,都只好算作不兑现的纸币了。②

只是在胡适眼中,这问题早已解决。在撰于1922年的《五十年来中国之文学》中,胡适已将尚在进行的"文学革命"送入了文学史。鲁迅则没有那么乐观,他之所以在《〈中国新文学大系·小说二集〉导言》中专门提及《狂人日记》《孔乙己》《药》等,"算是显示了'文学革命'的实绩",一方面是承认"从《新青年》上,此外也没有养成什么小说的作家"③,另一方面也是为了回应社会上不绝如缕的批评。

正如鲁迅所说,"凡是关心现代中国文学的人,谁都知道《新青年》是提倡'文学改良',后来更进一步而号召'文学革命'的发难者";但"《新青年》其实是一个论议的刊物,所以创作并不怎样着重"。《新青

---

① 胡先骕:《评胡适〈五十年来中国之文学〉》,《学衡》第18期,1923年6月。
② 胡适:《〈中国新文学大系·建设理论集〉导言》1—2页,《中国新文学大系·建设理论集》。
③ 《〈中国新文学大系·小说二集〉导言》,《鲁迅全集》第6卷238—239页。

年》上,"比较旺盛的只有白话诗;至于戏曲和小说,也依然大抵是翻译"①。鲁迅如此谈论《新青年》的文学成绩,显然受制于其时颇为风行的"纯文学"与"杂文学"的分野。将诗歌、戏曲、小说列入"纯文学"或"文学之文"的范围,而将其他文字称为"杂文学"或"应用之文"②,陈独秀、刘半农的这一"文学观",日后影响极大。按照这一思路,《新青年》上占主导地位的"议政""述学"与"论文",便无法成为"'文学革命'的实绩"。

而我恰好认为,《新青年》的文学成就,不仅体现在白话诗歌的成功尝试,以及鲁迅小说的炉火纯青;更值得关注的,还在于《新青年》同人基于思想革命的需要,在社会与个人、责任与趣味、政治与文学之间,保持良好的对话状态,并因此催生出新的文章体式:"通信"和"随感"。

胡适说得没错,《新青年》上关于文学革命的提倡,"引起讨论最多的当然第一是诗,第二是戏剧",理由很简单:

> 这是因为新诗和新剧的形式和内容都需要一种根本的革命;诗的完全用白话,甚至于不用韵,戏剧的废唱等等,其革新的成分都比小说和散文大的多,所以他们引起的讨论也特别多。③

但有趣的是,日后文学史家盘点《新青年》上"'文学革命'的实绩",最为首肯的,却是小说和散文,而不是当年风光八面的诗歌和戏剧。

要讲艺术技巧,胡适的"游戏的喜剧"《终身大事》固然不足道,但勉强还能演出;陈衡哲的《老夫妻》和陈绵的《人力车夫》,只能算是简单的情景对话,根本无法搬上舞台。相比之下,白话诗的阵容强大得

---

① 鲁迅:《〈中国新文学大系·小说二集〉导言》,《鲁迅全集》第6卷238页。
② 参见陈独秀给胡适的复信(《新青年》第二卷第二号,1916年10月),以及刘半农的《我之文学改良观》和陈独秀为此文所作"识语"(《新青年》第三卷第三号,1917年5月)。
③ 胡适:《〈中国新文学大系·建设理论集〉导言》31页,《中国新文学大系·建设理论集》。

多,《新青年》的主要作者,几乎都曾粉墨登场。在这座新搭建的诗坛上,"友情出演"者不少,真正诗才横溢且持之以恒地进行艺术探索的,不能说绝对没有,但少得可怜。对此状态,周作人曾有过相当清醒的评价:

> 那时作新诗的人实在不少,但据我看来,容我不客气地说,只有两个人具有诗人的天分,一个是尹默,一个就是半农。①

可如此低调的叙述,后起的小说家沈从文依旧不认账。在《读刘半农的〈扬鞭集〉》中,沈称周认定的有"天分"的新诗人,包括俞平伯、沈尹默和刘复(此处记忆有误);这三人的新诗固然朴素自然,尤其刘复能驾驭口语,驱遣新意,"但这类诗离去了时代那一点意义,若以一个艺术的作品,拿来同十年来所有中国的诗歌比较,便是极幼稚的诗歌"②。此说不算太苛刻,日后朱自清为《中国新文学大系》编选新诗,除欣赏周作人的长诗《小河》"融景入情,融情入理",对白话诗主将胡适的新诗理论也颇多揄扬;至于《新青年》其他新诗人的作品,朱自清则实在"吟味不出"其佳妙处。③

1926年的周作人,一面追忆"我与半农是《新青年》上作诗的老朋友,是的,我们也发谬论,说废话,但作诗的兴致却也的确不弱,《新青年》上总是三日两头的有诗",一面又相当谦虚地称:"我对于中国新诗曾摇旗呐喊过,不过自己一无成就,近年早已歇业,不再动笔了。"④这种当年曾为刚刚诞生的新诗"摇旗呐喊",很快就"金盆洗手"的状态,在《新青年》同人中相当普遍。鲁迅在《〈集外集〉序言》中也有类似的表述:

---

① 周作人:《〈扬鞭集〉序》,《语丝》第82期,1926年6月。
② 沈从文:《读刘半农的〈扬鞭集〉》,《文艺月刊》第2卷第2期,1931年。
③ 参见朱自清为《中国新文学大系·诗集》撰写的《导言》及《选诗杂记》,《朱自清全集》第4卷366—385页,南京:江苏教育出版社,1990年。
④ 周作人:《〈扬鞭集〉序》,《语丝》第82期,1926年6月。

> 只因为那时诗坛寂寞,所以打打边鼓,凑些热闹;待到称为诗人的一出现,就洗手不作了。①

尽管后人对于周氏兄弟的新诗有很好的评价,但对他们本人来说,真正的名山事业确实不在新诗。

《新青年》的诗坛十分热闹,可成绩并不理想。这正是胡适所再三表白的:"提倡有心,创造无力。"本身并不具备"诗人的天分",却非要参加白话诗的"尝试"不可。《新青年》同人的这种创作心态,一如其不懂戏曲,却非要畅谈中国旧戏是否当废一样,都是基于社会责任而不是个人兴趣。集合在"思想革命"与"文学革命"大旗下的《新青年》同人,讲究同气相求,通力合作。这种同道之间为了某种共同理想而互相支持的精神氛围,既煮了不少夹生饭,也催生出一些伟大的作品。比如小说家鲁迅的"出山",很大程度上便是这种"召唤"的成果。

在《〈呐喊〉自序》中,鲁迅提到《新青年》编辑"金心异"(指钱玄同)的再三约稿:

> 我懂得他的意思了,他们正办《新青年》,然而那时仿佛不特没有人来赞同,并且也还没有人来反对,我想,他们许是感到寂寞了……②

为了慰藉先驱者,免得其过于寂寞,鲁迅终于不负众望,开始其"铁屋中的呐喊"。对于这段广为人知的"鲁迅诞生记",另一个当事人钱玄同的精彩描述,不太为人关注,值得大段征引:

> 我认为周氏兄弟的思想,是国内数一数二的,所以竭力怂恿他们给《新青年》写文章。七年一月起,就有启明的文章,那是《新青年》第四卷第一号,接着第二、三、四诸号都有启明的文章。但豫

---

① 《〈集外集〉序言》,《鲁迅全集》第7卷4页。
② 《〈呐喊〉自序》,《鲁迅全集》第1卷419页。

才则尚无文章送来,我常常到绍兴会馆去催促,于是他的《狂人日记》小说居然做成而登在第四卷第五号了。自此以后,豫才便常有文章送来,有论文、随感录、诗、译稿等,直到《新青年》第九卷止(十年下半年)。①

正是这种基于道义的共同参与意识,使得作为同人刊物的《新青年》,显示出很强的整体感。专号的经营,同题白话诗的出现,某些社会话题的不断重复,同一意象或题材在不同文体中的变奏等等②,抚摩这半个多世纪前的旧杂志,你依旧能十分清晰地感觉到流淌在其中的激情与活力。

不是注重人际关系的酬唱,而是一种强烈的社会责任感,认准那是一件值得投身的事业,因此愿意共同参与。正是这种"共同参与"的欲望,支撑起《新青年》的"通信",使之成为很可能空前绝后的"神品"。杂志设置"通信"专栏,并非陈独秀的独创;但此前此后的无数实践,之所以不若《新青年》成功,很大原因在于《新青年》同人全力投入,将其作为"品牌"来经营。

《青年杂志》创刊号上的《社告》,最具创意的很可能不是常被引用的将读者锁定在青年,以及呼吁青年"不可不放眼以观世界"——此等

---

① 钱玄同:《我对于周豫才君之追忆与略评》,《师大月刊》第30期,1936年。
② 鲁迅1928年撰《〈奔流〉编校后记(三)》(见《鲁迅全集》第7卷162—163页),有如此大段"文钞":"前些时,偶然翻阅日本青木正儿的《支那文艺论丛》,看见在一篇《将胡适漩在中心的文学革命》里,有云——

'民国七年(1918)六月,《新青年》突然出了《易卜生号》。这是文学底革命军进攻旧剧的城的鸣镝。那阵势,是以胡将军的《易卜生主义》为先锋,胡适罗伦共译的《娜拉》(至第三幕),陶履恭的《国民之敌》和吴弱男的《小爱友夫》(各第一幕)为中军,袁振英的《易卜生传》为殿军,勇壮地出阵。他们的进攻这城的行动,原是战斗的次序,非向这里不可的,但使他们至于如此迅速地成为奇兵底的原因,却似乎是这样——因为其时恰恰昆曲在北京突然盛行,所以就有对此叫出反抗之声的必要了。那真相,征之同志的翌月号上钱玄同君之所说(随感录十八),漏着反抗底口吻,是明明白白的。……'"

思路,晚清以降已成新派学人的共识;而是两则不太起眼的关于杂志编辑体例的说明。前一则"本志以平易之文,说高尚之理",对于曾经主编过《安徽俗话报》的陈独秀来说,似乎有点后退;这与其将启蒙的主要对象从不太识字的劳苦大众转为受过新式教育的先进青年这一大的战略转移有关。而后一则更有意思:

> 本志特辟通信一门,以为质析疑难发舒意见之用。凡青年诸君对于物情学理,有所怀疑,或有所阐发,皆可直缄惠示。本志当尽其所知,用以奉答,庶可启发心思,增益神志。

一开始只是读者提问,编辑答疑,杂志犹如虚拟的课堂,编辑(记者)就是那"传道授业解惑"的教师。很快地,读者的主体性开始萌现,不再只是虚心请教。《新青年》第二卷第一号(1916年9月)刊出的《通告二》称:

> 本志自第二卷第一号起,新辟《读者论坛》一栏,容纳社外文字,不问其"主张""体裁"是否与本志相合,但其所论确有研究之价值者,即皆一体登载,以便读者诸君自由发表意见。

这则《通告二》连刊六次,"以便读者诸君自由发表意见"句还专门加了圈点。既要让读者"自由发表意见",又不想放弃编者"启发心思,增益神志"的责任,陈独秀巧妙地引进编辑部同人,让大家都来参与辩难与答疑。

这样一来,第三至六卷的《新青年》,其"通信"一栏变得五彩缤纷,煞是好看。从晚清报刊沟通读者的基本技巧,到别出心裁地在同人杂志中引入异质因素,再到提供敌我双方厮杀的阵地,以及同道互相支持的戏台,《新青年》最具创意的栏目设计,非"通信"莫属。这其中,陈独秀的个人魅力固然重要,钱玄同、胡适、周作人、刘半农等的加盟同样必不可少。比起简单地回答读者提出的问题,同人之间的相互辩驳,更能促使讨论深入。即便推进"思想革命"与"文学革命"的大方向一致,在具体策略及实施方案方面,《新青年》同人间还是有不少分歧。于是,在"通信"栏中,展开了高潮迭起的论争——大到文学如何改良、孔教是否该批,小到《金瓶梅》如何评价,横行与标点是否当行,还有世界语的提倡、英文"She"字译法之商榷等,几乎五四新文化的各个子命题,都曾在"通信"栏中"表演"过。

使用"表演"一词,并非贬低"通信"栏中诸君的高谈阔论,而是指向其刻意营造的"众声喧哗"局面,还有行文中不时流露的游戏色彩。确实是对话,也略有交锋,但那基本上是同道之间的互相补台。好不容易刊出火药味十足的王敬轩来信,可那又是虚拟的,目的是提供批判的靶子。也就是说,别看《新青年》上争得很厉害,那是有控制的"自由表达"。唯一一次比较有分量的挑战——张厚载质疑《新青年》同人对于中国旧戏的见解,又被胡适、钱玄同、刘半农、陈独秀、周作人、傅斯年等轻易地打发了。① 这当然是同人杂志的特点决定的,不太可能刊登乃至接纳与自家立场截然对立的观点,只是由于《新青年》"通信"栏目的巨大成功,很容易造成这便是新旧之间"对话"或"对垒"的假象。

由于真正的对手缺席,《新青年》上的议论基本是一边倒。拟想中的"平等对话",无法充分展开。谁来信,谁做答,何时以及用何种方式刊登,给不给人家申辩的机会,还有作为正文还是附录(比如张厚载应胡适之邀撰写的《我的中国旧戏观》,刊于《新青年》第五卷第四号时,便是作为傅斯年《戏剧改良各面观》一文的附录),诸如此类的"技术性因素",足以阻止真正的反对派产生。李宪瑜注意到了《新青年》的"通信"栏目,由于"综合主题的选择、学术性的加强、编辑方式的改动"等,

---

① 参见张厚载、胡适、钱玄同、刘半农、独秀《新文学与中国旧戏》(第四卷第六号)、胡适《文学进化观念与戏剧改良》(第五卷第四号)、傅斯年《戏剧改良各面观》(第五卷第四号)、《再论戏剧改良》(第五卷第四号)、张厚载《我的中国旧戏观》(第五卷第四号)、周作人、钱玄同《论中国旧戏之应废》(第五卷第五号)等文。

"由公众论坛而趋向自己的园地"①。我的意见略有不同,《新青年》从来没有成为"公众论坛",即便是"通信"栏目,其"对话状态"不只是虚拟的,而且有明确的方向感。可以说,这是《新青年》同人创造的"另一种文章"。

从文体学的角度考察《新青年》的"通信",很容易想当然地上溯古已有之的书札。这种溯源不能说没有道理,"通信"所虚拟的私人性及对话状态,以及若干书札惯用的套语,在在提醒这一点。但这种"拟书札"的姿态,除了拉近与读者的距离,更多的是为了获得独立思考以及自由表达的权力。换句话说,在《新青年》同人心目中,"通信"是一种"即席发言"、一种"思想草稿"。

作为留学生的胡适,"常用札记做自己思想的草稿"②;而作为启蒙者的陈独秀、钱玄同等,则借用通信"做自己思想的草稿"。既然是"草稿"而非"定本",不妨放言无忌,横冲直撞。《新青年》上最为激烈的议论,多以"通信"形式发表,如钱玄同之骂倒"选学妖孽,桐城谬种",提倡《新青年》全部改用白话,以及主张"欲废孔学,不可不先废汉文"等(参见钱玄同发表在《新青年》二至四卷上众多致陈独秀、胡适的信)。每期《新青年》上的"通信",都并非无关痛痒的补白,而是最具锋芒的言论,或最具前瞻性的思考。一旦思考成熟,不衫不履的"通信",便会成为正襟危坐的"专论"。对于不只希望阅读"思想",更愿意同时品味"性情"与"文采"者来说,作为"专论"雏形的"通信",似乎更具魅力。《新青年》第五卷第五号的"通信"栏中,曾刊出鲁迅的《渡河与引路》,建议"酌减"杂志上所刊"通信"的数量,可鲁迅同时承认:"《新青年》

---

① 参见李宪瑜《"公众论坛"与"自己的园地"——〈新青年〉杂志"通信"栏》,《中国现代文学研究丛刊》2002 年第 3 期。

② 《〈胡适留学日记〉自序》,《胡适留学日记》,上海:商务印书馆,1947 年。

里的通信,现在颇觉发达。读者也都喜看。"①胡适晚年口述自传,其第七章"文学革命的结胎时期",特别渲染陈独秀、钱玄同"二人的作品和通信"如何"哄传一时"②。将"通信"从"作品"中析出,目的是突出陈、钱所撰"通信"影响之巨。至于抗议者所针对的,也主要是"通信",这点涉及所谓"革新家态度问题",留待下节专门论述。

"通信"作为一种"思想草稿",既允许提出不太成熟的见解,也可提前引爆潜在的炸弹。除此之外,"通信"还具有穿针引线的作用,将不同栏目、不同文体、不同话题纠合在一起,很好地组织或调配。在某种意义上,《新青年》不是由开篇的"专论"定调子,反而是由末尾的"通信"掌舵。如此琐碎的文章,竟然发挥如此巨大的作用,实在是个奇迹。

同是立说,"通信"卸下谠言庄论的面具,得以自由挥洒,甚至孤军深入。这一点,类似日后大行其时的杂文。其实,就在《新青年》上,由"通信"(第一卷起)而"随感"(第四卷起),二者无论作者、论题及文体,均有相通处。众多"随感"中,鲁迅的脱颖而出,无疑最值得关注。对于这一文学史线索,鲁迅本人"供认不讳",在其第一本杂文集《热风》的《题记》中,专门提及"我在《新青年》的《随感录》中做些短评"③;而在晚年所撰《〈且介亭杂文二集〉后记》中,鲁迅又相当自豪地称:"我从在《新青年》上写《随感录》起,到写这集子里的最末一篇止,共历十八年,单是杂感,约有八十万字。"④

作为"后起之秀","随感录"专栏1918年4月方才在第四卷第四号的《新青年》上登场。起初各篇只标明次第,没有单独的篇名;从第五十六篇《来了》起,方才在专栏下为各文拟题。鲁迅在《新青年》上发

---

① 唐俟(鲁迅):《渡河与引路》,《新青年》第五卷第五号,1918年11月。
② 参见《胡适口述自传》第七章,《胡适文集》第1卷322页,北京:北京大学出版社,1998年。
③ 参见《〈热风〉题记》,《鲁迅全集》第1卷291页。
④ 《〈且介亭杂文二集〉后记》,《鲁迅全集》第6卷451页。

表的"随感",从第五卷第三号的《随感录二五》起,到第六卷第六号的《随感六六·生命的路》止,共27则。虽然比起独占鳌头的陈独秀(58则)还有一段距离,但鲁迅还是遥遥领先于"季军"钱玄同(15则)。总共133则"随感",陈、鲁、钱三君就占据了整整百则,单从数量上,都能清晰地显示《新青年》"随感录"之"三足鼎立"。更重要的是,比起前期偶尔露面的刘半农、周作人,或者后期勉力支撑的陈望道、周佛海,上述"三驾马车",确实更能体现《新青年》"随感录"的特色。

在《〈热风〉题记》中,鲁迅曾这样描述其刊载于《新青年》上的"随感":

> 除几条泛论之外,有的是对于扶乩,静坐,打拳而发的;有的是对于所谓"保存国粹"而发的;有的是对于那时旧官僚的以经验自豪而发的;有的是对于上海《时报》的讽刺画而发的。记得当时的《新青年》是正在四面受敌之中,我所对付的不过一小部分;其他大事,则本志具在,无须我多言。①

这段话初看十分低调,颇能显示当事人谦虚的美德。可细读之下,方知其大有深意——所谓回避"泛论"与"大事",而从"具体而微"的"小事"入手,用嬉笑怒骂的笔法,褒贬抑扬,纵横天下,其实正是"随感"的文体特征。此类体裁短小、现实感强、文白夹杂的"短评",虽有"究竟爽快"的陈独秀与"颇汪洋,而少含蓄"的钱玄同等参与创建②,日后却是经由周氏兄弟的苦心经营,发展成为各具特色的"杂感"与"小品"③,在20世纪中国散文史上大放异彩。

作为专栏的"随感录",很快就被其他新文化报刊所模仿——"稍后,李大钊、陈独秀主持的《每周评论》,李辛白主持的《新生活》,瞿秋

---

① 《〈热风〉题记》,《鲁迅全集》第1卷291页。
② 参见鲁迅致周作人、许广平信,《鲁迅全集》第11卷391、47页。
③ 参阅拙著《中华文化通志·散文小说志》204—211页。

白、郑振铎主持的《新社会》,邵力子主持的《民国日报》副刊《觉悟》等,都开辟了'随感录'专栏。"①至于师其意而不袭其名者,更是不胜枚举。以"随感""随笔""杂感""杂文"为报刊的名称、论文的主旨,或设置相关专栏,提倡特定文体,在后世无数追随者的簇拥下,《新青年》的开创之功,很容易激起文学史家的联翩浮想。

值得注意的是,在晚清报刊中,其实早已出现类似的篇幅短小、语带调侃的"时评"——比如梁启超的"饮冰室自由书",但没有凝集为一种相对稳定且被广泛接受的文体。一直到《新青年》的"随感录",方才将这种兼及政治与文学、痛快淋漓、寸铁杀人的文体,充分提升。政论与随感,一为开篇之"庄言",一为结尾之"谐语",二者遥相呼应,使得《新青年》庄谐并举。一开始只是为了调节文气,甚至很可能是作为补白,但"随感"短小精悍、灵活多变,特别适合于谈论瞬息万变的时事的特点很快凸显;再加上作家的巧用预/喻/寓言,"三言"联手,不难令读者"拍案惊奇"。

"随感录"的横空出世,不仅仅为作家赢得了一个自由挥洒的专栏/文体,更凸显了五四新文化人的一贯追求——政治表述的文学化。晚清以降,有志于改革社会者,往往喜欢借助文学的神奇魔力。这一将文学工具化的思路,日后备受非议;可有一点不能忽略,搅动一池浑水,迫使众多文体升降与移位,这本身就可能催生出新的审美趣味与形式感。小说成为"文学之最上乘",戏剧舞台上冒出了"言论小生",以及"论政(学)之文"希望兼有文学性,所有这些,都并非纯然消极的因素。

谈论晚清以降的文学变革,思想史背景是个不能忽视的重要面向。只是落实到具体杂志,要不政治独尊,要不文学偏胜,难得有像《新青年》这样,"思想革命"与"文学革命"齐头并进,而且互相提携者。而这

---

① 参见钱理群等《中国现代文学三十年》(修订本)147—148页,北京:北京大学出版社,1998年。

一"思想"与"文学"之间的纠葛与互动,不只催生了若干优秀的小说与诗文,还丰富了政治表述的形式——《新青年》上的"通信"与"随感",八十多年后的今天,余香未尽,依旧值得再三回味。

五　提倡学术与垄断舆论

就像前面提到的,《新青年》之以"运动"的方式推进文学事业,讲究策略,追求效果,相对忽略细致入微的学理分析;而在具体栏目设置上,又创造性地采用作为"思想草稿"的"通信",以及嬉笑怒骂皆成文章的"随感录",刻意营造桀骜不驯的形象。思想方式与文体创新,二者配合默契,共同挑战根深蒂固的传统中国。撇开孔教之是非、古文之死活,单是这种激进的反叛姿态,便引起很大的争议。前面略为提及陈独秀"必不容反对者有讨论之余地",蓝志先批评《新青年》的骂人文章,以及胡适对此问题的反省,基本是在"运动策略"的角度思考;这里换一个角度,借助于《学衡》派的抗击,重新解读《新青年》中关于"革新家态度问题"的辩难。

《新青年》与《学衡》的对抗,主要体现在对于传统中国及欧西文明的不同想象,同时也落实在知识者言说的方式上。眼看着新文化运动得到青年读者的热烈响应,正如火如荼地展开,《学衡》诸君奋起反抗,首先针对的便是这种诉诸群众运动的策略。按照吴宓的说法,提倡新文化者,其实是"以政客之手段,到处鼓吹宣布"[1];胡先骕则批评新文化人"利用青年厌故喜新,畏难趋易,好奇立异,道听途说之弱点",发为不负责任的惊人之论[2]。梅光迪的批评最为狠毒,挖掘"今人提倡学术之方法"背后的功利目标:

---

[1] 吴宓:《论新文化运动》,《学衡》第4期,1922年4月。
[2] 胡先骕:《论批评家之责任》,《学衡》第3期,1922年3月。

> 彼等既以功利名誉为目的,作其新科举梦,故假学术为进身之阶。昔日科举之权,操于帝王,今日科举之权,操于群众;昔日之迎合帝王,今日之迎合群众。其所以迎合者不同,其目的则一也。故彼等以群众运动之法,提倡学术,垄断舆论,号召徒党,无所不用其极,而尤借重于团体机关,以推广其势力。①

《新青年》同人以思想启蒙为目标,必然面向广大民众,所谓"以群众运动之法",没有什么不对。关键在于"提倡学术,垄断舆论"八个字。任何一个杂志,都有自己的宗旨;任何一场运动,都有自己的主张。"提倡学术",此乃题中应有之义,为何《学衡》诸君那么反感?看来问题出在"垄断舆论"上。

就像人心向背一样,"舆论"其实是很难被"垄断"的——除非采用军事或政治的暴力。《新青年》同人只有纸墨而没有枪炮,如何能够"垄断舆论"呢?其实,梅光迪追究的,不是结果,而是动机,即《新青年》同人希望通过"肆行谩骂"而达到"垄断舆论"的目标:

> 彼等不容纳他人,故有上下古今,惟我独尊之概。其论学也,未尝平心静气,使反对者毕其词,又不问反对者所持之理由,即肆行谩骂,令人难堪。……往者《新青年》杂志,以骂人特著于时。……其尤甚者,移学术之攻击,为个人之攻击。②

如此立说,近乎诛心之论。但《学衡》诸君确实认准《新青年》同人不纯粹是思想问题,而是哗众取宠,说话不负责任,只求一时痛快。胡先骕的《论批评家之责任》,就是这样给钱玄同、胡适等上课的:

> 又如钱君玄同,中国旧学者也,舍旧学外,不通欧西学术者也,乃言中国学术无丝毫价值,即将中国载籍全数付之一炬,亦不足

---

① 梅光迪:《评今人提倡学术之方法》,《学衡》第2期,1922年2月。

② 同上。

惜。此非违心过情之论乎！胡君适之乃曲为之解说，以为中国思想界过于陈旧，故钱君作此有激之言。夫负批评之责任者，其言论足以左右一般青年学子，岂容作一二有激之言乎？①

其实，在一个风云变幻的变革年代，很难真的像胡先骕所设想的，"以中正之态度，为平情之议论"——《学衡》上的文章，论及新文化时，同样充满怒气与怨气；但胡君最后提出的"勿谩骂"戒律，还是发人深省的。就像胡君所说的："今之批评家，犹有一习尚焉，则立言务求其新奇，务取其偏激，以骇俗为高尚，以激烈为勇敢。此大非国家社会之福，抑亦非新文化前途之福也。"②

时光流逝，沧海桑田，后人重读作为五四新文化运动"遗迹"的《新青年》，不免有些隔膜。单从文本看，陈独秀、钱玄同等人的偏激，可谓一目了然。学者们希望用"了解之同情"的心态，来面对这些报刊史上的"经典文献"。赖光临在《中国近代报人与报业》中，专列四章（外加前言、结论）讨论《新青年》的功过，尤其关注其"言论态度"：

> 谈论《新青年》人物的言论态度，大致可用八个字归纳：议论激昂，态度刚愎。

至于《新青年》同人为何采取如此偏激的姿态，赖君提供的答案有三："一是这些人物的思想中，都含有'尼采层'，因之最不能对他们认为'不合理'的事物因循妥协。""二是新青年人物之言论激烈，主要目的是在于破除旧说。""三是他们对国家危亡的处境，感受特别敏锐，以'烈火焚居，及于眉睫'，因而'急不择言'。"③

时人及后世史家之感慨《新青年》"态度刚愎"，主要不是指第三卷

---

① 胡先骕：《论批评家之责任》，《学衡》第3期，1922年3月。

② 同上。

③ 参见赖光临《中国近代报人与报业》532、535页，台北：商务印书馆，1980年。

第三号(1917年5月)上胡适、陈独秀的"通信"——在提倡白话文学这个问题上,到底是"容纳异议,自由讨论",还是"不容他人之匡正",关系不是很大。《新青年》"激起众怒"的,其实是刘半农的《答王敬轩书》。《新青年》第四卷第三号(1918年3月)上,以《文学革命之反响》为题,刊发钱玄同戏拟的"王敬轩来信",以及刘半农的答复。正因王敬轩实无其人,乃虚拟的箭垛,刘半农将其作为旧势力的象征,极尽挖苦之能事。其语调之刻毒,让旁人看不过去,于是引发了一场关于"革新家态度问题"的争论。

先是在《新青年》第四卷第六号(1918年6月)的"通信"栏中,以《讨论学理之自由权》为题,探讨"有理"是否就可以"骂人"。那封署名"崇拜王敬轩先生者"的来信,真假莫辨,或许又是个圈套:

> 王先生之崇论宏议,鄙人极为佩服;贵志记者对于王君议论,肆口侮骂,自由讨论学理,固应又是乎?

接下来陈独秀的答辩词,带有纲领性质,在日后的争论中,曾被钱玄同引用,可见其大致代表《新青年》同人的立场:

> 本志自发刊以来,对于反对之言论,非不欢迎;而答词之敬慢,略分三等:言论精到,足以正社论之失者,记者理应虚心受教。其次则是非未定者,苟反对者能言之成理,记者虽未敢苟同,亦必尊重讨论学理之自由,虚心请益。其不屑与辩者,则为世界学者业于公同辩明之常识,妄人尚复闭眼胡说,则唯有痛骂之一法。讨论学理之自由,乃神圣自由也;倘对于毫无学理毫无常识之妄言,而滥用此神圣自由,致是非不明,真理隐晦,是曰"学愿";"学愿"者,真理之贼也。①

---

① 崇拜王敬轩先生者、独秀:《讨论学理之自由权》,《新青年》第四卷第六号,1918年6月。

既然是同人刊物,完全可以拒绝刊载毫无常识的驳难,就像鲁迅《渡河与引路》说的①。可《新青年》为何偏要登载那些"毫无学理毫无常识之妄言"——找不到合适的"妄言",甚至杜撰出一则"王敬轩来信"——然后再加以痛骂?大概只能归结为,此乃吸引读者目光的编辑策略。刘半农的复信,开篇就是:

> 记者等自从提倡新文学以来,颇以不能听见反抗的言论为憾,现在居然有你老先生"出马",这也是极应欢迎,极应感谢的。②

这可不是作为修辞手法的"反话",而是《新青年》同人制造"王敬轩事件"的真实意图。还是在"通信"栏,第五卷第一号《新青年》上发表的,一是汪懋祖和胡适的《读新青年》,二是戴主一、钱玄同的《驳王敬轩君信之反动》。汪懋祖的来信主要批评称中国人论战时喜欢将对方妖魔化,甚至还要"食肉寝皮",足证其凶暴与偏狭。接下来话锋一转,指向《新青年》文章之"如村妪泼骂":

> 文也者,含有无上美感之作用,贵报方事革新而大阐扬之;开卷一读,乃如村妪泼骂,似不容人以讨论者,其何以折服人心?此虽异乎文学之文;而贵报固以提倡新文学自任者,似不宜以"妖孽""恶魔"等名词输入青年之脑筋,以长其暴戾之习也。

胡适富有涵养,面对这样尖锐的指责,复信依然很客气,显示其一贯的绅士风度。不过,对于自家立场,没有丝毫动摇;需要改进的,只是"舆论家的手段":

---

① 鲁迅在《渡河与引路》中建议:"只须将诚恳切实的讨论按期登载,其他不负责任的随口批评,没有常识的问难,至多只要答他一回,此后便不必多说,省出纸墨移作别用。例如见鬼、求仙、打脸之类,明明白白全是毫无常识的事情,《新青年》却还和他们反复辩论,对他们说'二五得一十'的道理,这功夫岂不可惜,这事业岂不可怜?"

② 王敬轩、半农:《文学革命之反响》,《新青年》第四卷第三号,1918年3月。

> 此种诤言,具见足下之爱本报,故肯进此忠言。从前我在美国时,也曾写信与独秀先生,提及此理。那时独秀先生答书说文学革命一事,是"天经地义",不容更有异议。我如今想来,这话似乎太偏执了。我主张欢迎反对的言论,并非我不信文学革命是"天经地义"。我若不信这是"天经地义",我也不来提倡了。但是人类的见解有个先后迟早的区别。我们深信这是"天经地义"了,旁人还不信这是"天经地义"。我们有我们的"天经地义",他们有他们的"天经地义"。舆论家的手段,全在用明白的文学,充足的理由,诚恳的精神,要使那些反对我们的人不能不取消他们的"天经地义",来信仰我们的"天经地义"。所以本报将来的政策,主张尽管趋于极端,议论定须平心静气。一切有理由的反对,本报一定欢迎,决不致"不容人以讨论"。①

戴主一致《新青年》编者的信,直接点名批评刘半农的《答王敬轩书》,更指出"通信"一栏多"胡言乱语",失去了"辨难学术"的本意:

> "通信"一门,以为辨难学术,发舒意见之用,更属难得。尚有一事,请为诸君言之:通信既以辨论为宗,则非辨论之言,自当一切吐弃;乃诸君好议论人长短,妄是非正法,胡言乱语,时见于字里行间,其去宗旨远矣。诸君此种行为,已屡屡矣;而以四卷三号半农君覆王敬轩君之言,则尤为狂妄。……足见记者度量之隘。

钱玄同可没有胡适那样的涵养,估计是一读此信火冒三丈,不觉得有认真理论的必要,于是以杂文笔法作答。先请戴君读读陈独秀发表在《新青年》第四卷第六号上的答辩辞,即所谓"答词之敬慢,略分三等",对于"妄人"之"闭眼胡说","则唯有痛骂之一法"。接下来反唇相讥,倒打一耙:"来书中如'胡言乱语','狂妄','肆无忌惮','狂徒','颜

---

① 汪懋祖、胡适:《读新青年》,《新青年》第五卷第一号,1918年7月。

之厚矣'诸语,是否不算骂人? 幸有以教我!"①

这还没完,大概社会上对于《新青年》之"好骂人"微词颇多,陈独秀觉得还有澄清的必要。第五卷第六号的《新青年》上,又以《五毒》为题,发表爱真与独秀的通信。爱真讥笑钱玄同的主张自相矛盾,既废灭汉文,又何须改良? 而《新青年》"每号中,几乎必有几句'骂人'的话。我读了,心中实在疑惑得狠"。陈独秀的答书很有意思,除强调《新青年》同人辩论时所取"除恶务尽"的立场,还隐含着对于胡适绅士腔调的嘲讽:

> 尊函来劝本志不要"骂人",感谢之至。"骂人"本是恶俗,本志同人自当有则改之,无则加勉,以答足下的盛意。但是到了辨论真理的时候,本志同人大半气量狭小,性情直率,就不免声色俱厉;宁肯旁人骂我们是暴徒是流氓,却不愿意装出那绅士的腔调,出言吞吐,至使是非不明于天下。因为我们也都"抱了扫毒主义",古人说得好,"除恶务尽",还有什么客气呢?②

显然,在陈独秀眼中,《新青年》之"声色俱厉",不只并非必须改进的缺点,而且是"性情直率"的表现。

前面几次"通信",因对手乃无名之辈,且说不出什么道理,只是表达不满而已,《新青年》同人的答辩未免轻慢了点。《新青年》第六卷第四号上蓝志先、胡适、周作人三人的问学与辩难,没有依惯例收入"通信"栏,而是另设"讨论"栏,显然认定此回的"讨论"非同一般。一方面是蓝志先的学术地位,另一方面此信谈及"贞操问题""拼音文字问题""革新家态度问题",有很强的学理性。当然,也与这期杂志归胡适编辑有关。蓝君先是感叹中国人之不喜欢也不擅长辩论:

---

① 戴主一、钱玄同:《驳王敬轩君信之反动》,《新青年》第五卷第一号,1918年7月。
② 爱真、独秀:《五毒》,《新青年》第五卷第六号,1918年12月。

> 在欧美各国,辩论是真理的产婆,愈辩论真理愈出。而在中国,辩论却是呕气的变相,愈辩论论旨愈不清楚,结局只能以骂人收场。

接下来讨论"革新家态度问题",对《新青年》的论辩风格颇有微词:

> 讲到《新青年》的缺点,有许多人说是骂人太过,吾却不是如此说。在中国这样混浊社会中讲革新,动笔就会骂人,如何可以免得。不过这里头也须有个分别,辩驳人家的议论说几句感情话,原也常有的事,但是专找些轻佻刻薄的话来攻击个人,这是中国自来文人的恶习,主张革新思想的,如何自己反革不了这恶习惯呢?像《新青年》通信栏中常有这种笔墨,令人看了生厌。本来通信一门是将彼此辩论的理由给一般人看的,并不是专与某甲某乙对骂用的,就便骂得很对,将某甲某乙骂一个狗血喷头,与思想界有什么好处呢?难道骂了他一顿,以后这人就不会有这样的主张了么?却反令旁观者生厌,减少议论的价值。吾敢说《新青年》如果没有这几篇刻薄骂人的文章,鼓吹的效果,总要比今天大一倍。吾是敬爱《新青年》的人,很望以后删除这种无谓的笔墨,并希望刘半农先生也少说这种毫无意思的作揖主义。①

胡适在回答"革新家态度问题"时称:"先生对于这个问题的议论,句句都是从自己经验上来的,所以说得十分恳切,我们读了很感激先生的好意。"接下来引录自己在第五卷第一号《新青年》上的说法,即所谓"主张尽管趋于极端,议论定须平心静气",算是呼应蓝君的批评,并代表《新青年》同人作自我反省。②

值得注意的是,《新青年》同人中,对"骂人"公开表示不妥的,只有

---

① 《蓝志先答胡适书》,《新青年》第六卷第四号,1919 年 4 月。
② 《胡适答蓝志先书》,《新青年》第六卷第四号,1919 年 4 月。

胡适。而且,就连胡适本人,后来也承认陈独秀之"不容他人之匡正"自有其道理。在叙述文学革命进程的《逼上梁山》中,胡适引述了他与陈独秀关于是否允许批评的通信,然后加了个按语:

> 这样武断的态度,真是一个老革命党的口气。我们一年多的文学讨论的结果,得着了这样一个坚强的革命家做宣传者,做推行者,不久就成为一个有力的大运动了。①

这里突出陈独秀作为"宣传者""推行者"的作用,可如果是"思想家"或"探索者"呢?至于争议最大的"谩骂",胡适后来也倾向于欣赏。晚年口述自传,提及"陈独秀竟然把大批古文宗师一棒打成'十八妖魔'。钱玄同也提出了流传一时的名句'选学妖孽'和'桐城谬种'",胡适再也没有指责的意味,而是承认:"这几句口号一时远近流传,因而它们也为文学革命找到了革命的对象。"②

即便当年"主张欢迎反对的言论",胡适也是从如何完善"舆论家的手段"的角度着眼,而不是像他的前辈章太炎那样,主张"文化多元"③,或者基于"横看成岭侧成峰"的民间智慧。在这一点上,胡先骕的批评是有道理的:

> 夫他人之议论,不能强以尽同于我也,我之主张,恐亦未必全是也。故他人议论之或不当也,尽可据论理以折之。且彼与我持异议者,未必全无学问,全无见解,全无道德也。即彼所论或有未当,亦无容非笑之、谩骂之不遗余力也。……甚有人谓世无王敬轩其人,彼新文学家特伪拟此书,以为谩骂旧学之具。诚如此,则尤悖一切批评之原则矣。流风所被,绝无批评,但有谩骂。④

---

① 胡适:《逼上梁山》,《胡适文集》第1卷163页。
② 参见《胡适口述自传》第七章,《胡适文集》第1卷322页。
③ 参阅拙著《中国现代学术之建立》第六章,北京:北京大学出版社,1998年。
④ 胡先骕:《论批评家之责任》,《学衡》第3期,1922年3月。

胡适表示愿意接纳批评,是一种绅士姿态;至于《新青年》其他同人,连这点姿态都免了。那么,为什么陈独秀等"革新家"明知"'骂人'本是恶俗",却偏要采取如此"偏激"的言说姿态?

这里牵涉到陈独秀等人对于文化传统、民众心理以及改革事业的基本判断,并非只是个策略选择的问题。在《文学革命论》一文中,陈独秀有段十分沉痛的话,很能显示那时改革者的心理状态:

> 吾苟偷庸懦之国民,畏革命如蛇蝎。故政治界虽经三次革命,而黑暗未尝稍减。其原因之小部分,则为三次革命皆虎头蛇尾,未能充分以鲜血洗净旧污;其大部分,则为盘踞吾人精神界根深蒂固之伦理道德、文学、艺术诸端,莫不黑幕层张,垢污深积,并此虎头蛇尾之革命而未有焉。①

对时局、对国民性、对文化传统的深刻怀疑,使陈独秀等人对于按部就班、温文尔雅、和风细雨的改革能否奏效很不乐观,因而倾向于采用激烈的手段,"毕其功于一役"。这种时代风气,从晚清谭嗣同的"烈士心态",到刘师培的"激烈主义",再到五四新文化人大都默认的"矫枉必须过正",都是假定改革必须付出代价,唯有"鲜血"能够"洗净旧污"。

考虑到群众的麻木以及对抗中必不可少的损耗,革命家于是语不惊人死不休,故意将问题推到极端,在警醒公众的同时,也保留折中回旋的余地。在《无声的中国》中,鲁迅曾论及这种革命家的思维方式:

> 中国人的性情是总喜欢调和、折中的。譬如你说,这屋子太暗,须在这里开一个窗,大家一定不允许的。但如果你主张拆掉屋顶,他们就会来调和,愿意开窗了。没有更激烈的主张,他们总连

---

① 陈独秀:《文学革命论》,《新青年》第二卷第六号,1917 年 2 月。

> 平和的改革也不肯行。那时白话文之得以通行，就因为有废掉中国字而用罗马字母的议论的缘故。①

这废掉汉字的"极端言论"，正是出于思想"偏激""所主张常涉两极端"，说话"必说到十二分"的钱玄同先生②。作为一种政治/思想运动的策略，极端思维自有其好处。郑振铎在叙述五四新文化运动进程时，专门强调：

> 好在陈独秀们是始终抱着不退让，不妥协的态度的，对于自己的主张是绝对的信守着，"不容反对者有讨论之余地"。遂不至上了折衷派的大当。③

但另一方面，过于讲求"策略性"，追求最大限度的"现场效果"，未免相对忽视了理论的自洽与完整。至于由此而激发若干原本不必要的凶猛对抗，尚在其次。

"铁肩担道义，妙手著文章"，新文化人的这一自我期待，使其言谈举止中，充溢着悲壮感。这一方面使其具有道德上的优势，论争中难得体会对方言论的合理性；另一方面注重勇气而不是智慧，认准了路，一直往前走，从不左顾右盼。唐德刚整理《胡适口述自传》时，在"文学革命"那一章加了条有趣的注释：

> 搞文学革命和搞政治革命有许多相同的地方。其中很重要的一点就是革命家一定要年轻有冲劲。他们抓到几句动听的口号，就

---

① 《无声的中国》，《鲁迅全集》第4卷13—14页。

② 周作人《钱玄同的复古与反复古》（《文史资料选辑》第94辑，北京：文史资料出版社，1984年）提及，"玄同所主张常涉两极端"，而且这种思想"偏激"，"是他自己所承认的"。据黎锦熙在《钱玄同先生传》中追忆："从前鲁迅批评他：十分话最多只须说到八分，而玄同则必须说到十二分。"（见曹述敬《钱玄同年谱》173页）

③ 郑振铎：《〈中国新文学大系·文学论争集〉导言》5页，《中国新文学大系·文学论争集》，上海：良友图书印刷公司，1935年。

笃信不移。然后就煽动群众,视死如归,不成功则成仁。至于这些口号,除一时有其煽动性之外,在学理上究有多少真理,则又当别论。①

"提倡学术"犹如唐德刚所说的"搞革命",同样需要"笃信不移",而不是不断的自我反省。经过一番艰苦卓绝的上下求索,五四新文化人大都有了坚定的信仰——不管是自由主义、无政府主义、马克思主义,还是兼及文学的托尔斯泰主义、尼采主义、易卜生主义。有信仰,有激情,加上知识渊博,五四那代人显得特别自信。更何况,作为各种"主义"基石的"现代性想象",其时正如日中天,没像今天这样受到严峻挑战。这种状态下,新派人士难免有点先知先觉者的"傲慢与偏见"。

傅斯年在回顾其追随《新青年》师长,创办《新潮》杂志,挑战传统势力时,有这么一段自我批评:

> 我们有点勇猛的精神,同时有个武断的毛病。要说便说,说得太快了,于是乎容易错。观察研究不能仔细,判断不能平心静气,——我不敢为我自己讳。②

说到"平心静气",不只《新潮》做不到,《新青年》做不到,晚清以降众多提倡革新的报章,全都没有真正做到。一是国势危急,时不我待;二是大家都还没掌握好大众传媒的特点,说话容易过火。批评《新青年》好骂人的《学衡》诸君,其论辩文章又何尝"平心静气"。胡先骕挖苦胡适的文章,也够刻薄的,难怪人家很不高兴——旁征博引、洋洋洒洒三万余言,论证《尝试集》"无论以古今中外何种之眼光观之,其形式精神,皆无可取",唯一的价值是告诉年轻人"此路不通"。③

---

① 参见《胡适口述自传》第七章注释6,《胡适文集》第1卷324页。
② 傅斯年:《〈新潮〉之回顾与前瞻》,《新潮》第二卷第一号,1919年10月。
③ 胡先骕:《评〈尝试集〉》,《学衡》第1、2期,1922年1、2月。

晚清及五四的思想文化界,绝少真正意义上的"辩论",有的只是你死我活的"论战"。这与报刊文章的容易简化、趋于煽情不无关系。真正的"辩论",需要冷静客观,需要条分缕析,而且对参与者与旁观者的学识智力有较高的要求。还有一点,这种真正意义上的"辩论",很可能没有戏剧性,也缺乏观赏性。大众传媒需要吸引尽可能多的读者/受众,因而,夸张的语调、杂文的笔法,乃至"挑战权威"与"过激之词"等,都是必不可少的佐料。所谓"吾敢说《新青年》如果没有这几篇刻薄骂人的文章,鼓吹的效果,总要比今天大一倍",蓝志先显然不太了解大众心理以及传媒特点。单就对"报章之文"的掌握而言,《新青年》同人明显在《学衡》诸君之上。只要稍微翻阅鲁迅的《估〈学衡〉》①,以及胡先骕的《评〈尝试集〉》,二者文章的高低,以及争论时之胜负,几乎可以立断。

从思想史角度切入"文学革命",《新青年》同人容易显得"高瞻远瞩"——道德优势、整体主义思维特征、泛政治化倾向,再加上以杂志为阵地,其发起的文学革命,必定是理论先行,声势浩大。至于说如此"提倡学术",是否必定导致"垄断舆论",这取决于反对派的实力。

当初创造社崛起时,打的也是"对抗垄断"的旗帜。《时事新报》1921年9月29日刊出的《纯文学季刊〈创造〉出版预告》,很能代表郭沫若、郁达夫等人的志气与意气:

> 自文化运动发生后,我国新文艺为一二偶像垄断,以致艺术之新兴气运,澌灭将尽。创造社同人奋然兴起打破社会因袭,主张艺术独立,愿与天下之无名作家共兴起而造成中国未来之国民文学。

这里所说的"垄断文坛",指的是此前成立的文学研究会。创造社之挑战文学研究会,有文学理想及创作方法的分歧,可意气之争也是重要因

---

① 鲁迅:《估〈学衡〉》,《鲁迅全集》第1卷377—379页。

素。好在创造社很快凭借实力,打出属于自己的一片新天地。

这是新文学发展史上的一件大事,各方都无法回避。茅盾《〈中国新文学大系·小说一集〉导言》以及郑伯奇《〈中国新文学大系·小说三集〉导言》,分别叙说文学研究会和创造社的崛起,一个说"这决不是'包办'或'垄断'文坛,像当时有些人所想象",隐指创造社的无事生非;另一个接过话头,"然而久而久之,文学研究会的成员渐渐固定了,变成了一个同人团体,那却是不容否认的",继续为创造社之反抗"垄断"辩解。

《新青年》之迅速崛起,不可避免地对他人造成压迫。不管是否有意"排斥异己",《新青年》的走红,打破了原有的平衡,其占据中心舞台,确有走向"垄断舆论"的趋势。因此,《学衡》的奋起抗争,有其合理性。而《学衡》诸君学有根基,其文化保守主义立场,也自有其价值,值得充分理解与同情。倘若能像创造社那样,在中国思想文化界"打出属于自己的一片新天地",形成双峰对峙的局面,未尝不是一件大好事。可惜《学衡》诸君不只道德及文化理念与时代潮流相左,其表达方式也有明显的缺陷——胡先骕等文之引证繁复,语言啰嗦,加上卖弄学问①,哪比得上《新青年》同人之思维清晰,表达简洁,切近当下生活,而且庄谐并用,新诗、小说、通信、随感一起上——因此,其"打破垄断"的愿望,没能真正实现。

---

① 胡先骕的《论批评家之责任》(《学衡》第3期,1922年3月)说理清晰,但称"欲以欧西文化之眼光,将吾国旧学重行估值,无论为建设的破坏的批评,必对于中外历史、文化、社会、风俗、政治、宗教,有适当之研究",接下来从屈原到赵熙,一口气开列近八十家诗文集,再加上希腊、拉丁、英、德、法、意等五十几家的著作,最后告诉你,"以上所举,几为最少甚且不足之程度"。言下之意,如没读过这些诗文集,免开尊口。又不是哈佛大学的博士资格考试,如此设立门槛,明显地卖弄学问,极易让人反感。

六　文化资本与历史记忆

在为纪念北京大学创立二十五周年而撰的《回顾与反省》中，胡适这样描述北大："开风气则有余，创造学术则不足。"①这话同样可移用来评价《新青年》，尤其是其关于文学革命的提倡。这也是几乎所有革命者的共同命运——意识到的历史责任，与自家兴趣及实际能力之间存在一定距离，故很难避免"理念"大于"实绩"的讥讽。可有一点，谈论现代中国的"新文学"，《新青年》是个无法绕开的题目。无论你如何不服气，《新青年》提倡文学革命的功绩，看来是无可动摇的了。

当初新文化运动蓬勃展开，《新青年》杂志名声大振，对此，《学衡》主将吴宓很不以为然，悻悻然称：

> 故中国文化史上，谁当列名，应俟后来史家定案。非可以局中人自为论断，孰能以其附和一家之说与否，而遂定一人之功罪。②

可到目前为止，历史学家还是普遍推崇《新青年》——虽然对《学衡》的评价也有所提升。吴宓对《新青年》很不服气，除了理念不同，还有一点，认为陈独秀、胡适等人之所以"暴得大名"，很大程度上得益于其学术背景——北京大学。所谓"又握教育之权柄"云云③，指的便是这一点。梅光迪同样指责《新青年》同人"尤借重于团体机关，以推广其势力"，而且，话说得更明白：

> 彼等之学校，则指为最高学府，竭力揄扬，以显其声势之赫奕，根据地之深固重大。甚且利用西洋学者，为之傀儡，以便依附取

---

① 胡适：《回顾与反省》，1922 年 12 月 17 日《北京大学日刊》。
② 吴宓：《论新文化运动》，《学衡》第 4 期，1922 年 4 月。
③ 同上。

荣,凌傲于国人之前矣。①

所谓"利用西洋学者",此乃五四时期所有革新家的共同思路;就连《学衡》,不也满纸"白璧德"?关键在于"最高学府"的权威性,确实对一般青年读者有很大的吸引力。"热心西学"的"少年学子",之所以"误以此一派之宗师,为惟一之泰山北斗"②,不就因为人家是"最高学府"吗?这是最让吴宓等《学衡》诸君痛心疾首的。

此说并非空穴来风。那位给陈独秀写信,希望《新青年》不要每号必有几句"骂人"话的读者爱真,便有这么一段很诚恳的自我表白:

> 我抱了扫毒主义已有七八年了。无如帚小力微,所以收得的效果很小。先生等,都是大学教授,都是大学问家。帚大力大,扫起来自然是比人家格外利害。将来的收获,也一定是格外丰富的!③

这可不像是嘲讽性质的"反话"。《新青年》的读者,对于其时唯一的国立大学,以及"都是大学问家"的大学教授,还是存有敬畏之心的。胡适在口述自传时,特别强调陈独秀、钱玄同对其《文学改良刍议》的支持。为什么?就因为陈是国立北京大学文科学长,钱是北大著名教授、古文大家、"国学大师章太炎的门人"。初出茅庐的"留学生"胡适,其文学革命主张能得到这两位学界重量级人物的支持,焉能不"声势大振"?④

毋庸讳言,《新青年》的成功,确实得益于其强大的学术背景。虽然也曾刊出启事,称不宜"把《新青年》和北京大学混为一谈"⑤,但《新

---

① 梅光迪:《评今人提倡学术之方法》,《学衡》第2期,1922年2月。
② 吴宓:《论新文化运动》,《学衡》第4期,1922年4月。
③ 爱真、独秀:《五毒》,《新青年》第五卷第六号,1918年12月。
④ 《胡适口述自传》第七章,《胡适文集》第1卷318—322页。
⑤ 参见《〈新青年〉编辑部启事》,《新青年》第六卷第二号,1919年2月。

青年》主体乃北大教授这一事实,已足以提供强大的文化资源——包括象征性的以及实质性的。

《学衡》创刊的 1922 年,吴宓等人所在的东南大学才刚刚成立。虽然前有三江师范学堂(1902)、南京高师的传统,后有中央大学的辉煌,但一直到 1927 年底,东南大学还无法与北京大学比肩。北伐成功,国民政府定都南京,原先的东南大学,经由一番蜕变,成为首都乃至全国的"第一高校"——中央大学(1928)。作为"首都大学",中央大学的迅速崛起有其必然性。对于大学来说,"近水楼台先得月";对于政府来说,意识形态控制必须借助最高学府的支持。这种权力与知识的共谋,使得中央大学获得了更多发展的动力与资源,有一段时间明显凌驾于北大之上。①

《学衡》诸君都是学有所长的专家学者,其对西洋文明以及传统中国文化的了解,很可能不在《新青年》同人之下。但若论名声以及对于社会历史进程的影响,二者则无法比拼。关键在于各自所选择的道路,以及思想方法和论述策略。除此之外,必须承认,北京大学这一学术背景,还是起了很大作用。可《新青年》同人提倡"思想革命"与"文学革命",之所以青史留名,文化资本外,还得益于历史记忆。

关于《新青年》的"历史记忆",不完全是自然而然地形成的,也包括《新青年》同人自身的努力。胡先骕嘲笑胡适擅长"内台叫好",具体所指乃《五十年来中国之文学》中对于白话文运动的表彰。② 可这话更适合于《尝试集》。关于《尝试集》,胡适有过许多"戏台里喝彩",从具体诗作的品鉴,到"个人主张文学革命的小史"的述说,再到"胡适之

---

① 参见拙文《首都的迁徙与大学的命运——民国年间的北京大学与中央大学》,《文史知识》2002 年第 5 期。

② 参见胡先骕《评胡适〈五十年来中国之文学〉》,《学衡》第 18 期,1923 年 6 月。

体"的阐释。① 作为潜心"尝试"白话诗写作的适之先生,精益求精固然值得钦佩,有点功名心也完全可以理解。在此"制作经典"的过程中,最令人惊讶的举动,还是邀请周氏兄弟等五位当世名流为其"删诗"。此举表面上谦卑,实则隐含了对于自家诗集的历史定位:不满足于"开创之功",因而必须苦心经营其"经典之作"。② 而这种经营是有效的,我们今天关于"文学革命"的历史叙述,受胡适《逼上梁山》《〈中国新文学大系·建设理论集〉导言》以及《胡适口述自传》的影响很深。

这也是胜利者常有的姿态——在叙述历史的同时,不忘自我表彰。如此不断强化的"文化记忆",不能不影响到后世的历史叙述。今天我们可能对五四新文化运动的另一面——比如《学衡》诸君的理念感兴趣,可当你进入历史,就会发现,你很难像谈论《新青年》那样谈论《学衡》。因为,人物形象模糊,故事不太连贯,缺乏必要的细节,无法复原生动的历史场景,你叫我怎么娓娓道来？相比之下,关于《新青年》的叙事是如此完整,如此生动,以至你感到那段历史似乎触手可及。而这可不仅仅是"优胜劣败,自然淘汰",其中包含新文化人的苦心经营。

不管是著作、人物,还是报刊、社团,能否"流芳千古",时间是个很重要的因素。以作品为例,二十年后还有人阅读,是小成;五十年后不被遗忘,是中成;如果一百后仍然被记忆,那可就是大成了。大约就在《新青年》诞生二十年之际,或者说停刊十几年后,早已星流云散的《新青年》同人,由于某种特殊的机缘,在回忆中重新聚首,述说友情,同时彩绘历史,为后世之"《新青年》叙事"奠定牢靠的根基。

我所说的机缘,很明显,是指《中国新文学大系》的编纂。1933年,

---

① 参见《尝试集》初版、再版和四版的自序,以及《谈谈"胡适之体"的诗》(《自由评论》第12期,1936年2月)。

② 参见拙文《经典是怎样形成的——周氏兄弟等为胡适删诗考》,《鲁迅研究月刊》2001年第4—5期。

刘半农在编纂《初期白话诗稿》时,引了陈衡哲"我们都是三代以上的古人了"的慨叹,然后加以发挥:

> 这十五年来中国内文艺界已经有了显著的变动和相当的进步,就把我们这班当初努力于文艺革新的人,一挤挤成了三代以上的古人,这是我们应当于惭愧之余感觉到十二分的喜悦与安慰的。①

这段话,被《中国新文学大系》的编纂者再三提及。比如阿英的《〈中国新文学运动史资料〉序记》,以及茅盾撰于1935年4月的《十年前的教训》②,都提到刘半农的这段感慨。郑振铎的表述更加直截了当:

> 而初期的为白话文运动而争斗的勇士们,像钱玄同们,便都也转向的转向,沉默的沉默了。
>
> 只有鲁迅,周作人还是不断的努力着,成为新文坛的双柱。③

这段话,在肯定周氏兄弟业绩的同时,也在为《新青年》事业画句号。值得注意的是,胡适、周作人、鲁迅等与刘半农关系更为密切且被郑振铎划为"三代以上的古人"的人们,反倒回避这一略带伤感的感慨。④。

"三代以上的古人"这样的感慨,既沉重,又敏感,牵涉到五四"文学革命"与1930年代"革命文学"的冲突。尽管代与代、先驱与后继、当事人与观察者、追忆历史与关注当下,决定了对于"新文学"的历史建构,各方意见会有分歧;但经由《中国新文学大系》的编纂,《新青年》同人的文学事业得到了前所未有的肯定。"大系"各集的编者,各有其

---

① 刘半农:《初期白话诗稿·序目》,北平:星云堂书店,1933年。
② 参见阿英《〈中国新文学运动史资料〉序记》,《阿英文集》137—138页,北京:三联书店,1979年;茅盾(清)《十年前的教训》,《文学》第4卷第4号,1935年4月。
③ 郑振铎:《〈中国新文学大系·文学论争集〉导言》8页,《中国新文学大系·文学论争集》。
④ 参见杨志《"史家"意识与"选家"眼光的交融——〈中国新文学大系〉(1917—1927)研究》之"在'分期'问题上的冲突"一节,北京大学硕士论文,未刊稿,2002年。

理论背景,也各有其现实利益,但既然在 1917—1927 年的框架中书写历史,《新青年》的开创之功,无论如何必须首先肯定。就像蔡元培在《总序》中所说的:

> 主张以白话代文言,而高揭文学革命的旗帜,这是从《新青年》时代开始的。①

翻阅《中国新文学大系》各集的"导言",《新青年》是个绕不过去的话题;至于鲁迅、茅盾、郑振铎、朱自清等,更是开篇就从《新青年》说起。

不是从戊戌变法、辛亥革命或者五四运动,也不是从《新小说》《民报》或《南社丛刊》,而是从《新青年》说起,这一"新文学"原点的确定,对于日后的历史叙述,关系重大。在这个意义上,《中国新文学大系》的编纂,不只是保留资料,更是书写历史。就在此新文学"经典化"的过程中,《新青年》同人发挥了巨大作用——除了撰写"总序"的蔡元培,还有负责"建设理论集"的胡适、"小说二集"的鲁迅、"散文一集"的周作人。此外,《新潮》社及文学研究会的郑振铎、茅盾、朱自清等,其立场也接近《新青年》同人。因此,可以这么说,对于"中国现代文学"学科影响极为深远的《中国新文学大系》,其关于"文学革命"的历史叙述,深深打上了《新青年》同人的烙印。

关于五四一代如何借助"大系"的编纂,加强"文学革命"的历史记忆,并恰到好处地建立起有关"新文学"的权威叙事,学界近年多有研究②,这里不再细说。其实,还有另外一件事,同样影响后世对于"新文学"的叙述。那便是因陈独秀、李大钊著作的出版,以及刘半农的突然

---

① 蔡元培:《〈中国新文学大系〉总序》10 页,《中国新文学大系·建设理论集》。

② 参见刘禾"The Making of the Compendiun of Modern Chinese Literature"(*Translingual Practice*, Stanford University Press, 1995)、温儒敏《论〈中国新文学大系〉的学科史价值》(《文学评论》2001 年第 3 期)、罗岗《解释历史的力量——现代"文学"的确立与〈中国新文学大系〉(1917—1927)的出版》(《开放时代》2001 年 5 月号)。

去世,早已分手的《新青年》同人追忆往事,感慨唏嘘。

1932年,在《〈自选集〉自序》中,鲁迅曾慨叹《新青年》同人的分手。这段话十分有名,常被研究者引用:

> 后来《新青年》的团体散掉了,有的高升,有的退隐,有的前进,我又经验了一回同一战阵中的伙伴还是会这么变化,并且落得一个"作家"的头衔,依然在沙漠中走来走去……新的战友在那里呢?①

中间删去的部分,是鲁迅自述其杂文、小说及散文诗的写作。我关心的是,渐入晚年的鲁迅,其对于"成了游勇,布不成阵了"的精神状态的描述。毫无疑问,此时的鲁迅,十分怀念《新青年》时期同人的并肩战斗。第二、三年,因缘际会,鲁迅在文章中三怀故人,恰好都涉及早年的《新青年》事业。

1933年3月,鲁迅撰《我怎样做起小说来》,提及"说到为什么做小说,仍抱十多年前的'启蒙主义'",还专门介绍《狂人日记》的写作过程:

> 但是《新青年》的编辑者,却一回一回的来催,催几回,我就做一篇,这里我必得记念陈独秀先生,他是催促我做小说最着力的一个。②

那时陈独秀正在国民党的监狱里服刑,鲁迅写这段话时,肯定感慨遥深。同年5月,鲁迅撰《〈守常全集〉题记》,其中有云:

---

① 《〈自选集〉自序》,《鲁迅全集》第4卷456页。
② 《我怎么做起小说来》,《鲁迅全集》第4卷512页。陈独秀在五四时期,确曾极力敦促鲁迅从事小说写作,如1920年3月11日致周作人信:"我们很盼望豫才先生为《新青年》创作小说,请先生告诉他。"同年8月22日信:"鲁迅兄做的小说,我实在五体投地的佩服。"(水如编《陈独秀书信集》251、258页,北京:新华出版社,1987年)

> 我最初看见守常先生的时候,是在独秀先生邀去商量怎样进行《新青年》的集会上,这样就算认识了。不知道他其时是否已是共产主义者。总之,给我的印象是很好的:诚实,谦和,不多说话。《新青年》的同人中,虽然也很有喜欢明争暗斗,扶植自己势力的人,但他一直到后来,绝对的不是。①

写下这段文字时,鲁迅所面对的,只能是《新青年》时代"站在同一战线上的伙伴"李大钊的遗文了。面对着这"先驱者的遗产,革命史上的丰碑"②,鲁迅能不更加感怀昔日的战友?

一年后,又一个《新青年》的伙伴刘半农去世。此前,鲁迅与在京的刘、钱、周、胡等《新青年》同人,其实已经相当隔膜了。可获悉这消息,鲁迅还是很快写出了声情并茂的《忆刘半农君》,其中专门提到刘在新文化运动时期"很打了几次大仗":

> 我已经忘记了怎么和他初次会面,以及他怎么能到了北京。他到北京,恐怕是在《新青年》投稿之后,由蔡孑民先生或陈独秀先生去请来的,到了之后,当然更是《新青年》里的一个战士。他活泼,勇敢,很打了几次大仗。譬如罢,答王敬轩的双镗信,"她"字和"牠"字的创造,不都是的。这两年,现在看起来,自然是琐屑得很,但那是十多年前,单是提倡新式标点,就会有一大群人"若丧考妣",恨不得"食肉寝皮"的时候,所以的确是"大仗"。现在的二十左右的青年,大约很少有人知道三十年前,单是剪下辫子就会坐牢或杀头的了。然而这曾经是事实。③

这还不够,鲁迅还专门为刘半农常被学界诟病的"浅"辩解:"不错,半

---

① 《〈守常全集〉题记》,《鲁迅全集》第 4 卷 523 页。
② 同上书 524—525 页。
③ 《忆刘半农君》,《鲁迅全集》第 6 卷 71 页。

农确是浅。但他的浅,却如一条清溪,澄澈见底,纵有多少沉渣和腐草,也不掩其大体的清。"由刘半农生发开来,鲁迅无限深情地回忆起《新青年》的其他战友:

> 《新青年》每出一期,就开一次编辑会,商定下一期的稿件。其时最惹我注意的是陈独秀和胡适之。假如将韬略比作一间仓库罢,独秀先生的是外面竖一面大旗,大书道:"内皆武器,来者小心!"但那门却开着的,里面有几枝枪,几把刀,一目了然,用不着提防。适之先生的是紧紧的关着门,门上粘一条小纸条道:"内无武器,请勿疑虑。"这自然可以是真的,但有些人——至少是我这样的人——有时总不免要侧着头想一想。半农却是令人不觉其有"武库"的一个人,所以我佩服陈胡,却亲近半农。①

值得注意的是,这里对陈、胡、刘三人的描述,既贴切,又友善,并无特别嘲讽的意味。看来,即便坚强如鲁迅先生,怀旧的心情依旧战胜了一时的政治纷争。

同样面对刘半农的突然去世,钱玄同先是发表《亡友刘半农先生》,表扬其果敢以及"常常做白话新诗";后又撰长篇挽联,上联涉及其提倡文学革命的业绩:

> 当编辑《新青年》时,全仗带情感的笔锋,推翻那陈腐文章,昏乱思想;曾仿江阴"四句头山歌",创作活泼清新的《扬鞭》《瓦釜》。回溯在文学革命旗下,勋绩弘多;更于世道有功,是痛诋乩坛,严斥"脸谱"。②

至于刘半农另一位好友周作人,也在《人间世》上撰文,称赞"半农的

---

① 《忆刘半农君》,《鲁迅全集》第6卷71—72页。
② 参见钱玄同《亡友刘半农先生》(1934年7月21日北平《世界日报·国语周刊》)及《刘半农先生挽词》(1934年10月13日北平《世界日报·国语周刊》)。

真",以及"半农的杂学"。不过,具体叙述时,仍旧在《新青年》上做文章:

> 民国六年春间我来北京,在《新青年》中初见到半农的文章,那时他还在南方,留下一种很深的印象,这是几篇《灵霞馆笔记》,觉得有清新的生气,这在别人笔下是没有的。①

蔡元培也在《哀刘半农先生》中提及"先生在《新青年》上提倡白话诗文",更强调半农兼有科学家的"收敛"与文学家的"放任"。②

如果再加上两年后鲁迅去世,蔡元培、周作人、钱玄同等人纷纷撰写悼念文章,不约而同重提《新青年》时期的亲密接触,短短几年间,竟然集中了这么多以《新青年》为背景的悼亡或怀旧之作。而不管是追忆者,还是被追忆者,均为当时知名度极高的文人学者;不难想象,作为贯串线索的《新青年》,如何因此激起好奇心及阅读热情。正是在此背景下,1936年,上海亚东图书馆和求益书社联合推出重印本《新青年》。

约略与此同时,身陷囹圄的"五四新文化运动总司令"陈独秀,也引起世人的普遍关注。亚东图书馆不失时机地将《新青年》上陈独秀的文章汇编成册,以《独秀文存》名目出版(1933年),并敦请德高望重的蔡元培撰写序言。蔡序提及陈独秀任北大文科学长后,如何与沈尹默、钱玄同、刘半农、周作人、胡适等密切配合,在《新青年》上发起新文化运动。接下来,蔡先生这样评价陈独秀的文章:

> 这部文存所存的,都是陈君在《新青年》上发表过的文,大抵取推翻旧习惯、创造新生命的态度;而文笔廉悍,足药拖沓含糊等病;即到今日,仍没有失掉青年模范文的资格。我所以写几句话,

---

① 知堂:《半农纪念》,《人间世》第18期,1934年12月。
② 蔡元培:《哀刘半农先生》,《人间世》第10期,1934年8月。

替他介绍。①

既想保护陈独秀的安全,也希望忠实于历史,在此前后,蔡元培多次在文章中刻意强调陈独秀在新文化运动中的巨大贡献②。

1937年8月下旬,陈独秀因抗战爆发而提前出狱。三个月后,陈撰《我对于鲁迅之认识》,回忆此前一年去世的鲁迅,也是从《新青年》落笔:

> 鲁迅先生和他的弟弟启明先生,都是《新青年》作者之一,虽然不是最主要的作者,发表的文字也很不少,尤其是启明先生;然而他们两位,都有他们自己独立的思想,不是因为附和《新青年》作者中那一个人而参加,所以他们的作品在《新青年》中特别有价值,这是我个人的私见。③

此文之所以值得格外关注,不只是因其表扬鲁迅的先进思想与幽默文章,更使得我们所勾勒的1933—1937年间《新青年》同人的"大聚会",得到完满的结局。

当然,此后周作人以及胡适的"《新青年》叙事"还在继续;但即便只有1930年代的这些叙事,已经足够让《新青年》流芳千古了。微拉·施瓦支在《中国的启蒙运动——知识分子与五四遗产》中,提到变幻莫测的"五四'回忆史'",即五四运动的参加者、观察者和批评者都是"有选择地运用他们的回忆":

> 每当救国的压力增强时,他们更多地回忆政治方面的内容;每

---

① 蔡元培:《〈独秀文存〉序》,《蔡元培全集》第6卷271页,北京:中华书局,1988年。

② 除上述《〈中国新文学大系〉总序》,还有《我在北京大学的经历》及《我在教育界的经验》等。

③ 陈独秀:《我对于鲁迅之认识》,《陈独秀文章选编》下册564页,北京:三联书店,1984年。

当社会气氛有利于实现知识分子解放的目标时,他们就回忆适应启蒙的需要开展的文化论战。①

回忆过去,往往是为了展望未来;五四运动实在太有名了,不免被各家各派所利用。寓言化、神话化、象征化"五四运动"的同时,也意味着这一段历史被工具化。

可仔细考辨,你会发现一个有趣的现象:关于五四运动或新文化历史的叙述,各家之间差异最小的,是关于《新青年》部分。举个例子,美国学者周策纵1960年在哈佛大学出版社推出的《五四运动:现代中国的思想革命》,与中国学者彭明1983年初版、1998年修订的《五四运动》,政治观念与史学训练差别很大,但前者的第三章《运动的开始阶段:初期的文学和思想活动》与后者的第五章《启封建之蒙——"五四"前的新文化运动》,对于《新青年》的创办经过及历史功绩的描述,却颇为接近。② 其实,道理很简单,因为《新青年》同人的自我建构已经相当完整③,不容你随便扭曲。

谈论《新青年》之历史功绩,从文学史,还是从思想史、政治史角度立论,会有相当明显的差异。本文综合考虑《新青年》同人的自我定位、后世史家的持续研究,以及我对"五四神话"的独特理解,希望兼及思想史与文学史——首先将《新青年》还原为"一代名刊",在此基础上,发掘其"思想史视野中的文学"所可能潜藏的历史价值及现实意义。

---

① 微拉·施瓦支著、李国英等译《中国的启蒙运动——知识分子与五四遗产》307页,太原:山西人民出版社,1989年。

② 参见周策纵著、周子平等译《五四运动:现代中国的思想革命》(南京:江苏人民出版社,1996年)第三章,以及彭明《五四运动》(北京:人民出版社,1998年)第五章。

③ "完整"不等于"完美",作为当事人,《新青年》同人的"文学革命叙事",自有其无法避免的盲点。比如,过于强调"反叛"与"断裂",否定晚清文学改良的作用;对于《学衡》诸君以及所谓《礼拜六》派的讥讽,也有言过其实甚至强词夺理的地方。

七　编辑方针

全套的《新青年》杂志,因多次重刊,有心人不难寻求;"选本"的价值,很大程度在于凸显编选者的眼光。这也是编选者之所以煞费苦心,刻意经营长篇导读的缘故。

这不是第一部《新青年》选本,本书的特色在于:第一,将思想史视野与文学史意义重叠起来,确立新的阅读及阐释标准;第二,坚信"议政""述学"之文,同样也可以是"具有文学性"的好文章;第三,作为一项共同参与的事业,《新青年》同人的整体形象,必须得到完整的呈现;第四,既按文体分类,以便读者欣赏,又隐含着"史"的线索及编者的价值判断;第五,尽量尊重那代人的选择,不做无谓的变更,尤其在标点符号及个别词汇的使用上,反对以今人标准妄加添改——最明显的莫过于滥用感叹号和分号,以及将长句裁短或将短句捏合。

最后一点,必须略加引申。对文章体式及标点符号的积极探索,乃五四"文学革命"的另一项"实绩"。选本理当保持原状,切忌"厚今薄古",以今人剪裁古人。即使只是将句号改为感叹号(或反之),语气变了,意思必定有所动摇;更重要的是,历史感没了。说实话,当初之所以执意要重编《新青年》选本,正是有感于此。

小至标点符号、段落划分,大到思想模式、文章风格,《新青年》并非十全十美;可正是这种略为淆乱,这种错落中有其统一性,显示此一代名刊的勃勃生机。为了读者方便,也为了突出一代人的阅读趣味,有必要重编读本;但尊重历史,尊重古人,始终是第一要素。换句话说,这是思想史/文学史/文化史读本,而不是中小学教材。

2001 年 5 月—2002 年 10 月
于北京西三旗寓所/台北长兴街客舍

论　　文

文学改良刍议

胡 适

今之谈文学改良者众矣。记者末学不文,何足以言此?然年来颇于此事再四研思,辅以友朋辨论,其结果所得,颇不无讨论之价值。因综括所怀见解,列为八事,分别言之,以与当世之留意文学改良者一研究之。

吾以为今日而言文学改良,须从八事入手。八事者何?

一曰须言之有物。

二曰不摹仿古人。

三曰须讲求文法。

四曰不作无病之呻吟。

五曰务去烂调套语。

六曰不用典。

七曰不讲对仗。

八曰不避俗字俗语。

一曰须言之有物　吾国近世文学之大病,在于言之无物。今人徒知"言之无文,行之不远",而不知言之无物,又何用文为乎?吾所谓"物",非古人所谓"文以载道"之说也。吾所谓"物",约有二事:

(一)情感　《诗序》曰:"情动于中而形诸言,言之不足,故嗟叹之;嗟叹之不足,故永歌之;永歌之不足,不知手之舞之、足之蹈之也。"此吾所谓情感也。情感者,文学之灵魂。文学而无情感,如人之无魂,木偶而已,行尸走肉而已(今人所谓"美感"者亦情感之一也)。

(二)思想　吾所谓"思想",盖兼见地、识力、理想三者而言之。思想不必皆赖文学而传,而文学以有思想而益贵,思想亦以有文学的价值而益贵也。此庄周之文、渊明老杜之诗、稼轩之词、施耐庵之小说所以复绝千古也。思想之在文学,犹脑筋之在人身。人不能思想,则虽面目姣好,虽能笑啼感觉,亦何足取哉!文学亦犹是耳。

文学无此二物,便如无灵魂、无脑筋之美人,虽有秾丽富厚之外观,抑亦末矣。近世文人沾沾于声调字句之间,既无高远之思想,又无真挚之情感,文学之衰微,此其大因已。此文胜之害,所谓言之无物者是也。欲救此弊,宜以质救之。质者何?情与思二者而已。

二曰不摹仿古人　文学者,随时代而变迁者也。一时代有一时代之文学,周秦有周秦之文学,汉魏有汉魏之文学,唐宋元明有唐宋元明之文学。此非吾一人之私言,乃文明进化之公理也。即以文论,有尚书之文,有先秦诸子之文,有司马迁、班固之文,有韩、柳、欧、苏之文,有语录之文,有施耐庵、曹雪芹之文,此文之进化也。试更以韵文言之,击壤之歌,五子之歌,一时期也;三百篇之诗,一时期也;屈原、荀卿之骚赋,又一时期也;苏、李以下至于魏晋,又一时期也;江左之诗流为排比,至唐而律诗大成,此又一时期也;老杜、香山之"写实"体诸诗(如杜之《石壕吏》《羌村》,白之新乐府)又一时期也。诗至唐而极盛,自此以后,词曲代兴。唐五代及宋初之小令,此词之一时代也;苏、柳(永)、辛、姜之词,又一时代也;至于元之杂剧传奇,则又一时代矣。凡此诸时代,各因时势风会而变,各有其特长。吾辈以历史进化之眼光观之,决不可谓古人之文学皆胜于今人也。左氏史公之文奇矣,然施耐庵之《水浒传》视《左传》《史记》,何多让焉?《三都》《两京》之赋富矣,然以视唐诗、宋词则糟粕耳。此可见文学因时进化,不能自止。唐人不当作商、周之诗,宋人不当作相如、子云之赋。即令作之,亦必不工,逆天背时,违进化之迹,故不能工也。

既明文学进化之理,然后可言吾所谓"不摹仿古人"之说。今日之中国,当造今日之文学,不必摹仿唐宋,亦不必摹仿周秦也。前见国会开幕词有云:"于铄国会,遵晦时休。"此在今日而欲为三代以上之文之一证也。更观今之"文学大家",文则下规姚、曾,上师韩、欧,更上则取法秦、汉、魏、晋,以为六朝以下无文学可言。此皆百步与五十步之别而已,而皆为文学下乘。即令神似古人,亦不过为博物院中添几许"逼真赝鼎"而已。文学云乎哉?昨见陈伯严先生一诗云:

> 涛园钞杜句,半岁秃千毫。所得都成泪,相过问奏刀。
> 万灵噤不下,此老仰弥高。胸腹回滋味,徐看薄命骚。

此大足代表今日"第一流诗人"摹仿古人之心理也。其病根所在,在于以"半岁秃千毫"之工夫作古人的钞胥奴婢,故有"此老仰弥高"之叹。若能洒脱此种奴性,不作古人的诗而惟作我自己的诗,则决不致如此失败矣。

吾每谓今日之文学,其足与世界"第一流"文学比较而无愧色者,独有白话小说(我佛山人、南亭亭长、洪都百炼生三人而已)一项。此无他故,以此种小说皆不事摹仿古人(三人皆得力于《儒林外史》《水浒》《石头记》,然非摹仿之作也)而惟实写今日社会之情状,故能成真正文学。其他学这个、学那个之诗古文家,皆无文学之价值也。今之有志文学者,宜知所从事矣。

三曰须讲求文法　今之作文作诗者,每不讲求文法之结构。其例至繁,不便举之,尤以作骈文、律诗者为尤甚。夫不讲文法,是谓"不通",此理至明,无待详论。

四曰不作无病之呻吟　此殊未易言也。今之少年往往作悲观,其取别号则曰"寒灰""无生""死灰"。其作为诗文,则对落日而思暮年,对秋风而思零落,春来则惟恐其速去,花发又惟惧其早谢,此亡国之哀音也。老年人为之犹不可,况少年乎？其流弊所至,遂养成一种暮气,不思奋发有为、服劳报国,但知发牢骚之音、感喟之文。作者将以促其寿年,读者将亦短其志气,此吾所谓无病之呻吟也。国之多患,吾岂不知之。然病国危时,岂痛哭流涕所能收效乎？吾惟愿今之文学家作费舒特（Fichte）、作玛志尼（Mazzini）,而不愿其为贾生、王粲、屈原、谢皋羽也。其不能为贾生、王粲、屈原、谢皋羽而徒为妇人醇酒丧气失意之诗文者,尤卑卑不足道矣。

五曰务去烂调套语　今之学者,胸中记得几个文学的套语,便称诗人。其所为诗文处处是陈言烂调："蹉跎""身世""寥落""飘零""虫沙""寒窗""斜阳""芳草""春闺""愁魂""归梦""鹃啼""孤影""雁字""玉楼""锦字""残更"……之类,累累不绝,最可憎厌。其流弊所至,遂令国中生出许多似是而非、貌似而实非之诗文。今试举一例以证之：

  荧荧夜灯如豆,映幢幢孤影,凌乱无据。翡翠衾寒,鸳鸯瓦冷,禁得秋宵几度。　么弦漫语,早丁字帘前,繁霜飞舞。袅袅余音,片时犹绕柱。

此词骤观之,觉字字句句皆词也。其实仅一大堆陈套语耳。"翡翠衾""鸳鸯瓦"用之白香山《长恨歌》则可,以其所言乃帝王之衾、之瓦也。"丁字帘""么弦"皆套语也。此词在美国所作,其夜灯决不"荧荧如豆",其居室尤无"柱"可绕也。至于"繁霜飞舞",则更不成话矣,谁曾见繁霜之"飞舞"耶？

吾所谓务去烂调套语者,别无他法,惟在人人以其耳目所亲见亲闻、所亲身阅历之事物,一一自己铸词以形容描写之。但求其不失真,但求能达其状物写意之目的,即是工夫。其用烂调套语者,皆懒惰不肯自己铸词状物者也。

六曰不用典　吾所主张八事之中,惟此一条最受友朋攻击,盖以此条最易误会也。吾友江亢虎君来书曰：

> 所谓典者,亦有广狭二义。馂饤獭祭,古人早悬为厉禁。若并成语故事而屏之,则非惟文字之品格全失,即文字之作用亦亡。……文字最妙之意味,在用字简而涵义多,此断非用典不为功。不用典不特不可作诗,并不可写信,且不可演说。来函满纸"旧雨""虚怀""治头治脚""舍本逐末""洪水猛兽""发聋振聩""负弩先驱""心悦诚服""词坛""退避三舍""无病呻吟""滔天""利器""铁证"……皆典也。试尽抉而去之,代以俚语俚字,将成何说话？其用字之繁简,犹其细焉,恐一易他词,虽加倍蓰而涵义仍终不能如是恰到好处,奈何。……

此论极中肯要,今依江君之言,分典为广狭二义,分论之如下：

(一)广义之典非吾所谓典也。广义之典约有五种：

(甲)古人所设譬喻,其取譬之事物,含有普通意义,不以时代而失其效用者,今人亦可用之。如古人言"以子之矛攻子之盾"。今人虽不读书者,亦知用"自相矛盾"之喻,然不可谓为用典也。上文所举例中之"治头治脚""洪水猛兽""发聋振聩"……皆此类也。盖设譬取喻,贵能切当,若能切当,固无古今之别也。若"负弩先驱""退避三舍"之类,在今日已非通行之事物。在文人相与之间,或可用之,然终以不用为上。如言"退避"千里亦可,百里亦可,不必定用"三舍"之典也。

(乙)成语　成语者,合字成辞,别为意义。其习见之句,通行已久,不妨用之。然今日若能另铸"成语"亦无不可也。"利器""虚怀""舍本逐末"……皆属此类。此非"典"也,乃日用之字耳。

(丙)引史事　引史事与今所论议之事相比较,不可谓为用典也。如老杜诗云"未闻殷周衰,中自诛褒妲",此非用典也。近人诗云"所以曹孟德,犹以汉相终",此亦非用典也。

(丁)引古人作比　此亦非用典也。杜诗云"清新庾开府,俊逸鲍参军",此乃以古人比今人,非用典也。又云"伯仲之间见伊吕,指挥若定失萧曹",此亦非用典也。

(戊)引古人之语　此亦非用典也。吾尝有句云:"我闻古人言,艰难惟一死。"又云:"尝试成功自古无,放翁此语未必是。"此乃引语,非用典也。

以上五种为广义之典,其实非吾所谓典也,若此者可用可不用。

(二)狭义之典,吾所主张不用者也。吾所谓"用典"者,谓文人词客不能自己铸词造句以写眼前之景、胸中之意,故借用或不全切、或全不切之故事、陈言以代之,以图含混过去,是谓"用典"。上所述广义之典,除戊条外,皆为取譬比方之辞,但以彼喻此,而非以彼代此也。狭义之用典,则全为以典代言。自己不能直言之,故用典以言之耳,此吾所谓用典与非用典之别也。狭义之典亦有工拙之别。其工者偶一用之,未为不可,其拙者则当痛绝之已。

(子)用典之工者　此江君所谓用字简而涵义多者也,客中无书不能多举其例。但杂举一二,以实吾言。

(1)东坡所藏仇池石,王晋卿以诗借观,意在于夺。东坡不敢不借,先以诗寄之,有句云:"欲留嗟赵弱,宁许负秦曲。传观慎勿许,间道归应速。"此用蔺相如返璧之典何其工切也!

(2)东坡又有《章质夫送酒六壶,书至而酒不达》诗云:"岂意青州六从事,化为乌有一先生。"此虽工已近于纤巧矣。

(3)吾十年前尝有读《十字军英雄记》一诗云:"岂有鸩人羊叔子,焉知微服赵主父。十字军真儿戏耳,独此两人可千古。"以两典包尽全书,当时颇沾沾自喜。其实此种诗,尽可不作也。

(4)江亢虎代华侨诔陈英士文有"未悬太白,先坏长城。世无鉏麑,乃戕赵卿"四句,余极喜之。所用赵宣子一典,甚工切也。

(5)王国维咏史诗,有"虎狼在堂室,徙戎复何补?神州遂陆沉,百年委榛莽。寄语桓元子,莫罪王夷甫",此亦可谓使事之工者矣。

上述诸例,皆以典代言。其妙处,终在不失设譬比方之原意,惟为文体所限,故譬喻变而为称代耳。用典之弊,在于使人失其所欲譬喻之原意。若反客为主,使读者迷于使事用典之繁,而转忘其所为设譬之事物,则为拙矣。古人虽作百韵长诗,其所用典不出一二事而已(《北征》《与白香山悟真寺》诗,皆不用一典),今人作长律则非典不能下笔矣。尝见一诗八十四韵,而用典至百余事,宜其不能工也。

(丑)用典之拙者　用典之拙者,大抵皆衰惰之人,不知造词,故以此为躲懒藏拙之计。惟其不能造词,故亦不能用典也,总计拙典亦有数类。

(1)比例泛而不切,可作几种解释,无确定之根据。今取王渔洋《秋柳》一章证之:

  娟娟凉露欲为霜,万缕千条拂玉塘。浦里青荷中妇镜,江干黄竹女儿箱。

  空怜板渚隋堤水,不见琅琊大道王。若过洛阳风景地,含情重问永丰坊。

此诗中所用诸典无不可作几样说法者。

(2)僻典使人不解。夫文学所以达意抒情也,若必求人人能读五车之书,然后能通其文,则此种文可不作矣。

(3)刻削古典成语,不合文法。"指兄弟以孔怀,称在位以曾是"(章太炎语),是其例也。今人言"为人作嫁"亦不通。

(4)用典而失其原意。如某君写山高与天接之状,而曰"西接杞天倾"是也。

(5)古事之实有所指,不可移用者,今往乱用作普通事实。如古人灞桥折柳以送行者,本是一种特别土风,阳关、渭城亦皆实有所指。今之懒人不能状别离之情,于是虽身在滇越,亦言灞桥;虽不解阳关、渭城为何物,亦皆言阳关三叠,渭城离歌。又如张翰因秋风起而思故乡之莼羹鲈脍,今则虽非吴人不知莼鲈为何味者,亦皆自称有"莼鲈之思",此则不仅懒不可救,直是自欺欺人耳。

凡此种种,皆文人之下下工夫。一受其毒,便不可救,此吾所以有"不用典"之说也。

七曰不讲对仗　排偶乃人类言语之一种特性,故虽古代文字如老子、孔子之文,亦间有骈句。如:"道可道,非常道。名可名,非常名。无名天地之始,有名万物之母。故常无,欲以观其妙。常有,欲以观其微。"此三排句也。"食无求饱;居无求安。""贫而无谄,富而无骄。""尔爱其羊,我爱其礼。"此皆排句也。然此皆近于语言之自然,而无牵强刻削之迹。尤未有定其字之多寡,声之平仄,词之虚实者也。至于后世文学末流,言之无物,乃以文胜;文胜之极,而骈文、律诗兴焉,而长律兴焉。骈文、律诗之中非无佳作,然佳作终鲜。所以然者何,岂不以其束缚人之自由过甚之故耶?（长律之中,上下古今,无一首佳作可言也。）今日而言文学改良,当"先立乎其大者",不当枉废有用之精力于微细纤巧之末,此吾所以有废骈、废律之说也。即不能废此两者,亦但当视为文学末技而已,非讲求之急务也。

今人犹有鄙夷白话小说为文学小道者,不知施耐庵、曹雪芹、吴趼人皆文学正宗,而骈文、律诗乃真小道耳。吾知必有闻此言而却走者矣。

八曰不避俗语俗字　吾惟以施耐庵、曹雪芹、吴趼人为文学正宗,故有"不避俗字俗语"之论也（参看上文第二条下）。盖吾国言文之背驰久矣。自佛书之输入,译者以文言不足以达意,故以浅近之文译之,其体已近白话。其后佛氏讲义、语录尤多用白话为之者,是为语录体之原始。及宋人讲学以白话为语录,此体遂成讲学正体（明人因之）。当是时,白话已久入韵文,观唐宋人白话之诗词可见也。及元时,中国北部已在异族之下三百余年矣（辽、金、元）。此三百年中,中国乃发生一种通俗行远之文学,文则有《水浒》《西游》《三国》之类,戏曲则尤不可胜计(关汉卿诸人,人各著剧数十种之多。吾国文人著作之富,未有过于此时者也)。以今世眼光观之,则中国文学当以元代为最盛,可传世不朽之作,当以元代为最多,此可无疑也。当是时,中国之文学最近言文合一,白话几成文学的语言矣。使此趋势不受沮遏,则中国几有一"活文学出现",而但丁、路得之伟业,(欧洲中古时,各国皆有俚语,而以拉丁文为文言,凡著作书籍皆用之,如吾国之以文言著书也。其后意大利有但丁[Dante]诸文豪,始以其国俚语著作。诸国踵兴,国语亦代起。路得[Luthor]创新教,始以德文译《旧约》《新约》,遂开德文学之先。英、法诸国亦复如是。今世通用之英文《新(旧)约》,乃一六一一年译本,距今才三百年耳。故今日欧洲诸国之文学,在当日皆为俚语。迨诸文豪兴,始以"活文学"代拉丁之死文学。有活文学而后有言文合一之国语也。)几发生于神州。不意此趋势骤为明代所沮,政府既以八股取士,而当时文人如何李七子之徒,又争以复古为高。于是此千年难遇言文合一之机会,遂中道夭折矣。然以今世历史进化的眼光观之,则白话文学之为中国文学之正宗,又为将来文学必用之利器,可断言也(此"断言"乃自作者言之。赞成此说者,今日未必甚多也)。以此之故,吾主张今日作文作诗,宜采用俗语俗字。与其用三千年前之死字(如"于铄国会,遵晦时休"之类),不如用二十世纪之活字;与其作不能行远、不能普及之秦汉六朝文字,不如作家喻户晓之《水浒》《西游》文字也。

结论:

上述八事,乃吾年来研思此一大问题之结果。远在异国,既无读书之暇晷,又不得就国中先生、长者质疑问难,其所主张容有矫枉过正之处。然此八事皆文学上根本问题,一一有研究之价值,故草成此论以为海内外留心此问题者作一草案。谓之刍议,犹云未定草也,伏惟国人同志有以匡纠是正之。

余恒谓中国近代文学史,施、曹价值,远在归、姚之上,闻者咸大惊疑。今得胡君之论,窃喜所见不孤。白话文学,将为中国文学之正宗。

余亦笃信而渴望之。吾生倘亲见其成,则大幸也。元代文学、美术,本蔚然可观。余所最服膺者为东篱,词隽意远,又复雄富。余尝称为"中国之沙克士比亚"。质之胡君及读者诸君以为然否?

独秀识

(原载《新青年》第二卷第五号,1917年1月1日)

文学革命论

陈独秀

今日庄严灿烂之欧洲,何自而来乎?曰,革命之赐也。欧语所谓革命者,为革故更新之义,与中土所谓朝代鼎革,绝不相类。故自文艺复兴以来,政治界有革命,宗教界亦有革命,伦理道德亦有革命,文学艺术亦莫不有革命,莫不因革命而新兴而进化。近代欧洲文明史,宜可谓之革命史。故曰,今日庄严灿烂之欧洲,乃革命之赐也。

吾苟偷庸懦之国民,畏革命如蛇蝎。故政治界虽经三次革命,而黑暗未尝稍减。其原因之小部分,则为三次革命皆虎头蛇尾,未能充分以鲜血洗净旧污;其大部分,则为盘踞吾人精神界根深蒂固之伦理道德、文学、艺术诸端,莫不黑幕层张,垢污深积,并此虎头蛇尾之革命而未有焉。此单独政治革命所以于吾之社会,不生若何变化,不收若何效果也。推其总因,乃在吾人疾视革命,不知其为开发文明之利器故。

孔教问题,方喧哗于国中,此伦理道德革命之先声也。文学革命之气运,酝酿已非一日,其首举义旗之急先锋,则为吾友胡适。余甘冒全国学究之敌,高张"文学革命军"大旗,以为吾友之声援。旗上大书特书吾革命军三大主义:曰推倒雕琢的、阿谀的贵族文学,建设平易的、抒情的国民文学;曰推倒陈腐的、铺张的古典文学,建设新鲜的、立诚的写实文学;曰推倒迂晦的、艰涩的山林文学,建设明了的、通俗的社会文学。

《国风》多里巷猥辞,《楚辞》盛用土语方物,非不斐然可观。承其流者,两汉赋家,颂声大作,雕琢阿谀,词多而意寡,此贵族之文、古典之文之始作俑也。魏晋以下之五言,抒情写事,一变前代板滞堆砌之风,在当时可谓为文学一大革命,即文学一大进化。然希托高古,言简意晦,社会现象,非所取材,是犹贵族之风,未足以语通俗的国民之学也。齐梁以来,风尚对偶,演至有唐,遂成律体。无韵之文,亦尚对偶。《尚书》《周易》以来,即是如此。(古人行文,不但风尚对偶,且多韵语,故骈文家颇主张骈体为中国文章正宗之说[亡友王无生即主张此说之一人]。不知古书传钞不易,韵与对偶,以利传诵而已。后之作者,乌可泥此?)东晋而后,即细事陈启,亦尚骈丽。演至有唐,遂成骈体。诗之有律,文之有骈,皆发源于南北朝,大成于唐代。更进而为排律,为四六。此等雕琢的、阿谀的、铺张的、空泛的贵族古典文学,极其长技,不过如涂脂抹粉之泥塑美人,以视八股试帖之价值,未必能高几何,可谓为文学之末运矣。韩、柳崛起,一洗前人纤巧堆朵之习,风会所趋,乃南北朝贵族古典文学,变而为宋元国民通俗文学之过渡时代。韩、柳、元、白,应运而出,为之中枢。俗论谓昌黎文章起八代之衰,虽非确论,然变八代之法、开宋元之先,自是文界豪杰之士。吾人今日所不满于昌黎者二事:一曰,文犹师古。虽非典文,然不脱贵族气派,寻其内容,远不若唐代诸小说家之丰富,其结果乃造成一新贵族文学。二曰,误于"文以载道"之谬见。文学本非为载道而设,而自昌黎以讫曾国藩所谓载道之文,不过钞袭孔孟以来极肤浅、极空泛之门面语而已。余尝谓唐宋八家文之所谓"文以载道",直与八股家之所谓"代圣贤立言",同一鼻孔出气。以此二事推之,昌黎之变古,乃时代使然。于文学史上,其自身并无十分特色可观也。元明剧本,明清小说,乃近代文学之粲然可观者。惜为妖魔所厄,未及出胎,竟尔流产。以至今日中国之文学,萎琐陈腐,远不能与欧洲比肩。此妖魔为何?即明之前后七子及八家文派之归、方、刘、姚是也。此十八妖魔辈,尊古蔑今,咬文嚼字,称霸文坛,反使盖代文豪若马东篱、若施耐庵、若曹雪芹诸人之姓名,几不为国人所识。若夫七子之诗,刻意模古,直谓之抄袭可也。归、方、刘、姚之文,或希荣誉墓,或无病而呻,满纸之乎者也矣焉哉。每有长篇大作,摇头摆尾,说来说去,不知道说些甚么。此等文学,作者既非创造才,胸中又无物,其伎俩惟在仿古欺人,直无一字有存在之价值。虽著作等身,与其时之社会文明进化无丝毫关系。

今日吾国文学,悉承前代之敝。所谓桐城派者,八家与八股之混合体也;所谓骈体文者,思绮堂与随园之四六也;所谓"西江派"者,山谷之偶像也。求夫目无古人、赤裸裸的抒情写世、所谓代表时代之文豪者,不独全国无其人,而且举世无此想。文学之文,既不足观,应用之文,益复怪诞。碑铭墓志,极量称扬,读者决不见信,作者必照例为之。寻常启事,首尾恒有种种谀词。居丧者即华居美食,而哀启必欺人曰"苫块昏迷"。赠医生以匾额,不曰"术迈歧黄",即曰"着手成春"。穷乡僻壤极小之豆腐店,其春联恒作"生意兴隆通四海,财源茂盛达三江"。此等国民应用之文学之丑陋,皆阿谀的、虚伪的、铺张的贵族古典文学阶之厉耳。

际兹文学革新之时代,凡属贵族文学、古典文学、山林文学,均在排斥之列。以何理由而排斥此三种文学耶?曰:贵族文学,藻饰依他,失独立自尊之气象也;古典文学,铺张堆砌,失抒情写实之旨也;山林文学,深晦艰涩,自以为名山著述,于其群之大多数无所裨益也。其形体则陈陈相因,有肉无骨,有形无神,乃装饰品而非实用品。其内容则目光不越帝王权贵、神仙鬼怪,及其个人之穷通利达。所谓宇宙,所谓人生,所谓社会,举非其构思所及。此三种文学公同之缺点也。此种文学,盖与吾阿谀、夸张、虚伪、迂阔之国民性,互为因果。今欲革新政治,势不得不革新盘踞于运用此政治者精神界之文学。使吾人不张目以观世界社会文学之趋势,及时代之精神,日夜埋头故纸堆中,所目注心营者,不越帝王、权贵、鬼怪、神仙与夫个人之穷通利达,以此而求革新文学,革新政治,是缚手足而敌孟贲也。

欧洲文化,受赐于政治科学者固多,受赐于文学者亦不少。予爱卢梭、巴士特之法兰西，予尤爱虞哥、左喇之法兰西；予爱康德、赫克尔之德意志，予尤爱桂特、郝卜特曼之德意志；予爱倍根、达尔文之英吉利，予尤爱狄铿士、王尔德之英吉利。吾国文学界豪杰之士，有自负为中国之虞哥、左喇、桂特、郝卜特曼、狄铿士、王尔德者乎？有不顾迂儒之毁誉，明目张胆以与十八妖魔宣战者乎？予愿拖四十二生的大炮，为之前驱。

（原载《新青年》第二卷第六号，1917年2月1日）

我之改良文学观

方孝岳

改良政治,人民所以图生存。改良道德学术,人民所以求进化。政治之改良,责成于宪法。道德学术之改良,则赖思想家鼓励于政治范围之外而已。文学与道德学术有密切关系,谋一群之进化,首当从事。

文学革命之声,倡之于胡君适,张之于陈君独秀。二君皆欲以西洋文学之美点,输入我国,其事甚盛。但吾人既以西洋文学之眼光,考我国文学史之得失,则不可不将两方文学史之异点,表而出之。知其异点,然后改良者有叙可循。盖尝思之,其大要有三,

(一)中国文学主知见。欧洲文学主情感。

曾国藩分文学为三门,曰著述、曰告语、曰记载。著述固纯以学为主,而告语记载,亦皆为知见之表示,其所以谓美者,以西洋文学眼光观之,不过文法家(Gramlarian)、修词学家(Rhetorician)所精能者耳。小说词曲,固主情感。然在中国文学史中不据主要位置。

(二)中国文学界广。欧洲文学界狭。

自昭明衷集文艺,别类至繁。下及曾国藩吴汝纶,遂以经史百家列入文学。近人章炳麟于有字之文外,且加以无字之文。是文体不一,各极其美,乃我国所特具者。欧洲文学史皆小说诗曲之史,其他论著书疏一切应用之作,皆不阑入。

(三)中国文学为士宦文学。欧洲文学为国民文学。

仲尼之学,学为人臣。自汉世学定一尊,于是士之所学,惟以干禄,

发为文辞,本此职志。于是学术文艺界,无平民踪迹。(学而优则仕,仕而优则学,学问界皆为求仕之士所盘踞,虽有外此例者,亦仅也。)诗赋歌曲,虽略近单表情感。然考其大凡,或以陈辞巧丽,取悦人君。或以怀抱不展,发为哀怨。皆非平民所可与闻。不似欧洲文学,立于政事学术社会之外,以个人地位,表直观之情感,虽与三者有密切关系,然具转移三者之能力而与之并立。不若我国限入三者之漩涡也。欧洲文学发源于神话(myths),民智鄙野,神万物而为言也。其后国际多故,人事渐杂,于是诗歌繁兴,或表神物之信仰,或表英雄之崇拜,或夸武勇,或达敬爱,如 Country song, Lyric Poem, Heroic Poem, Epic 等是也。由韵言变为散文。于是有幻言之类(Romance)国家精神、宗教精神、恋爱精神,俱席卷而入。降及近世,小说戏曲大盛,曲尽情态,气象更富。凡皆本国民之精神,表其对物之情感,或批评、或叹美、或实写,于自身有独立之价值,而不假他物(政治学术等)之价值为价值。作者亦仅持其对物之观念,而绝不有自身地位存于胸中也。

今日言改良文学,首当知文学以美观为主,知见之事,不当羼入。以文学概各种学术,实为大谬。物各有其所长,分功而功益精,学术亦犹是也。今一纳之于文学,是诸学术皆无价值,必以文学之价值为价值,学与文遂并沉滞,此为其大原因。故着手改良,当定文学之界说。凡单表感想之著作,不关他种学术者,谓之文学。故西文 Literatvre 之定义曰, All literary Procductions except those relating to positive Science or art, usually, confined, however, to the belles-lettres. Belles-lettres 者,美文学也。诗文戏曲小说及文学批评等是也。本此定义,则著述之文,学术家用之。记载之文,史家用之。告语之文,官府用之。(此指书疏之,关于政者事言之,其他私人往来之事,亦足以达意为主,不必列入文学。)是皆应用之作,以辞达意尽为极,不必以美观施之也。世有作者,首当从事戏曲小说,为国人先导,而寻常诗文集,亦当大改面目。胡适君所谓不模仿、言有物、不作无病之呻吟,其义盛矣。

无国民文学其主因固如前述。然言文不一,亦为致此之要点。陈胡二君定白话文学为将来文学正宗,实为不易之论。尝考不统一之由有三。

(一)国境内无外种之杂入也。欧洲中古时代,罗马衰,北方诸族南侵,虽采拉丁语,而本族语仍多存者,于是言文渐分。(文用拉丁)然是诸族,皆本无学术。及后裂地自国,文豪渐起。以本国方言,述其所得于罗马之学,而文言又以一致。我国向无他族杂居内地。苗民式微。其他西北所谓羌狄匈奴,虽有时侵入内境,而不久即被驱出。是故数千年来,除南北朝及元清二代,大陆上纯是汉人势力。文艺学术界,既无平民之踪迹。而士大夫相习成风,文求古而言从俗,言文遂终古不得复合。惟元代以外族来主中夏,不谙文理。应用文字,多用白话。今所传《元秘史》及《天宝宫圣旨碑文》是也。故是时白话小说词曲大盛。倘元不灭,由此以往,文言或有合一之望。五胡纷纷,无暇及此。清帝多好汉文,崇奖古学。故皆无甚影响。

(二)无新学术之发明也。我国有述古之学,无发明之学。即日用事物,亦无甚变迁。文人思想既不能推陈出新。而所用事物之名,亦相承不变。故方言虽庞杂,而文言气习近古,不可易之势也。

(三)文人言复古也。文之行远者,必其通于民之至广者。是文家当从国民之倾向,非欲国民从文家之倾向也。基督《新(旧)约》《圣经》,能传至近代而精神信仰终不递者,虽多由教徒之势力,而其大因,乃各国时时以新国语译之。即希腊人作《新约》时,已用当时国人用语,非古代文家所用者。我国文人,以模古为特长。人物事故,虽极新者,必以古名名之,以旧态状之。其结果遂与当时事实大相反。责国民文学于此,亦缘木求鱼耳。

吾人既认白话文学为将来中国文学之正宗,则言改良之术,不可不依此趋向而行。然使今日即以白话为各种文字,以予观之,恐矫枉过正。反贻人之唾弃。急进反缓,不如姑缓其行。历代文字,虽以互相摹仿为能。然比较观之,其由简入繁,由深入浅,由隐入显之迹,亦颇可寻。秦汉文学,异于三代文学。魏晋文学,异于秦汉文学。隋唐文学,异于魏晋文学。宋以后文学,异于隋唐文学。苟无时时复古之声,则顺日进之势,言文相距日近,国民文学必发达而无疑。故吾人今日一面急宜改良道德学术,一面顺此日进之势,作极通俗易解之文字,不必全用俗字俗语,而将来合于国语可操预券(白话小说诗曲自是急务)。

总之一国文学之改良,其事甚大。篇首所云,端赖识者倡导于政治范围之外而已。予之所陈,与胡陈二君有相发明处、有相出入处。二君倡之于先,吾人不得不论之于后。尚望国人不鄙此意,共进而从事于此。

愚意白话文学之推行,有三要件。首当有比较的统一之国语,其次则须创造国语文典,再其次国之闻人多以国语。著书立说,兹事匪易,本未可一蹴而几者,高明以为如何。

独秀识

(原载《新青年》第三卷第二号,1917年4月1日)

我之文学改良观

刘半农

文学改良之议,既由胡君适之提倡之于前,复由陈君独秀钱君玄同赞成之于后。不佞学识谫陋,固亦为立志研究文学之一人。除于胡君所举八种改良、陈君所揭三大主义,及钱君所指旧文学种种弊端,绝端表示同意外,复举平时意中所欲言者,拉杂书之,草为此文。幸三君及世之留意文学改良者有以指正之。谓之"我之文学改良观"者,亦犹常君乃德所谓"见仁见智,各如其分。我之观念,未必他人亦同此观念"也。

文学之界说如何乎 此一问题,向来作者,持论每多不同。

甲之说曰:"文以载道。"不知道是道、文是文。二者万难并作一谈。若必如八股家之奉四书五经为文学宝库,而生吞活剥孔孟之言,尽举一切"先王后世禹汤文武"种种可厌之名词,而堆砌之于纸上,始可称之为文。则"文"之一字,何妨付诸消灭。即若辈自奉为神圣无上之五经之一之《诗经》,恐三百首中,必无一首足当"文"字之名者。其立说之不通,实不攻自破。

乙之说曰:"文章有饰美之意,当作彣彰。"(见近人某论文书中)近顷某高等师范学校所聘国文教习川人某,尤主此说,谓:"作文必讲音韵。后人称韩愈文起八代之衰,其实韩愈连音韵尚未懂得,何能作文。"故校中学生,自此公莅事后,相率摇头抖膝,推敲于"平平仄仄"之间。其可笑较诸八股家为尤甚。夫文学为美术之一,固已为世界文人所公认。

然欲判定一物之美丑,当求诸骨底,不当求诸皮相。譬如美人,必具有天然可以动人之处,始可当一美字而无愧。若丑妇浓妆,横施脂粉,适成其为怪物。故研究文学而不从性灵中意识中讲求好处。徒欲于字句上声韵上卖力,直如劣等优伶,自己无真实本事,乃以花腔滑调博人叫好。此等人尚未足与言文学也。

二说之外,惟章实斋分别文史之说较为近是。然使尽以记事文归入史的范围,则在文学上占至重要之位置之小说,即不能视为文学。是不可也。反之,使尽以非记事文归入文的范围,则信札文告之属,初只求辞达意适而止,一有此项规定,反须加上一种文学工夫,亦属无谓。故就不佞之意,欲定文学之界说,当取法于西文,分一切作物为文字(Language)与文学(Literature)二类。西文释 Language 一字曰"Any means of conveying or Communicating ideas."是只取其传达意思,不必于传达意思之外,更用何等工夫也。又 Language 一字,往往可与语言(Speech)、口语(Tongue)通用。然明定其各个之训诂,则"LANGUAGE is generic, denoting, in its most extended use, any mode of conveying ideas; SPEECH is the language of sounds; And TONGUE is the Anglo-Saxon term for Lauguage, especially for Spoken Language."是文字之用,本与语言无殊,仅取其人人都能了解,可以布诸远方,以补语言之不足,与吾国所谓"言之无文,行而不远"正相符合。至如 Literature,则界说中既明明规定为"The class of writings distinguished for Beauty of style, as Poetry, essays, history, Fictions, or Belles-lettres."自与普通仅为语言之代表之文字有别。吾后文之所谓文学,即就此假定之界说立论(此系一人私见,故称假定而不称已定)。

文学与文字。此两个名词之界说既明,则"何处当用文字,何处当用文学",与夫"必如何始可称文字,如何始可称文学",亦为吾人不得不研究之问题。今分别论之。

第一问题 前此独秀君撰论,每以"文学之文"与"应用之文"相对待。其说似是。然就伦理学之理论言之，文学的既与应用的相对，则文学之文不能应用，应用之文不能视为文学，不佞以"不贵苟同"之义，不敢遽以此说为然也。西人之规定文学之用处者，恒谓"Literature often embraces all compositons except these upon the positive sciences."其说，似较独秀君稍有着落。然欲举实质科学以外一切文字，悉数纳诸文学范围之中，亦万难视为定论。就不佞之意，凡科学上应用之文字，无论其为实质与否，皆当归入文字范围。即胡陈钱三君及不佞今兹所草论文之文，亦系文字而非文学。以文学本身亦为各种科学之一。吾侪处于客观之地位以讨论之，不宜误宾以为主。此外他种科学，更不宜破此定例以侵害文学之范围。（吾国旧时科学书，大都并艺术与文学为一谈。幼时初习算学，一部《九数通考》，不半月即已毕业。而开首一段《河图洛书说》，及《周髀图说》，直至三年之后始能了解。此外作医书者，虽立论极浅，亦必引证内经及仲景之说，务使他人不能明白以为快。蚕桑之书，本取其妇孺多解，而作者必用古文笔法。卜筮之书，本为瞽者留一啖饭地〔星学家自言如此〕，而必参入似通非通之易理以自重。诸如此类，无非卖才使气，欺人自欺。吾国原有学术之所以不能发达与普及，实此等自命渊博之假文士有以致之。近自西洋物质文明，稍稍输入中国，凡移译东西科学书籍者，都已不复有此恶习。而严复所撰英文汉诂，虽全书取材，悉系彼邦至粗浅之文法，乃竟以文笔之古拙生涩，见称于世。若欲取此书以为教材，是非使学徒先习十数年国文，即不许其研究英文，试问天下有是理乎。余决非盲从西洋学说之人。此节所引文学用处之规定，其positive一字，实以"Philosophical Literature"已成为彼邦文学中之一种。而哲学又为诸种科学之一，故必于"科学"之上冠以"实质"，方不至互相抵触。其实哲学本身，既包有高深玄妙之理想，行文当力求浅显，使读者一望即知其意旨所在。此余所以主张无论何种科学皆当归入文字范围，而不当羼入文学范围也。）至于新闻纸之通信（如普通纪事可用文字，描写人情风俗当用文学。），政教实业之评论（如发表意见用文字，推测其安危祸福用文学。），官署之文牍告令，（文牍告令，什九宜用文字而不宜用文学。钱君所指清代州县喜用滥恶之四六，以判婚姻讼事，与某处诰诫军人文，有"偶合之乌""害群之马""血蚨""飞蝗"等字样,即是滥用文学之弊。然如普法之战,拿破仑三世致普鲁士维廉大帝之宣战书为"Sire my Brother, —Not having been able to die in the midst of my troops, it only remains for me to place my Sword in the hands of Your Majesty. I am Your Majesty's good brother, Napoleon."未尝不可视为希世奇文。维廉复书中"Regretting the circumstances under which we meet, I accept the sword of your Majesty"之句,便觉黯然无色。故于适当之处,文牍中亦未尝绝对不可用文学也。)私人日记信札,(此二种均宜用文字。然如游历时之日记,即不得不于有关系之处,涉及文学。至于信札,则不特前清幕府中所用四六滥调当废,即自命文士者所作小简派文学,亦大可不做。惟在必要时,如美儒富兰克令[B. Franklin]之与英议员司屈拉亨[Strahan]绝交、英儒约翰生[S. Johnson]之不愿受极司菲尔伯爵[Lord chesterfield]之推誉,则不得不酌用文学工夫。)虽不能明定其属于文字范围或文学范围,要惟得已则已,不滥用文学以侵害文字,斯为近理耳。其必须列入文学范围者,惟诗歌戏曲、小说杂文、历史传记三种而已(以历史传记列入文学,仅就吾国及各国之惯例而言。其实此二种均为具体的科学,仍以列入文字为是)。酬世之文,(如颂辞、寿序、祭文、挽联、墓志之属。)一时虽不能尽废,将来崇实主义发达后,此种文学废物,必在自然淘汰之列。故进一步言之,凡可视为文学上有永久存在之资格与价值者,只诗歌戏曲、小说杂文二种也。

第二问题 此问题之要旨,即在辨明文学与文字之作法之异同。兹就鄙见所及,分列三事如次。

(一)作文字当讲文法,在必要之处,当兼讲论理学。

作文字当讲文法,且处处当讲论理学与修辞学。惟酌量情形,在适宜之处,论理学或较轻于修辞学。

(二)文字为无精神之物。非无精神也,精神在其所记之事物,而不在文字之本身也。故作文字如记账,只须应有尽有,将所记之事物,一一记完便了。不必矫揉造作,自为增损。文学为有精神之物。其精神即发生于作者脑海之中。故必须作者能运用其精神,使自己之意识情感怀抱,一一藏纳于文中。而后所为之文,始有真正之价值,始能稳立于文学界中而不摇。否则精神既失,措辞虽工,亦不过说上一大番空话,实未曾做得半句文章也(以上两端为永久的)。

(三)钱君以输入东洋派之新名词,归功于梁任公,推之为创造新文学之一人。愚以为世界事物日繁,旧有之字与名词既不敷用,则自造新名词及输入外国名词,诚属势不可免。然新名词未必尽通(如"手续""场合"之类),亦未必吾国竟无适当代用之字(如"目的""职工"之类)。若在文字范围中,取其行文便利,而又为人人所习见,固不妨酌量采用。若在文学范围,则用笔以漂亮雅洁为主,杂入累赘费解之新名词,其讨厌必与滥用古典相同。(西洋文学中,亦鲜有采用学术名词者。)然亦未必尽不可用,倘用其意义通顺者,而又无害于文笔之漂亮雅洁,固不必绝对禁止也。(此为暂时的。使将来文学界中,能自造适当之新字或新名词以代之,此条即可废除不用。)

散文之当改良者三　此后专论文学,不论文字。所谓散文,亦文学的散文,而非文字的散文。

第一曰破除迷信　尝谓吾辈做事,当处处不忘有一个我。作文亦然。如不顾自己,只是学着古人,便是古人的子孙。如学今人,便是今人的奴隶。若欲不做他人之子孙与奴隶,非从破除迷信做起不可。此破除迷信四字,似与胡君第二项"不摹仿古人"之说相同。其实却较胡君更进一层。胡君仅谓古人之文不当摹仿,余则谓非将古人作文之死格式推翻,新文学决不能脱离老文学之窠臼。古人所作论文,大都死守"起承转合"四字。与八股家"乌龟头""蝴蝶夹"等名词,同一牢不可破。故学究授人作文,偶见新翻花样之课卷,必大声呵之,斥为不合章法。不知言为心声,文为言之代表。吾辈心灵所至,尽可随意发挥。万不宜以至灵活之一物,受此至无谓之死格式之束缚。至于吾国旧有之小说文学,程度尤极幼稚。直处于"Once upon a time, there was a……"之童话时代。试观其文言小说,无不以"某生、某处人"开场。白话小说,无不从"某朝某府某村某员外"说起。而其结果,又不外"夫妇团圆""妻妾荣封""白日升天""不知所终"数种。《红楼》《水浒》,能稍稍破其谬见矣。而不学无术者,又嫌其不全而续之。是可知西人所崇尚之"Half-told Tales"之文学境界,固未尝为国人所梦见。吾辈欲建造新文学之基础,不得不首先打破此崇拜旧时文体之迷信,使文学的形式上速放一异彩也。(近见曾国藩《古文四象》一书,以太阳、太阴、少阳、少阴之说论文,尤属荒谬已极。此等迷信上古神话之怪物,胡不竟向埃及金字塔中作木乃伊去也。)

第二曰文言白话可暂处于对待的地位　何以故,曰,以二者各有所长,各有不相及处,未能偏废故。胡陈二君之重视"白话为文学之正宗",钱君之称"白话为文章之进化"。不佞固深信不疑,未尝稍怀异议。但就平日译述之经验言之,往往同一语句,用文言则一语即明,用白话则二三句犹不能了解(此等处甚多,不必举例)。是白话不如文言也。然亦有同是一句,用文言竭力做之,终觉其呆板无趣,一改白话,即有神情流露、"呼之欲出"之妙(如人人习知之"行不得也哥哥""好教我左右做人难"等句),则又文言不如白话也。今既认定白话为文学之正宗与文章之进化,则将来之期望,非做到"言文合一"或"废文言而用白话"之地位。不止此种地位,既非一蹴可几,则吾辈目下应为之事,惟有列文言与白话于对待之地,而同时于两方面力求进行之策。进行之策如何,曰,于文言一方面,则力求其浅显,使与白话相近(如"此是何物"与"这是什么"相近,此王亮畴先生语。)。于白话一方面,除竭力发达其固有之优点外,更当使其吸收文言所具之优点,至文言之优点尽为白话所具,则文言必归于淘汰,而文学之名词,遂为白话所独据,固不仅正宗而已也。或谓白话为一种俚俗粗鄙之文字,即充分进步,至于施曹之地,亦未必竟能取缜密高雅之文言而代之。吾谓白话自有其缜密高雅处。施曹之文,亦仅能称雄于施曹之世。吾人自此以往,但能破除轻视白话之谬见,即以前此研究文言之工夫研究白话,虽成效之迟速不可期,而吾辈意想中之白话新文学,恐尚非施曹所能梦见。

　　第三曰不用不通之字　　胡君既辟用典之不通,钱君复斥以僻字代常用之字为不妥。文学上之障碍物,已扫除大半矣。而不通之字,亦在必须扫除之列。夫虚字实用实字虚用之法,不特吾国文学中所习见,即西方中,亦往往以 noun、adjective、verb 三类字互相通用。今欲废除此种用法,固属绝对不可能。而用之合宜与否,与读者果能明白与否,亦不可不辨。曾国藩致李鸿裔书,论此甚详。所引"春风风人,夏雨雨人","解衣衣我,推食食我"诸句,意义甚明,新文学中仍可沿用。其"春朝朝日,秋夕夕月"句中,朝夕二字作"祭"字解,已稍稍晦矣。至如商颂"下国骏庞"、周颂"骏发尔私"之骏字均作"大"字解,与武成"侯卫骏奔"、管子"弟子骏作"之骏字均作"速"字解,其拙劣不通,实无让于用典。近人某氏译西文小说,有"其女珠,其母下之"之句。以珠字代"胞珠",转作"孕"字解。以"下"字作"堕胎"解,吾恐无论何人,必不能不观上下文而能明白其意者。是此种不通之字,较诸"附骥""续貂""借箸""越俎"等通用之典,尤为费解。

　　韵文之当改良者三　　韵文对于散文而言,一切诗赋歌词戏曲之属,均在其范围之内。其赋之一种,凡专讲对偶、滥用典故者,固在必废之列。其不以不自然之骈俪见长,而仍能从性灵中发挥,如曹子建之《慰子赋》与《金瓠哀辞》,以及其类似之作物,如韩愈之《祭田横墓文》,欧阳修之《祭石曼卿文》等,仍不得不以其声调气息之优美,而视为美文中应行保存之文体之一。

　　第一曰破坏旧韵重造新韵　　梁代沈约所造四声谱,即今日吾辈通用之诗韵,顾炎武已斥之为"不能上据雅南、旁摭骚子,以成不刊之典,而仅按班张以下诸人之赋,曹刘以下诸人之诗所用之音,撰为定本,于是今音行而古音亡"。是此种声谱,在旧文学上已失其存在之资格矣。夫韵之为义叶也,不叶,即不能押韵,此至浅至显之言,可无须举例证明也。而吾辈意想中之新文学,既标明其宗旨曰"作自己的诗文,不作古人的诗文",则古人所认为叶音之韵,尚未必可用。何况此古人之所不认,按诸今音又不能相合之四声谱,乃可视为文学中一种规律,举无数文人之心思脑血,而受制于沈约一人之武断耶。试观东冬二部所收之字,无论以何处方言读之,决不能异韵。而谱中乃分之为二。"规眉危悲"等字,无论以何处方言读之,决不能与"支之诗时"等字同韵,而谱中乃合之为一。又驾韵诸字,与有韵叶者多而与马韵叶者少,顾不通有而通马。真文元寒删先六韵虽间有叶者,而不叶者居其十之九,而谱中竟认为完全相通。虽造谱之时,读音决不与今音相同。造谱者亦决无能力预为吾辈二十世纪读音设想。吾辈苟无崇拜古人之迷信,即就其未为吾辈设想而破坏之,当亦为事理之所必然。故不佞之意,后此押韵,但问其叶与不叶,而不问旧谱之同韵与否、相通与否。如其叶,不同不通者亦可用。如其不叶,同而通者亦不可用。如有迷信古人宫商角徵羽本音转音之说以相诘难者,吾仍得以"韵即是叶"之本义答之。且前人之言韵者,固谓"音声本为天籁古,人歌咏出于自然,虽不言韵而韵转确"矣。今但许古人自然,而不许今人自然,必欲以人籁代天籁,拘执于本音转音之间,而忘却一至重要之"叶"字。其理耶,其通论耶。(西人作诗,亦有通韵。然只闻"-il"与"-ill";"-ic"与"-ick";"-oke"与"-ook"等之相通。不闻强声音绝不相似之字如"规眉危悲"等与"支之诗时"等为一韵。更不闻强用希腊罗马之古音以押今韵也。)虽然,旧韵既废,又有一困难问题发生,即读音不能统一是。不佞对于此问题,有解决之法三。

(一)作者各就土音押韵,而注明何处土音于作物之下。此实最不妥当之法。然今之土音,尚有一着落之处,较诸古音之全无把握,固已善矣。

(二)以京音为标准,由长于京语者造一新谱,使不解京语者有所遵依。此较前法稍妥,然而未尽善。

(三)希望于"国语研究会"诸君,以调查所得,撰一定谱,行之于世。则尽善尽美矣。

或谓第三法虽佳,而语音时有变迁。今日之定谱,将来必更有不能适用之一日。余谓沈约既无能力豫为吾辈设想,吾辈亦决无能力为将来设想。将来果属不能适用,何妨更废之而更造新谱。即吾辈主张之白话新文学,依进化之程序言之,亦决不能视为文学之止境,更不能断定将来之人不破坏此种文学而建造一更新之文学。吾辈生于斯世,惟有尽思想能力之所及,向"是"的一方面做去而已。且语言之变迁,乃数百年间事而非数十年间事。当此交通机关渐臻完备之时,吾辈尚以"将来读音永远不变、永远统一"为希望也。

第二曰增多诗体　吾国现有之诗体,除律诗排律当然废除外,其余绝诗古风乐府三种(曲、吟、歌、行、篇、叹、骚等,均乐府之分支。名目虽异,体格互相类似。),已尽足供新文学上之诗之发挥之地乎,此不佞之所决不敢信也。尝谓诗律愈严,诗体愈少,则诗的精神所受之束缚愈甚,诗学决无发达之望。试以英法二国为比较,英国诗体极多,且有不限音节不限押韵之散文诗。故诗人辈出,长篇记事或咏物之诗,每章长至十数万字,刻为专书行世者,亦多至不可胜数。若法国之诗,则戒律极严。任取何人诗集观之,决无敢变化其一定之音节,或作一无韵诗者。因之法国文学史中,诗人之成绩,决不能与英国比。长篇之诗,亦鲜乎不可多得。此非因法国诗人之本领魄力不及英人也,以戒律械其手足,虽有本领魄力,终无所发展也。故不佞于胡君白话诗中《朋友》《他》二首,认为建设新文学的韵文之动机。倘将来更能自造,或输入他种诗体,并于有韵之诗外,别增无韵之诗。(无韵之诗,我国亦有先例。如《诗经》"终南何有,有条有梅。君子至止,锦衣狐裘。颜如渥丹,其君也哉。"一章中,"梅、裘、哉"三字,并不叶韵,是明明一首无韵诗也。朱注:"梅"叶"莫悲反",音"迷","裘"叶"渠之反",音"奇","哉"叶"将梨反",音"赍",乃是穿凿附会,以后人必欲押韵之"不自然"眼光,武断古人。古人决不如此念别字也。)则在形式一方面,既可添出无数门径,不复如前此之不自由。其精神一方面之进步,自可有一日千里之大速率。彼汉人既有自造五言诗之本领,唐人既有自造七言诗之本领。吾辈岂无五言七言之外更造他种诗体之本领耶。

第三曰提高戏曲对于文学上之位置　此为不佞生平主张最力之问题。前读近人吴梅所撰《顾曲麈谈》，谓北曲"不尚词藻，专重白描"。又谓《西厢》"'系春心情短柳丝长，隔花阴人远天涯近.'……在当时不以此等艳语为然。谓之'行家生活'，即明人所谓'案头之曲'，非'场中之曲'也"。又谓"实甫曲如'颠不刺的见了万千，似这般可喜娘罕曾见.'及'鹘伶渌老不寻常'等语，却是当行出色"。又谓"昔洪昉思与吴舒凫论填词之法。舒凫云：'须令人无从浓圈密点.'时昉思女(之则)在座，曰：'如此则天下能有几人，可造此诣.'"是吴君已知"白描"之难能可贵矣。然必谓"胡元方言，尤须熟悉"而后，始可语填北曲。则不佞不敢赞同。盖元人所填者为元人之曲，故就近取元人之方言以为资料。吾辈所填者为吾辈之曲，自宜取材于近，而不宜取材于远。元人既未尝弃元语而用唐宋语以为古，吾辈"食古不化"而死用元语，不将为元人所笑耶。故不佞对于此问题，有四种意见，

（一）无论南词北曲，皆须用当代方言之白描笔墨为之，使合于"场中之曲"之规定。

（二）近人推崇昆剧，鄙视皮黄，实为迷信古人之谬见。当知艺术与时代为推移，世人既以皮黄之通俗可取而酷嗜之，昆剧自应退居于历史的艺术之地位。

（三）昆剧既退居于历史的艺术之地位，则除保存此项艺术之一部分人外，其余从事现代文学之人，均宜移其心力于皮黄之改良，以应时势之所需。（第一条即为此项保存派说法。从前词曲家，不尚白描而尚纤丽，实未尝能保存词曲之精华也。）

（四）成套之曲，可以不作，改作皮黄剧本。零碎小词，可以不填，改填皮黄之一节或数节。（近人填词，大都不懂音律。仅照老词数了字数，对了平仄，堆砌无数艳语，加上一个"调寄某某"之各名而已。今所谓改填皮黄者，须于皮黄有过研究工夫，再用新文学的本领放进去，则虽标明"调寄西皮某

板",或"调寄二黄某剧之某段",似乎欠雅,其实无损于文学上与技术上之真价值也。)

吾所谓改良皮黄者,不仅钱君所举"戏子打脸之离奇,舞台设备之幼稚",与"理想既无,文章又极恶劣不通",与王君梦远《梨园佳话》所举"戏之劣处"一节已也。凡"一人独唱,二人对唱,二人对打,多人乱打"(中国文戏武戏之编制,不外此十六字),与一切"报名""唱引""绕场上下""摆对相迎""兵卒绕场""大小起霸"等种种恶腔死套,均当一扫而空。另以合于情理、富于美感之事物代之。(此事言之甚长,后当另撰专论。)然余亦决非认皮黄为正当的文学艺术之人。余居上海六年,除不可免之应酬外,未尝一入皮黄戏馆。而 Lyceum Theater 之 amateur Dramatic Cub,每有新编之戏开演,余必到馆观之,是余之喜白话之剧而不喜歌剧,固与钱君所谓"旧戏如骈文,新戏如白话小说"同一见解。只以现今白话文学尚在幼稚时代,白话之戏曲,尤属完全未经发见(上海之白话新戏,想钱君亦未必认为有文学价值之戏也),故不得不借此易于着手之已成之局而改良之,以应目前之急。至将来白话文学昌明之后,现今之所改良之皮黄,固亦当与昆剧同处于历史的艺术之地位。

形式上的事项　此等事项,较精神上的事项为轻。然文学既为一种完全独立之科学,即无论何事,当有一定之标准,不可随随便便含混过去。其事有三,

(一)分段　中国旧书,往往全卷不分段落。致阅看之时,则眉目不清。阅看之后,欲检查某事。亦茫无头绪。今宜力矫其弊,无论长篇短章,一一于必要之处划分段落。惟西文二人谈话,每有一句,即另起一行,华文似可不必。

(二)句逗与符号　余前此颇反对句逗。谓西文有一种毛病。即去其句逗与大写之字,即令人不懂。汉文之不加句逗者,却仍可照常读去。若在此不必加句逗之文字上而强加之,恐用之日久,反妨害其原有之能事,而与西文同病。不知古书之不加句逗而费解者,已令吾人耗却

无数心力于无用之地。吾人方力求文字之简明适用,固不宜沿有此种懒惰性质也。然西文 ,；：· 四种句逗法,倘不将文字改为横行,亦未能借用。今本篇所用 ·、。 三种,唯,之一种,尚觉不敷应用,日后研究有得,当更增一种以补助之。至于符号,则 ? 一种,似可不用,以吾国文言中有"欤哉乎耶"等,白话中有"么呢"等,问语助词,无须借助于记号也。然在必要之处,亦可用之。! 一种,文言中可从省,白话中决不可少。" "与' '之代表引证或谈话,—之代表语气未完,……之代表简略,( )之代表注解或标目,亦不可少,* 及字旁所注 123 等小字可以不用,以汉文可用双行小注,无须 fot-note 也。又人名地名既无大写之字以别之,亦宜标以一定之记号。先业师刘步洲先生尝定单线在右指人名,在左指官名及特别物名,双线在右指地名,在左指国名朝名种族名,颇合实用。惜形式不甚美观,难于通用。

(三)圈点　此本为科场恶习,无采用之必要。然用之适当,可醒眉目,今暂定为三种,精采用 、提要用 ·· 两事相合则用 ·。 惟滥圈滥点,当悬为厉禁。

结语　除于上述诸事,不敢自信为必当,敬请胡陈钱三君及海内外关心本国文学者逐条指正外,尚有三事记之于次

(一)余于用典问题,赞成钱君之说。主张无论广义狭义工者拙者,一概不用。即用引证,除至普通者外,亦当注明出自何书,或何人所说。

(二)余于对偶问题,主张自然。亦如钱君所谓:"凡作一文,欲其句句相对,与欲其句句不对者,皆妄也。"

(三)余赞成小说为文学之大主脑,而不认今日流行之红男绿女之小说为文学(不佞亦此中之一人,小说家幸勿动气)。

刘君此文,最足唤起文学界注意者二事,一曰改造新韵,一曰以今语作曲。至于刘君所定文字与文学之界说,似与鄙见不甚相远。鄙意

凡百文字之共名,皆谓之文。文之大别有二,一曰应用之文,一曰文学之文。刘君以诗歌戏曲小说等列入文学范围,是即余所谓文学之文也。以评论文告日记信札等列入文字范围,是即余所谓应用之文也。"文字"与"应用之文"名词虽不同,而实质似无差异。质之刘君及读者诸君以为如何。

独秀识

(原载《新青年》第三卷第三号,1917年5月1日)

文学革新申义

傅斯年

中国文学之革新,酝酿已十余年。去冬胡适之先生草具其旨,揭于《新青年》,而陈独秀先生和之。时会所演,从风者多矣。蒙以为此个问题,含有两面。其一,对于过去文学之信仰心,加以破坏。其二,对于未来文学之建设,加以精密之研究。过去文学,乃历史上之出产品。其不全容于今日,自不待智者而后明。故破坏一端,在今日似成过去,但于建设上讨论而已。然以愚近中所接触者言之,国人于此抱怀疑之念者至多。恶之深者,斥为邪说,稍能容者,亦以为异说高论,而不知其为时势所造成之必然事实。国人狃于习俗,此类恒情,原无足怪。然欲求新说之推行,自必于旧者之不合时宜处,重申详绎,方可奏功。然则破坏一端,尚未完全过去。此篇所说,原无宏旨,不过反复言之,期于共喻而已。

本篇所陈,纷杂无次,综其大旨,不外三端。一为理论上之研究。就文学性质上以立论,而证其本为不佳者。二为历史上之研究。泛察中国文学升降之历史,而知变古者恒居上乘,循古者必成文弊。三为时势上之研究。今日时势,异乎往者。文学一道,亦应有新陈代谢作用。为时势所促,生于兹时也。此外偶有所涉,皆为附属之义。

今试作文学之界说曰:"文学者,群类精神上之出产品,而表以文字者也。"此界说中有"群类精神"上出产品之总(Genus),与"表以文字"之差(Difference)。历以论理形式,尚无舛谬。文学之内情本为精神上之出产品,其寄托之外形本为文字。故就质料言之,此界说亦能成立。既认此界说为成立,则文学之宜革不宜守,不待深思而解矣。文学特精神上出产品之一耳(Genus必为复数)。他若政治社会风俗学术等,皆群类精神上出产品也。以群类精神为总纲,而文学与政治社会风俗学术等为其支流。以群类精神为原因,而文学与政治社会风俗学术等为其结果。文学既与政治社会风俗学术等同探本于一源,则文学必与政治社会风俗学术等交互之间有相联之关系。易言之,即政治社会风俗学术等之性质皆为可变者,文学亦应为可变者。政治社会风俗学术等为时势所迫概行变迁,则文学亦应随之以变迁,不容独自保守也。今知政治社会风俗学术等性质本为变迁者,则文学可因旁证以审其必为变迁者。今日中国之政治社会风俗学术等皆为时势所挟大经变化,则文学一物,不容不变。更就具体方面举例言之,中国今日革君主而定共和,则昔日文学中与君主政体有关系之点,若颂扬铺陈之类,理宜废除。中国今日除闭关而取开放,欧洲文化输入东土,则欧洲文学中优点为中土所无者,理宜采纳。中国今日理古的学术已成过去,开放后的学术将次发展,则于重记忆的古典文字,理宜洗濯,尚思想的益智文学,理宜孳衍。且文学之用,在所以宣达心意。心意者,一人对于政治风俗社会学术等一切心外景象所起之心识作用也。政治社会风俗学术等一切心外景象俱随时变迁,则今人之心意,自不能与古人同。而以古人之文学达之,其应必至于穷。无可疑者。知政治社会风俗学术等应为今日的而非历史的,则文学亦应为今日的而非历史的。晚周有晚周特殊之政俗,遂有晚周特殊之文学。两汉有两汉特殊之政俗,遂有两汉特殊之文学。南朝有南朝特殊之风俗,遂有南朝特殊之文学。降及后代,莫不如此。理至明也。

且精神上之出产品,不一其类,而皆为可变者。故由其所从出之精神,性质变动,迁流不居。子生于母,自应具其特质。精神生活本有创造之力。故其现于文学而为文学之精神也,则为不居的而非常住的、无尽的而非有止的、创造的而非继续的。今吾党所以深信文学之必趋革新，而又极望其革新者，正所以尊崇吾国之文学、爱护吾国之文学，推本文学之性质，可冀其辉光日新也。或者竟欲保持旧观，以往古之文学，达今日之政俗学问。一闻革新之论，实不能容。揆彼心理，诚谓今日以往之文学，造乎其极，蔑以加矣。夫造乎其极，蔑以加者，止境也，即死境也。口持保存国粹之言，乃竟以文学末日待之。何不肖不祥至于斯也。保存国粹之念，谁则让人。惟其有保存国粹之念，而思所以保存之道，然后有文学革新之谈。犹之欲保存中国，然后扑满清政府而建共和耳。

中夏文学之殷盛，肇自六诗，踵于楚辞（此就屈宋而言，不包汉世楚辞）。全本性情，直抒胸臆，不为词限，不因物拘。虽敷陈政教，褒刺有殊，悲时悯身，大小有异。要皆"因情生文"，而情不为文制也。惟其以感慨为主，不牵词句，不矜事类，故能吐辞天成，情意备至。而屈宋之文，遂能"决乎若翔风之运轻毂，洒乎若元泉之出乎蓬莱而注渤懈"。降及汉世，政教失而学术息，章句兴而性灵蔽。武功方张，吐辞流于夸诞。小学深修，奇字多入赋篇。独夫在上，谀声大作。心灵不起，浮泛成文。故能义贫而词富，情寡而文繁。炫耀博学，夸张声势，大而无当，放而无归，瓠落而无所容。于是六义大国，夷为三仓附庸，抒情之文，变作隶胥之录。相如唱之，杨雄和之，犹然天下从风，斯文敝之始也。东京以还，此道更盛。京都之制，全无性灵。堆积为工，诞夸成性。而性灵亦为文词所拘，末由发展。建安黄初之间，曹王特出。子建之诗，直追枚李。仲宣之赋，大革汉风。浮词去而气质尚，上跻乎变风变雅之间，非舍本逐末之赋家所能比拟。诚文学界中一大革新，亦是文学一大进化。无如狂澜方挽，迷涂又生。渡江而后，"诗必柱下之旨归，赋乃漆园之义疏"。文学依附玄家，不能自立。谢容易以光景之文，斯足美矣。而乃"启心闲绎，托辞华瞻，巧倚迂回"，"晦涩费解"。以贵族之习气，合山林之幽阻，不谓为文弊不可也。则有吟咏性情，反贵用事。天才短谢,物类乃崇。"崎岖牵引","拘挛补衲","唯睹事类,顿失精彩"。"大明太始中,文章殆同书按"矣。又如沈约制韵,"使文徒多拘忌,伤其真美。"性灵汩没,不知其几何也。简文变古,淫艳当途。声色使人目眩,荡情致人心乱。岂仅害于文章,亦大伤于世道。徐庾承其流化,辞重情轻之倒置,积重难返矣。其于六代之中,"前不见古人,后不见来者",独辟致远之境,不染断辞之病,起江东之独秀者,则陶潜其人也(以上略本钟嵘、刘勰二家言及五代诸史传论)。隋唐之间,清风乃振。炀帝太宗皆有变古之才。而开元之间,李、杜挺起,除六朝之文弊,启文囿之封疆,性灵大宏矣。降及元和,微之宫词,妇人能解,香山乐府,全写民情。革险阻而趋平易,舍小己以入群伦。又有昌黎柳州,作范其间,除人造之俪辞,反天然之散体。论其造诣所及,柳则大启后世小说家刺时之旨(唐代小说本盛,然柳州之旨,却与当时芜滥卑劣者不同),又为持论者示精确之准的。韩则论文论学,皆启有宋一代之风化(别有详论),于骈体横被一世之际,独不惜人之"大怪"。于是开元元和之间,诗文俱革旧观。言乎文情,靡靡者易为积健,拘文者易为直抒,辞重者易为情重。体渐通俗,市语入文。况述社会,略见端倪。言乎文体,又多有创作。七言长风,至李杜始成体制,至香山乃能纪事。七律排律虽不始于此时,而创作奇格,实出杜公。太白古乐府,尤复一篇一格,句法长短参差,竟空前而绝后。又汉乐府之遗意,久已乖亡。晋宋以降。庙堂之制,则摹古不通,燕寝之作,则轻艳浮浅。唐世词张而乐离,乐府之为用已不可存。太白香山独创新声以应之,后世名之曰词,遂成宋金元明新文学之前驱,斯又足贵也。然则开元元和之间,又为文学界中一大革新,亦是文学一大进化。旷观此千年中,变古者大开风流,循旧者每况愈下。文学不贵师古,不难一言断定也。历观楚汉至今二千年中文学升降之迹,则有因循前修,逐其末流,而变本加厉者,若扬马之承屈景,南朝之承魏晋,北宋吴蜀六士之承韩公。皆于古人已具之病,益之使深,终以成文弊。又有不辟新境,全摹古人,若明清二代诸家之复古,极其能事,不过"优孟衣冠",而其自身已无存在之价值,更何论乎性情之发展？别有挟古人之糟粕,当风化之已沫,斫成新体,专刻皮鞠。如樊南之四六、欧王之宋骈,内心疲苶不存,岂有不枯薄者耶。至为曹王变古,独开宗风。李杜韩柳,俱启新境。宋词元曲,尤多作之自我。惟其不袭古人,故能独标后代也。凡此四格,因革各异,良劣有殊。宏治嘉靖复古之风,至今未斩。虽所托因人不同,其舍己则一。不以摹拟为门径,竟以摹拟为归宿。纵能希抗古人,亦仅为其奴隶(词曲本宋元新文学,自明清复古家作之,亦复同流合污),斯乘之最下者也。若夫刻其皮鞠,逐其末流,一则徒辨乎体貌,一则流连而忘归,亦非宏宝之涂也。此三者均未脱离古人,其能附骥尾而行以传于后者,幸也。明清复古之文,尤少谈之者。既无殊特之点,更无殊特之位置。而今之感人犹复以步趋古人为名高,岂非大左乎。革新诸家,亦多诡词复古。故太白则曰："圣代复远古,垂衣贵清真。"昌黎则曰："非两汉之书不敢观。"词曲不袭前人矣,犹装其门面曰："古乐府之遗。"斯由贵古贱今,华人恒性。语人自作古始,听者将掩耳而走,何如因利乘便,诡辞以为名高乎。且所谓变古者,非继祖龙以肆虐。束文藉而不观。贤者识其大者,不贤者识其小者。尽可取为我用。但能以"我"为本,而用古人,终不为古人所用,则正义几矣。《易》曰："革之时义大矣哉。"变动不居,推陈出新。今虽无人提倡文学革命,百时势要求,终不能自已也。

古典文学所由成立之历史,殊不足观也。周秦诸子动引古人,凡所持论,必谓古之道术有在于是者。此则求征以信人,取喻以足理,庄子所谓重言与后世之古典文学渺不相涉者也。自西汉景武以降,辞赋家盛起。虽具瑰玮之才,而乏精密之思。欲为无尽之言,必敷枝叶之辞。义少文多,自当取贵于事类。事类客也,今则变为主。所以足言也,今则言足犹取事类。壅肿不治尾大不掉之病,此其肇端也。又词赋家之意旨,原不剀切。取用于质言,将每至于词穷,幸能免于词穷,亦未足以动人。故利用事类之含胡,以为进退申缩之地,利用事类之炜烨,以为引人入迷之方。此古典文学所由成立之第一因也。两汉章句之儒,博于记诵,贫于性情。发为文章,自必炫其所长,藏其所短。引古人之言以为重,取古人之事以相成,当其能事于事古,其流乃成堆砌之体。斯风流传,久而不沫。于是书按之文,字林之赋,充斥于文苑。京都之作,人且以方物志待之矣。此古典文学所由成立之第二因也。魏晋以降,浮夸流为妄言。禹域未一,而曰"肃慎贡矢,夜郎请职"。克敌未竟,而曰"斩俘部众,以万万计"。但取材于成言,初无顾于事实。则直为古人所用。而不能用古人矣。斯习所被,遂成不作直言,全以古事代替之风。此古典文学所由成立之第三因也。降及齐梁,声律对偶,刻削至严。取事取类,工细已深。概以故事代今事。不容质说。古典文学之体于是大定。自斯而后,众家体制,为古典主义所范者多矣。寻其流弊,则意旨为古典所限,而莫能尽情。文词为古典所蔽,而莫由得真。发展性灵之力为记忆古典所夺,而莫能尽性,文以足言之用,全失其效,且反为言害矣。故综此四端,可一言以蔽之,曰,舍本逐末而已。今文学所以急待改革者,正求置末务本。于此舍本逐末之古典文学,理宜加以捣击。然用古典能得足志足言之效者,即不可与古典文学同在废置之例。古典原非绝对不可用,所恶于古典者文学,为其专用古典而忘本也。陈仲甫先生曰:"行文本不必禁止用典,惟彼古典主义,乃为典所用,而非用典也,是以薄之耳。"诚深得其情之言也。

欲知今后文言之宜合,当先知上古文言何由分判。太古文言,固合而不离也。周诰殷盘,诘屈聱牙,正由以语入文,古今语异,乃不可解耳(今人恶白话,以为不古。而中国第一部书即以白话为之,托词名高者其可以已乎)。古人竹简繁重,流传端赖口耳。欲口耳之易传,必巧饰其词。杂以骈句,润以声节。浸成修整之文,渐远天然之语。不观《尚书》之多韵语偶辞乎,斯文言分离第一步也。周承二代之后,郁乎其文。大夫行人,多闻博古,自能吐辞温润,动引故言。孔子谓诵诗可以专对,专对之尚文可知也。《左传》载行人之语多有雷同者,其刻画可知也。士夫之言日美,遂为文章之宗,农牧之言仍质,乃成市语之体。斯文言分离第二步也。秦汉以还,动多师古,不敢如晚周之世,以当时语言为文章(诸子之中,自荀子等数家外,多用当时通用之语著之竹帛,即《论语》亦然也)。而文言分离之象大定。斯其第三步也。然汉魏六朝之文,内情终不远离于语言。《史记》《汉书》,多载彼时市语,学者诂经,好引当代方言。二陆往来之书,竟通篇为白话焉。魏晋以降,文章典丽,语言称是。《晋书》《博物志》《世说新语》等所载当时口语,少因笔削,概由直录。齐梁韵学入文,亦入于语。周徒颙之,双声叠韵,铿锵其语言。至于隋唐,此风不替。李密隔河数宇文化及罪,化及不解,曰:"何须作书语耶。"化及粗顽,自不解书语,然密既腾诸口说,必彼时上流用之也。循上所言之事实以观察之,可得四间。第一,中国语之言文分离,强半为贵族政体所造成。贵族之性,端好修饬,吐辞成章,亦复如是。今苟不以高华典贵为文章之正宗,即应多取质言。且贵族之政,学不下庶人,文言分离,无害于事也。今等差已泯,群政艾兴。既有文言通用于士流,复有俗语传行于市民,俗语著之纸墨,别为白话文体。于是一群之中,差异其词。言语文章之用,固所以宣情,今则反为隔阂情意之具。与其樊然淆乱,难知其辨,何若取而齐之,以归于一乎。第二,语文体貌虽异,而性情相关。一代文辞之风气,必随一代语言以为转变。今世有今世之语,自应有今世之文以应之,不容借用古者。与其于今世语言之外,别造今世之文辞,劳而无功,又为普及智慧之阻,何如即以今世语言为本,加以改良,而成文言合一之器乎。第三,《论语》所用虚字,全与《尚书》违。屈景所用,若"羌""些"者,又为他国所无。彼所以勇于作古者,良由声气之宣,非已死虚字所能为。故不以时语为俚,不以方言为狭。惟其用当时之活虚字,乃能曲肖神情,此白话优于文言一巨点也。第四,《史记》《汉书》以下,何以必杂当代白话,二陆书简,何以必用市语。岂非由白话近真,文言易于失旨乎。《史记》云,诸君必以为便便国家,《汉书》易为文言,朵气极矣。且宋人语录,全以白话为之。议者将曰,理学家不重文章也,从事文辞,劳费精神,有妨于研理也,玩物而丧志也。此皆浅言也,文不尽言,言不尽意。言语本为思想之利器,用之以宣达者。无如思想之体,原无涯略,言语之用,时有困穷。自思想转为言语,经一度之翻译,思想之失者,不知其几何矣。文辞本以代言语,其用乃不能恰如言语之情。自言语专为文辞,经二度之翻译,思想之失者,更不知其几何矣。苟以存真为贵,即应以言代文。一转所失犹少,再转所失遂巨也。且唐宋诗人,多用市语,词曲之体,几尽白话,固为其切合人情。以之形容,恰得其宜,以之达意,毕肖心情。今犹有卑视白话者,岂非大惑乎。

今世流行之文派,得失可略得言。桐城家者,最不足观,循其义法,无适而可。言理则但见其庸讷而不畅微旨也,达情则但见其陈死而不移人情也,纪事则故意颠倒天然之次叙,以为波澜,匿其实相,造作虚辞,曰,不如是不足以动人也。故析理之文,桐城家不能为,则饰之曰,文学家固有异夫理学也。疏证之文,桐城家不能为,则饰之曰,文章家固有异夫朴学也。抒感之文,桐城家不能为,则饰之曰,古文家固有异夫骈体也。举文学范围内事,皆不能为,而忝颜曰文学家。其所谓文学之价值,可想而知。故学人一经瓣香桐城,富于思想者,思力不可见,博于学问者,学问无由彰。长于情感者,情感无所用。精于条理者,条理不能常。由桐城家之言,则奇思不可为训,学问反足为累。不崇思力,而性灵终归泯灭。不尚学问,而智识日益空疏。托辞曰"庸言之谨",实则戕贼性灵以为文章耳。桐城嫡派无论矣。若其别支,则恽子居异才,曾涤笙宏才,所成就者如此其微,固由于桎梏拘束,莫由自拔。钱玄同先生以为"谬种",盖非过情之言也。世有为桐城辨者,谓桐城义法,去泰去甚。明季末流文弊,一括而去之。余则应之曰,桐城遵循矩矱,自非张狂纷乱者所可呵责。然吾不知桐城之矩矱果何矩矱也。其为荡荡平平之矩矱,后人当遵之弗畔。若其为桎梏心虚戕贼性情之矩矱,岂不宜首先斩除乎。

中国本为单音之语文,故独有骈文之出产品。论其外观,修饬华丽,精美绝伦。用为流连光景凭吊物情之具,未尝无独到之长也。然此种文章,实难能而非可贵,又不适用于社会。将来文学趋势大迁,只有退居于"历史上艺术"之地位,等于鼎彝,供人玩好而已。且骈文有一大病根存,即导入伪言是也。模棱之词,含胡之言,以骈文达之,恰充其量。告言之文,多用骈体,利其情之易于伸缩,进退皆可也。今新文学之伟大精神,即在篇篇有明确之思想,句句有明确之义蕴,字字有明确之概念。明确而非含胡,即与骈文根本上不能相容。尚旨而不缛辞,又与骈文性质上渺不相涉。况含胡模棱,无信之词也。专用譬况,遁辞之常也。骈文之于人也,教之矜伐,诲之严饰,启其意气,泯其懿德。学之而情为所移,便将与鸟兽草木虫鱼不群,而不与斯人之徒相与。欲其有济于民生,作辅于社会,诚万不可能之事。而况六朝文人,多是薄行,鲜有令终。诵其诗,读其文,与之俱化。上焉者,发为游仙之想,中焉者,流成颓唐之气,下焉者,浸变淫哇之风。今欲崇诚信而益民德,写人生以济群类,将何用此骈体为也。

龚定庵久与汪容甫、魏默深号称三家,今更磅溥海内,寻其独立不羁,自作古始,曷尝不堪服膺。生逢桐城滑泽文学盛行之日,又当试帖四六混合体之骈文家角立之时,独能希抗诸子,高振风骨,可以为难矣。然而佶屈聱牙,不堪入口,既乖"字妖"之条,又违"易造难识"之戒。故为惊众之言,实非高人之论,多施僻隐之字,又岂达者之为。用辞含胡,等于骈体,庞然自大,类于古文。文章本以宣意,何必深其壁垒乎。张皋文等好作难解之文,固可与龚氏齐视。余尝读其赋《钞序》《黄山赋》诸篇,几乎不能句读。穷日夜力以释之,及乎既解,则又卑之无甚高论,果何用此貌似深奥者为也。故龚氏之变当时文体则是矣,惜其所变者未当。彼龚氏者,文学界中不中用之怪杰也。

自汪容甫李申耆标举三国晋宋之文,创作骈散交错之体,流风所及,于今为盛。章太炎先生其挺出者也。盖汉人制文,每牵于章句。梁后俪体,专务乎雕琢。唐宋不免于粗犷。清代尽附于科举(散文与八比合,骈文与试帖诗赋合)。以三国晋宋疏通致远之文当之,则皆望风不及。苟非物换时移,以成今日之世代者,虽持而勿坠可也。无若时势之要求,风化之浸变,陈词故谊,将不适用于今日。魏晋持论,固多精审,然以视西土逻辑家言,尚嫌牵滞句文,差有浮辞。其达情之文,专尚"风容色泽放旷精清",衡以西土表象写实之文,更觉舍本务末,不切群情。故论其精神,则"意度格力,固无取焉"。论其体式,则"简慢舒徐,斯为病矣"。况文学本逐风尚为转移,今不能以《世说新语》为今后之风俗史,即不能以三国晋宋文体为今后之正家,理至显也。

西方学者有言:"科学盛而文学衰。"此所谓文学者,古典文学也。人之精力有限,既用其精力于科学,又焉能分神于古典,故科学盛而文学衰者,势也。今后文学既非古典主义,则不但不与科学作反比例,且可与科学作同一方向之消长焉。写实表象诸派,每利用科学之理,以造其文学,故其精神上之价值有迥非古典文学所能望其肩背者。方今科学输入中国,违反科学之文学,势不能容,利用科学之文学,理必孳育。此则天演公理,非人力所能逆从者矣。

平情论之,纵使今日中国犹在闭关之时,欧土文化犹未输入,民俗未丕变,政体未革新。而乡愿之桐城,淫哇之南社,死灰之闽派,横塞域中。独不当起而薙除,为末流文弊进一解乎。而况文体革迁,已十余年,辛壬之间,风气大变。此酝酿已久之文学革命主义,一经有人道破,当无有间言。此本时势迫而出之,非空前之发明,非惊天之创作。始为文学革命论者,苟不能制作模范,发为新文,仅至于持论而止,则其本身亦无何等重大价值,而吾辈之闻风斯起者,更无论焉。若于此犹存怀疑,非拘墟于情感,即阙乏于长识。此篇所言,全无妙义,又多盈辞,实已等于赘疣。今后但当从建设的方面有所抒写。至于破坏既往,已成定论,不待烦言矣。

(原载《新青年》第四卷第一号,1918年1月15日)

北京大学征集全国近世歌谣简章

一、本大学拟于相当期限内,刊印左列二书:

1.《中国近世歌谣汇编》。

2.《中国近世歌谣选粹》。

二、其材料之征集,用左列二法:

1. 本校职教员学生,各就闻见所及,自行搜集。

2. 嘱托各省官厅,转嘱各县学校或教育团体,代为搜集。

三、规定时期,自宋以及于当代。

四、入选之歌谣,当具左列各项资格之一:

1. 有关一地方,一社会,或一时代之人情风俗,政教沿革者。

2. 寓意深远,有类格言者。

3. 征夫野老游女怨妇之辞,不涉淫亵,而自然成趣者。

4. 童谣谶语,似解非解,而有天然之神韵者。

五、歌谣之长短无定限。

六、歌谣之来历,如左所限。

1. 不知作者姓名,而自然通行于一社会,或一时代中者。

2. 虽为个人著述,然确已通行于一社会,或一时代中者。

七、寄稿人应行注意之事项:

1. 字迹贵清楚;如用洋纸,只写一面。

2. 方言成语,当加以解释。

3. 歌辞文俗,一仍其真,不可加以润饰;俗字俗语,亦不可改为官话。

4. 一地通行之俗字,为字书所不载者,当附注字音;能用罗马字或 Phonetics 尤佳。

5. 有有其音无其字者,当在其原处地位,画一空格如囗,而以罗马字或 Phonetics 附注其音;并详注字义,以便考证。

6. 歌谣通行于某社会某时代,当注明之。

7. 歌谣中有关于历史地理,或地方风物之辞句,当注明其所以。

8. 歌谣之有音节者,当附注音谱。(用中国工尺,日本简谱,或西洋五线谱,均可。)

9. 寄稿者当书明籍贯姓氏,以便刊入书中。

10. 寄稿者当书明详细住址;将来书成之后,依所寄稿件多少,赠以《汇编》或《选粹》一部。

11. 稿件寄交"北京东安门内,北京大学法科,刘复收";封面应写明"某省某县歌谣":以便分类保存,且免与私人函件相混。

12. 稿件过多者,应粘订成册,挂号付寄。

八、此项征集,由左列五人分任其事:

沈尹默　刘　复　周作人　沈兼士　钱玄同

九、来稿之合用与否,寄稿人当予本校以自由审定之权。

十、定民国八年六月三十日为征集截止期;九年十二月三十一日为编辑告竣期;十年本校二十五周纪念日为《汇编》《选粹》两书出版期。

(原载《新青年》第四卷第三号,1918 年 3 月 18 日)

建设的文学革命论

胡 适

国语的文学——文学的国语

一

我的《文学改良刍议》发表以来,已有一年多了。这十几个月之中,这个问题居然引起了许多狠有价值的讨论,居然受了许多狠可使人乐观的响应。我想我们提倡文学革命的人,固然不能不从破坏一方面下手。但是我们仔细看来,现在的旧派文学实在不值得一驳。什么桐城派的古文哪,《文选》派的文学哪,江西派的诗哪,梦窗派的词哪,《聊斋志异》派的小说哪,——都没有破坏的价值。他们所以还能存在国中,正因为现在还没有一种真有价值、真有生气、真可算作文学的新文学起来代他们的位置。有了这种"真文学"和"活文学",那些"假文学"和"死文学",自然会消灭了。所以我望我们提倡文学革命的人,对于那些腐败文学,个个都该存一个"彼可取而代也"的心理;个个都该从建设一方面用力,要在三五十年内替中国创造出一派新中国的活文学。

我现在做这篇文章的宗旨,在于贡献我对于建设新文学的意见。我且先把我从前所主张破坏的八事引来做参考的资料:

(一)不做"言之无物"的文字。

（二）不做"无病呻吟"的文字。

（三）不用典。

（四）不用套语烂调。

（五）不重对偶：——文须废骈，诗须废律。

（六）不做不合文法的文字。

（七）不摹仿古人。

（八）不避俗话俗字。

这是我的"八不主义"，是单从消极的、破坏的一方面着想的。

自从去年归国以后，我在各处演说文学革命，便把这"八不主义"都改作了肯定的口气，又总括作四条，如下：

（一）要有话说，方才说话。这是"不做言之无物的文字"一条变相。

（二）有什么话，说什么话；话怎么说，就怎么说。这是（二）、（三）、（四）、（五）、（六）诸条的变相。

（三）要说我自己的话，别说别人的话。这是"不摹仿古人"一条的变相。

（四）是什么时代的人，说什么时代的话。这是"不避俗话俗字"的变相。

这是一半消极、一半积极的主张。一笔表过，且说正文。

二

我的《建设新文学论》的唯一宗旨只有十个大字："国语的文学，文学的国语。"我们所提倡的文学革命，只是要替中国创造一种国语的文学。有了国语的文学，方才可有文学的国语。有了文学的国语，我们的国语才可算得真正国语。国语没有文学，便没有生命，便没有价值，便不能成立，便不能发达。这是我这一篇文字的大旨。

我曾仔细研究：中国这二千年何以没有真有价值真有生命的"文言的文学"？我自己回答道："这都因为这二千年的文人所做的文学都是死的，都是用已经死了的语言文字做的。死文字决不能产出活文学。所以中国这二千年只有些死文学，只有些没有价值的死文学。"

我们为什么爱读《木兰辞》和《孔雀东南飞》呢？因为这两首诗是用白话做的。为什么爱读陶渊明的诗和李后主的词呢？因为他们的诗词是用白话做的。为什么爱杜甫的《石壕吏》《兵车行》诸诗呢？因为他们都是用白话做的。为什么不爱韩愈的《南山》呢？因为他用的是死字死话。……简单说来，自从三百篇到于今，中国的文学凡是有一些价值、有一些儿生命的，都是白话的，或是近于白话的。其余的都是没有生气的古董，都是博物院中的陈列品！

再看近世的文学：何以《水浒传》《西游记》《儒林外史》《红楼梦》可以称为"活文学"呢？因为他们都是用一种活文字做的。若是施耐庵、邱长春、吴敬梓、曹雪芹，都用了文言做书，他们的小说一定不会有这样生命，一定不会有这样价值。

读者不要误会：我并不曾说凡是用白话做的书都是有价值有生命的。我说的是：用死了的文言决不能做出有生命有价值的文学来。这一千多年的文学，凡是有真正文学价值的，没有一种不带有白话的性质，没有一种不靠这个"白话性质"的帮助。换言之：白话能产出有价值的文学，也能产出没有价值的文学；可以产出《儒林外史》，也可以产出《肉蒲团》。但是那已死的文言只能产出没有价值没有生命的文学，决不能产出有价值有生命的文学；只能做几篇"拟韩退之《原道》"或"拟陆士衡《拟古》"，决不能做出一部《儒林外史》。若有人不信这话，可先读明朝古文大家宋濂的《王冕传》，再读《儒林外史》第一回的《王冕传》，便可知道死文学和活文学的分别了。

为什么死文字不能产生活文学呢？这都由于文学的性质。一切语言文字的作用在于达意表情；达意达得妙，表情表得好，便是文学。那些用死文言的人,有了意思,却须把这意思翻成几千年前的典故;有了感情,却须把这感情译为几千年前的文言。明明是客子思家,他们须说"王粲登楼""仲宣作赋";明明是送别,他们却须说"《阳关》三叠","一曲《渭城》";明明是贺陈宝琛七十岁生日,他们却须说是贺伊尹周公傅说;更可笑的,明明是乡下老太婆说话,他们却要叫他打起唐宋八家的古文腔儿;明明是极下流的妓女说话,他们却要他打起胡天游、洪亮吉的骈文调子!……请问这样做文章,如何能达意表情呢?既不能达意,既不能表情,那里还有文学呢?即如那《儒林外史》里的王冕,是一个有感情、有血气、能生动、能谈笑的活人。这都因为做书的人能用活言语、活文字来描写他的生活神情。那宋濂集子里的王冕,便成了一个没有生气、不能动人的死人。为什么呢?因为宋濂用了二千年前的死文字来写二千年后的活人;所以不能不把这个活人变作二千年前的木偶,才可合那古文家法。古文家法是合了,那王冕也真"作古"了!

因此我说,"死文言决不能产出活文学"。中国若想有活文学,必须用白话,必须用国语,必须做国语的文学。

三

上节所说,是从文学一方面着想,若要活文学,必须用国语。如今且说从国语一方面着想,国语的文学有何等重要。

有些人说:"若要用国语做文学,总须先有国语。如今没有标准的国语,如何能有国语的文学?"我说,这话似乎有理,其实不然。国语不是单靠几位言语学的专门家就能造得成;也不是单靠几本国语教科书和几部国语字典,就能造成的。若要造国语,先须造国语的文学。有了国语的文学,自然有国语。这话初听了似乎不通。但是列位仔细想想便可明白了。天下的人谁肯从国语教科书和国语字典里面学习国语。所以国语教科书和国语字典,虽是狠要紧,决不是造国语的利器。

真正有功效有势力的国语教科书,便是国语的文学,便是国语的小说、诗文、戏本。国语的小说、诗文、戏本通行之日,便是中国国语成立之时。试问我们今日居然能拿起笔来做几篇白话文章,居然能写得出好几百个白话的字,可是从什么白话教科书上学来的吗？可不是从《水浒传》《西游记》《红楼梦》《儒林外史》……等书学来的吗？这些白话文学的势力,比什么字典教科书都还大几百倍。《字典》说"这"字该读"鱼彦反",我们偏读他做"者个"的者字；《字典》说"么"字是"细小",我们偏把他用作"什么""那么"的"么"字；《字典》说"没"字是"沉也""尽也",我们偏用他做"无有"的无字解；《字典》说"的"字有许多意义,我们偏把他用来代文言的"之"字、"者"字、"所"字和"徐徐尔,纵纵尔"的"尔"字。……总而言之,我们今日所用的"标准白话",都是这几部白话的文学定下来的。我们今日要想重新规定一种"标准国语",还须先造无数国语的《水浒传》《西游记》《儒林外史》《红楼梦》。

所以我以为我们提倡新文学的人,尽可不必问今日中国有无标准国语。我们尽可努力去做白话的文学。我们可尽量采用《水浒》《西游》《儒林外史》《红楼梦》的白话；有不合今日的用的,便不用他；有不够用的,便用今日的白话来补助；有不得不用文言的,便用文言来补助。这样做去,决不愁语言文字不够用,也决不用愁没有标准白话。中国将来的新文学用的白话,就是将来中国的标准国语。造中国将来白话文学的人,就是制定标准国语的人。

我这种议论并不是"向壁虚造"的。我这几年来研究欧洲各国国语的历史,没有一种国语不是这样造成的。没有一种国语是教育部的老爷们造成的。没有一种是言语学专门家造成的。没有一种不是文学家造成的。我且举几条例为证：

（一）意大利　五百年前,欧洲各国但有方言,没有"国语"。欧洲最早的国语是意大利文。那时欧洲各国的人多用拉丁文著书通信。到了十四世纪的初年,意大利的大文学家 Dante 极力主张用意大利话来代拉丁文。他说拉丁文是已死了的文字,不如他本国俗话的优美。所以他自己的杰作《喜剧》,全用 Tuscany(意大利北部的一邦)的俗话。这部《喜剧》风行一世,人都称他做《神圣喜剧》。那《神圣喜剧》的白话后来便成了意大利的标准国语。后来的文学家 Boccacio(1313—1375)和 Lorenzo de'Medici 诸人也都用白话作文学。所以不到一百年,意大利的国语便完全成立了。

(二)英国　英伦虽只是一个小岛国,却有无数方言。现在通行全世界的"英文",在五百年前还只是伦敦附近一带的方言,叫做"中部土话"。当十四世纪时,各处的方言都有些人用来做书。后来到了十四世纪的末年,出了两位大文学家,一个是 Chaucer(1340—1400),一个是 Wycliff(1320—1384)。Chaucer 做了许多诗歌散文,都用这"中部土话"。Wycliff 把耶教的《旧约》《新约》也都译成"中部土话"。有了这两个人的文学,便把这"中部土话"变成英国的标准国语。后来到了十五世纪,印刷术输进英国,所印的书多用这"中部土话",国语的标准更确定了。到十六、十七两世纪,Shakespeare 和"伊里沙白时代"的无数文学大家,都用国语创造文学。从此以后,这一部分的"中部土话"不但成了英国的标准国语,几乎竟成了全地球的世界语了。

此外,法国、德国及其他各国的国语,大都是这样发生的,大都是靠着文学的力量才能变成标准的国语的。我也不去一一的细说了。

意大利国语成立的历史,最可供我们中国人的研究。为什么呢？因为欧洲西部北部的新国,如英吉利、法兰西、德意志,他们的方言和拉丁文相差太远了,所以他们渐渐的用国语著作文学,还不算希奇。只有意大利是当年罗马帝国的京畿近地,在拉丁文的故乡;各处的方言,又和拉丁文最近。在意大利提倡用白话代拉丁文,真正和在中国提倡用白话代汉文,有同样的艰难。所以英法德各国语,一经文学发达以后,便不知不觉的成为国语了。在意大利却不然。当时反对的人狠多,所以那时的新文学家,一方面努力创造国语的文学,一方面还要做文章鼓吹何以当废古文,何以不可不用白话。有了这种有意的主张(最有力的是 dante 和 Alberti 两个人),又有了那些有价值的文学,才可造出意大利的"文学的国语"。

我常问我自己道:"自从施耐庵以来,很有了些极风行的白话文学,何以中国至今还不曾有一种标准的国语呢?"我想来想去,只有一个答案。这一千年来,中国固然有了一些有价值的白话文学,但是没有一个人出来明目张胆的主张用白话为中国的"文学的国语"。有时陆放翁高兴了,便做一首白话诗;有时柳耆卿高兴了,便做一首白话词;有时朱晦庵高兴了,便写几封白话信,做几条白话札记;有时施耐庵、吴敬梓高兴了,便做一两部白话的小说。这都是不知不觉的自然出产品,并非是有意的主张。因为没有"有意的主张",所以做白话的只管做白话,做古文的只管做古文,做八股的只管做八股。因为没有"有意的主张",所以白话文学从不曾和那些"死文学"争那"文学正宗"的位置。白话文学不成为文学正宗,故白话不曾成为标准国语。

我们今日提倡国语的文学,是有意的主张。要使国语成为"文学的国语"。有了文学的国语,方有标准的国语。

四

上文所说,"国语的文学,文学的国语",乃是我们的根本主张。如今且说要实行做到这个根本主张,应该怎样进行。

我以为创造新文学的进行次序,约有三步:(一)工具,(二)方法,(三)创造。前两步是预备,第三步才是实行创造新文学。

(一)工具　古人说得好:"工欲善其事,必先利其器。"写字的要笔好,杀猪的要刀快。我们要创造新文学,也须先预备下创造新文学的"工具"。我们的工具就是白话。我们有志造国语文学的人,应该赶紧筹备这个万不可少的工具,预备的方法,约有两种:

（甲）多读模范的白话文学。例如《水浒传》《西游记》《儒林外史》《红楼梦》；宋儒语录，白话信札；元人戏曲，明清传奇的说白。唐宋的白话诗词，也该选读。

（乙）用白话作各种文学。我们有志造新文学的人，都该发誓不用文言作文；无论通信、做诗、译书、做笔记、做报馆文章、编学堂讲义、替死人作墓志、替活人上条陈，……都该用白话来做。我们从小到如今，都是用文言作文，养成了一种文言的习惯，所以虽是活人，只会作死人的文字。若不下一些狠劲，若不用点苦工夫，决不能使用白话圆转如意。若单在《新青年》里面做白话文字，此外还依旧做文言的文字，那真是"一日暴之十日寒之"的政策，决不能磨炼成白话的文学家。

不但我们提倡白话文学的人应该如此做去，就是那些反对白话文学的人，我也奉劝他们用白话来做文字。为什么呢？因为他们若不能做白话文字，便不配反对白话文学。譬如那些不认得中国字的中国人若主张废汉文，我一定骂他们不配开口。若是我的朋友钱玄同要主张废汉文，我决不敢说他不配开口了。那些不会做白话文字的人来反对白话文学，便和那些不懂汉文的人要废汉文，是一样的荒谬。所以我劝他们多做些白话文字，多做些白话诗歌，试试白话是否有文学的价值。如果试了几年，还觉得白话不如文言，那时再来攻击我们，也还不迟。

还有一层，有些人说："做白话狠不容易，不如做文言的省力。"这是因为中毒太深之过。受病深了，更宜赶紧医治。否则真不可救了。其实做白话并不难。我有一个侄儿，今年才十五岁，一向在徽州不曾出过门，今年他用白话写信来，居然写得极好。我们徽州话和官话差得狠远，我的侄儿不过看了一些白话小说，便会做白话文字了。这可见做白话并不是难事，不过人性懒惰的居多数，舍不得抛"高文典册"的死文字罢了。

（二）方法 我以为中国近来文学所以这样腐败，大半虽由于没有适用的"工具"，但是单有"工具"，没有方法，也还不能造新文学。做木匠的人，单有锯凿钻刨，没有规矩师法，决不能造成木器。文学也是如此。若单靠白话便可造新文学，难道把郑孝胥、陈三立的诗翻成了白话，就可算得新文学了吗？难道那些用白话做的《新华春梦记》《九尾龟》，也可算作新文学吗？我以为现在国内新起的一班"文人"，受病最深的所在，只在没有高明的文学方法。我且举小说一门为例。现在的小说（单指中国人自己著的），看来看去，只有两派。一派最下流的，是那些学《聊斋志异》的札记小说，篇篇都是"某生，某处人，生有异禀，下笔千言，……一日于某地遇一女郎，……好事多磨，……遂为情死"；或是"某地某生，游某地，眷某妓，情好綦笃，遂订白头之约，……而大妇妒甚，不能相容，女抑郁以死，……生抚尸一恸几绝"；……此类文字，只可抹桌子，固不值一驳。还有那第二派是那些学《儒林外史》或是学《官场现形记》的白话小说。上等的如《广陵潮》，下等的如《九尾龟》。这一派小说只学了《儒林外史》的坏处，却不曾学得他的好处。《儒林外史》的坏处在于体裁结构太不紧严，全篇是杂凑起来的，例如娄府一群人，自成一段，杜府两公子自成一段；马二先生又成一段；虞博士又成一段；萧云仙、郭孝子又各自成一段。分出来，可成无数札记小说；接下去，可长至无穷无极。《官场现形记》便是这样。如今的章回小说，大都犯这个没有结构、没有布局的懒病。却不知道《儒林外史》所以能有文学价值者，全靠一副写人物的画工本领。我十年不曾读这书了，但是我闭了眼睛，还觉得书中的人物，如严贡生、如马二先生、如杜少卿、如权勿用，……个个都是活的人物。正如读《水浒》的人，过了二三十年，还不会忘记鲁智深、李逵、武松、石秀……一班人。请问列位读过《广陵潮》和《九尾龟》的人，过了两三个月，心目中除了一个"文武全才"的章秋谷之外，还记得几个活灵活现的书中人物？——所以我说，现在的"新小说"，全是不懂得文学方法的：既不知布局，又不知结构，又不知描写人物，只做成了许多又长又臭的文字；只配与报纸的第二张充篇幅，却不配在新文学上占一个位置。——小说在中国近年，比较的说来,要算文学中最发达的一门了。小说尚且如此,别种文学,如诗歌戏曲,更不用说了。

如今且说什么叫做"文学的方法"呢?这个问题不容易回答,况且又不是这篇文章的本题,我且约略说几句。

大凡文学的方法可分三类:

(1)集收材料的方法　中国的"文学",大病在于缺少材料。那些古文家,除了墓志、寿序、家传之外,几乎没有一毫材料,因此他们不得不做那些极无聊的《汉高帝斩丁公论》《汉文帝、唐太宗优劣论》。至于近人的诗词,更没有什么材料可说了。近人的小说材料,只有三种:一种是官场,一种是妓女,一种是不官而官、非妓而妓的中等社会(留学生、女学生之可作小说材料者,亦附此类)。除此以外,别无材料。最下流的,竟至登告白征求这种材料。做小说竟须登告白征求材料,便是宣告文学家破产的铁证。我以为将来的文学家收集材料的方法,约如下:

(甲)推广材料的区域。官场、妓院与龌龊社会三个区域,决不够采用。即如今日的贫民社会,如工厂之男女工人、人力车夫、内地农家、种处小负贩及小店铺,一切痛苦情形,都不曾在文学上占一位置。并且今日新旧文明相接触,一切家庭惨变、婚姻苦痛、女子之位置、教育之不适宜,……种种问题,都可供文学的材料。

(乙)注重实地的观察和个人的经验。现今文人的材料大都是关了门虚造出来的,或是间接又间接的得来的,因此我们读这种小说,总觉得浮泛敷衍,不痛不痒的,没有一毫精彩。真正文学家的材料大概都有"实地的观察和个人自己的经验"做个根柢。不能作实地的观察,便不能做文学家;全没有个人的经验,也不能做文学家。

(丙)要用周密的理想作观察经验的补助。实地的观察和个人的经验,固是极重要,但是也不能全靠这两件。例如施耐庵若单靠观察和经验,决不能做出一部《水浒传》。个人所经验的、所观察的究竟有限。所以必须有活泼精细的理想(Imagination),把观察经验的材料,一一的体会出来,一一的整理如式,一一的组织完全:从已知的推想到未知的,从经验过的推想到不曾经验过的,从可观察的推想到不可观察的。这才是文学家的本领。

(2)结构的方法　有了材料,第二步须要讲究结构。结构是个总名词,内中所包甚广,简单说来,可分剪裁和布局两步:

(甲)剪裁　有了材料,先要剪裁,譬如做衣服,先要看哪块料可做袍子,哪块料可做背心。估计定了,方可下剪。文学家的材料也要如此办理。先须看这些材料该用做小诗呢? 还是做长歌呢? 该用做章回小说呢? 还是做短篇小说呢? 该用做小说呢? 还是做戏本呢? 筹画定了,方才可以剪下那些可用的材料,去掉那些不中用的材料;方才可以决定做什么体裁的文字。

(乙)布局　体裁定了,再可讲布局。有剪裁,方可决定"做什么"。有布局,方可决定"怎样做"。材料剪定了,须要筹算怎样做去始能把这材料用得最得当又最有效力。例如唐朝天宝时代的兵祸、百姓的痛苦,都是材料。这些材料,到了杜甫的手里,便成了诗料。如今且举他的《石壕吏》一篇,作布局的例。这首诗只写一个过路的客人一晚上在一个人家内偷听得的事情;只用一百二十个字,却不但把那一家祖孙三代的历史都写出来,并且把那时代兵祸之惨、壮丁死亡之多、差役之横行、小民之苦痛,都写得逼真活现,使人读了生无限的感慨。这是上品的布局工夫。又如古诗"上山采蘼芜,下山逢故夫"一篇,写一家夫妇的惨剧,却不从"某人娶妻甚贤,后别有所欢遂出妻再娶"说起,只挑出那前妻山上下来遇着故夫的时候下笔,却也能把那一家的家庭情形写得充分满意。这也是神品的布局工夫。——近来的文人全不讲求布局;只顾凑足多少字可卖几块钱;全不问材料用的得当不得当,动人不动人。他们今日做上回的文章,还不知道下一回的材料在何处! 这样的文人怎样造得出有价值的新文学呢!

(3)描写的方法　局已布定了,方才可讲描写的方法。描写的方法,千头万绪,大要不出四条:一写人;二写境;三写事;四写情。

写人要举动、口气、身份、才性……都要有个性的区别:件件都是林黛玉,决不是薛宝钗;件件都是武松,决不是李逵;写境要一喧、一静、一石、一山、一云、一鸟……也都要有个性的区别:《老残游记》的大明湖,决不是西湖,也决不是洞庭湖;《红楼梦》里的家庭,决不是《金瓶梅》里的家庭。写事要线索分明,头绪清楚,近情近理,亦正亦奇。写情要真,要精,要细腻婉转,要淋漓尽致。——有时须用境写人,用情写人,用事写人;有时须用人写境,用事写境,用情写境;……这里面的千变万化,一言难尽。

如今且回到本文。我上文说的:创造新文学的第一步是工具,第二步是方法。方法的大致,我刚才说了。如今且问,怎样预备方才可得着一些高明的文学方法?我仔细想来,只有一条法子:就是赶紧多多的翻译西洋的文学名著做我们的模范。我这个主张,有两层理由:

第一,中国文学的方法实在不完备,不够作我们的模范。即以体裁而论,散文只有短篇,没有布置周密、论理精严、首尾不懈的长篇;韵文只有抒情诗,绝少纪事诗,长篇诗更不曾有过;戏本更在幼稚时代,但略能纪事掉文,全不懂结构;小说好的,只不过三四部,这三四部之中,还有许多疵病,至于最精彩之"短篇小说""独幕戏",更没有了。若从材料一方面看来,中国文学更没有做模范的价值。才子佳人、封王挂帅的小说;风花雪月、涂脂抹粉的诗;不能说理、不能言情的"古文";学这个、学那个的一切文学。这些文字,简直无一毫材料可说。至于布局一方面,除了几首实在好的诗之外,几乎没有一篇东西当得"布局"两个字!——所以我说,从文学方法一方面看去,中国的文学实在不够给我们做模范。

第二,西洋的文学方法比我们的文学,实在完备得多、高明得多,不可不取例。即以散文而论,我们的古文家至多比得上英国的 Bacon 和法国的 Montaene,至于像 Plato 的"主客体",Huxley 等的科学文萃,Boswell 和 Morley 等的长篇传记，Mill、Franklin、Giddon 等的"自传"，Taine 和 Bukle 等的史论，……都是中国从不曾梦见过的体裁。更以戏剧而论，二千五百年前的希腊戏曲，一切结构的工夫，描写的工夫，高出元曲何止十倍。近代的 Shakespeare 和 Moliere，更不用说了。最近六十年来欧洲的散文戏本，千变万化，远胜古代，体裁也更发达了。最重要的，如"问题戏"，专研究社会的种种重要问题；"寄托戏"（Symbolic Drama）专以美术的手腔，作的"意在言外"的戏本；"心理戏"，专描写种种复杂的心境，作极精密的解剖；"讽刺戏"，用嬉笑怒骂的文章，达愤世救世的苦心，——我写到这里，忽然想起今天梅兰芳正在唱新编的《天女散花》，上海的人还正在等着看新排的《多尔衮》呢！我也不往下数了，——更以小说而论，那材料之精确，体裁之完备，命意之高超，描写之工切，心理解剖之细密，社会问题讨论之透切……真是美不胜收，至于近百年新创的"短篇小说"，真如芥子里面藏着大千世界；真如百炼的精金，曲折委婉无所不可；真可说是开千古未有的创局，掘百世不竭的宝藏，——以上所说，大旨只在约略表示西洋文学方法的完备，因为西洋文学真有许多可给我们做模范的好处，所以我说：我们如果真要研究文学的方法，不可不赶紧翻译西洋的文学名著，做我们的模范。

现在中国所译的西洋文学书，大概都不得其法，所以收效甚少。我且拟几条翻译西洋文学名著的办法如下：

（1）只译名家著作，不译第二流以下的著作　我以为国内真懂得西洋文学的学者应该开一会议，公共选定若干种不可不译的第一流文学名著：约数如一百种长篇小说，五百篇短篇小说，三百种戏剧，五十家散文，为第一部西洋文学丛书，期五年译完，再选第二部。译成之稿，由这几位学者审查，并一一为作长序及著者略传，然后付印。其第二流以下，如哈葛得之流，一概不选。诗歌一类，不易翻译，只可从缓。

（2）全用白话韵文之戏曲，也都译为白话散文　用古文译书，必失原文的好处。如林琴南的"其女珠，其母下之"，早成笑柄，且不必论。

前天看见一部侦探小说《圆室案》中,写一位侦探"勃然大怒,拂袖而起"。不知道这位侦探穿的是不是康桥大学的广袖制服!——这样译书,不如不译。又知林琴南把 Shakespeare 的戏曲,译成了记叙体的古文!这真是 Shakespeare 的大罪人,罪在《圆室案》译者之上。

(三)创造　上面所说工具与方法两项,都只是创造新文学的预备工具,用得纯熟自然了,方法也懂了,方才可以创造中国的新文学。至于创造新文学是怎样一回事,我可不配开口了。我以为现在的中国,还没有做到实行预备创造新文学的地步,尽可不必空谈创造的方法和创造的手段,我们现在且先去努力做那第一、第二两步预备的工夫罢!

(原载《新青年》第四卷第四号,1918 年 4 月 15 日)

论短篇小说

胡 适

这一篇乃是三月十五日在北京大学国文研究所小说科讲演的材料。原稿由研究员傅斯年君记出,载于《北京大学日刊》。今就傅君所记,略为更易,作为此文。

一 什么叫做"短篇小说"?

中国今日的文人大概不懂"短篇小说"是什么东西。现在的报纸杂志里面,凡是笔记杂纂,不成长篇的小说,都可叫做"短篇小说"。所以,现在那些"某生,某处人,幼负异才,……一日,游某园,遇一女郎,睨之,天人也,……"一派的烂调小说,居然都称为"短篇小说"!其实这是大错的。西方的"短篇小说"(英文叫做 Short story),在文学上有一定的范围,有特别的性质,不是单靠篇幅不长便可称为"短篇小说"的。

我如今且下一个"短篇小说"的界说:

> 短篇小说,是用最经济的文学手段,描写事实中最精彩的一段,或一方面,而能使人充分满意的文章。

这条界说中,有两个条件最宜特别注意。今且把这两个条件分说如下:

（一）"事实中最精彩的一段或一方面"　譬如把大树的树身锯断，懂植物学的人看了树身的"横截面"，数了树的"年轮"，便可知道这树的年纪。一人的生活，一国的历史，一个社会的变迁，都有一个"纵剖面"和无数"横截面"。纵面看去，须从头看到尾，才可看见全部。横面截开一段，若截在要紧的所在，便可把这个"横截面"代表这一人，或这一国，或这一个社会。这种可以代表全邦的部分，便是我所谓"最精彩"的部分。又譬如西洋照相术未发明之前，有一种"侧面剪影"（siahouette），用纸剪下人的侧面便可知道是某人（此种剪像曾风行一时。今虽有照相术，尚有人为之）。这种可以代表全形的一面，便是我所谓"最精彩"的方面。若不是"最精彩的"所在，决不能用一段代表全体，决不能用一面代表全形。

（二）"最经济的文学手段"　形容"经济"两个字，最好是借用宋玉的话："增之一分则太长，减之一分则太短；着粉则太白，施朱则太赤。"须要不可增减，不可涂饰，处处恰到好处，方可当"经济"二字。因此，凡可以拉长演作章回小说的短篇，不是真正"短篇小说"。凡叙事不能畅尽、写情不能饱满的短篇，也不是真正"短篇小说"。

能合我所下的界说的，便是理想上完全的"短篇小说"。世间所称"短篇小说"，虽未能处处都与这界说相合，但是那些可传世不朽的"短篇小说"，决没有不具上文所说两个条件的。

如今且举几个例。西历一八七〇年，法兰西和普鲁士开战，后来法国大败，巴黎被攻破，出了极大的赔款，还割了两省地，才能讲和。这一次战争，在历史上，就叫做普法之战，是一件极大的事。若是历史家记载这事，必定要上溯两国开衅的远因，中记战争的详情，下寻战与和的影响；这样记去，可满几十本大册子。这种大事到了"短篇小说家"的手里，便用最经济的手腕去写这件大事的最精彩的一段或一面。我且不举别人，单举 Daudet 和 Maupassant 两个人为例。Daudet 所做普法之战的小说，有许多种。我曾译出一种叫做《最后一课》（《*La derniere* classe》,初译名《割地》,登上海《大共和日报》,后改用今名,登《留美学生季报》第三年)。全篇用法国割给普国两省中一省的一个小学生的口气,写割地之后,普国政府下令,不许再教法文法语。所写的乃是一个小学教师教法文的《最后一课》。一切割地的惨状,都从这个小学生眼中看出,口中写出。还有一种,叫做《柏林之围》(《Le Siège de Berlin》,曾载《甲寅》第四号)。写的是法皇拿破仑第三出兵攻普鲁士时,有一个曾在拿破仑第一麾下的老兵官,以为这一次法兵一定要大胜了,所以特地搬到巴黎,住在凯旋门边,准备着看法兵"凯旋"的大典。后来这老兵官病了,他的孙女儿天天假造法兵得胜的新闻去哄他。那时普国的兵已打破巴黎。普兵进城之日,他老人家听见军乐声,还以为是法兵打破了柏林奏凯班师呢! 这是借一个法国极强时代的老兵,来反照当日法国大败的大耻,两两相形,真可动人。

Maupassant 所做普法之战的小说也有多种。我曾译他的《二渔夫》(《Deuxamis》),写巴黎被围的情形,却都从两个酒鬼身上着想(此篇曾载本报,故不更细述)。还有许多篇,如"Mlle, Fifi"之类(皆未译出),或写一个妓女被普国兵士掳去的情形;或写法国内地村乡里面的光棍,乘着国乱,设立"军政分府",作威作福的怪状,……都可使人因此推想那时法国兵败以后的种种状态。这都是我所说的"用最经济的手腕,描写事实中最精彩的片段,而能使人充分满意"的短篇小说。

二　中国短篇小说的略史

"短篇小说"的定义既已说明了,如今且略述中国短篇小说的小史。

中国最早的短篇小说,自然要数先秦诸子的寓言了。《庄子》《列子》《韩非子》《吕览》诸书所载的"寓言",往往有用心结构可当"短篇小说"之称的。今举二例。第一例见于《列子·汤问》篇:

太形王屋二山,方七百里,高万仞,本在冀州之南,河阳之北。

北山愚公者,年且九十,面山而居,惩山之塞出入之迂也,聚室而谋曰:"吾与汝毕力平险,指通豫南,达于汉阴,可乎?"杂然相许。其妻献疑曰:"以君之力,曾不能损魁父之丘。如太形王屋何?且焉置土石?"杂曰:"投诸渤海之尾,隐土之北!"

遂率子孙荷担者三夫,叩石垦壤,箕畚运于渤海之尾。邻人京城氏之孀妻,有遗男,始龀,跳往助之。寒暑易节,始一返焉。

河曲智叟笑而止之曰:"甚矣汝之不惠! 以残年余力,曾不能毁山之一毛,其如土石何?"

北山愚公长息曰:"汝心之固,固不可彻,曾不若孀妻弱子! 虽我之死,有子存焉。子又生孙,孙又生子,子又有子,子又有孙。子子孙孙,无穷匮也,而山不加增。何若而不平?"

河曲智叟亡以应。

"操蛇之神"闻之,惧其不已也,告之于帝。帝感其诚,命夸娥氏二子负二山,一厝朔东,一厝雍南。自此,冀之南,汉之阴,无陇断焉。

这篇大有小说风味。第一,因为他要说"至诚可动天地",却平空假造一段太形王屋两山的历史。第二,这段历史之中处处用人名地名,用直接会话,写细事小物,即写天神也用"操蛇之神""夸娥氏二子"等私名,所以写来好像真有此事。这两层都是小说家的家数。现在的人一开口便是"某生""某甲",真是不曾懂得做小说的 ABC。

第二例见于《庄子·徐无鬼》篇:

庄子送葬,过惠子之墓,顾谓从者曰:

郢人垩漫其鼻端,若蝇翼,使匠石斲之。匠石运斤成风,听而斲之,尽垩而鼻不伤。郢人立不失容。

宋元君闻之,召匠石曰:"尝试为寡人为之!"

> 匠石曰:"臣则尝能斫之。虽然臣之质死久矣!"
>
> 自夫子(谓惠子)之死也,吾无以为质矣!吾无与言之矣!

这一篇写"知己之感",从古至今,无人能及。看他写"垩漫其鼻端,若蝇翼",写"匠石运斤成风",都好像真有此事,所以有文学的价值。看他寥寥七十个字,看尽无限感慨,是何等"经济的"手腕!Maupassant 有一篇短篇,叫做《An Artist》,与庄子这一篇的用意有点相像。但他用了几千字,写来还不如庄子的七十个字。这可见"经济"之中也还有个高下的分别。

自汉到唐这几百年中,出了许多"杂记"体的书,却都不配称做"短篇小说"。最下流的如《神仙传》和《搜神记》之类,不用说了。最高的如《世说新语》,其中所记,有许多狠有"短篇小说"的意味,却没有"短篇小说"的体裁。如下举的例:

> (1)桓公(温)北征,经金城,见前为琅琊时种柳,皆已十围,慨然曰:"木犹如此,人何以堪!"攀枝执条,泫然流泪。
>
> (2)王子猷(徽之)居山阴,夜大雪,眠觉开室,命酌酒,四望皎然。因起傍徨,咏左思《招隐》诗,忽忆戴安道。时戴在剡,即便夜乘小船就之。经宿方至,造门不前而返。人问其故。王曰:"吾本乘兴而来,兴尽而返。何必见戴!"

此等记载,都是拣取人生极精彩的一小段,用来代表那人的性情品格,所以我说《世说》狠有"短篇小说"的意味。只是《世说》所记都是事实,或是传闻的事实,虽有剪裁,却无结构,故不能称做"短篇小说"。

比较说来,这个时代的散文短篇小说还该数到陶潜的《桃花源记》。这篇文字,命意也好,布局也好,可以算得一篇用心结构的"短篇小说"。此外,便须到韵文中去找短篇小说了。韵文中《孔雀东南飞》一篇是狠好的短篇小说,记事言情,面面都到。但是比较起来,还不如《木兰辞》更为"经济"。《木兰辞》,记木兰的战功,只用"将军百战死,壮士十年归"十个字;记木兰归家的那一天,却用了一百多字。十个字记十年的事,不为少。一百多字记一天的事,不为多。这便是文学的"经济"。但是比较起来,《木兰辞》还不如古诗《上山采蘼芜》更为神妙。那诗道:

> 上山采蘼芜,下山逢故夫。长跪问故夫:"新人复何如?""新人虽言好,未若故人姝。颜色类相似,手爪不相如。""新人从门入,故人从阁去。""新人工织缣,故人工织素。织缣日一匹,织素五丈余。将缣来比素,新人不如故。"

这首诗有许多妙处。第一,他用八十个字,写出那家夫妇三口的情形,使人可怜那被逐的"故人",又使人痛恨那没有心肝,想靠着老婆发财的"故夫"。第二,他写那人弃妻娶妻的事,却不用从头说起:不用说"某某,某处人,娶妻某氏,甚贤;已而别有所欲,遂弃前妻而娶新欢……"。他只从这三个人的历史中挑出那日从山上采野菜回来遇着故夫的几分钟,是何等"经济的手腕"!是何等"精彩的片段"!第三,他只用"上山采蘼芜,下山逢故夫"十个字,便可写出这妇人是一个弃妇,被弃之后,非常贫苦,只得挑野菜度日。这是何等神妙手段!懂得这首诗的好处,方才可谈"短篇小说"的好处。

到了唐朝,韵文散文中都有狠妙的短篇小说。韵文中,杜甫的《石壕吏》是绝妙的例。那诗道:

> 暮投石壕村,有吏夜捉人,老翁逾墙走,老妇出门看。吏呼一何怒!妇啼一何苦!听妇前致词:"三男邺城戍。一男附书至,二男新战死。生者且偷生,死者长已矣!室中更无人,惟有乳下孙,有孙母未去,出入无完裙。老妪力虽衰,请从吏夜归,急应河阳役,犹得备晨炊。"夜久语声绝,如闻泣幽咽。……天明登前途,独与老翁别!

这首诗写天宝之乱,只写一个过路投宿的客人夜里偷听得的事,不插一句议论,能使人觉得那时代征兵之制的大害,百姓的痛苦,丁壮死亡的多,差役捉人的横行:——都在眼前。捉人捉到生了孙儿的祖老太太,别的更可想而知了。

　　白居易的《新乐府》五十首中,尽有很好的短篇小说。最妙的是《新丰折臂翁》一首。看他写"是时翁年二十四,兵部牒中有名字,夜深不敢使人知,偷将大石槌折臂",使人不得不发生"苛政猛于虎"的思想。白居易的《琵琶行》也可算得一篇很好的短篇小说。白居易的短处,只因为他有点迂腐气,所以处处要把做诗的"本意"来做结尾;即如《新丰折臂翁》篇末加上"君不见开元宰相宋开府"一段,便没有趣味了。又如《长恨歌》一篇,本用道士见杨贵妃,带来信物一件事作主体。白居易虽做了这诗,心中却不信道士见杨妃的神话;所以他不但说杨妃所在的仙山"在虚无缥缈中";还要先说杨妃死时"金钿委地无人收,翠翘金雀玉搔头",这竟直说后来"天上"带来的"钿合金钗"是马嵬坡拾起的了!自己不信,所以说来便不能叫人深信。人说赵子昂画马,先要伏地作种种马相。做小说的人,也要如此,也要用全副精神替书中人物设身处地,体贴入微。做"短篇小说"的人,格外应该如此。为什么呢?因为"短篇小说"要把所挑出的"最精彩的一段"作主体,才可有全神贯注的妙处。若带点迂气,处处把"本意"点破,便是把书中事实作一种假设的附属品,便没有趣味了。

　　唐朝的散文短篇小说很多,好的却实在不多。我看来看去,只有张说的《虬髯客传》可算得上品的"短篇小说"。《虬髯客传》的本旨,只是要说"真人之兴,非英雄所冀"。他却平空造出虬髯客一段故事,插入李靖红拂一段情史,写到正热闹处,忽然写"太原公子褐裘而来",遂使那位野心豪杰绝心于事国,另去海外开辟新国。这种立意布局,都是小说家的上等工夫。这是第一层长处。这篇是"历史小说"。凡做"历史小说"不可全用历史上的事实,却又不可违背历史上的事实。全用历史的事实,便成了"演义"体,如《三国演义》和《东周列国志》,没有真正"小说"的价值(《三国》所以稍有小说价值者,全靠其能于历史事实之外加入许多小说的材料耳)。若违背了历史的事实,如《说岳传》使岳飞的儿子挂帅印打平金国,虽可使一班愚人快意,却又不成"历史的"小说了。最好是能于历史事实之外,造成一些"似历史又非历史"的事实,写到结果,却又不违背历史的事实。如法国大仲马的《侠隐记》,(商务出版。译者君朔,不知是何人。吾以为近年译西洋小说,当以君朔所译诸书为第一。君朔所用白话,全非钞袭旧小说的白话,乃是一种特创的白话,最能传达原书的神气。其价值高出林纾百倍,可惜世人不会赏识。)写英国暴君查理第一世为克林威尔所囚时,有几个侠士出了死力百计想把他救出来,每次都到将成功时忽又失败;写来极闹热动人,令人急煞,却终不能救免查理第一世断头之刑,故不违背历史的事实。又如《水浒传》所记宋江等三十六人是正史所有的事实。《水浒传》所写宋江在浔阳江上吟反诗,写武松打虎杀嫂,写鲁智深大闹和尚寺等事,处处闹热煞,却终不违历史的事实(《荡寇志》便违背历史的事实了)。《虬髯客传》的长处正在他写了许多动人的人物事实,把"历史的"人物(如李靖、刘文静、唐太宗之类)和"非历史的"人物(如虬髯客、红拂女)穿插夹混,叫人看了竟像那时真有这些人物事实。但写到后来,虬髯客飘然去了,依旧是唐太宗得了天下,一毫不违背历史的事实。这是"历史小说"的方法,便是《虬髯客传》的第二层长处。此外还有一层长处。唐以前的小说,无论散文韵文,都只能叙事,不能用全副气力描写人物。《虬髯客传》写虬髯客极有神气,自不用说了。就是写红拂、李靖等"配角",也都有自性的神情风度。这种"写生"手段,是这篇的第三层长处。有这三层长处,所以我敢断定这篇《虬髯客传》是唐代第一篇"短篇小说"。

宋朝是"章回小说"发生的时代。如《宣和遗事》和《五代史平话》等书,都是后世"章回小说"的始祖。《宣和遗事》中记杨志卖刀杀人,晁盖等八人路劫生辰纲,宋江杀阎婆惜诸段,便是施耐庵《水浒传》的稿本。从《宣和遗事》变成《水浒传》,是中国文学史上一大进步。但宋朝是"杂记小说"极盛的时代,故《宣和遗事》等书,总脱不了"杂记体"的性质,都是上段不接下段,没有结构布局的。宋朝的"杂记小说"颇多好的,但都不配称做"短篇小说"。"短篇小说"是有结构局势的;是用全副精神气力贯注到一段最精彩的事实上的。"杂记小说"是东记一段,西记一段,如一盘散沙,如一篇零用账,全无局势结构的。这个区别,不可忘记。

明清两朝的"短篇小说",可分白话与文言两种。白话的"短篇小说"可用《今古奇观》作代表。《今古奇观》是明末的书,大概不全是一人的手笔(如《杜十娘》一篇,用文言极多,远不如《卖油郎》,似出两人手笔)。书中共有四十篇小说,大要可分两派:一是演述旧作的,一是自己创作的。如《吴保安弃家赎友》一篇,全是演唐人的《吴保安传》,不过添了一些琐屑节目罢了。但是,这些加添的琐屑节目便是文学的进步。《水浒》所以比《史记》更好,只在多了许多琐屑细节。《水浒》所以比《宣和遗事》更好,也只在多了许多琐屑细节。从唐人的吴保安,变成《今古奇观》的吴保安;从唐人的李汧公,变成《今古奇观》的李汧公;从汉人的伯牙子期,变成《今古奇观》的伯牙子期;——这都是文学由略而详,由粗枝大叶而琐屑细节的进步。此外那些明人自己创造的小说,如《卖油郎》,如《洞庭红》,如《乔太守》,如《念亲恩孝女藏儿》,都可称狠好的"短篇小说"。依我看来,《今古奇观》的四十篇之中,布局以《乔太守》为最工,写生以《卖油郎》为最工。《乔太守》一篇,用一个李都管做全篇的线索,是有意安排的结构。《卖油郎》一篇写秦重、花魁娘子、九妈、四妈,各到好处。《今古奇观》中虽有狠平常的小说(如《三孝廉》《吴保安》《羊角哀》诸篇),比起唐人的散文小说,已大有进步了。唐人的小说,最好的莫如《虬髯客传》。但《虬髯客传》写的是英雄豪杰,容易见长。《今古奇观》中大多数的小说,写的都是些琐细的人情世故,不容易写得好。唐人的小说大都属于理想主义(如《虬髯客传》《红线》《聂隐娘》诸篇)。《今古奇观》中如《卖油郎》《徐老仆》《乔太守》《孝女藏儿》，便近于写实主义了。至于由文言的唐人小说，变成白话的《今古奇观》，写物写情，都更能曲折详尽，那更是一大进步了。

只可惜白话的短篇小说发达不久，便中止了。中止的原因，约有两层。第一，因为白话的"章回小说"发达了，做小说的人往往把许多短篇略加组织，合成长篇。如《儒林外史》和《品花宝鉴》名为长篇的"章回小说"，其实都是许多短篇凑拢来的。这种杂凑的长篇小说的结果，反阻碍了白话短篇小说的发达了。第二，是因为明末清初的文人，狠做了一些中上的文言短篇小说。如《虞初新志》《虞初续志》《聊斋志异》等书里面，狠有几篇可读的小说。比较看来，还该把《聊斋志异》来代表这两朝的文言小说。《聊斋》里面，如《续黄粱》《胡四相公》《青梅》《促织》《细柳》……诸篇，都可称为"短篇小说"。《聊斋》的小说，平心而论，实在高出唐人的小说。蒲松龄虽喜说鬼狐，但他写鬼狐却都是人情世故；于理想主义之中，却带几分写实的性质。这实在是他的长处。只可惜文言不是能写人情世故的利器。到了后来，那些学《聊斋》的小说，更不值得提起了。

三　结论

最近世界文学的趋势，都是由长趋短，由繁多趋简要——"简"与"略"不同，故这句话与上文说"由略而详"的进步，并无冲突。——诗的一方面，所重的在于"写情短诗"（Lyrical poerty 或译"抒情诗"），像 Homer, Milton, Dante, 那些几十万字的长篇，几乎没有人做了；就有人做（十九世纪尚多此种），也狠少人读了。戏剧一方面，莎士比亚的戏，有时竟长到五出二十幕（此所指乃 Hamlet 也）；后来变到五出五幕又渐渐变成三出三幕；如今最注重的是"独幕戏"了。小说一方面，自十九世纪中段以来，最通行的是"短篇小说"。长篇小说如 Tolstoy 的《战争与平和》，竟是绝无而仅有的了。所以我们简直可以说，"写情短诗""独幕剧""短篇小说"三项,代表世界文学最近的趋向。这种趋向的原因,不止一种。(一)世界的生活竞争一天忙似一天,时间越宝贵了,文学也不能不讲究"经济";若不经济,只配给那些吃了饭没事做的老爷、太太们看,不配给那些在社会上做事的人看了。(二)文学自身的进步,与文学的"经济"有密切关系。斯宾塞说,论文章的方法,千言万语,只是"经济"一件事。文学越进步,自然越讲求"经济"的方法。有此两种原因,所以世界的文学都趋向这三种"最经济的"体裁。今日中国的文学,最不讲"经济"。那些古文家和那"《聊斋》滥调"的小说家,只会记"某时到某地,遇某人,作某事"的死账,毫不懂状物写情是全靠琐屑节目的。那些长篇小说家又只会做那无穷无极《九尾龟》一类的小说,连体裁布局都不知道,不要说文学的经济了。若要救这两种大错,不可不提倡那最经济的体裁——不可不提倡真正的"短篇小说"。

(原载《新青年》第四卷第五号,1918年5月15日)

人的文学

周作人

我们现在应该提倡的新文学,简单的说一句,是"人的文学"。应该排斥的,便是反对的非人的文学。

新旧这名称,本来狠不妥当。其实"太阳底下,何尝有新的东西"?思想道理,只有是非,并无新旧。要说是新,也单是新发见的新,不是新发明的新。新大陆是在十五世纪中,被哥仑布发见,但这地面是古来早已存在。电是在十八世纪中,被弗兰克林发见,但这物事也是古来早已存在。无非以前的人,不能知道,遇见哥仑布与弗兰克林才把他看出罢了。真理的发见,也是如此。真理永远存在,并无时间的限制,只因我们自己愚昧,闻道太迟,离发见的时候尚近,所以称他新。其实他原是极古的东西,正如新大陆同电一般,早在这宇宙之内,倘若将他当作新鲜果子、时式衣裳一样看待,那便大错了。譬如现在说"人的文学"这一句话,岂不也像时髦?却不知世上生了人,便同时生了人道。无奈世人无知,偏不肯体人类的意志,走这正路,却迷入兽道、鬼道里去,旁皇了多年,才得出来。正如人在白昼时候,闭着眼乱闯,末后睁开眼睛,才晓得世上有这样好阳光。其实太阳照临,早已如此,已有了无量数年了。

欧洲关于这"人"的真理的发见,第一次是在十五世纪,于是出了宗教改革与文艺复兴两个结果。第二次成了法国大革命,第三次大约便是欧战以后、将来的未知事件了。女人与小儿的发见,却迟至十九世纪,才有萌芽。古来女人的位置,不过是男子的器具与奴隶。中古时代,教会里还曾讨论女子有无灵魂,算不算得一个人呢。小儿也只是父母的所有品,又不认他是一个未长成的人,却当他作具体而微的成人,因此又不知演了多少家庭的与教育的悲剧。自从 Froebel 与 Godwin 夫人以后,才有光明出现。到了现在,造成儿童学与女子问题这两个大研究,可望长出极好的结果来。中国讲到这类问题,却须从头做起,人的问题,从来未经解决,女人、小儿更不必说了。如今第一步先从人说起,生了四千余年,现在却还讲人的意义,从新要发见"人",去"辟人荒",也是可笑的事。但老了再学,总比不学该胜一筹罢。我们希望从文学起首,提倡一点人道主义思想,便是这个意思。

我们要说人的文学,须得先将这个人字,略加说明。我们所说的人,不是世间所谓"天地之性最贵"或"圆颅方趾"的人,乃是说"从动物进化的人类"。其中有两个要点:(一)"从动物"进化的,(二)从动物"进化"的。

我们承认人是一种生物。他的生活现象,与别的动物并无不同。所以我们相信人的一切生活本能,都是美的、善的,应得完全满足。凡有违反人性不自然的习惯制度,都应排斥改正。

但我们又承认人是一种从动物进化的生物。他的内面生活,比他动物更为复杂高深,而且逐渐向上,有能改造生活的力量。所以我们相信人类以动物的生活为生存的基础,而其内面生活,却渐与动物相远,终能达到高上和平的境地。凡兽性的余留,与古代礼法可以阻碍人性向上的发展者,也都应排斥改正。

这两个要点,换一句话说,便是人的灵肉二重的生活。古人的思想,以为人性有灵肉二元,同时并存,永远冲突。肉的一面,是兽性的遗传。灵的一面,是神性的发端。人生的目的,便偏重在发展这神性。其手段,便在灭了体质以救灵魂。所以古来宗教,大都厉行禁欲主义,有种种苦行,抵制人类的本能。一方面却别有不顾灵魂的快乐派,只愿

"死便埋我"。其实两者都是趋于极端,不能说是人的正当生活。到了近世,才有人看出这灵肉本是一物的两面,并非对抗的二元。兽性与神性,合起来便只是人性。英国十八世纪诗人 Blake 在《天国与地狱的结婚》一篇中,说得最好:

(一)人并无与灵魂分离的身体。因这所谓身体者,原止是五官所能见的一部分的灵魂。

(二)力是唯一的生命,是从身体发生的。理就是力的外面的界。

(三)力是永久的悦乐。

他这话虽略含神秘的气味,但狠能说出灵肉一致的要义。我们所信的人类正当生活,便是这灵肉一致的生活。所谓从动物进化的人,也便是指这灵肉一致的人,无非用别一说法罢了。

这样"人"的理想生活,应该怎样呢?首先便是改良人类的关系。彼此都是人类,却又各是人类的一个。所以须营一种利己而又利他、利他即是利己的生活。第一,关于物质的生活,应该各尽人力所及,取人事所需。换一句话,便是各人以心力的劳作,换得适当的衣、食、住与医药,能保持健康的生存。第二,关于道德的生活,应该以爱、智、信、勇四事为基本道德,革除一切人道以下或人力以上的因袭的礼法,使人人能享自由真实的幸福生活。这种"人的"理想生活,实行起来,实于世上的人,无一不利。富贵的人虽然觉得不免失了他的所谓尊严,但他们因此得从非人的生活里救出,成为完全的人,岂不是绝大的幸福么?这真可说是二十世纪的新福音了。只可惜知道的人还少,不能立地实行。所以我们要在文学上略略提倡,也稍尽我们爱人类的意思。

但现在还须说明,我所说的人道主义,并非世间所谓"悲天悯人"或"博施济众"的慈善主义,乃是一种个人主义的人间本位主义。这理由是:第一,人在人类中,正如森林中的一株树木。森林盛了,各树也都茂盛。但要森林盛,却仍非靠各树各自茂盛不可。第二,个人爱人类,就只为人类中有了我、与我相关的缘故。墨子说兼爱的理由,因为"己亦在人中",便是最透彻的话。上文所谓利己而又利他,利他即是利己,正是这个意思。所以我说的人道主义,是从个人做起。要讲人道,爱人类,便须先使自己有人的资格,占得人的位置。耶稣说:"爱邻如己。"如不先知自爱,怎能"如己"的爱别人呢？至于无我的爱,纯粹的利他,我以为是不可能的。人为了所爱的人,或所信的主义,能够有献身的行为。若是割肉饲鹰,投身给饿虎吃,那是超人间的道德,不是人所能为的了。

用这人道主义为本,对于人生诸问题,加以记录研究的文字,便谓之人的文学。其中又可以分作两项:(一)是正面的,写这理想生活,或人间上达的可能性。(二)是侧面的,写人的平常生活,或非人的生活,都狠可以供研究之用。这类著作,分量最多,也最重要。因为我们可以因此明白人生实在的情状,与理想生活比较出差异与改善的方法。这一类中写非人的生活的文学,世间每每误会,与非人的文学相溷,其实却大有分别。譬如法国 Maupassant 的小说《人生》(*Une Vie*)是写人间兽欲的人的文学,中国的《肉蒲团》却是非人的文学。俄国 Kuprin 的小说《坑》(*Jama*)是写娼妓生活的人的文学,中国的《九尾龟》却是非人的文学。这区别就只在著作的态度不同。一个严肃,一个游戏。一个希望人的生活,所以对于非人的生活,怀着悲哀或愤怒。一个安于非人的生活,所以对于非人的生活,感着满足,又多带着玩弄与挑拨的形迹。简明说一句,人的文学与非人的文学的区别,便在著作的态度,是以人的生活为是呢？非人的生活为是呢？这一点上,材料方法,别无关系。即如提倡女人殉葬——即殉节——的文章,表面上岂不说是"维持风教",但强迫人自杀,正是非人的道德,所以也是非人的文学。中国文学中,人的文学,本来极少,从儒教、道教出来的文章,几乎都不合格。现在我们单从纯文学上举例如:

(一)色情狂的淫书类；

(二)迷信的鬼神书类(《封神传》《西游记》等)；

(三)神仙书类(《绿野仙踪》等);

(四)妖怪书类(《聊斋志异》《子不语》等);

(五)奴隶书类(甲种主题是皇帝、状元、宰相,乙种主题是神圣的父与夫);

(六)强盗书类(《水浒》《七侠五义》《施公案》等);

(七)才子佳人书类(《三笑姻缘》等);

(八)下等谐谑书类(《笑林广记》等);

(九)《黑幕》类;

(十)以上各种思想和合结晶的旧戏。

这几类全是妨碍人性的生长、破坏人类的平和的东西,统应该排斥。这宗著作,在民族心理研究上,原都极有价值。在文艺批评上,也有几种可以容许。但在主义上,一切都该排斥。倘若懂得道理,识力已定的人,自然不妨去看。如能研究批评,便于世间更为有益,我们也极欢迎。

人的文学,当以人的道德为本,这道德问题方面很广,一时不能细说。现在只就文学关系上,略举几项。譬如两性的爱,我们对于这事,有两个主张:(一)是男女两本位的平等,(二)是恋爱的结婚。世间著作,有发挥这意思的,便是绝好的人的文学。如诺威 Ibsen 的戏剧《娜拉》(*Et Dukkehjem*)、《海女》(*Fruenfra Havet*),俄国 Tolstoj 的小说 *Anna Karenina*、英国 Hardy 的小说 *Tess* 等就是。恋爱起原,据芬兰学者 Westermarck 说,由于"人的对于与我快乐者的爱好"。却又如奥国 Lucan 说,因多年心的进化,渐变了高尚的感情。所以真实的爱与两性的生活,也须有灵肉二重的一致。但因为现世社会境势所迫,以致偏于一面的,不免极多。这便须根据人道主义的思想,加以记录研究。却又不可将这样生活,当作幸福或神圣,赞美提倡。中国的色情狂的淫书,不必说了。旧基督教的禁欲主义的思想,我也不能承认他为是。又如俄国 Dostojevskij 是伟大的人道主义的作家。但他在一部小说中,说一男人爱一女子,后来女子爱了别人,他却竭力斡旋,使他们能够配合。

Dostojevskij 自己,虽然言行竟是一致,但我们总不能承认这种种行为,是在人情以内、人力以内,所以不愿提倡。又如印度诗人 Tagore 做的小说,时时颂扬东方思想。有一篇记一寡妇的生活,描写他的"心的撒提",(Suttee,撒提是印度古语,指寡妇与他丈夫的尸体一同焚化的习俗。)又一篇说一男人弃了他的妻子,在英国别娶,他的妻子还典卖了金珠宝玉,永远的接济他。一个人如有身心的自由,以自由别择,与人结了爱,遇着生死的别离,发生自己牺牲的行为,这原是可以称道的事。但须全然出于自由意志,与被专制的因袭礼法逼成的动作,不能并为一谈。印度人身的撒提,世间都知道是一种非人道的习俗,近来已被英国禁止。至于人心的撒提,便只是一种变相。一是死刑,一是终身监禁。照中国说,一是殉节,一是守节。原来撒提这字,据说在梵文,便正是节妇的意思。印度女子被"撒提"了几千年,便养成了这一种畸形的贞顺之德。讲东方化的,以为是国粹,其实只是不自然的制度习惯的恶果。譬如中国人磕头惯了,见了人便无端的要请安拱手作揖,大有非跪不可之意,这能说是他的谦和美德么?我们见了这种畸形的所谓道德,正如见了塞在坛子里养大的,身子像萝卜形状的人,只感着恐怖、嫌恶、悲哀、愤怒种种感情,决不该将他提倡,拿他赏赞。

其次如亲子的爱。古人说,父母子女的爱情,是"本于天性",这话说得最好。因他本来是天性的爱,所以用不着那些人为的束缚,妨害他的生长。假如有人说,父母生子,全由私欲,世间或要说他不道。今将他改作由于天性,便极适当。照生物现象看来,父母生子,正是自然的意志。有了性的生活,自然有生命的延续与哺乳的努力,这是动物无不如此。到了人类,对于恋爱的融合,自我的延长,更有意识,所以亲子的关系,尤为深厚。近时识者所说儿童的权利,与父母的义务,便即据这天然的道理推演而出,并非时新的东西。至于世间无知的父母,将子女当作所有品,牛马一般养育,以为养大以后,可以随便吃他骑他,那便是退化的谬误思想。英国教育家 Gorst 称他们为"猿类之不肖子",正不为过。日本津田左右吉著《文学上国民思想的研究》卷一说:"不以亲子的爱情为本的孝行观念,又与祖先为子孙而生存的生物学的普遍事实,人为将来而努力的人间社会的实际状态,俱相违反,却认作子孙为祖先而生存,如此道德中,显然含有不自然的分子。"祖先为子孙而生存,所以父母理应爱重子女,子女也就应该爱敬父母。这是自然的事实,也便是天性。文学上说这亲子的爱的,希腊 Homeros 史诗 *Ilias* 与 Euripides 悲剧 *Troiades* 中,说 Hektor 夫妇与儿子的死别两节,在古文学中,最为美妙。近来 Ibsen 的《群鬼》(*Gengangere*)、德国 Sudermann 的戏剧《故乡》(*Heimat*)、俄国 Turgenjev 的小说《父子》(*Ottsy idjeti*)等,都很可以供我们的研究。至于郭巨埋儿、丁兰刻木那一类残忍迷信的行为,当然不应再行赞扬提倡。割股一事,尚是魔术与食人风俗的遗留,自然算不得道德。不必再叫他溷入文学里,更不消说了。

照上文所说,我们应该提倡与排斥的文学,大致可以明白了。但关于古今中外这一件事上,还须追加一句说明,才可免了误会。我们对于主义相反的文学,并非如胡致堂或乾隆做史论,单依自己的成见,将古今人物排头骂倒。我们立论,应抱定"时代"这一个观念,又将批评与主张,分作两事。批评古人的著作,便认定他们的时代,给他一个正直的评价,相应的位置。至于宣传我们的主张,也认定我们的时代,不能与相反的意见通融让步,唯有排斥的一条方法。譬如原始时代,本来只有原始思想,行魔术食人肉,原是分所当然。所以关于这宗风俗的歌谣故事,我们还要拿来研究,增点见识。但如近代社会中,竟还有想实行魔术食人的人,那便只得将他捉住,送进精神病院去了。其次,对于中外这个问题,我们也只须抱定时代这一观念,不必再划出什么别的界限。地理上历史上,原有种种不同,但世界交通便了,空气流通也快了,人类可望逐渐接近,同一时代的人,便可相并存在。单位是个我,总数是个人。不必自以为与众不同,道德第一,划出许多畛域。因为人总与人类相关,彼此一样,所以张三、李四受苦,与彼得、约翰受苦,要说与我无关,便一样无关。说与我相关,也一样相关。仔细说,便只为我与张三、李四或彼得、约翰虽姓名不同,籍贯不同,但同是人类之一,同具感觉性情。他以为苦的,在我也必以为苦。这苦会降在他身上,也未必不能降在我的身上。因为人类的运命是同一的,所以我要顾虑我的运命,便同时须顾虑人类共同的运命。所以我们只能说时代,不能分中外。我们偶有创作,自然偏于见闻较确的中国一方面,其余大多数都还须绍介、译述外国的著作,扩大读者的精神,眼里看见了世界的人类,养成人的道德,实现人的生活。

(原载《新青年》第五卷第六号,1918年12月15日)

白话文的价值

朱希祖

昨天遇见一位老先生与一位朋友谈天。那老先生说道:"白话的文与文言的文,皆是不可灭的。譬如着衣服:做白话的文,就如着布衣;做文言的文,就如着绫罗绸缎的衣。着得起绫罗绸缎的,就是富人;那贫人着不起绫罗绸缎,只好着布的了。"我听了暗中笑道,我常常说人家都喜欢做"衣裳文学",偏偏这位老先生又要讲"衣裳文学"了。要晓得贫富,本不在衣裳上区别。那富的人固然也有着绫罗绸缎的衣,然而着布衣的,也尽有富的,并不为着了布衣,就失了他富的资格。那安分守己的贫人,固多着布衣,然而也有贫的人,偏要假装富人,着了绫罗绸缎,到人家面前去诳耀。试到我们江苏浙江的街上去看看,着绫罗绸缎的人非凡之多;若到他们家里去看看,十之八九都是穷得不堪的,也未见得因为他们着了绫罗绸缎,就算他是富人。我们中国人只晓得假装门面。这种贫无聊赖的人,偷窃欺骗人家的钱来,做了绫罗绸缎的衣裳,着了去诳耀。"只认衣裳不认人"的下流人物就可以代表中国大多数文言的文章了。

又有几个人在那里批评白话的文的价值,以为总不如文言的文。

甲说道:"白话的文太繁秽,不如文言的文简洁;白话的文太刻露,不如文言的文含蓄;所以白话的文是毫无趣味的。"

乙说道:"白话的文,今天看了,一览无余,明天就丢掉了,断不能垂诸久远;文言的文,色泽又美,声音又好听,使人日日读之不厌;所以孔子说,'言之无文,行而不远。'古人的文章所以能千古不朽者,就是用文言的缘故;所以我们雅人,只要学古;白话的文,由他们俗人作通俗文用罢了。"

丙说道:"白话的文,车夫走卒都能为之;文言的文,非学士大夫不能为。"

我以为甲的主张,不过要制造"伪"的文章罢了。文章的好坏,不在繁简,从前顾亭林的《日知录》已经说过了,不必再辨。秽的一字,我不解;大约指着白话的文中骂人的语句,或批评人家,说得太不堪的样子;然而文言的文中,难道就没有这种弊病吗?你看《论语》《孟子》中,不批评人家则已,一批评人家,开口就是"禽兽""盗贼"等恶毒的骂詈,"妾妇""穿窬""徒哺啜""贱丈夫"等不堪的嘲笑,你们方且以他们为圣贤,要崇拜他们的,不因此抹杀文言的文。所以这种弊病,不是白话的文专有的。若讲到含蓄,要分两层说。一对于字句的。作文言的文,以为字句必须含蓄,不许直说,所以措词或用古典;或用古字;造句或务简短,或求古奥。所以他们的句语,也有如谶词的,也有如灯谜的,也有如歇后语的;矫揉造作,一副假腔,如同做戏的带了假面具,把真面目不露出来。到了这种地位,虽有很好的意思,含蓄在内,人家也不看出来了。从前田鸠说:墨子的文,"多而不辩,恐人怀其文,忘其用,与楚人鬻珠,秦伯嫁女同类"(说详《韩非子·外储说·左上》)。所以华辞巧饰,自托含蓄的,上者使人买椟还珠,下者徒饰空椟,竟无珠了。白话的文,把真面目刻露出来,即无此种毛病。一对于意思的。做文章时,意思含蓄不露,所谓引而不发,意在言外,使人自己去寻味;若豁然贯通,必如获了珍宝;自是文学的上品。此种好处,不但文言的文有之,白话的文亦有之。试看现在欧美日本的白话小说,戏曲,及新体的白话诗,皆有此种境界。所以未曾细读多读白话的文学作品,而漫欲批评白话文,全无是处。

乙的主张,不过要制造"古"的文章罢了。"古"的弊病,我下文再讲。若说白话的文不能传诸久远,试问《尚书》中《殷盘》《周诰》,多是古代的白话,何以能传诸久远呢?《水浒》《红楼梦》,我敢说再过数千年,也是不能磨灭的。况且最古的时代,文章本是代语言的,我们做白话的文,实在是最古的法则。——然而人家不要误会,我们并不因为白话文是古的,然后要做他的。

丙的主张,不过要做"贵族"的文章罢了(学士大夫,即贵族的代名词)。要晓得文学的事业,总以人的全部分为标准。若以少数贵族为标准,就是自私自利,这种文章,已无文学上的价值;我的朋友仲密君做了一篇《平民文学》,载在《每周评论》的第五期,讲得非凡透澈,我也不必再说。至于贵族的心理,以为"文章做到难懂,工夫就深极了,人家不懂,我独能懂,所以可贵;白话的文,人人能懂,车夫走卒皆能懂,所以不足贵"。其实现在的新文学,非从科学哲学出来,即不能成立;用极深远的哲理,写以极浅近的白话。所以就外面看来,学士大夫能懂得,车夫走卒亦能懂得;若就内容的理由讲,不但车夫走卒不能懂,即旧派的学士大夫何尝能懂呢?

上文列的数家,不过中国的守旧派反对白话的文罢了。还有留学欧美做外国的守旧派的,崇奉莎士比亚等贵族的文学,以为"外国文言何尝一致",亦来反对白话文学。

某君《中国文学改良论》云(见《东方杂志》第十六卷第三号),"语言若与文学合而为一,则语言变而文字亦随之而变。故英之 Chaner 去今不过五百余年,Spencer 去今不过四百余年,以英国文字为谐声文字之故,二氏之诗,已如我国商周之文之难读;而我国,则周秦之书尚不如是,岂不以文字不变,始克臻此乎?向使以白话为文,随时变迁,宋元之文已不可读,况秦汉魏晋乎?此正文言分离之优点。乃论者以之为劣,岂不谬哉?且《盘庚》《大诰》之所以难于《尧典》《舜典》者(按《舜典》已亡,今惟伪古文有舜典),即以前者为殷人之白话(按《大诰》是周人的,非殷人的),而伪者乃史官文言之记述也。故宋元语录,与元人戏曲,其为白话,大异于今,多不可解;然宋元之文章,则与今无别。论者乃恶其便利而欲增其困难乎?抑宋元以上之学,已可完全抛弃而不足惜,则文学已无流传后世之价值,而古代之书籍可完全焚毁矣,斯又何解于西人之保存彼国之古籍耶?"

某君攻击白话的文,较之中国的守旧派,程度自然高出百倍。他也晓得白话的文可以传诸久远;惟虑白话的文传诸久远而后,语言代变,恐后人不能懂。此乃某君之谬,今为分析辨之:

文学最大的作用,在能描写现代的社会,指导现代的人生。此二事,皆非用现代的语言不可;其理由,下文再说。假使作文的时候就要离却现代的社会与人生,而欲为千秋万岁后的读者计画,则思想隐欲专制将来,文学上已无时代精神可表现。若要如此,则吾人不必再创新文学,只要死守旧文学已足。再进一步说,吾人之所以创新文学,实不满意于旧文学;吾人今日的新文学,过了百年千年,后人的智慧日进,必不满意于吾人所创的文学而视为旧文学。所以一代自有一代的文学,离却现代而欲预讲千百年后的将来,与离却现代而欲实现千百年前的过去同一谬见。

文学的作家,与那供给现代人看的文学作品,截然是两事。供给现代人看的文学作品必须以现代的白话写之。若文学作家所研究的文学书,自然不能限于现代的作品,必将自古以来文学的源流变迁,及自古以来一切文言白话的文学作品,细细研究。文言白话中因古今语变,有不懂的,必须研究言语学;我们中国亦有小学,即语言文字学;此皆所以通古今之邮者。盖学术思想,是递变而进化的,所以做白话文学的,一定也要保存古书,以观察过去进步之迹,然后可谋现代的进步;换一句话说,就是观察过去的不满足之处,以谋现代的建设,惟此是文学专家的事,并非要使现代的普通人类都读古书。现代的普通人既然不是都要读古书,读古书让之文学专家,则后代的人亦是如此,又何患白话的文后人不懂耶?且某君但虑白话的文代变,恐防后人不懂;然则某君所指为文言的,如《尧典》中之"于变时雍""庶绩咸熙",《法言》中之"蠢迪检柙",《阙史》中之"虹户""铣溪",难道后人不通训诂故事就能懂吗?某君必以为"此是古人的书,自或不懂";然今人中如章太炎先生刘申叔先生的文,皆是文言的,某君以为不通训诂能全懂吗?可见性质古了,无论语言或文字,皆不能懂的。然而普通的人,对于《尧典》《法言》《阙史》等书,章太炎刘申叔诸先生的文,皆不能懂,是不妨的;至于文学专家,若不懂以上所举的文章,则对于文学上且慢开口,因为他的学问尚未到此地位。能懂以上所举的文章,然后配讲白话文学的短长。

不能辨别作家与作品的不同,中国守旧派与外国守旧派皆有此病。现代的作品,务使现代人皆能读之,如戏曲小说等是。现代的作家,不能使现代人皆能为之;盖作家必须通科学哲学,然后能作文学的作品。某君谓:"口语所用之字句多写实,文学所用之字句多抽象(这两句讲不通,我不值得驳)。执一英国农夫,询以 Perception, conception, consciousness, freedom of will, reflection, stimulation, trance, meditation, suggestion. 等名词,彼固无从而知之,即敷陈其义,亦不易领会也。"科学哲学上的名词文学专家自当深通其义,此乃作家的学问。农夫只要能读文学作品,如小说戏曲等。外国现代的小说戏曲,岂专以科学上哲学上的抽象名词敷衍满纸吗?若农夫必须懂了 Perception……名词,然后读小说戏曲,难道农夫必须自通几何学,矿学,机械学等然后用新式的耕田机器吗?

我本来要说白话的文的价值因为人家反对白话的文所以费了许多说话,未曾讲到本题。今要讲到本题,尚须分两层讲:一是白话的文功用上的价值;二是白话的文本质上的价值。

一、白话的文功用上的价值分为三条:

(一)我常常听见学生们说:"中国文有三难:一、难读;二、难解;三、难作;所以学了十几年文章,字句尚不通顺。"此指普通文言的文说。我以为作文如制器;同制一器,有学了一二十年才能成功的,有学了五六年即能成功的,其结果利益相等,人必求其速的而舍其缓的。作文亦然。学文言的文,须一二十年成功;学白话的文,四五年即能成功,其余十数年,可腾出来专学各项科学及哲学。所以同是用了一二十年功,其结果,学白话的文的知识,超出于学文言的文的数十百倍。(文言的文,难读难解;白话的文,易读易解。两种利弊的比较,我于《北京大学月刊》第一期《文学论》中详言之。此不再说了。)

(二)作文言的文,文章虽做得甚巧,往往有拙于语言,不能应对的。然言语的功用,有较胜于文章的时候。若作白话的文,不必用功于作文,只要用功于说话,演说谈讲,随时随地可以为练习文章之用;所以有了思想,口可以达的,笔亦可以达的,说话与作文为一件事的两面,一举而有两利。学文言的文,不注重思想,粗疏谫陋;所以他们的一生,作文固多不通,说话也更多不通了。

(三)作白话的文,照他的口气写出来,句句是真话,确肖其为人。作文言的文,虽写村夫俗妇的说话,宛然是一个儒雅的人;写外国人的说话,亦宛然是一个中国辞章之士。中国文人多说假话,多装点门面语,文章是全然靠不住的;所以文学之士,人家看起来,与倡优一样。作白话的文不能装点,比较起来,是真一点。文章譬如美人:白话的文是不装点的真美人,自然秀美;文言的文是装点的假美人,全无生气。

二、白话的文本质上的价值分为二条:

(一)白话的文的本质,与文言的文的本质有广狭之不同。文言的文,无论骈文散文皆以典雅为宗;世俗的语与外来的语,不典不雅,皆不许用于文章。桐城派的文人,往往骂苏轼钱谦益辈用"释典"语,则今世一切科学哲学的新语,皆在排斥之列。骈文的选词,虽无桐城派之严,然必须用丽典雅词,一切语言亦无从阑入。总之所谓典雅者,非古人已用的,断不敢用入文章;"刘郎不敢题'糕'字",即为此二派的代表。不知人事一日进化一日,思想一日复杂一日,若使新语不许用入文章,则思想既为古人所蔽,一切新事业就被他无形消灭,阻碍进化,其力甚大。所以举国皆用"夏正",则民国已无形取消;举国皆崇古学,则新学亦无从输入。日本维新四十年,已与欧美并驾齐驱;而吾国社会依然如故,皆因用旧日文言束缚的缘故。若打破古例,输入外来的新语,则文学的思想界,正如辟了数国的新疆土,又添了数国文学上的新朋友,岂不有趣?然此事,或谓"用浅近文言的文,亦可做得到,只要不做旧式的骈文散文罢了"。不知一代的文学,总须表现一代社会的现象。文言的文,只能伪饰贵族文人;至于社会全体的真相,非白话俗语,不能传神毕肖。社会全体的真相不明,则文学家虽欲指陈他的利弊,亦无从开口。所以白话的文的领土,既能容纳一国的全社会,又能容纳外国的各社会,运用自在,活泼泼地;文言的文,既以古为质,范围又狭,与现代社会现代人生不相应,虽有文学而实无用,竟与死的一样。

(二)文学之对于人生,与食物同。食物的良否,视消化的难易与滋养料的多少而定。文言的文与白话的文,滋养的多少,皆非一定。文言的文,滋养有多的,亦有少的。白话的文亦然;现在由科学哲学的见地所成之白话的文,滋养料的丰富,固无可比;若宋元明清的白话语录,小说,戏曲,及现今无学识的白话文,滋养料亦不多的。所以从滋养料上讲,白话的文与文言的文差不多。惟讲到消化,白话的本质,仿佛就是粥,饭,面包,牛乳,鸡子。文言的文,消化的容易,远不及白话的文了。一种食物既然不易消化,就有两种毛病。其一,食了未曾溶解,即排泄而出,虽有滋养料,亦不能提出补益身体,其结果,必成为贫血病,精神日渐萎顿,不堪作事渐致不能支持身体。文言的文即有此弊,作的人愈经锻炼,读的人愈难溶解,囫囵吞咽,消化力自不健全;所以虽有好文学,亦无补于人生,反使社会毫无活力。其二,食了不易溶解,且有积滞于胸而不化的,百病从此而生,寿命亦自然短促。文言的文以古为质,读的人往往食古不化,作的人又必想尽种种方法,比喻他的句调,叫做什么"掷地作金声","精金百炼"……无非叫人读了凝积于胸,不易消去致使社会上弊病百出。有人要做裨补滋养社会的事业反而生出许多阻力。可见消化容易,为食物第一急要条件。文学中,白话的文之胜于文言的文,其最大要义,即在此。世有反对白话新文学者,难道是不要吃粥饭,面包,牛乳,鸡子,而要吃陈古千年钢铁样硬的糯米团子和糠秕团子吗?——就说白话的文不见得尽是粥饭,面包,牛乳,鸡子那样的滋养料,也还可以说是新鲜的糠秕团子,食了纵少补益,也还无害于身体,若陈古千年钢铁样的糠秕团子,不但无益而且有害!

(原载《新青年》第六卷第四号,1919年4月15日)

思想革命

仲密

近年来文学革命的运动,渐见功效。除了几个讲"纲常名教"的经学家,同做"鸳鸯瓦冷"的诗余家以外,颇有人认为正当,在杂志及报章上面,常常看见用白话做的文章。白话在社会上的势力,日见盛大,这是很可乐观的事。

但我想文学这事务,本合文字与思想两者而成。表现思想的文字不良,固然足以阻碍文学的发达。若思想本质不良,徒有文字,又有什么用处呢？我们反对古文,大半原为他晦涩难解,养成国民笼统的心思,使得表现力与理解力都不发达。但别一方面,实又因为他内中的思想荒谬,于人有害的缘故。这宗儒道合成的不自然的思想,寄寓在古文中间,几千年来,根深蒂固,没有经过廓清,所以这荒谬的思想与晦涩的古文,几乎已融合为一,不能分离。我们随手翻开古文一看,大抵总有一种荒谬思想出现。便是现代的人做一篇古文,既然免不了用几个古典熟语,那种荒谬思想已经渗进了文字里面去了,自然也随处出现。譬如署年月,因为民国的名称不古,写作"春王正月"固然有宗社党气味,写作"己未孟春",又像遗老。如今废去古文,将这表现荒谬思想的专用器具撤去,也是一种有效的办法。但他们心里的思想,恐怕终于不能一时变过,将来老瘾发时,仍旧胡说乱道的写了出来,不过从前是用古文,此刻用了白话罢了。话虽容易懂了。思想却仍然荒谬,仍然有害。好比"君师主义"的人,穿上洋服,挂上维新的招牌,难道就能说实行民主政治？这单变文字不变思想的改革，也怎能算是文学革命的完全胜利呢？

中国怀着荒谬思想的人，虽然平时发表他的荒谬思想，必用所谓古文，不用白话，但他们嘴里原是无一不说白话的。所以如白话通行，而荒谬思想不去，仍然未可乐观，因为他们用从前做过《圣谕广训直解》的办法，也可以用了支离的白话来讲古怪的纲常名教。他们还讲三纲，却叫做"三条索子"，说"老子是儿子的索子，丈夫是妻子的索子"，又或仍讲复辟，却叫做"皇帝回任"。我们岂能因他们所说是白话，比那四六调或桐城派的古文，更加看重呢？譬如有一篇提倡"皇帝回任"的白话文，和一篇"非复辟"的古文并放在一处，我们说那边好呢？我见中国许多淫书都用白话，因此想到白话前途的危险。中国人如不真是"洗心革面"的改悔，将旧有的荒谬思想弃去，无论用古文或白话文，都说不出好东西来。就是改学了德文或世界语，也未尝不可以拿来做"黑幕"，讲忠孝节列，发表他们的荒谬思想。倘若换汤不换药，单将白话换出古文，那便如上海书店的译白话《论语》，还不如不做的好。因为从前的荒谬思想，尚是寄寓在晦涩的古文中间，看了中毒的人，还是少数，若变成白话，便通行更广，流毒无穷了。所以我说，文学革命上，文字改革是第一步，思想改革是第二步，却比第一步更为重要。我们不可对于文字一方面过于乐观了，闲却了这一面的重大问题。

（原载《新青年》第六卷第四号，1919年4月15日）

文学研究会宣言

周作人等

我们发起这个会,有三种意思,要请大家注意。

一、是联络感情。本来各种会章里大抵都有这一项;但在现今文学界里,更有特别注重的必要。中国向来有"文人相轻"底风气;因此现在不但新旧两派不能协和,便是治新文学的人里面,也恐因了国别派别底主张,难免将来不生界限。所以我们发起本会,希望大家时常聚会,交换意见,可以互相理解,结成一个文学中心的团体。

二、是增进知识。研究一种学问,本不是一个人关了门可以成功的;至于中国底文学研究,在此刻正是开端,更非互相辅助,不容易发达。整理旧文学的人,也须应用新的方法,研究新文学的更是专靠外国底资料;但是一个人底见闻及经济力总是有限,而且此刻在中国要搜集外国的书籍,更不是容易的事。所以我们发起本会,希望渐渐造成一个公共的图书馆研究室及出版部,助成个人及国民文学底进步。

三、是建立著作工会底基础。将文艺当作高兴时的游戏或失意时的消遣的时候,现在已经过去了。我们相信文学是一种工作,而且又是于人生很切要的一种工作;治文学的人也当以这事为他终身底事业,正同劳农一样。所以我们发起本会,希望不但成为普通的一个文学会,还是著作同业底联合的基本,谋文学工作底发达与坚固;这虽然是将来的事,但也是我们底一个重要的希望。

因以上的三个理由,我们所以发起本会,希望同志的人们赞成我们底意思,加入本会,赐以教诲,共策进行,幸甚。

文学研究会简章

第一条　本会定名为文学研究会。

第二条　本会以研究介绍世界文学、整理中国旧文学、创造新文学为宗旨。

第三条　凡赞成本会宗旨,有会员二人以上介绍、经多数会员之承认者得为本会会员。

第四条　本会之事业分为左列二种:

(甲)研究　(一)组织读书会;(二)设立通信图书馆。

(乙)出版　(一)刊行会报;(二)编辑丛书。其他事业临时酌定举行。

第五条　本会每月开常会一次,以讨论会务进行之办法。如有特别事故,得临时召集特别会。读书会集会之办法另定之。

第六条　本会设书记、干事各一人,任期皆为一年。于每年十二月前后选举之。会址所在地外之会员,得以通信选举职员。但为办事便利起见,被选人以与会址在同一地点者为限。

第七条　本会的费用,由会员全体分担之。其募集方法分为两种:

(甲)常年费　其款额为两元。

(乙)临时费　无定额临时募集之。

第八条　本会为稳固基础并创办图书馆起见,拟筹募基金若干元。其募集方法有二:

(甲)募集会员或非会员的特别捐。

(乙)由本会出版的书报所得的版税中,抽取百分之十。此项基金存放于指定的银行中,除购买图书或特别用款外不得取用。

第九条　本会会址设于北京,其京外各地有会员五人以上者得设一分会。分会办事细则由分会会员自定之。

第十条　本简章有未尽事宜得随时修正之。

发起人：

周作人　朱希祖　耿济之　郑振铎

瞿世英　王统照　沈雁冰　蒋百里

叶绍钧　郭绍虞　孙伏园　许地山

附告：凡赞成本会宗旨，愿加入本会者，请照简章，与下列诸人接洽，俟后择期开成立会时，商量章程，临时再行布告。

周作人　北京西直门内八道湾十一号

孙伏园　北京大学新潮社

郑振铎　北京东城西石槽六号

瞿世英　北京盔甲厂燕京大学

沈雁冰　上海宝山路商务印书馆编译所

（原载《新青年》第八卷第五号，1921年1月1日）

述　学

敬 告 青 年

陈独秀

窃以少年老成,中国称人之语也;年长而勿衰(Keep young while growing old),英、美人相勖之辞也:此亦东西民族涉想不同现象趋异之一端欤?青年如初春,如朝日,如百卉之萌动,如利刃之新发于硎,人生最可宝贵之时期也。青年之于社会,犹新鲜活泼细胞之在人身。新陈代谢,陈腐朽败者无时不在天然淘汰之途,与新鲜活泼者以空间之位置及时间之生命。人身遵新陈代谢之道则健康,陈腐朽败之细胞充塞人身则人身死;社会遵新陈代谢之道则隆盛,陈腐朽败之分子充塞社会则社会亡。

准斯以谈,吾国之社会,其隆盛耶?抑将亡耶?非予之所忍言者。彼陈腐朽败之分子,一听其天然之淘汰,惟不愿以如流之岁月,与之说短道长,希冀其脱胎换骨也。予所欲涕泣陈词者,惟属望于新鲜活泼之青年,有以自觉而奋斗耳。

自觉者何?自觉其新鲜活泼之价值与责任,而自视不可卑也。奋斗者何?奋其智能,力排陈腐朽败者以去,视之若仇敌,若洪水猛兽,而不可与为邻,而不为其菌毒所传染也。

呜呼!吾国之青年,其果能语于此乎?吾见夫青年其年龄,而老年其身体者十之五焉;青年其年龄或身体,而老年其脑神经者十之九焉。华其发,泽其容,直其腰,广其膈,非不俨然青年也;及叩其头脑中所涉想、所怀抱,无一不与彼陈腐朽败者为一丘之貉。其始也未常不新鲜活泼,浸假而为陈腐朽败分子所同化者有之;浸假而畏陈腐朽败分子势力之庞大,瞻顾依回,不敢明目张胆,作顽狠之抗斗者有之。充塞社会之空气,无往而非陈腐朽败焉,求些少之新鲜活泼者,以慰吾人窒息之绝望,亦杳不可得。

循斯现象,于人身则必死,于社会则必亡。欲救此病,非太息咨嗟之所能济,是在一二敏于自觉勇于奋斗之青年,发挥人间固有之智能,决择人间种种之思想,——孰为新鲜活泼而适于今世之争存,孰为陈腐朽败而不容留置于脑里,——利刃断铁,快刀理麻,决不作牵就依违之想,自度度人,社会庶几其有清宁之日也。青年乎!其有以此自任者乎?若夫明其是非,以供决择,谨陈六义,幸平心察之。

一 自主的而非奴隶的

等一人也,各有自主之权,绝无奴隶他人之权利,亦绝无以奴自处之义务。奴隶云者,古之昏弱对于强暴之横夺,而失其自由权利者之称也。自人权平等之说兴,奴隶之名,非血气所忍受。世称近世欧洲历史为"解放历史":破坏君权,求政治之解放也;否认教权,求宗教之解放也;均产说兴,求经济之解放也;女子参政运动,求男权之解放也。

解放云者,脱离夫奴隶之羁绊,以完其自主自由之人格之谓也。我有手足,自谋温饱;我有口舌,自陈好恶;我有心思,自崇所信。绝不认他人之越俎,亦不应主我而奴他人。盖自认为独立自主之人格以上,一切操行,一切权利,一切信仰,唯有听命各自固有之智能,断无盲从隶属他人之理。非然者,忠孝节义,奴隶之道德也;(德国大哲尼采[Nietzsche]别道德为二类:有独立心而勇敢者曰贵族道德[Morality of Noble],谦逊而服从者曰奴隶道德[Morality of Slave]。)轻刑薄赋,奴隶之幸福也;称颂功德,奴隶之文章也;拜爵赐第,奴隶之光荣也;丰碑高墓,奴隶之纪念物也。以其是非荣辱,听命他人,不以自身为本位,则个人独立平等之人格,消灭无存,其一切善恶行为,势不能诉之自身意志而课以功过;谓之奴隶,谁曰不宜?立德立功,首当辨此。

二 进步的而非保守的

人生如逆水行舟,不进则退,中国之恒言也。自宇宙之根本大法言之,森罗万象,无日不在演进之途,万无保守现状之理;特以俗见拘牵,谓有二境,此法兰西当代大哲柏格森(H. Borgson)之创造进化论(L'Evolution Creatrice)所以风靡一世也。以人事之进化言之:笃古不变之族,日就衰亡;日新求进之民,方兴未已;存亡之数,可以逆睹。矧在吾国,大梦未觉,故步自封,精之政教文章,粗之布帛水火,无一不相形丑拙,而可与当世争衡?

举凡残民害理之妖言,率能征之故训,而不可谓诬。谬种流传,岂自今始!固有之伦理、法律、学术、礼俗,无一非封建制度之遗,持较皙种之所为,以并世之人,而思想差迟,几及千载。尊重廿四朝之历史性,而不作改进之图,则驱吾民于二十世纪之世界以外,纳之奴隶牛马黑暗沟中而已,复何说哉!于此而言保守,诚不知为何项制度文物,可以适用生存于今世。吾宁忍过去国粹之消亡,而不忍现在及将来之民族,不适世界之生存而归消灭也。

呜呼!巴比伦人往矣,其文明尚有何等之效用耶?"皮之不存,毛将焉附?"世界进化,骎骎未有已焉。其不能善变而与之俱进者,将见其不适环境之争存,而退归天然淘汰已耳,保守云乎哉!

三 进取的而非退隐的

当此恶流奔进之时,得一二自好之士,洁身引退,岂非希世懿德;然欲以化民成俗,请于百尺竿头,再进一步。夫生存竞争,势所不免,一息尚存，即无守退安隐之余地。排万难而前行，乃人生之天职。以善意解之，退隐为高人出世之行；以恶意解之，退隐为弱者不适竞争之现象。欧俗以横厉无前为上德，亚洲以闲逸恬淡为美风；东西民族强弱之原因，斯其一矣。此退隐主义之根本缺点也。

若夫吾国之俗，习为委靡：苟取利禄者，不在论列之数；自好之士，希声隐沦，食粟衣帛，无益于世，世以雅人名士目之，实与游惰无择也。人心秽浊，不以此辈而有所补救，而国民抗往之风，植产之习，于焉以斩。人之生也，应战胜恶社会，而不可为恶社会所征服；应超出恶社会，进冒险苦斗之兵，而不可逃遁恶社会，作退避安闲之想。呜呼！欧罗巴铁骑入汝室矣，将高卧白云何处也？吾愿青年之为孔墨，而不愿其为巢由；吾愿青年之为托尔斯泰与达噶尔(R. Tagore，印度隐遁诗人)，不若其为哥伦布与安重根！

四　世界的而非锁国的

并吾国而存立于大地者，大小凡四十余国，强半与吾有通商往来之谊。加之海陆交通，朝夕千里。古之所谓绝国，今视之若在户庭。举凡一国之经济政治状态有所变更，其影响率被于世界，不啻牵一发而动全身也。立国于今之世，其兴废存亡，视其国之内政者半，影响于国外者恒亦半焉。以吾国近事证之：日本勃兴，以促吾革命维新之局；欧洲战起，日本乃有对我之要求。此非其彰彰者耶？投一国于世界潮流之中，笃旧者固速其危亡，善变者反因以竞进。

吾国自通海以来，自悲观者言之，失地偿金，国力索矣；自乐观者言之，倘无甲午、庚子两次之福音，至今犹在八股、垂发时代。居今日而言锁国闭关之策，匪独力所不能，亦且势所不利。万邦并立，动辄相关，无论其国若何富强，亦不能漠视外情，自为风气。各国之制度文物，形式虽不必尽同，但不思驱其国于危亡者，其遵循共同原则之精神，渐趋一致,潮流所及,莫之能违。于此而执特别历史国情之说,以冀抗此潮流,是犹有锁国之精神,而无世界之智识。国民而无世界智识,其国将何以图存于世界之中?《语》云:"闭户造车,出门未必合辙。"今之造车者,不但闭户,且欲以周礼考工之制,行之欧美康庄,其患将不止不合辙已也!

五 实利的而非虚文的

自约翰弥尔(J. S. Mill)实利主义唱道于英,孔特(Comte)之实验哲学唱道于法,欧洲社会之制度,人心之思想为之一变。最近德意志科学大兴,物质文明,造乎其极,制度人心,为之再变。举凡政治之所营,教育之所期,文学技术之所风尚,万马奔驰,无不齐集于厚生利用之一途。一切虚文空想之无裨于现实生活者,吐弃殆尽。当代大哲,若德意志之倭根(R. Eucken),若法兰西之柏格森,虽不以现时物质文明为美备,咸揭橥生活(英文曰 Life,德文曰 Leben,法文曰 La vie.)问题,为立言之的。生活神圣,正以此次战争,血染其鲜明之旗帜。欧人空想虚文之梦,势将觉悟无遗。

夫利用厚生,崇实际而薄虚玄,本吾国初民之俗,而今日之社会制度,人心思想,悉自周、汉两代而来。周礼崇尚虚文,汉则罢黜百家而尊儒重道。名教之所昭垂,人心之所祈向,无一不与社会现实生活背道而驰。倘不改弦而更张之,则国力将莫由昭苏,社会永无宁日。祀天神而拯水旱,诵孝经以退黄巾,人非童昏,知其妄也。物之不切于实用者,虽金玉圭璋,不布粟粪土。若事之无利于个人或社会现实生活者,皆虚文也,诳人之事也。诳人之事,虽祖宗之所遗留,圣贤之所垂教,政府之所提倡,社会之崇尚,皆一文不值也。

六　科学的而非想象的

科学者何？吾人对于事物之概念，综合客观之现象，诉之主观之理性而不矛盾之谓也。想象者何？既超脱客观之现象，复抛弃主观之理性，凭空构造，有假定而无实证，不可以人间已有之智灵，明其理由，道其法则者也。在昔蒙昧之世，当今浅化之民，有想象而无科学。宗教美文，皆想象时代之产物。近代欧洲之所以优越他族者，科学之兴，其功不在人权说下，若舟车之有两轮焉。今且日新月异，举凡一事之兴，一物之细，罔不诉之科学法则，以定其得失从违。其效将使人间之思想云为，一遵理性，而迷信斩焉，而无知妄作之风息焉。

国人而欲脱蒙昧时代，羞为浅化之民也，则急起直追，当以科学与人权并重。士不知科学，故袭阴阳家符瑞五行之说，惑世诬民，地气风水之谈，乞灵枯骨；农不知科学，故无择种去虫之术；工不知科学，故货弃于地，战斗生事之所需，一一仰给于异国；商不知科学，故惟识罔取近利，未来之胜算，无容心焉；医不知科学，既不解人身之构造，复不事药性之分析，菌毒传染，更无闻焉，惟知附会五行、生克、寒热、阴阳之说，袭古方以投药饵，其术殆与矢人同科。其想象之最神奇者，莫如"气"之一说，其说且通于力士羽流之术。试遍索宇宙间，诚不知此"气"之果为何物也。

凡此无常识之思，惟无理由之信仰，欲根治之，厥维科学。夫以科学说明真理，事事求诸证实，较之想象武断之所为，其步度诚缓，然其步步皆踏实地，不若幻想突飞者之终无寸进也。宇宙间之事理无穷，科学领土内之膏腴待辟者，正自广阔。青年勉乎哉！

（原载《青年杂志》第一卷第一号，1915年9月15日）

青年与工具

吴稚晖

坐吾于一室之中,悠然四顾,惟吾此身,与相对之一猫,及窗前之树,为天然品。余则上椽下席,笔砚几案,衣饰袜履,藉猫之褥,支树之橛,皆非天然所能有,概称之曰人为品,盖莫不一一皆造自人也。苟其无人,则此椽、此席、此笔砚、此几案、此衣饰袜履,与夫此褥、此橛,皆无从出现。猫则藉草,树则枕石,皆在山川云物逦迤回荡之中,生活于天造之草昧而已。纵亦有兽窜之穴,鸟筑之巢,蜂成之窠,蚁聚之垤,稍与大造争别异之观,亦止点缀于天然品之间,非能相对为物。有两大之势,有如今日人为品之耸塔于高峰,建市于平原,连樯于巨川,罥轨于大陆。一若山川云物,必待城郭舟车共组而为世界也。然则吾人言人事,所可表异于天然之界者,惟此世界相待以为组织成分之人为品而已。

吾决非崇拜物质文明之一人。惟认物质文明,为精神文明所由寄之而发挥,则坚信无疑。幸福者果何物乎?幕吾以天,席吾以地,缠藤叶于吾身,坐山石之上,歌声出金石,固何歉乎?精神完固之我,而不认为有一种高尚之幸福。但此种幸福,皆在物质备具,充养吾之精神,已使演进而有余。而后偶任吾个体之返本自适,遂有若天地甚宽,其乐反未央耳。若真在藤叶缠身之世,共幕于天、共席于地之同胞,皆苦藤叶之不供。吾缠吾身,怀宝即罪,杀身之惨,可以区区章身之藤叶,安在而能如戒约完具。盗贼屏远之人境,有晏然之山石可坐,即非出于人与人之相害。以藤叶自缠,苟焉生活之人功,岂能使蛇、龙、兕、虎敛迹深林,而多干净可坐之山石。而且歌则有思,哭则有怀,纵原人亦自有呜呜之天趣。然安在所谓声出金石者,而望简册不富、缥缃不具之人类,足生吾人代为设想之繁感。是则吾人理想中高尚之幸福,一若全发挥于精神者,亦几几乎实由物质文明伸缩之区域,为其发挥弛张之区域耳。且认识幸福于自身,由慊然不敢备物之天德,觉与物质文明之进退无关。倘推举吾为幸福之制造家,则吾将造蛇、龙、兕、虎交相腾跃之山石,而坐吾同胞于上。为尽职乎?抑将张罗设阱,驱蛇、龙、兕、虎而远行,洁灾害不生之山石以坐之乎?循此以推,将使终年露坐于山石之上,与严霜畏日,争烈于朝暮乎?抑将教之编茅伐竹,蔽山石之半,俾可朝坐而暮息,晴出而雨休乎?——备物无休,而物质文明,遂与人类幸福,相驱而并进。于是,幸福中不能不含有巨大成分之物质文明。吾视整然吾椽,洁然吾席,对精良之笔砚,冯坚适之几案,衣饰袜履,莫不周体。慵猫藉于褥,瘦树扶于橛,吾草此文于其中,方风雨之潇潇,而吾晏如。邻之人力车夫家,大风吹折其树枝,破椽瓦而去,雨水渍床前,坐三足椅上,扶破桌,身着单衣,飒飒寒战。磨金不换于碗底,执大蒜头笔,伸表心纸作书,乞贷乡人。彼此之情状,制造幸福家,厚吾抑厚彼,若谓所予之幸福,果分厚薄,无非备物以贻吾两人者,周与不周耳。是则物质之文明,决未可于人类之幸福,有所蔑视。

物质文明者何?人为品而已;人为品者何?手制品而已。故夫手也者,一切人为品之产母也。生类万物之造作,其工具以角、以口、以足。角与口、足之外,更无别种之工具。人之初祖,立其两后足,使能支持其全体,乃以两前足转变为手。自有手而生类最良之工具,因以出世,何也?惟手之为工具,能产生他工具。若角、若口、若足,皆不能。攀枝而为杖,拾石而成斧,此产生最初简单之他工具。手能击燧或引日以取火,若角、若口、若足又不能。火之利用溥,杖且倏焉为矛,斧且倏焉有刃,由乎产生之简单他工具,又产生较繁复之他工具。于是网罟、耒耜、弓矢、舟车,以渐而备。自书契以来,经六千年之演进,于百年前十八世纪之末，尤繁复之工具，所谓蒸汽机者产生焉。蒸汽机既产生，不惟蒸汽机自身为工具，千万倍于手之作用也，既有所谓机转之刨床者焉，他钻所不能刨者，刨床能之。又有所谓机转之钻台焉，他钻所不能钻者，钻台能之。又有所谓机转之锯座焉，他锯所不能锯者，锯座能之。不惟能刨、能钻、能锯，扩张无限之力量而已。而且由刨床、钻台、锯座之所刨、且钻、且锯者，能得千分万分之一之精密，决非手之所能为功也。此类之刨床、之钻台、之锯座，尽有号为机转。不过有机焉，可手摇足踏，非必尽转以汽机。惟此床、此台、此座，能具精密之机件，可手摇足踏，而功用繁富。其所具之机件，固必造自汽机。所以自汽机之产生，汽机自身，固突然而为古来未有之工具。由彼产生之刨床、钻台、锯座之类者，亦皆为古来未有之工具。盖由此等工具，皆能产生若斧、若凿、若枢、若括无数能力皆备之工具，以佐吾手之不能也。

  吾今卑之无甚高论，以今东方不能备物之民，与西方备物甚富之民较，固无异由人力车夫家之短垣，以窥吾室，备物周与不周而已。其备物不周之故，推想于物之所以备，即工具短缺是矣。工具短缺之情状，普通皆有觉悟，如所谓主张推广机器制造也，所谓传布实业主义也，所谓注重科学教育也，无非间接直接，亦望增多其工具。虽然，如不能成真正工具之嗜好，普及于青年间，则所谓机器制造，所谓实业主义，所谓科学教育，皆如隔云雾而谈天际也。古之青年，负箧于外，略具自治之能力者，其箧中必有小剪，有缝针，有修脚刀，或有铁锤。今之青年则有进，于上数者之外，又有裁纸削笔之刀，有开瓶之钻，有起钉之凿，甚而至于有剔孔之螺钻。此人人认为与时辰表、寒暑计、画图规尺，为青年之所必备。嗟乎！此真中国之青年，欲知他国青年之生活，正在梦中。

  西国鄙谚，即眼前品物而比较文明野蛮者，以吾所闻凡三：一曰国之文野，可以肥皂店多寡分之；二曰国之文野，可以硫酸制造所多寡分之；三曰国之文野，可以工具发售处多寡分之。三者各有其持论之目的，吾以为工具发售处尤为其母亲。肥皂之厂，硫酸之器，皆从极便利、极精密之工具,得保有廉价,保有良果,始能日以发达。正如甲生携有小剪缝针,方不至足穿裂缝之袜,裾曳垂落之纽。如乙、丙各生之去家方远,常露其窘态也。吾国昔年除张小全、王麻子之外,曾否有正式之工具店?大匠之所具,百工之所为备,或专有一匠,为特别行业,熔造于隘巷;或就普通锻铁所由求者口讲手画以指制。所可适市而求者,不出乎小剪、缝针、修脚刀、铁锤而已。间或有裁纸之刀,所谓开瓶之钻、起钉之凿、剸孔之螺钻,必于洋货铺。求他物于洋货铺,吾所不忍提议,惟就洋货铺而得工具,能得其制造之母亲。得之而久之可以不复更得,此正所谓借矛攻盾者也。然中国之洋货铺,能求得机转之刨床否?能求得机转之钻台否?能求得机转之锯座否?吾恐吾之青年,既未见其制,或且未闻其名。有之,在上海闹市,方用于广东、宁波之工匠者。确有无论何种青年,当备于其家中自修之室,而乃概骇之为机器,不曰工人所用,即曰机匠所需,与社会普通青年无关。有所关涉,亦工科之青年而已。嗟乎!此真中国之青年,欲知他国青年之生活,正在梦中。

幸而世界事业演进之发达,循自然而推暨,年来工具之输入,有所谓五金店者,月推而日盛。苟其吾之青年,能联合全国青年,开一欢迎五金店之大会,而中国青年之生活,必开一新纪元。其故无他,吾所谓机转之刨床者,五金店间可以求之。所谓机转之钻台,机转之锯座,五金店且尽可以求之。节缩青年制裘、观剧、会食种种销耗无益之资,先求刨床、求钻台、求锯座,置于家中自修室中。开其手匣,有小剪、缝针、修脚刀、铁锤、裁纸削笔之刀、开瓶之钻、起钉之凿、剸孔之螺钻,无不毕备;扪其衣袋,时辰表、寒暑计、画图尺规,亦无不具;于是,烧蒸水之玻璃瓶、蓄电气之积累机,与所谓普通斧凿若枢、若括之支架,相位置于刨床、钻台、锯座之间;复有六经三史图谱哲像,互相点缀。此等青年,方为文明之青年。此正如古人骄养之青年,其父兄夸能永给子孙之轿马,无所用其手足。遂任天生之工具,萎缩而不用。今共知以轿马废其手足,缓急之苦累无穷。所以今日无论家富轿马者,亦主张有相当运动,发展其天所赋予之工具。推而进之，今日开明人类，知欲充吾天然之工具，至于相当者，不必发高论。而普通之所谓机械品，宜人人附于天然工具之一手，皆求而有之，而后充一普通人之能力乃完。故吾不望青年为伟人，仅望青年为普通人，当求刨床、求钻台、求锯座。

吾略据英国之青年为报告。其十二三以下之青年，其自修室中，大部有玩具(Toy)。所谓刨床、钻台、锯座，皆刻以木，或制以马口铁，运动之以火酒，此意焉而已。而寻常之锯钻刨凿，皆由岁时即求备于邻近之五金店。十三四至二十以外之青年，遂有模型(Model)。模型之为物，则影响大矣。鼓吹此等模型之报，邑有十数；交换此等模型之古物店，市有百数；制造此等模型之工厂，资本达数十百万者，亦以十百数。此等模型之能力，所谓刨床、钻台、锯座之类者，能连结于五六匹马力、十数匹马力之汽机、油机马达以动。而广东、宁波工匠得之，能设机器巨肆于虹口、洋泾浜之间，皆常出现于彼中青年家屋内自修之室也。即借此刨床、钻台、锯座之能力，自制一半匹马力至两三匹马力之汽机、油机马达，以自牵其刨床、钻台、锯座，不仅仅倚恃于手足。亦每日下午放假以后，聚议于公园球架之旁，至寻常也。所以去吾邻居之半里，有中校焉，为生徒者七百。其中三百人，家中皆有可用机力牵引之刨床，有正式制造小物之能力。自军火立部以来，所谓爱国之青年，皆思出少力以助公家。于是于星六及星日，此三百青年者，各领枪子二百，两日中就其自修室之刨床而竟工焉。盖一中校游戏工具之所助，乃周助六万"必马"。以青年不幸而造杀人之具，此别一问题，自当特别研究。至就作工之本题能力而言，吾青年仅藏小剪、缝针、铁锤而罢者，方如具有工具之人类，与止有若角、若口、若足者相比例矣。然而英之社会，自战事发生以来，犹痛诉其青年，以为工具之教育，远不如日耳曼。日耳曼即一车夫之家，皆有一工场。(Work Shop。惟用 Work Shop，表意乃显。译曰工场，嫌太广；曰工作所，又嫌太狭。所谓 Work Shop，即种种工具，如牵机之汽机、油机马达，作工之刨床、钻台、锯座等，无不格外具备，工作可以完善。)工场何物？我之青年必对曰：在裘信昌及制造局。岂曾梦见自修室中有之乎？

故吾决非崇拜物质文明者也。如稍有一毫不能打破备物以为幸福之理论，请吾青年视其手，又视文明之工具。决非工科青年，方当注重于工具者也。

吴先生稚晖，笃行好学，老而愈挚。诚国民之模范，吾辈之师资。此文竟于发热剧烈时力疾为之，以践本志之约。其诲不倦重然诺如此。全文无一语非药石。我中国人头脑中得未曾有，望读者诸君珍重读之，勿轻轻放过一行一句一字也。

独秀谨识

（原载《新青年》第二卷第二号，1916年10月1日）

经济学之总原则

（在北京学术研究会之演说）

章士钊

贵会号为学术研究会，兹请就学术两字约略言之。凡画出一定范围，将其中所有事实及其相互之关系，一一调查明晰，虽未能尽，而约略可以假定。将来别有所得，亦必不至与所已见之现象，全然相反。因将此种事实此种相互关系此种已见之现象条分缕析，从而观其共同之点何在，即其共同之点立为原则。而原则又有大小偏全之分焉。于此大小偏全之中，或更能发见总原则者，即谓之学。本此种种原则，求其所以应用，即谓之术。以经济言之：凡人生之如何劳力，如何生财，如何耗费，以及金融如何流通，财产如何分配，皆所应行研究之事实。此种种事实，类有相从之种种原则。而种种原则之中，又有总原则立其上焉。此总原则维何？即以最小之劳费，而求最大之效果是也。此原则也，其义与中国俭字相合。惟俭之云者，乃指资本如何用法，始最合算，非如守财房储钱不用，而自行克苦之谓也。由是言之，经济学可谓之俭学。实则此义并不为创。英文之 Economy，其含有俭义，一望而知，即日人所谓不经济，亦即不合算之谓也。但俭字须分两方面观之。一人的方面。一财的方面。人与财皆包括在资本以内。故计较资本之用，不可不双管齐下也。当民国元二年之时，兄弟在北京目睹项城政治之浊乱，曾发为正本清源综核名实之论。此八字看来似觉过于广泛，做去似难得下手方法。而兄弟当时理想，实不过一经济总原则之作用。盖谓欲救中国之弊，总须做到有一分的才，得一分的用。有一文的钱，得一文的用。由前之说,是谓俭才。由后之说,是谓俭财。今人之恒言曰:人才消乏,有事无人办,是固有然。但由他方面观之,有人才而未得相当之用者实夥。近日以来,兄弟有欧洲同学之工程师矿师数人,所学甚好,而不得用,亦只好混入无数千奔走伺候之人之中,求一与所学全不相应之小事以资糊口。兄弟睹此,为其人计,为国家生计前途计,均觉寒心。夫以中国现时所有人才之总量,悉投之生计界中,尚虞其不足。而乃以社会罪恶之故,多方阻之。兄弟前所谓有一分之才得一分的用,始能救中国的弊者。今竟有数分之才,不得一分之用。才之不俭,可谓极矣。此犹为消极一方也。若在积极一方,真才不得其用,不才者即取其位而居之。无才不足以善事。加以不才又足以败事。故国事至今日愈不可问也。以言乎财,则今日无论公私,其为用之不得其正,更不必举例即可了然。然姑且言之,今人动曰生活程度日高如何如何。究其实生活程度高是何解说,不必人人都能答覆。兄弟在欧洲时,亦闻其国人说到生活程度高,但乃其社会中之好现象,人无不乐其高。独在吾国适得其反何也?盖欧洲所谓生活程度高者,例如一教习,去年月薪百元,差足自给。而今年仍为月薪百元,但以国家经济组织完密,制造日精,出品愈夥,而物价益低。该教习月以八十元支持家用,即可得去年所以自给之程度。而此赢余之二十元,则以之洁其家室,新其衣冠,多购书籍,并偶或携其妻子为观剧游园之乐。而生活程度,顿觉其高矣。此乃言本人技术不进者也。若本人技术进步,则薪俸以及他种利润更有增加。一面再食国家经济组织完密,物价低廉之赐,则生活程度愈见其高矣。而吾中国则不然。国家经济组织全无可言。工业不兴,恶币充斥,以至物价日高一日。例如去年月薪百元,足以自给者,今年百物腾贵,非以百二十元不能支持去年之生活。斯时有两歧路,为其人所抉择。一减少应有之生活物事,使收支适合。一攫取额外不应得之金钱,以撑持现时之生活。由前之说,则仰望生活程度之高,而自安于低。由后之说,则冀追他人之生活,而仰齐其高。大约今之恒言所谓生活程度高者,俱是此种。其所以酿成如是现象,不外二因:(一)社会之经济能力不充,机关不备,以致物价腾踊。(二)个人之技术不进,无法以致高薪。以此二因,社会之滥用愈甚。经济事业愈不得发达。人才为社会虚荣所侵伐,又无途以致用,日益不能自养。其结果又益使物价腾踊,技术败退。互相为因,互相为果。反复数巡,中国如枯槁矣。其他国家之滥用,如养冗兵,养冗员,行政官之贪婪无厌,实业家之滥投资金,无不在足促国家即于破产之一途,则尤其彰明较著者也。中国本为贫国,以其尽有之财,悉数纳入正轨,以求相当之效,尚虑其不能追及近世文明之百一。而乃公私滥费如此,岂非完全自杀。由上观之,吾国今日之根本大弊在两点。一为才不得其用,一为财不得其用。至才与财之足用与否,尚为第二问题。兄弟前言经济学总原则,为以最小之劳费,求最大之效果。所谓最小最大,全无限度。故用一分之才,容或收两分三分乃至十分之效果。用一文的钱,容或收两文三文乃至十文之效果。此在欧洲社会,可以语此。而吾乃反是。吾今大抵有两分三分乃至十分的才,而不必有一分的效果。耗两文三文乃至十文的钱,而不必有一文的效果。故吾不敢过于希望所悬俭才俭财之的。亦惟适如其量以相求而已。故兄弟历年所持正本清源综核名实之论,在乎以一分之才,得一分之用。以一文之钱,得一文之用,而止也。然欲行此,谈何容易。如果有清明强健之政府,可以望其行之。如果有清明强健之社会,亦可以望其行之。而二者皆不可得,于是不得不求诸少数优秀之士,务使默喻此意,利用种种机会,以冀贯彻其主旨。贵会以学术研究为名,兄弟个人私意,以为舍俭才俭财无学,舍实行俭才俭财无术。不识诸君以为何如。

(原载《新青年》第三卷第二号,1917年4月1日)

以美育代宗教说

（在北京神州学会演讲）

蔡元培

兄弟于学问界未曾为系统的研究，在学会中本无可以表示之意见。惟既承学会诸君子责以讲演，则以无可如何中，择一于我国有研究价值之问题，为到会诸君一言，即以美育代宗教之说是也。

夫宗教之为物，在彼欧西各国已为过去问题。盖宗教之内容，现皆经学者以科学的研究解决之矣。吾人游历欧洲，虽见教堂棋布，一般人民亦多入堂礼拜，此则一种历史上之习惯。譬如前清时代之袍褂，在民国本不适用，然因其存积甚多，毁之可惜，则定为乙种礼服而沿用之，未尝不可。又如祝寿会葬之仪，在学理上了无价值，然戚友中既以请帖讣闻相招，势不能不循例参加，藉通情愫。欧人之沿习宗教仪式，亦犹是耳。所可怪者，我中国既无欧人此种特别之习惯，乃以彼邦过去之事实，作为新知。竟有多人提出讨论。此则由于留学外国之学生，见彼国社会之进化，而误听教士之言，一切归功于宗教，遂欲以基督教劝导国人。而一部分之沿习旧思想者，则承前说而稍变之，以孔子为我国之基督，遂欲组织孔教，奔走呼号，视为今日重要问题。自兄弟观之，宗教之原始，不外因吾人精神之作用而构成。

吾人精神上之作用，普通分为三种。一曰智识。二曰意志。三曰感情。最早之宗教，常兼此三作用而有之。盖以吾人当未开化时代，脑力简单，视吾人一身与世界万物，均为一种不可思议之事。生自何来，死将何往。创造之者何人。管理之者何术。凡此种种，皆当时之人所提出之问题,以求解答者也。于是有宗教家勉强解答之。如基督教推本于上帝,印度旧教则归之梵天,我国神话则归之盘古。其他各种现象,亦皆以神道为惟一之理由。此知识作用之附丽于宗教者也。且吾人生而有生存之欲望。由此欲望而发生一种利己之心。其初以为非损人不能利己,故恃强凌弱,掠夺攫取之事,所在多有。其后经验稍多,知利人之不可少,于是有宗教家提倡利他主义。此意志作用之附丽于宗教者也。又如跳舞唱歌,虽野蛮人亦皆乐此不疲。而对于居室雕刻图画等事,虽石器时代之遗迹,皆足以考见其爱美之思想。此皆人情之常,而宗教家利用之以为诱人信仰之方法。于是未开化人之美术,无一不与宗教相关联。此又情感作用之附丽于宗教者也。天演之例,由浑而画。当时精神作用,至为浑沌,遂结合而为宗教。又并无他种学术与之对,故宗教在社会上遂具有特别之势力焉。迨后社会文化日渐进步,科学发达,学者遂举古人所谓不可思议者,皆一一解释之以科学。日星之现象,地球之缘起,动植物之分布,人种之差别,皆得以理化博物人种古物诸科学证明之。而宗教家所谓吾人为上帝所创造者,从生物进化论观之,吾人最初之始祖,实为一种极小之动物,后始日渐进化为人耳。此知识作用离宗教而独立之证也。宗教家对于人群之规则,以为神之所定,可以永远不变,然希腊诡辩家,因巡游各地之故,知各民族之所谓道德,往往互相抵触,已怀疑于一成不变之原则。近世学者据生理学心理学社会学之公例,以应用于伦理,则知具体之道德,不能不随时随地而变迁。而道德之原理,则可由种种不同之具体者而归纳以得之。而宗教家之演绎法,全不适用。此意志作用离宗教而独立之证也。知识意志两作用,既皆脱离宗教以外。于是宗教所最有密切关系者,惟有情感作用,即所谓美感。凡宗教之建筑,多择山水最胜之处,吾国人所谓天下名山僧占多,即其例也。其间恒有古木名花,传播于诗人之笔,是皆利用自然之美,以感人者。其建筑也,恒有峻秀之塔,崇闳幽邃之殿堂。饰以精致之造象,瑰丽之壁画。构成黯淡之光线,佐以微妙之音乐。赞美者必有著名之歌词。演说者必有雄辩之素养。凡此种种,皆为美术作用,故能引人入胜。苟举以上种种设施而屏弃之,恐无能为役矣。

然而美术之进化史,实亦有脱离宗教之趋势。例如吾国南北朝著名之建筑,则伽蓝耳。其雕刻,则造象耳。图画,则佛像及地狱变相之属为多。文学之一部分,亦与佛教为缘。而唐以后诗文,遂多以风景人情世事为对象。宋元以后之图画,多写山水花鸟等自然之美。周以前之鼎彝,皆用诸祭祀。汉唐之吉金,宋元以来之名瓷,则专供把玩。野蛮时代之跳舞,专以娱神。而今则以之自娱。欧洲中古时代留遗之建筑,其最著者率为教堂。其雕刻图画之资料,多取诸新、旧约。其音乐,则附丽于赞美歌。其演剧,亦排演耶稣故事,与我国旧剧《目莲救母》相类。及文艺复兴以后,各种美术,渐离宗教而尚人文。至于今日,宏丽之建筑,多为学校、剧院、博物院。而新设之教堂,有美学上价值者,几无可指数。其他美术,亦多取资于自然现象及社会状态。于是以美育论,已有与宗教分合之两派。以此两派相较,美育之附丽于宗教者,常受宗教之累,失其陶养之作用,而转以激刺感情。

盖无论何等宗教,无不有扩张己教攻击异教之条件。回教之谟罕默德,左手持《可兰经》,而右手持剑,不从其教才杀之。基督教与回教冲突,而有十字军之战几及百年。基督教中又有新旧教之战,亦亘数十年之久。至佛教之圆通,非他教所能及。而学佛者苟有拘牵教义之成见,则崇拜舍利受持经忏之陋习,虽通人亦肯为之。甚至为护法起见,不惜于共和时代,附和帝制。宗教之为累,一至于此。皆激刺感情之作用为之也。鉴激刺感情之弊,而专尚陶养感情之术,则莫如舍宗教而易以纯粹之美育。纯粹之美育,所以陶养吾人之感情,使有高尚纯洁之习惯,而使人我之见、利己损人之思念,以渐消沮者也。盖以美为普遍性,决无人我差别之见能参入其中。食物之入我口者,不能兼果他人之腹。衣服之在我身者,不能兼供他人之温。以其非普遍性也。美则不然。

即如北京左近之西山,我游之,人亦游之。我无损于人,人亦无损于我也。隔千里兮共明月,我与人均不得而私之。中央公园之花石,农事试验场之水木,人人得而赏之。埃及之金字塔,希腊之神祠,罗马之剧场,瞻望赏叹者若干人,且历若干年,而价值如故。各国之博物院,无不公开者。即私人收藏之珍品,亦时供同志之赏览。各地方之音乐会、演剧场,均以容多数人为快。所谓独乐乐不如众乐乐,与寡乐乐不如与众乐乐。以齐宣王之惛,尚能承认之。美之为普遍性可知矣。且美之批评,虽间亦因人而异。然不曰是于我为美而曰是为美。是亦以普遍性为标准之一证也。

美以普遍性之故,不复有人我之关系,遂亦不能有利害之关系。马牛人之所利用者。而戴嵩所画之牛,韩幹所画之马,决无对之而作服乘之想者。狮虎人之所畏也。而芦沟桥之石狮、神虎桥之石虎,决无对之而生搏噬之恐者。植物之花,所以成实也。而吾人赏花,决非作果实可食之想。善歌之鸟,恒非食品。灿烂之蛇,多含毒液。而以审美之观念对之,其价值自若。美色人之所好也,对希腊之裸像,决不敢作龙阳之想。对拉飞尔若鲁滨司之裸体画,决不致有周昉《秘戏图》之想。盖美之超绝实际也如是。且于普通之美以外,就特别之美而观察之,则其义益显。例如崇闳之美,有至大至刚两种。至大者如吾人在大海中,惟见天水相连,茫无涯涘。又如夜中仰数恒星,知一星为一世界,而不能得其止境,顿觉吾身之小虽微尘不足以喻,而不知何者为所有。其至刚者,如疾风震霆,覆舟倾屋,洪水横流,火山喷薄,虽拔山盖世之气力,亦无所施,而不知何者为好胜。夫所谓大也,刚也,皆对待之名也。今既自以为无大之可言,无刚之可恃,则且忽然超出乎对待之境,而与前所谓至大至刚者胖合而为一体,其愉快遂无限量。当斯时也,又岂尚有利害得丧之见能参入其间耶。其他美育中如悲剧之美,以其能破除吾人贪恋幸福之思想。《小雅》之怨悱、屈子之离忧,均能特别感人。《西厢记》若终于崔张团圆,则平淡无奇,惟如原本之终于草桥一梦,始足发人深省。《石头记》若如《红楼后梦》等，必使宝黛成婚，则此书可以不作。原本之所以动人者，正以宝黛之结果一死一亡，与吾人之所谓幸福全然相反也。又如滑稽之美，以不与事实相应为条件。如人物之状态，各部分互有比例。而滑稽画中之人物，则故使一部分特别长大或特别短小。作诗则故为不谐之声调。用字则取资于同音异义者。方朔割肉以遗细君，不自责而反自夸。优旃谏漆城，不言其无益，而反谓漆城荡荡寇来不得上。皆与实际不相容，故令人失笑耳。要之美学之中，其大别为都丽之美、崇闳之美（日本人译言优美壮美）。而附丽于崇闳之悲剧，附丽于都丽之滑稽，皆足以破人我之见，去利害得失之计较。则其所以陶养性灵，使之日进于高尚者，固已足矣。又何取乎侈言阴骘，攻击异派之宗教，以激刺人心，而使之渐丧其纯粹之美感为耶。

（原载《新青年》第三卷第六号，1917年8月1日）

近世三大政治思想之变迁

高一涵

政治本由理想产出。理想者为事实所感召,立之以纲维时会之迁流者也。必有新理想导之于先,乃有新政治实现于后。国人局于现象,鉴吾国政治状况,大似欧洲十八世纪之初。凡所论列,多撷拾十八世纪以前之学说,以津津自意。如天赋人权、小己主义、放任主义,早为西人所唾弃者,尚啧啧称道,自诩新奇。殊不知政治进化,非同机械;发达变迁,均为有意识之动作。凡他国由枉道而得之利益,吾可由直道而得之。他国几经试验,由失败而始得成功者,吾为后进之国,自应采取其成功之道,不必再经其失败之途。由此以推,则凡先进国回环顿挫,历数世纪始获得之进步,后进国可寻得捷径,而于一世纪之中追及之。然则述西人政治思想之变迁,以为吾国政治思想变迁之引导,诚为今日之急务焉。兹略举数事如左:

一　国家观念之变迁

古代人民思想,均以国家为人生之归宿。故希腊罗马及前代之倭人,莫不以国家为人类生活之最高目的。人民权利,皆极端供国家之牺牲。至唱人权、放任、小己之说者起,乃一变其说,谓国家权力,与人民权利,绝不相容;且有谓政府之存在,徒因人类之有罪恶;罪恶一去,政府斯亡,乃至十八世纪以后,新国家主义日益发明,如费舒特(Fichte)、海格尔(Hegel)、玛志尼(Mazzini)、加奈尔(Carlyle)、骆司硁(Ruskin)、格林(Green)诸氏,均阐发国家之功能:以为人类一切障碍,惟赖国家之力,可以铲除;一切利益,惟赖国家之力,可以发达。在千八百六十四年,英人之思想,以反对国家者为正教,以信赖国家者为异端;在最近数年前,则以信赖国家者为正教,以无政府主义为异端。考其所以变迁之原因,盖一由国家观念,大异于前,一由国家功效,昭昭在人耳目,故也。唱人权放任小己之说者,以为国家权利,与人民权利,乃两相妨害之物;国权一伸,民权自不得不缩。近世乃知人民之权利自繇,由法律所赋予。国家权力强固一分,即人民权利强固一分,确认国家无自身之目的,惟以人类之目的为目的。犹经济学上之富然:富非人生之究竟,乃为求达人生究竟之一途;国家亦非人生之归宿,不过为人类凭藉,以求归宿之所在耳。又因列强竞争,日形激烈;人民自繇,仅为此小国家主义所限制,劳劳战备,日在惴惴战栗之天,自繇范围,终嫌狭隘。于是信赖民族竞争之小国家主义者,又一变而神想乎人道和平之世界国家主义。欧战告终,国际间必发生一种类似世界国家之组织,以冲破民族国家主义之范围。此征之于最近西人舆论而可信者也。

二 乐利主义之变迁

古代之政治思想,多自"损下益上""捐万姓以奉一人"之原则,演绎变化而来。自边沁唱最大幸福之说,政治思潮,倏焉丕变,顾尔时之解乐利主义者,犹重其数量而略其性质。多数之幸福,犹为少数代表所代谋。夫幸福之所以可贵者,在引人民于政治范围以内,俾藉群策群力,以谋公共福祉之谓也。设以他人代谋为原则,使多数人民,立于被动地位,颓废其独立自营之本能,所谓幸福,直欺人语耳。盖近世所谓幸福,绝非根据他方之痛苦而来,亦不得以一阶一级之人数为界限。设移此阶此级之幸福,以享他阶他级之人,抑或因谋最大多数之人幸福,而置少数之人幸福于不顾;皆非近世之所谓乐利主义。乐利云云,必以个人为单位。无论牺牲万姓以奉一人者为非,即牺牲一人以奉万姓者亦非。此方所增之幸福,绝不自他方痛苦中夺来,亦非自他方幸福中减出。设在吾国,痛苦一人,以利三万九千九百九十九万九千九百九十九人,犹是阶级的乐利主义,多数的乐利主义,而非平等的乐利主义,全体的乐利主义也。真利所存,必其两益。绌此伸彼,终必致两败俱伤。近世学说,多由主张小区选举制度,变为主张大区选举制度,由主张多数选举,变为主张比例选举。此制如行,则旧日多数专擅自营其私之弊端,可日益廓清;且可更进而行直接民政,公意全发动于人民之自身矣。

三 民治主义之变迁

在贵族政体初变时代,论平民政治者,犹未脱尽阶级资格之观念,限制选举,多以教育财产为必要之条件。与其谓之为平民政治,毋宁谓优秀人民政治。乃择其优秀者,畀以参政权,非畀以参政权,使养成优秀人民也。迨十九世纪之末,欧美学者所谓平民政治,大抵皆建筑于人民权利及小己私益之上;以为平民政治云者,小己自保其权利,自享其私益之谓。不知权利私益,皆为人生之凭藉,而非人生之归宿。近数年来,多唾弃小己主义,主张合群主义;唾弃私益问题,主张公益问题;以为真正平民政治,乃建设于担负社会职任之小己之上。小己私益,即自社会公益中分来。人民入群而后,皆以谋社会公共幸福之目的,谋小己之幸福。而社会利益之进化,不徒恃普通选举制,及议院政府制,乃恃有中介的团体,使小己与一群,得以联络一气。民治政府,实为责任政府。予人民以参政机会,即道人民以负责之方。以选举之事,锻炼政才,故实行平民政治,实足以收教育之功能,选举制度,不惟无教育资格之必要,且足以补教育之缺焉。

吾国政治思想,偏于守旧。自表面观之,所受世界思想变迁之影响,似乎极微。推求实际,近日政治现况,实与世界思想,一致前趋。大凡政治理想发现之初,不为破坏的革命,则为消极的反对。当新思想未能实行之先,必使与我反抗之旧思想,破坏无余,乃有建树新思想之余地。哈蒲浩有言曰:"当自由主义之发端也,恒为破坏的革命的批评。取消极态度者,约数世纪。所立事业,破坏多于建设。削除人类进步之障碍,远多于表明积极之主张。"吾意中国今日之政治思想亦然。袁氏之自私的国家主义,已经打消。段氏之负气的武力政策,亦瞬见失败。此后群众放矢之的,又将转向"骑墙"的自私诡计而发。凡凭国为祟,图谋一部分乐利,及假贤人政治为名,以屏斥人民于政治范围而外者,皆与此国家主义乐利主义民治主义之新思想,不能并存。不试则已,试则未有不偃旗息鼓、败北而逃者也。

(原载《新青年》第四卷第一号,1918年1月15日)

女子问题

——新社会问题之一

陶履恭

《新青年》征集关于女子问题之文章,既有日矣。而女子之投稿者,寥少已若珠玉之不多觏。更通观本志所刊布诸文,舍一二投稿家外,非背诵吾族传来之旧观念,即剿袭西方平凡著者之浅说;欲求其能无所忌惮研究女子问题,解决女子问题,释女子之真性,明女子之真位置,定女子与国家社会相密接之关系者,殆若凤毛、若麟角。吾兹非好为褒贬,专以评骘诸勇敢之投稿家为能事。诚以今日中国之社会,稍受教育、稍有知识之男子,方群陷于物质的生存竞争。高官厚禄,(法的或非法的)为毕生至高之希望。美姬娇妾、奢车丽服,为人生存在之真理由。男子既群以此为风尚,恬然奉此虚伪龌龊之标准,以轨范一般人之行动,鼓舞一般人之希望,而犹希冀数千年来受束缚之女子,解脱重轭,振拔流俗,不尚物质,不慕虚荣,推倒群盲所崇拜之偶像,排斥时髦所趋逐之倾向,又岂可能。事实之未明,真理之未昌者,今日我国思想界言论界之现象也。而关于女子问题,缄默尤甚。揆其原因,诚以常人惑于一时之卑风劣俗,为社会状态所摆弄,道在迩而不之求,非真理易晦,事实难显也。

女子问题,欧美社会问题之最重者也。其成为问题也,纯为社会状态之所诞生、所酝酿。其所由来,非一朝夕,必社会状态有其所以兴起之原因。吾今欲究中国女子问题,自不能不述及女子问题发源地之欧美,自不能不述及该发源地之社会状态,以供吾人之借鉴。且所谓女子问题者,在今日已无国界之可言。自欧至美,自美至亚,女子之伸诉呼吁,几无宁日。今日已成为一般女子之大觉醒。即吾国二万万之女生灵,鼾睡方酣者,终亦必为世界女子活动之潮流所卷收,相与共谋解决之方。

一　经济之发达

男女之别,性(Sex)之别也。自生物学观之,男女生理之形态,组织,变化,有种种之差异。根本于生理上之差异,其精神作用之状态,复有异同。此不可掩之事实,依常识、依科学,皆可得明证者也。故二者之在社会也,初亦一本自然。各因其特能专长,而据其位置。考先民之分功制度,最初现于家族之内者,厥为男女之分功。夫耕妇织。夫猎妇炊。妇事养育而夫任保护。乃先民生活之状态,自然之分功也。后世群制稍进,治者更定为礼制:内言不出于阃,外言不入于阃。严防男女之别,使各不相侵。吾族数千年来,迄于今兹,遵守斯制,犹未尽替。已成为道德之要旨。使先民男女分功之经济状况永久而不变也,则男女间之关系,今日无以异于昨。然一旦男女之分功渐失其平,社会一般之分功代之以起,财货有畸轻畸重之势,而女子有独立自主之机,则女子之活动,不能不因之而嬗变。昔之女子,以育儿、煮饭、缝衣为惟一天职。今则以社会上经济状况之蜕化,而另谋活动之方。昔之女子以家庭为世界,为学校,为工场。生于兹,育于兹,受教于兹,劳动于兹,老死于兹。碌碌终生,舍生殖传种而外,所事惟满足家族经济之需要而已足。今日大工业勃兴,物品不复产于家庭,而产于工场。女子不复操作于家庭,而受佣于外人。此欧美今日之现状也。女子之位置于以变,女子之问题于以起。

经济状况之发达,实女子问题之一主因。今日盈千累万之女子,莫不食工业革新之赐,减劳役,轻思虑,而家庭种种之需要尽得偿。不役于父不役于夫,而种种之生活得独立。盖先有经济界之革命,然后向来家庭之经济组织破。家庭之经济组织破,然后女子博得经济的独立。既获经济的独立,然后能脱历史传来之羁绊。

二 教育职业之发达

质言之,今日欧美社会之大运动,尽可以经济说明其原因。所谓社会问题,不过经济问题之变象而已。即吾兹所论究之女子问题,与详细剖辨其原因,亦可以经济之发展总括之。而吾以为经济状况而外,社会上有种种现象,虽以经济之影响而后发生,而其自身,更直接影响社会上其他现象,关系密切,有不容忽视者。经济之发达,固为女子问题之主因。而教育,职业,民政,诸端。亦莫不被经济之影响,而后发展綦速。然其直接影响,促生今日之女子问题,其重要,其密切,有不能不承认其为原因之势。故特揭出论之。

昔男女分功之时代,女子活动之范围,不出于家庭之外,吾既言之。近世国家,设强迫教育之制:国民不问男女,不问贫富,凡逮一定年龄,概须受国民之教育。如是,则今之女子,非复一家一族之女子,而属于国家社会。其教育遂亦不仅系于一家一姓之兴衰,而系于社会国家之治乱。今日之女子,乃获空前之机会,出家庭之小社会,见闻狭隘,不出张长李短,思想卑浅,不外米酱油盐者,今乃诲以世界之山川形势,诏以国民之权利义务。眼界既开,知识斯长。藩篱一破,女子遂登社会之大舞台矣。

与教育相伴,促生女子问题之又一因,厥为职业之发达。昔之所谓职业,男子之职业也。女子,舍良妻贤母女红割烹,别无职业之可言。教育既遍施于男女,不特女子之聪明者,能驾男子而上之。即一般之女子,在学成绩,亦不见劣于男子。加以近世工商业发达之社会,各种职业之要求,殆无底止。或从事技术或从事学问,苟有一才一艺之能,不问男女，无不能见售于世。故今日之女子，不仅从事于家庭之职业，更从事于社会之职业。不止于良妻贤母之国民，更兼为良工巧匠诗人学士之国民此职业发达之结果。女子活动之范围，殆与男子活动之范围相吻合，工场、市廛、学校、政府，无往不见其足迹也。

三　思想之发达

右兹所述，仅就物质方面而言，显而易见。试一游欧美诸文明邦，家庭之中，日用物品，十之八九，取诸市廛，而不在家制备。若在通都大邑，即每日三餐，犹且有悉仰诸餐馆者。女子在家，服役至寡。主妇之任务，要在主持家政，监理一切而已。而市衢之上，熙熙攘攘，往来摩肩者，以女子之从事于劳动职业者充其强半。方今战事正酣，各国男丁，多投身于疆场。凡百事业，尽赖女子。而女子职业之范围，愈益扩张。此种现象，皆有目者所共见者也。女子问题，亦有非物质之原因，常人所未觉察，是为近世思想之发达。

欧洲自宗教革新而后，思想一变，而神学之权威杀。自法兰西大革命后，思想又一变，而社会制度政治制度积久之权威摧。（思想之嬗变，必非一朝一夕之故，而为历史的经过。肇源湮远，积日持久，乃克成熟。吾兹取宗教革新及法之大革命为两种思想革命之纪元，取便志思想潮流之变迁而已。）近世之思想，勿论关于科学宗教、政治经济，继乎两种思想革命之后，常取怀疑之态度，含革命之趣味。欧洲女子固有之位置，乃千余年来所演成之社会制度耶教经典之所制限，各族法典之所规定，从来相率因袭，谁复敢起而抵抗非难者。今亦受革命的思想之磅薄，终将沦于淘汰之数。抗之者谁，难之者谁，女子之诞生于革新思想之世界者也。

吾今欲缕述新思想之实现于女子问题，恐势有所不能。近百余年来之文学，关于女子位置之讨论，靡不见新思想之势力。最初若法之龚道西（Condorcet）于《进化史表》（*Esquisse d'un Aablean Historique des Progrès de l'esprit Humain*)申男女平等之义。穆勒约翰著《女子服从论》(*The Subjection of Woman*)论女子雌伏之非。此男子为女子作不平之鸣,彰彰有名,无俟吾言之赘。而现代女子著述家,若英之佛西脱夫人(Mrs. Henry Fawcert)(已故财政总长、经济学者佛西脱之夫人)、瑞典之克倚女士(Ellen Key)、南非之谢莱纳夫人(Olive Schreiner)及合众国之亚当斯女士(Jane Addams),思想一发,形诸楮墨,皆能为女子吐气焰、增价值。虽至鄙薄妇女之人,亦不能不为所折服。然所谓思想之发达,非仅见于上述之四氏已也,亦非仅见于今日欧美文学界之女子著作家已也。今日新思想之势力,弥漫磅薄,殆无往而不是状态万千之女子,或在家、或在市、或为人妇、或为人女,咸于不知不觉之中,有伟壮不挠之精神。(吾友某,营商于伦敦。一日,以事访某肆主人,主人不在,其书记出款待之,女子也,畅论女子问题,友大惊诧。)宁愿自食其力,不肯仰人鼻息;宁愿独身终生,不肯配偶失意。此种健旺之精神,可以于今日欧美社会之妇女觇之。

右所述者,皆促生女子问题之主因。语焉不详,仅借以识产生女子问题诸主要社会状态而已。社会状态,常相为因果。以上诸种原因,既促女子之猛省,成为问题。诸种原因之外,若民政之进步,新伦理观念之发明,女子生率之增加,其他种种,更仆难数,亦鼓舞女子之大动力。而女子之自觉,自身之猛省,又反而直接、间接促进以上诸种原因。今欲考女子问题之纯因,则错综纠纷,渺不可得。盖所谓社会问题,苟探其原,莫非若是之繁杂而难明也。

吾述女子问题既竟,而关于本题,未加界说,未下定义。读者不能无所疑。然女子问题,包涵无数之意义,无限之希望,无尽之计划。若欲遍数,请俟异日。吾惟解释女子问题之原因,即能明其趋向,亦即可以与吾国今日社会状态相比较。视女子问题在吾国之位置,果为何如。今日吾国之经济、职业、思想,远逊于欧美,自不待言。而国中女子,处于今日之社会,亦自然无奋发策励之机会,似亦无足深怪。然今日之世界,乃交通频繁之世界,经济、职业、思想之发展,无不遍布于全球,成世界的潮流。现于欧洲今日之社会者,明日即将现于吾族之社会。今日欧美之女子问题,必将速见临于此邦,无俟疑惑。至于预俟其来,谋解决之方,则责艰任重,匪一人任。要在今日之青年,而尤在今日之青年女子。

(原载《新青年》第四卷第一号,1918年1月15日)

读武者小路君所作《一个青年的梦》

周作人

我平常不大欢喜立论;因为(一)恐怕意见不周密,议论不切实,说出去无价值:就是怕自己的内力不足。(二)觉得问题总是太大,太多,又还太早!这就是对于国人能力的怀疑。

这种怀疑,虽然较胜于夸大狂,究竟是不狠好;前次我看见梁漱溟先生作的《吾曹不出如苍生何》一篇文章,是心里是极佩服,但不免又想:这问题太早,又太好了!叫现在的中国商民,自己去求积极的和平?他们懂得么?他们敢么?只要懂得就敢,可是他们那里会懂呢?梁先生这篇文章是白做的了。

这是我当时的意见。近来又读日本武者小路君作的脚本《一个青年的梦》,受了极强的感触;联想起梁先生的文章,起了一个念头。觉得"知其不可为而为之"的必要:虽然力量不及,成效难期,也不可不说,不可不做。现在无用,也可播个将来的种子;即使播在石路上,种子不出时,也可聊破当时的沉闷。使人在冰冷的孤独生活中,感到一丝的温味,鼓舞鼓舞他的生意!

我对于战争这件事,本来不大欢喜:从前无论读什么 Mahon 等歌颂战争的论文,或 Tolstoj 等反对战争的小说,总觉得这件事是可怕,是无意义;但是没有想到过应该如何去解决他。

大家总说俄国是欧洲最野蛮,喜侵略的国。他们的皇帝大官和将帅,或者如此;但是世界上反对战争的文学,却要算俄国第一。解决的方法,也是他们想得最早。苦利米亚的战,Tolstoj 亲历战阵,作 *sebastopolj* 三卷。俄土战争,Tolstoj 的私淑弟子 Garschin,听得他人受苦,烦闷不过,自去投军,情愿一同受苦;可是没有死,受了伤,放回来。作《步兵日记》,《四日》(曾经译登《域外小说集》第二册)等短篇,写出战场上所受肉体同精神的苦痛,人类对于生的执著和死的恐怖。日俄战争,Andrejev 并没有去打仗,作了一篇小说叫《红笑》。可是猛烈得狠,读了这书,若不是一点不懂得,便包管头痛心跳起来,夜里做恶梦!

这一次欧洲战争,俄国顶有名的战争小说,或者可算 kuprin 的《圣母的花园》。

至于解决的方法,他们也不一致:Tolstoj 提倡无抵抗主义,实行当时口号"V Narod"(到民间去)这一句话;亲自种田砍木,做皮鞋去了。Garschin 想拔去"红花"(一切罪恶的象征)拔不掉,自己从楼上跳下来死了。Andrejev 随后做了一部小说《七个绞罪犯》,看了又是要出冷汗的书。kuprin 作了半部小说,名叫一个《坑》字,现在不晓得下卷出了没有,其中是讲娼妓生活的。这两个人的意见,大约都是抱定一个"人"字。彼此都是个"人",此外分别,都是虚伪,如此便没有什么事不可解决。这是最乐观的思想;但是"人类互相理解",怎样能够做到呢?答语大约也是说"V Narod!"他们两个人本来也是 Tolstoj 派的人!

日本从来也称好战的国。樱井忠温的《肉弹》是世界闻名的一部赞美战争的小说。但我们想这也只是以前的暂时的现象,不能当作将来的永远的代表。我们看见日本思想言论界上,人道主义的倾向,日渐加多;觉得是一件最可贺的事。虽然尚是极少的少数,还被那多数国家主义的人所妨碍,未能发展;但是将来大有希望。武者小路君是这派中的一个健者,《一个青年的梦》,便是新日本的非战论的代表。

《一个青年的梦》,最初登在杂志《白桦》上,一九一七年时单行出版。是一部四幕的脚本。一个青年被一个不认识的人引了到各处去看,真心的觉到战争的恐怖和无意义,随后断结到"世人未达到人类的长成时,战争不能灭。照现今的国家行下去时,战争将更盛"。只要"人人都是人类的相待,不是国家的相待",便可得永久的和平。但这事"非从民众觉醒不可。"第四幕中一段对话说得好:

  青年 "不使产生战争的东西有活力,国不亡了么?我所想的,是国也不亡,也没有战争。

  乞食者 就是这点要紧。但如'国'这思想,还是同现在一样,那怕就为难罢!须得用民众的力量,将国的内容改过才好。世界的民众,变了一团,大家握手时,战争便自消灭。须使民众不要互相恐怖误解。不可不晓得大家重要的关系;平和过日,是大家都有幸福的事。又凡损人利己的人。无论是本国人,是外国人,都是平和的敌,非加制裁不可的。这些事,非真心的懂得不可。假如承认了现在的国家,却反对现在的战争,世上没有这样如意的事。

  青年 我也觉得;但如今想更变各国的意旨,又觉得有点做不到。

  乞食者 全在根。全在根。全在民众。人再进步一点,就好了。再一步!再两步!"

要人民自求积极的平和,先得教他们痛切的感平和的必要。武者小路君的著此书,就是要他们感这必要;也就是自己感得痛切不过,不得不直叫出来。他人感着呢?不感着呢?也全是不得而知。不过希望他们能够感着罢了。《自序》中说:——

  "国同国的关系,要是照现在这样下去,实在可怕。世界的人想都觉得。单是觉得,也是无益。一点都没法,只是默然罢了。我也晓得说也没用。但若不说,又更觉歉然。我若不从艺术一方面说出来,我终免不得肚胀,我作这书,算是出出气。这戏演不演,不是第一个问题。我只想说出真实的话罢了。战争的恐怖,我也不去夸张他。我止努力写他全体。用人人所不能反对的方法,人人都能同感的方法,写出他的恐怖来。我也觉得自己的深度不足,力量不足;但是因为怕了这些事便不说,又做不到。我不愿如此胆怯,连自己能说的真实话也不说。止就我力量所能及的做去,就满足了。

我自己不晓得这书价值如何。但他人的非难,我能回答他,或者听凭他,我想不久总会明白的。自己的精神,自己的真诚,从内里出来;决不是装上去的。所以我想,靠这个诚,或能在人心中,意外的寻得许多知己。

……

我不专做这样的著作;但也想一面渐渐的动手来做。对于人类运命的忧虑,这不是僭越的忧虑,是人人都应该忧虑的事。我望从这忧虑,生出新世界的秩序来。忽略这忧虑,或者反要生出可怕的结果。我望平和的合理的又自然的,生出这新秩序。血腥的事,能避去时,最好是避去。这并不尽因我胆小的缘故,实因我愿做平和的人民。

但我觉得现在社会的事情,不像在正路上走,能得平和解决的样子。所以我比别人加倍的害怕。"

明知"说也没用",然而不能不说,因为还有对于人类这"爱"存在。我看了《一个青年的梦》,想起《吾曹不出如苍生何》的文,不觉也引起那"僭越的忧虑"。虽然还怀疑这问题太大太早,然而觉得这样下去,总不是事;所以写这几句,希望青年能够对于这问题,稍稍注意,就满足了。

(原载《新青年》第四卷第五号,1918年5月15日)

偶像破坏论

陈独秀

"一声不做,二目无光,三餐不吃,四肢无力,五官不全,六亲无靠,七窍不通,八面威风,九(音同久)坐不动,十(音同实)是无用。"这几句形容偶像的话,何等有趣!

偶像何以应该破坏,这几句话可算说得淋漓尽致了。但是世界上受人尊重,其实是个无用的废物,又何只偶像一端?凡是无用而受人尊重的,都是废物,都算是偶像,都应该破坏!

世界上真实有用的东西,自然应该尊重,应该崇拜;倘若本来是件无用的东西,只因人人尊重他,崇拜他,才算得有用,这班骗人的偶像倘不破坏,岂不教人永远上当么?

泥塑木雕的偶像,本来是件无用的东西;只因有人尊重他,崇拜他,对他烧香磕头,说他灵验;于是乡愚无知的人,迷信这人造的偶像真有赏善罚恶之权,有时便不敢作恶,似乎这偶像却很有用。但是偶像这种用处,不过是迷信的人自己骗自己,非是偶像自身真有什么能力。这种偶像倘不破坏,人间永远只有自己骗自己的迷信,没有真实合理的信仰,岂不可怜!

天地间鬼神的存在,倘不能确实证明,一切宗教,都是一种骗人的偶像:阿弥陀佛是骗人的,耶和华上帝也是骗人的,玉皇大帝也是骗人的。一切宗教家所尊重的崇拜的神佛仙鬼,都是无用的骗人的偶像,都应该破坏!

古代草昧初开的民族，迷信君主是天的儿子，是神的替身，尊重他，崇拜他，以为他的本领与众不同，他才能居然统一国土。其实君主也是一种偶像，他本身并没有什么神圣出奇的作用；全靠众人迷信他，尊崇他，才能够号令全国，称做元首；一旦亡了国，像此时清朝皇帝溥仪、俄罗斯皇帝尼古拉斯二世，比寻常人还要可怜。这等亡国的君主，好像一座泥塑木雕的偶像抛在粪缸里，看他到底有什么神奇出众的地方呢？但是这等偶像，未经破坏以前，却很有些作怪；请看中外史书，这等偶像害人的事还算少么？事到如今，这等不但骗人而且害人的偶像，已被我们看穿，还不应该破坏么？

　　国家是个什么？照政治学家的解释，越解释越教人糊涂。我老实说一句，国家也是一种偶像。一个国家，乃是一种或数种人民集合起来，占据一块土地，假定的名称；若除去人民，单剩一块土地，便不见国家在那里，便不知国家是什么。可见国家也不过是一种骗人的偶像，他本身并无什么真实能力。现在的人所以要保存这种偶像的缘故，不过是借此对内拥护贵族财主的权利，对外侵害弱国小国的权利罢了（若说到国家自卫主义，乃不成问题。自卫主义，因侵害主义发生。若无侵害，自卫何为？侵害是因，自卫是果）。世界上有了什么国家，才有什么国际竞争；现在欧洲的战争，杀人如麻，就是这种偶像在那里作怪。我想各国的人民若是渐渐都明白世界大同的真理，和真正和平的幸福，这种偶像就自然毫无用处了。但是世界上多数的人，若不明白他是一种偶像，而且明白这种偶像的害处；那大同和平的光明，恐怕不会照到我们眼里来！

　　世界上男子所受的一切勋位荣典，和我们中国女子的节孝牌坊，也算是一种偶像；因为功业无论大小，都有一个相当的纪念在人人心目中；节孝必出于施身主观的自动的行为，方有价值；若出于客观的被动的虚荣心，便和崇拜偶像一样了。虚荣心伪道德的坏处，较之不道德尤甚；这种虚伪的偶像倘不破坏，却是真功业真道德的大障碍。

　　破坏！破坏偶像！破坏虚伪的偶像！吾人信仰，当以真实的合理的为标准;宗教上、政治上、道德上自古相传的虚荣欺人不合理的信仰,都算是偶像,都应该破坏!此等虚伪的偶像倘不破坏,宇宙间实在的真理和吾人心坎儿里彻底的信仰永远不能合一。

(原载《新青年》第五卷第二号,1918年8月15日)

庶民的胜利

李大钊

我们这几天庆祝战胜,实在是热闹的狠。可是战胜的,究竟是那一个?我们庆祝,究竟是为那个庆祝?我老老实实讲一句话,这回战胜的,不是联合国的武力,是世界人类的新精神。不是那一国的军阀或资本家的政府,是全世界的庶民。我们庆祝,不是为那一个或那一国的一部分人庆祝,是为全世界的庶民庆祝。不是为打败德国人庆祝,是为打败世界的军国主义庆祝。

这回大战,有两个结果,一个是政治的,一个是社会的。

政治的结果,是"大……主义"失败,民主主义战胜。我们记得这回战争的起因,全在"大……主义"的冲突。当时我们所听见的,有什么"大日尔曼主义"咧,"大斯拉夫主义"咧,"大塞尔维主义"咧,"大……主义"咧。我们东方,也有"大亚细亚主义""大日本主义"等等名词出现。我们中国也有"大北方主义""大西南主义"等等名词出现。"大北方主义""大西南主义"的范围以内,又都有"大……主义"等等名词出现。这样推演下去,人之欲大,谁不如我?于是两大的中间有了冲突,于是一大与众小的中间有了冲突,所以境内境外战争迭起,连年不休。

"大……主义"就是专制的隐语,就是仗着自己的强力蹂躏他人欺压他人的主义。有了这种主义,人类社会就不安宁了。大家为抵抗这种强暴势力的横行,乃靠着互助的精神,提倡一种平等自由的道理。这等道理,表现在政治上,叫作民主主义,恰恰与"大……主义"相反。欧洲的战争,是"大……主义"与民主主义的战争。我们国内的战争,也是"大……主义"与民主主义的战争。结果都是民主主义战胜,"大……主义"失败。民主主义战胜,就是庶民的胜利。社会的结果,是资本主义失败,劳工主义战胜。原来这回战争的真因,乃在资本主义的发展。国家的界限以内,不能涵容他的生产力。所以资本家的政府想靠着大战把国家界限打破,拿自己的国家作中心,建一世界的大帝国,成一个经济组织,为自己国内资本家一阶级谋利益。俄、德等国的劳工社会,首先看破他们的野心,不惜在大战的时候,起了社会革命,防遏这资本家政府的战争。联合国的劳工社会,也都要求平和,渐有和他们的异国的同胞取同一行动的趋势。这亘古未有的大战,就是这样告终。这新纪元的世界改造就是这样开始。资本主义就是这样失败,劳工主义就是这样战胜。世间资本家占最少数,从事劳工的人占最多数。因为资本家的资产。不是靠着家族制度的继袭,就是靠着资本主义经济组织的垄断,才能据有。这劳工的能力,是人人都有的,劳工的事情,是人人都可以作的。所以劳工主义的战胜,也是庶民的胜利。

民主主义劳工主义既然占了胜利,今后世界的人人都成了庶民,也就都成了工人。我们对于这等世界的新潮流,应该有几个觉悟。第一,须知一个新命的诞生,必经一番苦痛,必冒许多危险。有了母亲诞孕的劳苦痛楚,才能有儿子的生命。这新纪元的创造,也是一样的艰难。这等艰难,是进化途中所必须经过的,不要恐怕,不要逃避的。第二,须知这种潮流,是只能迎、不可拒的。我们应该准备怎么能适应这个潮流,不可抵抗这个潮流。人类的历史,是共同心理表现的纪录。一个人心的变动,是全世界人心变动的征几。一个事件的发生,是世界风云发生的先兆。一七八九年的法国革命,是十九世纪中各国革命的先声。一九一七年的俄国革命,是廿世纪中世界革命的先声。第三,须知此次平和会议中,断不许持"大……主义"的阴谋政治家在那里发言,断不许有带"大……主义"臭味,或伏"大……主义"根蒂的条件成立。即或有之,那种人的提议和那种条件,断归无效。这场会议,恐怕必须有主张公道、破除国界的人士占列席的多数,才开得成。第四,须知今后的世界,变成劳工的世界。我们应该用此潮流为使一切人人变成工人的机会,不该用此潮流为使一切人人变成强盗的机会。凡是不作工吃干饭的人,都是强盗。强盗和强盗夺不正的资产,也是一种的强盗,没有什么差异。我们中国人贪惰性成,不是强盗,便是乞丐,总是希图自己不作工,抢人家的饭吃,讨人家的饭吃。到了世界成一大工厂,有工大家作、有饭大家吃的时候,如何能有我们这样贪惰的民族立足之地呢?照此说来,我们要想在世界上当一个庶民,应该在世界上当一个工人。诸位呀!快去作工呵!

(原载《新青年》第五卷第五号,1918年10月15日)

"作揖主义"

刘半农

有位尹先生,是我一个畏友。他与我们谈天,常说:"生平服膺'红老之学'。""红",就是《红楼梦》;"老",就是《老子》。这"红老之学"的主旨,简便些说,就是无论什么事,都听其自然。听其自然又是怎么样呢?尹先生说:"譬如有人骂我,我们不必还骂;他一面在那里大声疾呼的骂人,一面就是他打他自己。我们在旁边看看,也很好,何必费着气力去还骂他?又如有一只狗,要咬我们,我们不必打他,只是避开了就算,将来有两只狗碰了头,他自然会互相咬起来。所以我们做事,只须抬起了头,向前直进,不必在这'抬头直进'四个字以外,再管什么闲事。这就叫作听其自然,也就是'红老之学'的精神。"我想这一番话,很有些同 Tolstoj 的"不抵抗主义"相像,不过尹先生换了个"红老之学"的游戏名词罢了。

"不抵抗主义",我向来很赞成;不过因为他有些偏于消极,不敢实行。现在一想,这个见解实在是大谬。为什么?因为"不抵抗主义",面子上是消极,骨底是最经济的积极。我们要办事有成效,假使不实行这主义,就不免了消费精神于无用之地。我们要保存精神,在正当的地方用,就不得不在可以不必的地方节省些。这就是以消极为积极;不有消极,就没有积极。既如此,我也要用些游戏笔墨,造出一个"作揖主义"的新名词来。

"作揖主义"是什么呢?请听我说:——

譬如朝晨起来,来的第一客,是位前清遗老。他拖了辫子,弯腰曲背走进来,见了我,把眼镜一摘,拱拱手说:"你看!现在是世界不是世界了,乱臣贼子,遍于国中。欲求天下太平,非请宣统爷正位不可。"我急忙向他作了个揖,说:"老先生说的话,很对很对。领教了,再会罢。"

第二客,是个孔教会会长。他穿了白洋布做的"深衣",古颜道貌的走进来,向我说:"孔子之道,如日月经天、江河行地。现在我们中国,正是四维不张、国将灭亡的时候;倘不提倡孔教,昌明孔道,就不免为印度、波兰之续。"我急忙向他作了个揖,说:"老先生的话,很对很对。领教了,再会罢。"

第三客,是位京官老爷。他衣裳楚楚,一摆一蹀的走进来,向我说:"人的根,就是丹田。要讲卫生,就要讲丹田的卫生,要讲丹田的卫生,就要讲静坐。你要晓得,这种内功,常做了,可以成仙的呢!"我急忙向他作了个揖,说:"老先生说的话,很对很对。领教了,再会罢。"

第四、五客,是一位北京的评剧家,和一位上海的评剧家,手携着手同来的。没有见面,便听见一阵"梅郎""老谭"的声音。见了面,北京的评剧家说:"打把子有古代战术的遗意,脸谱是画在脸孔上的图案;所以旧戏是中国文学、美术的结晶体。"上海的评剧家说:"这话说得不错呀!我们中国人,何必要看外国戏?中国戏自有好处,何必去学什么外国戏?你看这篇文章,就是这一位方家所赏识的;外国戏里,也有这样的好处么?"他说到"方家"二字,翘了一个大拇指,指着北京的评剧家;随手拿出一张《公言报》,递给我看。我一看那篇文章,题目是"佳哉梦也"四个字。我急忙向两人各各作了一个揖,说:"两位老先生说的话,很对很对。领教了,再会罢。"

第六客,是个玄之又玄的鬼学家。他未进门,便觉得阴风惨惨,阴气逼人。见了面,他说:"鬼之存在,至今日已无丝毫疑义。为什么呢?因为人所居者为显界,鬼所居者,尚别有一界,名'幽界'。我们从理论上去证明他,是鬼之存在,已无疑义。从实质上去证明他,他搜集种种事实,助以精密之器械,继以正确之试验,可知除显界外,尚有一幽界。"我急忙向他作了个揖,说:"老先生说的话,很对很对。领教了,再会罢。"

末了一位客,是王敬轩先生。他的说话最多,洋洋洒洒,一连谈了一点多钟。把"中学为体、西学为用"八个字,发挥得详尽无遗,异常透切。我屏息静气听完了,也是照例向他作了个揖,说:"老先生说的话,很对很对。领教了,再会罢。"

如此东也一个揖,西也一个揖,把这一班老伯、老叔、仁兄大人送完了,我仍旧做我的我;要办事,还是办我的事,要有主张,还仍旧是我的主张。这不过忙了两只手,比用尽了心思脑力、唇焦舌敝的同他辨驳,不省事得许多么?

何以我要如此呢?

因为我想到前清末年,官与革党两方面:官要尊王,革党要排满;官说革党是"匪",革党说官是"奴"。这样的牛头不对马嘴,若是双方辨论起来,便到地老天荒,恐怕大家还都是个"缠夹二先生",断断不能有什么谁是谁非的分晓。所以为官计,不如少说闲话,切切实实想些方法去捉革党;为革党计,也不如少说闲话,切切实实想些方法去革命。这不是一刀两断,最经济、最爽快的办法么?

我们对于我们的主张,在实行一方面,尚未能尽到相当的职务;自己想想,颇觉惭愧。不料一般社会的神经过敏,竟把我们看得像洪水猛兽一般。既是如此,我们感激之余,何妨自贬声价,处于"匪"的地位;却把一般社会的声价抬高,——这是一般社会心目中之所谓高,——请他处于"官"的地位?自此以后,你做你的官,我做我的匪。要是做官的做了文章,说什么"有一班乱骂派读书人,其狂妄乃出人意表。所垂训于后学者,曰不虚心,曰乱说,曰轻薄,曰破坏。凡此恶德,有一于此,即足为研究学问之障,而况兼备之耶"?我们看了,非但不还骂,不与他辨,而且要像我们江阴人所说的"乡下人看告示,奉送他'一片大道理'五个字"。为什么？因为他们本来是官；这些话说，本来是"出示晓谕"以下，"右仰通知"以上应有的文章。

到将来，不幸而竟有一天，做官的诸位老爷们额手相庆曰："谢天谢天，现在是好了。洪水猛兽，已一律肃清。再没有什么后生小子，要用夷变夏，蔑污我神州四千年古国的文明了。"

那时候，我们自然无话可说，只得像北京刮大风时，坐在胶皮车上一样，一壁叹气，一壁把无限的痛苦尽量咽到肚子里去；或者竟带了这种痛苦，埋入黄土，做蝼蚁们的食料。

万一的万一，竟有一天变作了我们的"一千九百十一年十月十日"了，那么，我一定是个最灵验的预言家；我说——那时的官老爷，断断不再说今天的官话，却要说："我是几十年前就提倡新文明的。从前陈独秀、胡适之、陶孟和、周启明、唐元期、钱玄同、刘半农诸先生办《新青年》时，自以为得风气之先，其实我的新思想，还远比他们发生得早咧，"到了那个时候，我又怎么样呢？我想一千九百十一年以后，自称"老同盟"的很多，真正的"老同盟"，也没有方法拒绝这班新牌"老同盟"。所以我到那时，还是实行"作揖主义"，他们来一个我就作一个揖，说："欢迎！欢迎！欢迎新文明的先觉！"

半农发明这个"作揖主义"，玄同绝对的赞成；以后见了他们诸公，也要实行这个主义。因为照此办法，在我们一方面，可以把宝贵的气力和时间，不浪费于无益的争辩，专门来提倡除旧布新的主义；在他们诸公一方面，少听几句逆耳之言，庶几宁神静虑，克享遐龄，可以受《褒扬条例》第九款的优待：这实在是两利的方法。至于到了"万一的万一"那一天，他们诸公自称为新文明的先觉，是一定的；我们开会欢迎新文明的先觉，是对于老前辈应尽的敬礼，那更是应该的。

（原载《新青年》第五卷第五号，1918年10月15日）

本志罪案之答辩书

陈独秀

本志经过三年,发行已满三十册;所说的都是极平常的话,社会上却大惊小怪,八面非难,那旧人物是不用说了,就是咕咕叫的青年学生,也把《新青年》看作一种邪说,怪物,离经叛道的异端,非圣无法的叛逆。本志同人,实在是惭愧得很;对于吾国革新的希望,不禁抱了无限悲观。

社会上非难本志的人,约分二种:一是爱护本志的,一是反对本志的。这第一种人对于本志的主张,原有几分赞成;惟看见本志上偶然指斥那世界公认的废物,便不必细说理由,措词又未装出绅士的腔调,恐怕本志因此在社会上减了信用。系这种反对,本志同人,是应该感谢他们的好意。

这第二种人对于本志的主张,是根本上立在反对的地位了。他们所非难本志的,无非是破坏孔教,破坏礼法,破坏国粹,破坏贞节,破坏旧伦理(忠孝节),破坏旧艺术(中国戏),破坏旧宗教(鬼神),破坏旧文学,破坏旧政治(特权人治),这几条罪案。

这几条罪案,本社同人当然直认不讳。但是追本溯源,本志同人本来无罪,只因为拥护那德莫克拉西(Democracy)和赛因斯(Science)两位先生,才犯了这几条滔天的大罪。要拥护那德先生,便不得不反对孔教,礼法,贞节,旧伦理,旧政治。要拥护那赛先生,便不得不反对旧艺术,旧宗教。要拥护德先生又要拥护赛先生,便不得不反对国粹和旧文学。大家平心细想,本志除了拥护德赛两先生之外,还有别项罪案没有呢?若是没有,请你们不用专门非难本志,要有气力有胆量来反对德赛两先生,才算是好汉,才算是根本的办法。

社会上最反对的,是钱玄同先生废汉文的主张。钱先生是中国文字音韵学的专家,岂不知道语言文字自然进化的道理(我以为只有这一个理由可以反对钱先生)?他只因为自古以来汉文的书籍,几乎每本每页每行,都带着反对德赛两先生的臭味;又碰着许多老少汉学大家,开口一个国粹,闭口一个古说,不啻声明汉学是德赛两先生天造地设的对头;他愤极了才发出这种激切的议论,像钱先生这用石条压驼背的医法,本志同人多半是不大赞成的。但是社会上有一班人,因此怒骂他,讥笑他,却不肯发表意见和他辨驳,这又是什么道理呢?难道你们能断定汉文是永远没有废去的日子吗?

西洋人因为拥护德赛两先生,闹了多少事,流了多少血;德赛两先生才渐渐从黑暗中把他们救出,引到光明世界。我们现在认定只有这两位先生,可以救治中国政治上道德上学术上思想上一切的黑暗。若因为拥护这两位先生,一切政府的迫压,社会的攻击笑骂,就是断头流血,都不推辞。

此时正是我们中国用德先生的意思废了君主第八年的开始,所以我要写出本志得罪社会的原由,布告天下。

(原载《新青年》第六卷第一号,1919年1月15日)

我们现在怎样做父亲?

唐俟

我作这一篇文的本意,其实是想研究怎样改革家庭;又因为中国亲权重,父权更重,所以尤想对于从来认为神圣不可侵犯的父子问题,发表一点意见。总而言之,只是革命要革到老子身上罢了。但何以大模大样,用了这九个字的题目呢?这有两个理由:——

第一,中国的"圣人之徒",最恨人动摇他的两样东西。一样不必说,也与我辈绝不相干;一样便是他的伦常,我辈却不免偶然发几句议论,所以株连牵扯,很得了许多"铲伦常""禽兽行"之类的恶名。他们以为父对于子,有绝对的权力和威严;若是老子说话,当然无所不可,儿子有话,却在未说之前早已错了。但祖父子孙,本来各各都只是生命的桥梁的一级,决不是固定不易的。现在的子,便是将来的父,也便是将来的祖。我知道我辈和读者,若不是现任之父,也一定是候补之父,而且也都有做祖宗的希望,所差只在一个时间。为想省却许多麻烦起见,我们便该无须客气,尽可先行占住了上风,摆出父亲的尊严,谈谈我们和我们子女的事;不但将来着手实行,可以减少困难,在中国也顺理成章,免得"圣人之徒"听了害怕,总算是一举两得之至的事了。所以说,"我们怎样做父亲。"

第二,对于家庭问题,我在本志《随感录》中(二五、四〇、四九)曾经略略说及,总括大意,便只是从我们起,解放了后来的人。论到解放子女,本是极平常的事,当然不必有什么讨论。但中国的老年,中了旧习惯旧思想的毒太深了,决定悟不过来。譬如早晨听到乌鸦叫,少年毫不介意,迷信的老人,却总须颓唐半天。虽然很可怜,然而也无法可救。没有法,便只能先从觉醒的人开手,各自解放了自己的孩子。自己背着因袭的重担,肩住了黑暗的闸门,放他们到宽阔光明的地方去;此后幸福的度日,合理的做人。

还有,我曾经说,自己并非创作者,便在上海报纸的《新教训》里,挨了一顿骂。但我辈评论事情,总须先评论了自己,不要冒充,才能像一篇说话,对得起自己和别人。我自己知道,不特并非创作者,并且也不是真理的发见者。凡有所说所写,只是就平日见闻的事理里面,取了一点心以为然的道理;至于终极究竟的事,却不能知。便是对于数年以后的学说的进步和变迁,也说不出会到如何地步,单相信比现在总该还有进步还有变迁罢了。所以说,"我们现在怎样做父亲。"

我现在心以为然的道理,极其简单。便是依据生物界的现象,一,要保存生命;二,要延续这生命;三,要发展这生命(就是进化)。生物都这样做,人也这样做,父亲也就是这样做。

生命的价值和生命价值的高下,现在可以不论。单照常识判断,便知道既是生物,第一要紧的自然是生命。因为生物之所以为生物,全在有这生命,否则失了生物的意义。生物为保存生命起见,具有种种本能,最显著的是食欲。因有食欲才摄取食品,因有食品才发生温热,保存了生命。但生物的个体,总免不了老衰和死亡,为继续生命起见,又有一种本能,便是性欲。因性欲才有性交,因有性交才发生苗裔,继续了生命。所以食欲是保存自己,保存现在生命的事;性欲是保存后裔,保存永久生命的事。饮食并非罪恶,并非不净;性交也就并非罪恶,并非不净。饮食的结果,养活了自己,对于自己没有恩;性交的结果,生出子女,对于子女当然也算不了恩。——前前后后,都向生命的长途走去,仅有先后的不同,分不出谁受谁的恩典。

可惜的是中国的旧见解,竟与这道理完全相反。夫妇是"人伦之中",却说是"人伦之始";性交是常事,却以为不净;生育也是常事,却以为天大的大功。人人对于婚姻,大抵先夹带着不净的思想。亲戚朋友有许多戏谑,自己也有许多羞涩,直到生了孩子,还是躲躲闪闪,怕敢声明;独有对于孩子,却威严十足。这种行径,简直可以说是和偷了钱发迹的财主,不相上下了。我并不是说,——如他们攻击者所意想的,——人类的性交也应如别种动物,随便举行;或如无耻流氓,专做些下流举动,自鸣得意。是说,此后觉醒的人,应该先洗净了东方固有的不净思想,再纯洁明白一些,了解夫妇是伴侣,是共同劳动者,又是新生命创造者的意义。所生的子女,固然是受领新生命的人,但他也不永久占领,将来还要交付子女,像他们的父母一般。只是前前后后,都做一个过付的经手人罢了。

生命何以必需继续呢?就是因为要发展,要进化。个体既然免不了死亡,进化又毫无止境,所以只能延续着,在这进化的路上走。走这路须有一种内的努力,有如单细胞动物有内的努力,积久才会繁复,无脊椎动物有内的努力,积久才会发生脊椎。所以后起的生命,总比以前的更有意义,更近完全,因此也更有价值,更可宝贵;前者的生命,应该牺牲于他。

但可惜的是中国的旧见解,又恰恰与这道理完全相反。本位应在幼者,却反在长者;置重应在将来,却反在过去。前者做了更前者的牺牲,自己无力生存,却苛责后者又来专做他的牺牲,毁灭了一切发展本身的能力。我也不是说,——如他们攻击者所意想的,——孙子理应终日痛打他的祖父,女儿必须时时咒骂他的亲娘。是说,此后觉醒的人,应该先洗净了东方古传的谬误思想,对于子女,义务思想须加多,而权利思想却大可切实核减,以准备改作幼者本位的道德。况且幼者受了权利,也并非永久占有,将来还要对于他们的幼者,仍尽义务。只是前前后后,都做一个过付的经手人罢了。

"父子间没有什么恩"这一个断语,实是招致"圣人之徒"面红耳赤的一大原因。他们的误点,便在长者本位与利己思想,权利思想狠重,义务思想和责任心却很轻。以为父子关系,只须"父兮生我"一件事,幼者的全部,便应为长者所有。尤其堕落的,是因此责望报偿,以为幼者的全部,理该做长者的牺牲。殊不知自然界的安排,却件件与这要求反对,我们从古以来,逆天行事,于是人的能力,十分萎缩,社会的进步,也就跟着停顿。我们虽不能说停顿便要灭亡,但较之进步,总是停顿与灭亡的路相近。

自然界的安排,虽不免也有缺点,但结合长幼的方法,却并无错误。他并不用"恩",却给与生物以一种天性,我们称他为"爱"。动物界中除了生子数目太多——爱不周到的如鱼类之外,总是挚爱他的幼子;不但绝无利益心情,甚或至于牺牲了自己,让他的将来的生命,去上那发展的长途。

人类也不外此,欧美家庭,大抵以幼者弱者为本位,便是最合于这生物学的真理的办法。便在中国,只要心思纯白,未曾经过"圣人之徒"作践的人,也都自然而然的能发现这一种天性。例如一个村妇哺乳婴儿的时候,决不想到自己正在施恩;一个农夫娶妻的时候,也决不以为将要放债。只是有了子女,即天然相爱,愿他生存;更进一步的,便还要愿他比自己更好,就是进化。这离绝了交换关系利害关系的爱,便是人伦的索子,便是所谓"纲"。倘如旧说,抹煞了"爱",一味说"恩",又因此责望报偿,那便不但败坏了父子间的道德,而且也大反于做父母的实际的真情,播下乖剌的种子。有人做了乐府,说是"劝孝",大意是什么"儿子上学堂,母亲在家磨杏仁,豫备回来给他喝,你还不孝么"之类,自以为"拼命卫道"。殊不知富翁的杏酪和穷人的豆浆,在爱情上价值同等,而其价值却正在父母当时并无求报的心思;否则变成买卖行为,虽然喝了杏酪,也不异"人乳喂猪",无非要猪肉肥美,在人伦道德上,丝毫没有价值了。

所以我现在心以为然的,便只是"爱"。

无论何国何人，大都承认"爱己"是一件好事。这便是保存生命的要义，也就是继续生命的根基。因为将来的运命，早在现在决定；故父母的缺点，便是子孙灭亡的伏线，生命的危机。易卜生做的《群鬼》(有潘家洵君译本，载在《新潮》一卷五号)，虽然重在男女问题，但我们也可以看出遗传的可怕。欧士华本是要生活能创作的人，因为父亲的不检，先天得了病毒，中途不能做人了。他又很爱母亲不忍劳他服侍，便藏着吗啡，想待发作时候，由使女瑞琴帮他吃下，毒杀了自己；可是瑞琴走了。他于是只好托他母亲了。

　　欧　"母亲，现在应该你帮我的忙了。"

　　阿夫人　"我吗？"

　　欧　"谁能及得上你？"

　　阿夫人　"我！你的母亲！"

　　欧　"正为那个。"

　　阿夫人　"我，生你的人！"

　　欧　"我不曾教你生我。并且给我的是一种什么日子？我不要他！你拿回去罢！"

　　这一段描写，实在是我们做父亲的人应该震惊戒惧佩服的；决不能昧了良心，说儿子理应受罪。这种事情，中国也很多，只要在医院做事，便能时时看见先天梅毒性病儿的惨状；而且傲然的送来的，又大抵是他的父母。但可怕的遗传，并不只是梅毒；另外许多精神上体质上的缺点，也可以传之子孙，而且久而久之，连社会都蒙着影响。我们且不高谈人群，单为子女说，便可以说凡是不爱己的人，实在欠缺做父亲的资格。就令硬做了父亲，也不过如古代的草寇称王一般，万万算不了正统。将来学问发达，社会改造时，他们侥幸留下的苗裔，恐怕总不免要受善种学(Eugenics)者的处置。

　　倘若现在父母并没有将什么精神上体质上的缺点交给子女，又不遇意外的事，子女便当然健康，总算已经达到了继续生命的目的。但父母的责任还没有完，因为生命虽然继续了，却是停顿不得，所以还须教这新生命去发展。凡动物较高等的，对于幼雏，除了养育保护以外，往往还教他们生存上必需的本领。例如飞禽便教飞翔，鸷兽便教搏击。人类更高几等，便也有愿意子孙更进一层的天性。这也是爱，上文所说的是对于现在，这是对于将来。只要思想未遭锢蔽的人，谁也喜欢子女比自己更强，更健康，更聪明高尚，——更幸福；就是超越了自己，超越了过去。超越便须改变，所以子孙对于祖先的事，应该改变，"三年无改于父之道可谓孝矣，"当然是曲说，是退婴的病根。假使古代的单细胞动物，也遵着这教训，那便永远不敢分裂繁复，世界上再也不会有人类了。

幸而这一类教训，虽然害过许多人，却还未能完全扫尽了一切人的天性。没有读过"圣贤书"的人，还能将这天性在名教的斧钺底下，时时流露，时时萌蘖；这便是中国人虽然凋落萎缩，却未灭绝的原因。

所以觉醒的人，此后应将这天性的爱，更加扩张，更加醇化；用无我的爱，自己牺牲于后起新人。开宗第一，便是理解。往昔的欧人对于孩子的误解，是以为成人的豫备；中国人的误解，是以为缩小的成人。直到近来，经过许多学者的研究，才知道孩子的世界，与成人截然不同；倘不先行理解，一味蛮做，便大碍于孩子的发达。所以一切设施，都应该以孩子为本位，日本近来，觉悟的也很不少；对于儿童的设施，研究儿童的事业，都非常兴盛了。第二，便是指导。时势既有改变，生活也必须进化；所以后起的人物，一定尤异于前，决不能用同一模型，无理嵌定。长者须是指导者协商者，却不该是命令者。不但不该责幼者供奉自己；而且还须用全副精神，专为他们自己，养成他们有耐劳作的体力，纯洁高尚的道德，广博自由能容纳新潮流的精神，也就是能在世界新潮流中游泳，不被淹没的力量。第三，便是解放。子女是即我非我的人；但既已分立，也便是人类中的人。因为即我，所以更应该尽教育的义务，交给他们自立的能力;因为非我,所以也应同时解放,全部为他们自己所有,成一个独立的人。

这样,便是父母对于子女,应该健全的产生,尽力的教育,完全的解放。

但有人会怕,仿佛父母从此以后,一无所有,无聊之极了。这种空虚的恐怖和无聊的感想,也即从谬误的旧思想发生;倘明白了生命学的真理,自然便会消灭。但要做解放子女的父母,也应豫备一种能力。便是自己虽然已经带着过去的色彩,却不失独立的本领和精神。有广博的趣味,高尚的娱乐。要幸福么?连你的将来的生命都幸福了。要"返老还童",要"老复丁"么?子女便是"复丁",都已独立而且更好了。这才是完了长者的任务,得了人生的慰安。倘若思想本领,样样照旧,专以"勃谿"为业,行辈自豪,那便自然免不了空虚无聊的苦痛。

或者又怕,解放之后,父子间要疏隔了。欧美的家庭,专制不及中国,早已大家知道;往者虽有人比之禽兽,现在却连"卫道"的圣徒,也曾替他们辩护,说并无"逆子叛弟"。因此可知:惟其解放,所以相亲;惟其没有"拘攀"子弟的父兄,所以也没有反抗"拘攀"的"逆子叛弟"。若威逼利诱,便无论如何,决不能有"万年有道之长"。例便如我中国,汉有举孝、唐有孝悌力田科,清末也还有孝廉方正,都能换到官做。父恩论之于先,皇恩施之于后,然而股上有疤的人,究属寥寥。足可证明中国的旧学说旧手段,实在从古以来,并无良效,无非使坏人增长些虚伪,好人无端的多受些人我都无利益的苦罢了。

独有"爱"是真的。路粹引孔融说,"父之于子,当有何亲?论其本意,实为情欲发耳。子之于母,亦复奚为?譬如寄物瓶中,出则离矣。"(汉末的孔府上,很出过几个有特色的奇人,不像现在这般冷落,这话也许确是北海先生所说;只是攻击他的偏是路粹和曹操,教人发笑罢了。)虽然也是一种对于旧说的打击,但实于事理不合。因为父母生了子女,同时又有天性的爱,这爱又很深广很长久,不会即离。现在世界没有大同,相爱还有差等,子女对于父母也便最爱,最关切,不会即离。所以疏隔一层,不劳多虑。至于一种例外的人,或者非爱所能钩连。但若爱力尚且不能钩连,那便任凭什么"恩威,名分,天经,地义"之类,更是钩连不住。

或者又怕,解放之后,长者要吃苦了。这事可分两层:第一,中国的社会,虽说"道德好",实际却太缺乏相爱相助的心思。便是"孝""烈"这类道德,也都是旁人毫不负责,一味收拾幼者弱者的方法。在这样社会中,不独老者难于生活,即解放的幼者,也难于生活。第二,中国的男女,大抵未老先衰,甚至不到二十岁,早已老态可掬,待到真实衰老,便更须别人扶持。所以我说,解放子女的父母,应该先有一番豫备;而对于如此社会,尤应该改造,使他能适于合理的生活。许多人豫备着,改造着,久而久之,自然可望实现了。单就别国的往时而言,斯宾塞未曾结婚,不闻他侘傺无聊;瓦特早没有了子女,也居然"寿终正寝",何况在将来,更何况有儿女的人呢?

或者又怕,解放之后,子女要吃苦了。这事也有两层,全如上文所说,不过一是因为老而无能,一是因为少不更事罢了。因此觉醒的人,愈觉有改造社会的任务。中国相传的成法,谬误很多:一种是锢闭,以为可以与社会隔离,不受影响。一种是教给他恶本领,以为如此才能在社会中生活。用这类方法的长者,虽然也含有继续生命的好意,但比照事理,却决定谬误。此外还有一种,是传授些周旋方法,教他们顺应社会。这与数年前讲"实用主义"的人,因为市上有假洋钱,便要在学校里遍教学生看洋钱的法子之类,同一错误。社会虽然不能不偶然顺应,但决不是正当办法。因为社会不良,恶现象便很多,势不能一一顺应;倘都顺应了,又违反了合理的生活,倒走了进化的路。所以根本方法,只有改良社会。

就实际上说,中国旧理想的家族关系父子关系之类,其实早已崩溃。这也非"于今为烈",正是"在昔已然"。历来都竭力表彰"五世同堂",便足见实际上同居的为难;拼命的劝孝,也足见事实上孝子的缺少。而其原因,便全在一意提倡虚伪道德,蔑视了真的人情。我们试一翻大族的家谱,便知道始迁祖宗,大抵是单身迁居,成家立业;一到聚族而居,家谱出版,却已在零落的中途了。况在将来,迷信破了,便没有哭竹,卧冰;医学发达了,也不必尝秽,割股。又因为经济关系,结婚不得不迟,生育因此也迟,或者子女才能自存,父母已经衰老,不及依赖他们供养,事实上也就是父母反尽了义务。世界潮流逼拶着,这样做的可以生存,不然的便都衰落;无非觉醒者多,加些人力,便危机可望较少就是了。

但既如上言,中国家庭,实际久已崩溃,并不如"圣人之徒"纸上的空谈,则何以至今依然如故,一无进步呢?这事很容易解答。第一,崩溃者自崩溃,纠缠者自纠缠,设立者又自设立;毫无戒心,也不想到改革,所以如故。第二,以前的家庭中间,本来常有勃谿,到了新名词流行之后,便都改称"革命",然而其实也仍是讨嫖钱至于相骂,要赌本至于相打之类,与觉醒者的改革,截然两途。这一类自称"革命"的勃谿子弟,纯属旧式,待到自己有了子女,也决不解放;或者毫不管理,或者反要寻出《孝经》,勒令诵读,想他们"学于古训",都做牺牲。这只能全归旧道德旧习惯旧方法负责,生物学的真理决不能妄任其咎。

既如上言,生物为要进化,应该继续生命,那便"不孝有三,无后为大",三妻四妾,也极合理了。这事也很容易解答。人类因为无后,绝了将来的生命,虽然不幸;但若用不正当的方法手段,苟延生命而害及人群,便该比一人无后,尤其"不孝"。因为现在的社会,一夫一妻制最为合理;而多妻主义,实能使人群堕落。堕落近于退化,与继续生命的目的,恰恰完全相反。无后只是灭绝了自己,退化状态的有后,便会毁到他人。人类总有些为他人牺牲自己的精神,而况生物自发生以来,交互关联,一人的血统,大抵总与他人有多少关系,不会完全灭绝。所以生物学的真理,决非多妻主义的护符。

总而言之,觉醒的父母,完全应该是义务的,利他的,牺牲的,很不易做；而在中国尤不易做。中国觉醒的人，为想随顺长者解放幼者，便须一面清洁旧账，一面开辟新路。就是开首所说的"自己背着因袭的重担，肩住了黑暗的闸门，放他们到宽阔光明的地方去；此后幸福的度日，合理的做人"。这是一件极伟大要紧的事，也是一件极困苦艰难的事。

但世间又有一类长者，不但不肯解放子女，并且不准子女解放他们自己的子女；就是并要孙子曾孙都做无谓的牺牲。这也是一个问题；而我是愿意平和的人，所以对于这问题，现在不能解答。

（原载《新青年》第六卷第六号，1919年11月1日）

吃人与礼教

吴 虞

我读《新青年》里鲁迅君的《狂人日记》,不觉得发生了许多感想。我们中国人,最妙是一面会吃人,一面又能够讲礼教。吃人与礼教,本来是极相矛盾的事,然而他们在当时历史上,却认为并行不悖的,这真正是奇怪了。

《狂人日记》内说:"我翻开历史一查,这历史每页上都写着'仁义道德'几个字。仔细看了半夜,才从字缝里看出字来,满本都写着两个字,是'吃人'。"我觉得他这日记,把吃人的内容,和仁义道德的表面,看得清清楚楚。那些戴着礼教假面具吃人的滑头技俩,都被他把黑幕揭破了。我现在试举几个例来,证明他的说法:

(1)《左传》:僖公九年,"周襄王使宰孔赐齐侯胙。曰,'天子有事于文、武,使孔赐伯舅胙。'齐侯将下拜。孔曰,且有后命:天子使孔曰,'以伯舅耋老,加劳赐一级,无下拜!'"对曰,'天威不违颜咫尺,小白余敢贪天子之命,无下拜?恐陨越于下,以遗天子羞。敢不下拜?'下,拜。登,受。"这是记襄王祭文王武王之后,拿祭肉分给齐侯,说"齐侯老年,可以不必下拜,讲君臣的礼节"。齐侯听得襄王如此分付,便同管仲商量。管仲答道,"照着襄王分付的话做去,不行旧礼,便成了为君不君,为臣不臣,那就是大乱的根本了。"(《齐语》)于是齐侯出去见客,便说道:"天子如天,鉴察不远,威严常在颜面之前,不敢不拜。"据这样看来,齐侯是很讲礼教的。君君臣臣的纲常名教,就是关于小小的一块祭肉,也不能苟且。讲礼教的人到这步田地,也就尽够了。就是如今刻《近思录》,《传习录》的老先生,讲起礼教来,未必有这样的认真。齐侯真不愧为五霸之首了。然而我又考《韩非子》说道,"易牙为君主味。君之所未尝食,唯人肉耳。易牙蒸其首子而进之。"《管子》说道,"易牙以调和事公。公曰,'惟蒸婴儿之未尝。'于是蒸其首子,而献之公。"(戴子高《管子校正》:《治要》"首子"作"子首",《韩子》《难篇》同,今本误倒。)你看齐侯一面讲礼教,尊周室,九合诸侯,不以兵车,葵丘大会,说了多少"诛不孝,无以妾为妻,敬老,慈幼"等等道德仁义的门面话;却是他不但是姑姊妹不嫁的就有七个人,而且是一位吃人肉的。岂不是怪事?好像如今讲礼学的人,家中淫盗都有,他反骂家庭不应该讲改革。表里相差,未免太远。然而他们这类人,在历史上,在社会上,都占了好位置,得了好名誉去了。所以奖励得历史上和社会上表面讲礼教,内容吃人肉的,一天比一天越发多了。

(2)就是汉高帝。《汉书》:高帝二年,"汉王为义帝发丧,袒而大哭,哀临三日。发使告诸侯曰,'天下共立义帝,北面事之。今项羽放杀义帝江南,大逆无道,寡人亲为发丧,兵皆缟素。愿从诸侯王击楚之杀义帝者!'"高帝虽是大流氓出身,但他这样举动,是确守名教纲常,最重礼教的了。十二年,过鲁,以太牢祀孔子。孔二先生背时多年,自高帝用太牢加礼以后,后世祀孔的典礼,便成了极重大的定例。武帝以后,用他传下这个方法,越发尊崇孔学,罢黜百家,儒教遂统一中国。这崇儒尊孔的发起人,是要推高帝;儒教在中国专制二千多年,也要推高帝为首功了。班固又恭维高帝道,"天下既定,命萧何次律令,韩信申军法,张苍定章程,叔孙通制礼仪,陆贾造《新语》;虽日不暇给,规摹弘远矣。"据这样看来,汉高帝哭义帝,斩丁公,他把名教纲常看得非常重要。他晓得三纲之中君臣一纲,关系自己的利害尤其吃紧,所以见得孔二先生说"君臣之义不可废"的话,他就立刻把从前未做皇帝时候"溺儒冠"的皮气改过,赶忙拿太牢去祀孔子,好借孔子种种尊君卑臣的说法来做护身符。他又制造许多律令礼仪来维持辅助，以期贯彻他那些名教纲常的主张。果然就传了四百年天下，骗了个"高皇帝"的尊号，史臣居然也就赞美他得天统了。却是我读《史记·项羽本纪》，说"项王与汉俱临广武而军，相守数月。当此时，彭越数反梁地，绝楚粮食。项王患之，为高俎，置太公其上。告汉王曰，'今不急下，吾烹太公！'汉王曰，'吾与项羽俱北面受命怀王，约为兄弟；吾翁即若翁，必欲烹而翁，幸分我一杯羹！'"汉王这样办法，幸而有位项伯在旁营救，说是"为天下者不顾家"，——就是说想得天下做皇帝的人，本来就不顾他老爹死活的。项王幸亏听了他的话，未杀太公。假如杀了，分一杯羹给汉王，那汉王岂不是以吃他老爹的肉为"幸"吗？又读《史记·黥布列传》说，"汉诛梁王彭越，醢之。盛其醢，遍赐诸侯。"这也可见当时以人为醢，不但皇帝吃人肉，还要遍给诸侯，尝尝人肉的滋味。怪不得《左传》记"析骸易子而食"；曾国藩《日记》载"洪杨之乱，江苏人肉卖九十文钱一斤，涨到一百三十文钱一斤"。原来我们中国吃人的风气，都是霸主之首，开国之君，提倡下来的。你看高帝一面讲礼教，一面尊孔子，一面吃人肉，这类崇儒重道的礼教家，可怕不可怕呢？后来太公得上尊号做"太上皇"，没有弄到锅里去成了羹汤，真算是意外的侥幸呀！

（3）就是臧洪张巡辈了。考《后汉书·臧洪传》："洪，中平末；弃官还家，太守张超请他做郡功曹。后来曹操围张超于雍丘，洪将赴其难，自以众弱，从袁绍请兵，袁绍不听，超城遂陷，张氏族灭，洪由是怨绍，绝不与通。绍兴兵围洪，城中粮尽，洪杀其爱妾，以食兵将，兵将咸流涕，无能仰视。"臧洪不过做张超的功曹，张超也不过是臧洪的郡将，就在三纲的道理说起来，也没有该死的名义。便有知己之感，也止可自己慷慨捐躯，以死报知己，就完事了。怎么自己想做义士，想身传图像，名垂后世，却把他人的生命拿来供自己的牺牲，杀死爱妾，以享兵将，把人当成狗屠呢？这样蹂躏人道，蔑视人格的东西，史家反称许他为"壮烈"，同人反亲慕他为"忠义"，真是是非颠倒，黑白混淆了。自臧洪留下这个榜样,后来有个张巡,也去摹仿他那篇文章:考《唐书·忠义传》载:"张巡守睢阳城,尹子奇攻围既久,城中粮尽,易子而食,析骸而爨。巡乃出其妾,对三军杀之,以飨军士,曰,'诸公为国家戮力守城,一心无二。巡不能自割肌肤,以啖将士,岂可惜此妇人!'将士皆泣下,不忍食。巡强令食之。括城中妇人既尽,以男夫老小继之,所食人口二三万。许远亦杀奴仆以哺卒。"《新书》臧洪杀妾,兵将都流涕,不能仰视。张巡杀妾,军士都不忍食。可见越是自命忠义的人,那吃人的胆子越大。臧洪张巡,被礼教驱迫,至于忠于一个郡将,保守一座城池,便闹到杀人吃都不顾,甚至吃人上二三万口。仅仅他们一二人对于郡将,对于君主,在历史故纸堆中博得"忠义"二字。那成千累万无名的人,竟都被人白吃了。孔二先生的礼教讲到极点;就非杀人吃人不成功,真是惨酷极了。一部历史里面,讲道德说仁义的人,时机一到,他就直接间接的都会吃起人肉来了。就是现在的人,或者也有没做过吃人的事;但他们想吃人,想咬你几口出气的心,总未必打扫得干干净净!

到了如今,我们应该觉悟!我们不是为君主而生的!不是为圣贤而生的!也不是为纲常礼教而生的!什么"文节公"呀,"忠烈公"呀,都是那些吃人的人设的圈套,来诳骗我们的!我们如今应该明白了!吃人的就是讲礼教的!讲礼教的就是吃人的呀!

中华民国八年,八月,二十九日,吴虞又陵草于成都师今室

(原载《新青年》第六卷第六号,1919年11月1日)

什么是科学方法？

王星拱

自孔德提倡实证主义，穆勒实行逻辑革命以来，科学方法之重要，渐渐为公众所承认了。科学方法是什么呢？换一个名字说，就是实质的逻辑。这实质的逻辑，就是制造知识的正当方法。

知识原何而来，本是一个屡经辨论的问题。讨论这个问题的，大约可以分为两派。第一派说：知识是由经验得来的，是后天的；第二派说：知识是由理性得来的，是先天的。这两派所用的逻辑不同：第一派的逻辑是归纳第二派的逻辑是演绎。我们且先看这两派的意见如何，再看科学家的意见，和这两派有什么不同的地方。

第一派的人说：宇宙之间，每件东西，有每件东西的特点，决没有两个相同的东西。宇宙的全体，就是无数不同的团体集合起来的，并没有什么类，什么定律，可以管理他们。一万的人，有一万个不同的面孔，一万个人，有一万个不同的性质，谁也不能反对谁，因为各有各的道理，各有各的主观，没有两个人真正可以互相了解。所以我们彼此相待遇，应该要持互相容纳的态度，不能强迫人家同自己一样。而且依进化论讲起来，宇宙一层一层的接续不断，往前进行，每层所发现的，都是新的，决不会和已经过去的那一层相同。况且宇宙之进行，既是接续不断的，那已经无层之可分了，不过我们智慧的习惯，把他分成层数，以期便于了解，便于研究罢了。这样看来，宇宙之行为，是没有秩序的，所以我们不能预测将来，即最近的将来，也是不能预测的。这是从异的方面着想,自然有充分的理由。然而宇宙间每个东西,把他分析起来,有无限的性质或表德,可以做我们的参考点。选择这些参考点之若干保存起来,就是概念;把这些参考点记录下来,就是界说。无论如何相同的两个东西,他俩的参考点,决不能完全都是同的,然而无论如何不同的两个东西,他俩的参考点,决不能完全都是不同的。如果我们所经验的东西,每个都是完全不同的,那就无从构造科学了。但是我们这儿实在是有个科学呀!个体的事实,当然不能抹煞,然而类和定律,是弃其异点,取其同点,构造起来的,是个最经济的方法,不过类和定律,只能做推测的指导,没有能够强纳事实入其范围的道理。科学是能预测的,但是我们不能预先断定:这个预测准到什么地步,罢了。这是科学家和这一派不同的地方。

　　第二派的人说:宇宙间各件东西,都是有系统相贯串的,宇宙的全体,是一个和一,倘若宇宙的全体,不是和一,则宇宙之各部分,不能互相影响,互相反应了。然而宇宙之各部分,是能互相影响,互相反应的。换一句话说,宇宙是有秩序的,是有系统。我们只须得了这个秩序系统,就可以推论未知——预测将来,和"割牛得其纹理"一般。这就是因果律的道理。宇宙之间,有一定的因,就有一定的果,万众森罗,形形色色,都有迭相接续的因果关系。所以宇宙之进行,是有定的,是可以为我们所预测的。然而我们有时不能预测将来,又是什么道理呢?这是因为我们所凭藉的张本不能完备的缘故。若是有一个超人,能够观察无限,记忆无限,思想无限,他一定可以广知四海,远知万世,丝毫都不差错的。科学最注重因果律——科学之成立,全靠因果律做脊椎,所以科学家承认宇宙是有定的。但是我们观察,是用我们自己的器官,不是用超人的器官(天眼通天耳通),我们推论,是用我们的智慧,不是用超人的智慧。所以我们推论所得的结果,不过是或然的。这样讲法,和意志自由论并不冲突。意志自由论家恐怕:如果因果律是普遍的真实,则我们的意志,将有"为外境的因所强逼,去愿意我们所不愿意的,"的时候,岂不是人类的大苦恼吗?殊不知因果律不过表明一种关系,因不能强逼果,和果不能强迫因一般,不过有个时间的先后罢了。我们的意志,究竟倾向何方,谁能说不受历史和环境的影响?只须我们智慧发达,能够把外界的情境分析得明明白白,让我们自由的权衡轻重,自由的选择途径,就不至于有愿意我们所不愿意的苦恼了。总而言之,宇宙虽是有定的,然而我们预测将来,不能完全是必然的,必得要有试验来证明他。这是科学家和这一派不同的地方。

科学家和这两派既有不同的地方,所以科学所用的制造知识的方法,也不是纯粹归纳法,也不是纯粹演绎法,他所用的是科学方法。科学方法有什么特点呢?概括起来说,他有五个特点:

一、张本之确切　知识最初的起源,都由于器官的感触,但是在这些感触的时候,有一个智慧的我在里边认识他。这些感触所得的结果,叫做器官的张本。要造好房子须用好砖瓦好材木,要造真实的知识,也必须用真实的张本。我们好多不真实的知识,如神异的知识,玄想的知识,都是由于没有真实的感触张本。科学中的观察,是极其小心的,用各种方法去防备错误,去减少错误,所以科学中的张本是真实的。而且科学中所用的各种仪器,不但可以得真实的张本,而且可以观察得到我们裸体的器官观察所不能到的地方。自望远镜发明,天空里不知添了几多星辰,自显微镜发明,世界上不知添了几多小的东西啊!

二、事实之分析　当我们研究问题的时候,各方面的情境,呈具于我们面前的,涌杂混乱,梦如乱丝。我们必须把他分析到最小的部分,因为从最小的部分里边,易于看得出他的性质。而且如次分析之后,纵有错误,也易于寻觅出来。譬如,电学家研究磁力,把他分成力线,力学家研究速率,把他分成微分。宇宙本是个毫无间断的联续,但是我们有认识的需要,所以我们必定把他分析出来,分析是智慧——理性的能事,科学中智慧发达最强,所以科学是擅长于分析的。必定如此分析,我们才能除却神秘的态度，而得个明白的态度。

三、事实之选择　当我们比较繁复的事实而综合，或搜集过去的经验而构造假造的时候，这些事实经验，是无限的。若要从这些事实经验之中，取其有同点的综合起来，成一个定律或理论，不能完全凭藉智慧——理性去决定，是要凭藉我们的直觉去选择。即如科学家做试验去寻因果的关系，也只能首先凭藉直觉去构造几个选择的假定，然后作试验去证明他。但是既是凭藉直觉，就不是方法所能范围的了。不过这个直觉可以培养得来的。我们无论遇着什么问题，都让我们自身有比较事实创造假定的机会，那就可以增加这个直觉能力了。这就是自动教育之原理。

四、推论之合法　经院学派遗传下来的逻辑，都是研究推论如何合法，科学方法还能比他好吗？然而科学方法，和那普通逻辑有大不同的地方。科学方法和普通逻辑，都注重界说之清晰，都注重概念之确定。但是普通逻辑把这个概念当作具体的，把所推论的对象，和所用以推论的概念，看做同一的东西。科学方法却不然，他把这个概念当作抽象的，凡我们所推论的对象，并不是界说里纯净的假定（把概念用言辞记录下来，就是界说），不过是这个概念的影子，也许有大同小异的地方。例如"人是要死的"，是人的略说；"要死"的观念，是人的概念；我们用这个概念推论某甲，某甲的"人"，和界说里的"人"，并不是同一的东西。所以推论所得的结果，如果能满足一个界说，都是一个新真实。

五、试验之证实　科学的知识，不是纯粹经验的记录所能了事的，所以必定有事实之选择，和方法之推论。选择是一种简约的方法，简约必有牺牲之连带，由简约的得来的，并不是真实之本身，如何靠得住是真实呢？而不推论的时候，所推论的东西，和所用以推论的概念，并且是同一的，那么，这推论所得的结果，又如何靠得住是真实呢？所以最后的判断，还靠试验之证实。如果没有试验一层，这个知识制造法，并没有完事，没有告成的资格。试问制造半途中止，如何能有良美的出产品呢？这样看来，知而不行，并不能算做真知。这就是实验派"以实行为思想之一部"之理由。

(原载《新青年》第七卷第五号，1920年4月1日)

随　　感

随感录一

独　秀

　　学术何以可贵。曰以牖吾德慧,厚吾生;文明之别于野蛮,人类之别于其他动物也,以此。学术为吾人类公有之利器,无古今中外之别,此学术之要旨也。必明乎此,始可与言学术。盲同之国粹论者,不明此义也。吾人之于学术,只当论其是不是,不当论其古不古;只当论其粹不粹,不当论其国不国;以其无中外古今之别也。中国学术,隆于晚周,差比欧罗巴古之希腊。所不同者,欧罗巴之学术,自希腊迄今,日进不已;近数百年,百科朋兴,益非古人所能梦见;中国之学术,则自晚周而后,日就衰落耳。以保存国粹论晚周以来之学术,披沙岂不可以得金。然今之欧罗巴,学术之隆,远迈往古;吾人直径取用,较之取法二千年前学术初兴之晚周希腊,诚劳少而获多。犹之欲得金玉者,不必舍五都之市而远适迂道,披沙以求之也。况夫沙中之金,量少而不易识别;彼盲目之国粹论者,守缺抱残,往往国而不粹,以沙为金,岂不更可悯乎?

　　吾人尚论学术,必守三戒:一曰勿尊圣。尊圣者以为群言必折中于圣人。而圣人岂耶教所谓全知全能之上帝乎?二曰勿尊古。尊古者以为学不师古,则卑无足取。岂知古人亦无所师乎?犯此二戒,则学术将无进步之可言。三曰勿尊国。尊国者以为"鄙弃国闻,外励进民德之道。(用"重组中国学报缘起"之语。)夫尊习国闻,曾足以励进民德乎?国闻以外,皆不足以励进民德乎?吾以为此种国粹论,以之励进民德而不足,杜塞民智而有余。(古人以尊国尊圣故,排斥佛教,致印度要典,多未输入中国,岂非憾事?奈何复以此狭隘之眼光,蔑视欧学哉。)

国粹论者有三派:第一派以为欧洲夷学,不及中国圣人之道;此派人最昏瞆不可以理喻。第二派以为欧学诚美矣,吾中国固有之学术,首当尊习,不必舍己而从人也。不知中国学术差足观者,惟文史美术而已;此为各国私有之学术,非人类公有之文明;即此亦必取长于欧化,以史不明进化之因果,文不合语言之自然,音乐绘画雕刻,皆极简单也,其他益智厚生之各种学术,欧洲人之进步,一日千里,吾人捷足追之,犹恐不及,奈何自画。第三派以为洲人之学,吾中国皆有之《格致古微》时代之老维新党无论矣;即今之闻人,大学教授,亦每喜以经传比附科学,图博其学贯中西之虚誉;此种人即著书满家,亦与世界学术,无所增益;反不若抱残守缺之国粹家,使中国私有之文史及伦理学说,在世界学术史上得存其相当之价值也。例如今之妄人,往往举《大学》"生众食寡为疾用舒"之说,以为孔门经济学;不知近世经济学说,"分配论"居重大之部分,《大学》未尝及之;即"生产论"及"消费论"中,赀其劳力与时间问题,原则纷繁,又岂"生众食寡为疾用舒"之简单理论所可包括;不但不能包括,且为"生产过剩"之原则所不容;倘执此以为经济学,何异据《难经》以言解剖,据《内经》以言病理,据《墨经》以言理化,据《毛诗》《楚词》以言动植物学哉?

(原载《新青年》第四卷第四号,1918年4月15日)

随感录五

孟 和

近日社会上最通用之一名词,使吾厌烦不置者,即是"留学生"三字,此语在英文中,本无字与之适合,而一般辄用"归来之学生,"亦不知创自何人,吾意彼邦学说派之文学家,未肯用此生硬不通之名词也!留学生!留学生!吾见其人矣!吾闻其语矣!或在东京,或在西京,或在纽约,或在芝加角,或在伦敦,或在巴黎,或在柏林,或在冥亨,其形形色色,至为不齐,其种种活动,至为驳杂。讵能以留学生一语悉包括之耶?及其归来也,吾亦见之矣。或在西比利亚之急行车中,或在金山斐律宾间,或马赛上海间回航船之甲板上,其意气,其态度,其言论,其怀抱,今固犹宛然在吾目前也。及其足既降于正阳门前之月台上,浮泛于北京之潮流中,留学生之官衔名,呼声最高,而留学生之实质真能,愈益不可捉摸。然则留学生果何属?社会上之一特殊种类欤?官制上之一种新出身欤?谋事用之一种新履历欤?讣闻上之新官衔欤?

留学生最简单之界说,即曾到过海外之意。曾为学生与否,曾从事学问与否;曾得到真学问与否,果能用其所学以济世与否,概不可知,要亦不必为今日所谓留学生必备之资格也。吾曾见吾国国立大学三数英秀之才,其学问,其眼光,其见解,其思想,其德行,远出所谓留学生之上。其不及留学生者,即未能常用西餐,乘自动车,散步于通衢,boulevard 或流连于跳舞场而已。旅游最能增扩见闻,进益知识,某厨丁滞留于欧洲者十余载,归来询其所知,惟有鱼肉蔬菜之名及价值。并西语且未能娴熟,更何论彼邦文学界之明星若 Bernard Shaw, H. G. Wells, Anatole France, Sudermann 诸氏乎!噫!

(原载《新青年》第四卷第四号,1918年4月15日)

随感录十三

独 秀

中国学术不发达之最大原因,莫如学者自身不知学术独立之神圣譬如文学自有其独立之价值也,而文学家自身不承认之,必欲攀附《六经》妄称"文以载道","代圣贤立言",以自贬抑。史学亦自有其独立之价值也,而史学家自身不承认之,必欲攀附《春秋》着眼大义名分,甘以史学为伦理学之附属品。音乐亦自有其独立之价值也,而音乐家自身不承认之,必欲攀附圣功王道,甘以音乐学为政治学之附属品。医乐拳技亦自有独立之价值也,而医家拳术家自身不承认之,必欲攀附道术,如何养神,如何练气,方"与天地鬼神合德",方称"艺而近于道"。学者不自尊其所学,欲其发达,岂可得乎?

(原载《新青年》第五卷第一号,1918年7月15日)

随感录十七

玄同

有一位留学西洋的某君对我说道:"中国人穿西装,长短,大小,式样,颜色,都是不对的;并且套数很少,甚至有一年三百六十五天,天天穿这一套的:这种寒酸乞相,竟是有失身份,叫西洋人看见,实在丢脸。"我便问他道:"西洋人的衣服,到底是怎样的讲究呢?"他道:"什么礼节,该穿什么衣服,是一点也不能错的;就是常服,也非做上十来套,常常更换不可;此外如旅行又有旅行的衣服,避暑又有避暑的衣服,这些衣服,是很讲究的,更是一点不能错的。"我又问他道:"西洋也有穷人吗?穷人的衣服也有十来套吗?也有旅行避暑的讲究衣服吗?"他道:"西洋穷人是很多。穷人的衣服,自然是不能很多,不能讲究的了;但是这种穷人,社会上很瞧他不起,当他下等人——工人——看待的。"我听完这话,便向某君身上一看,我暗想,这一定是上等人——绅士——的衣服了。某君到西洋留学了几年,居然学成了上等人——绅士——的气派,怪不得他常要拿手杖打人力车夫,听说一年之中要打断好几根手杖呢!车夫自然是下等人,这用手杖打下等人,想必也是上等人的职务;要是不打,大概也是"有失身份"罢!

(原载《新青年》第五卷第一号,1918年7月15日)

随感录二五

唐　俟

我一直从前,曾见严又陵在一本什么书上,发过议论,书名和原文,都忘记了。大意是:"在北京道上,看见许多孩子,展转于车轮马足之间,狠怕把他们碰死了。又想起他们将来,怎样得了,狠是害怕。"其实别的地方,也都如此,不过车马多少不同罢了。现在到了北京这情形还未改变,我也时时发起这样忧虑;一面又佩服严又陵究竟是做过赫胥黎《天演论》的,的确与众不同;是一个十九世纪末年中国感觉锐敏的人。

穷人的孩子,蓬头垢面的在街上转;阔人的孩子,妖形妖势娇声娇气的在家里转。转得大了,都昏天黑地的在社会上转。同他们的父亲一样,或者还不如。

所以看十来岁的孩子,便可以逆料二十年后中国的情形;看二十多岁的青年,——他们大抵有了儿子,尊为爹爹了。——便可以推测他儿子孙子,晓得五十年后七十年后中国的情形。

中国的孩子,只要生,不管他好不好,只要多,不管他才不才。生他的人,不负教他的责任。虽然"人口众多"这一句话,狠可以闭了眼睛自负,然而这许多人口,便只在尘土中展转。小的时候,不把他当人,大了以后,也做不了人。

中国娶妻早是福气,儿子多也是福气。所有小孩,只是他父母福气的材料,并非将来的"人"的萌芽。所以随便展转,没人管他。因为无论如何,数目和材料的资格,总还存在。即使偶尔送进学堂,然而社会和家庭的习惯，尊长伴侣的脾气，却多与教育反背，仍然使他与新时代不合。大了以后，幸而生存，也不过"仍旧贯如之何"，照例是制造孩子的家伙，不是"人"的父亲。他生了孩子，便仍然不是"人"的萌芽。

最看不起女人的奥国人华宁该尔（Otto Weininger）曾把女人分成两大类：一是母妇，一是娼妇。照这分法，男人便也可分作父男和嫖男两类了。但这父男一类，却又可以分成两种：其一是孩子之父，其一是"人"之父。第一种只会生，不会教，还带点嫖男的气息。第二种是生了孩子，还要想怎样教育；才能使这生下来的孩子，将来成一个完全的人。

前清末年，某省初开师范学堂的时候，有一位大老先生听了，狠为诧异。便发愤说："师何以还须受教，如此看来，还该有父范学堂了！"这位先生，便以为父的资格，只要能生。能生这件事，自然便会，何须受教呢。却不知中国现在，正须父范学堂；这位先生，便须编入初等第一年级。

因为我们中国，所多的是孩子之父；以后是只要"人"之父！

（原载《新青年》第五卷第三号，1918年9月15日）

随感录二九

玄　同

中华民国成立之后,有一班"大清国"的"伯夷叔齐"在中华民国的"首阳山"里做那"义不食周粟"——他们确已食了民国之粟,而又不能无"义不食粟"之美名,所以我替他照着旧文,写一个"周"字,可以"含糊"一点,——的"遗老"。这原是列朝"鼎革"以后的"谱"上写明白的,当然应该如此,本不足怪。但是此外又有一班二三十岁的"遗少"大倡"保存国粹"之说。我且把他们保存国粹的成绩随便数他几件出来:——

垂辫;缠脚;吸鸦片烟;叉麻雀,打扑克,磕头,打拱,请安;"夏历壬子年——戊午年";"上巳修禊";迎神,赛会;研究"灵学",研究"丹田";做骈文,"古文",江西派的诗;临什么"黄太史""陆殿撰"的"馆阁体"字;做"卿卿我我"派,或"某生者"派的小说;崇拜"隐寓褒贬"的"脸谱";想做什么"老谭""梅郎"的"话匣子";提倡男人纳妾,以符体制;提倡女人贞节,可以"猗欤盛矣"。

有人说,"朋友!你这话讲得有些不对。辫发,鸦片烟,扑克牌之类,难道是国粹吗?"我说,"你知其一,未知其二。你要知道,凡是'大清国宣统三年'以前支那社会上所有的东西,都是国粹。你如不信,可以去请教那班'遗老''遗少'看我这话对不对。"

国粹何以要保存呢?听说这是一国的根本命脉所在。"国于天地,必有与立"的,就是这国粹。要是没有了这国粹,便不像"大清国"

的样子,"大清国"就不能保存了。

那么,我要请问先生们。先生们到今天还是如此保存国粹,想来在贵国"宣统三年"以前,先生们一定也是很保存国粹的了。但是中华民国元年二月十二日那一天,先生们为什么"独使至尊忧社稷",忍令贵国大皇帝做那"唐虞禅让"的"盛德大业";不应用这国粹来挽回贵国的"天命"呢?

(原载《新青年》第五卷第三号,1918年9月15日)

随感录三〇

玄 同

适用于现在世界的一切科学,哲学,文学,政治,道德,都是西洋人发明的;我们该虚心去学他,才是正办。若说科学是墨老爹发明的;哲学是我国固有的,无待外求;我国的文学,既有《文选》又有"八家",为世界之冠;周公作《周礼》是极好的政治;中国道德,又是天下第一:那便是发昏做梦。请问如此好法,何以会有什么"甲午一败于东邻,庚子再创于八国"的把戏出现?何以还要讲什么"中学为体,西学为用"的说话?何以还要造船制械,用"以夷制夷"的办法?

(原载《新青年》第五卷第三号,1918年9月15日)

随感录三五

唐　俟

从清朝末年,直到现在,常常听人说"保存国粹"这一句话。

前清末年说这话的人,大约有两种:一是爱国志士,一是出洋游历的大官。他们在这题目的背后,各各藏着别的意思。志士说保存国粹,是光复旧物的意思;大官说保存国粹,是教留学生不要去剪辫子的意思。

现在成了民国了。以上所说的两个问题,已经完全消灭。所以我不能知道现在说这话的是那一流人,这话的背后藏着什么意思了。

可是保存国粹的正面意思,我也不懂。

什么叫"国粹?"照字面看来,必是一国独有,他国所无的事物了。改一句话,便是特别的东西。但特别未必定是好,何以应该保存?

譬如一个人,脸上长了一个瘤,额上肿出一颗疮,的确是与众不同,显出他特别的样子;可以算他的"粹"。然而据我看来,还不如将这"粹"割去了,同别人一样的好。

倘说:中国的国粹,特别而且好;又何以现在糟到如此情形? 新派摇头,旧派也叹气。

倘说:这便是不能保存国粹的缘故,开了海禁的缘故;所以必须保存。但海禁未开以前,全国都是"国粹",理应好了;何以春秋战国五胡十六国,闹个不休? 古人也都叹气。

倘说:这是不学成汤文武周公的缘故;何以真正成汤文武周公时

代,也先有桀纣暴虐,后有殷顽作乱;后来仍旧弄出春秋战国五胡十六国,闹个不休?古人也都叹气。

我有一位朋友说得好:"要我们保存国粹,也须国粹能保存我们。"

保存我们,的确是第一义。只要问他有无保存我们的力量,不管他是否国粹。

(原载《新青年》第五卷第五号,1918年11月15日)

随感录三六

唐　俟

现在许多人有大恐惧；我也有大恐惧。

许多人所怕的，是"中国人"这名目要消灭；我所怕的，是中国人要从"世界人"中挤出。

我以为"中国人"这名目，决不会消灭；只要人种还在，总是中国人。譬如埃及犹太人，无论他们还有"国粹"没有，现在总叫他埃及犹太人，未尝改了称呼。可见保存名目，全不必劳力费心。

但是想在现今的世界上，协同生长，挣一地位，却须有相当的进步的知识道德品格思想，才能够站得住脚：这事极须劳力费心。而"国粹"多的国民，尤为劳力费心，因为他的"粹"太多。粹太多，便太特别。太特别便难与种种人协同生长，挣得地位。

有人说："我们要特别生长；不然，何以为中国人！"

于是乎从"世界人"中挤出。

于是乎中国人失了世界，却又暂时仍要在这世界上住！——这便是我的大恐惧。

（原载《新青年》第五卷第五号，1918年11月15日）

随感录三七

鲁 迅

近来颇有许多人,在那里竭力提倡打拳。记得先前也曾有过一回;但那时提倡的,是满清王公大臣;现在却是民国的教育家;位分略有不同。至于他们的宗旨,是一是二,局外便不得而知。

现在那班教育家,把"九天玄女传与轩辕黄帝,轩辕黄帝传与尼姑"的老方法,改称"新武术,"又称"中国式体操,"叫青年去练习。听说其中好处甚多,重要的举出两种来,是:——

一,用在体育上。据说中国人学了外国体操,不见效验;所以须改习本国式体操(即打拳)才行。依我想来:两手拿着外国铜锤或木棍,把手脚左伸右伸的,大约于筋肉发达上,也应有点"效验"。无如竟不见效验!那自然只好改途去练"武松脱铐"那些把戏了。这或者因为中国人生理上与外国人不同的缘故。

二,用在军事上。中国人会打拳,外国人不会打拳;有一天见面对打,中国人得胜,是不消说的了。即使不把外国人"板油扯下,"只消一阵"乌龙扫地",也便一齐扫倒,从此不能爬起。无如现在打仗,总用枪炮。枪炮这件东西,中国虽然"古时也已有过",可是此刻没有了。藤牌操法,又不练习;怎能御得枪炮?我想!(他们不曾说明,这是我的"管窥蠡测",)打拳打下去,总可达到"枪炮打不进"的程度。(即内功?)这件事,从前已经试过一次,在一千九百年。可惜那一回算是名誉的完全失败了。且看这一回如何。

(原载《新青年》第五卷第五号,1918年11月15日)

随感录三八

鲁　迅

中国人向来有点自大。——只可惜没有"个人的自大，"都是"合群的爱国的自大，"这便是文化竞争失败之后，不能再见振拔改进的原因。

"个人的自大，"就是独异，是对庸众宣战。除精神病学上的夸大狂外，这种自大的人，大抵有几分天才，——照 Nordan 等说，也可说就是几分狂气。他们必定自己觉得思想见识高出庸众之上，又为庸众所不懂；所以愤世疾俗。新新变成厌世家，或"国民之敌！"但一切新思想，多从他们出来；政治上宗教上道德上的改革，也从他们发端。所以多有这"个人的自大"的国民，真是多福气！多幸运！

"合群的自大，""爱国的自大，"是党同伐异，是对少数的天才宣战；——至于对别国文明宣战，却尚在其次。他们自己毫无特别才能，可以夸示于人，所以把这国拿来做个影子；他们把国里的习惯制度，抬得很高，赞美的了不得；他们的国粹，既然这样有荣光，他们自然也有荣光了！倘若遇见攻击，他们也不必自去应战；因为这种蹲在影子里张目摇舌的人，数目极多。只须用 Mob 的长技，一阵乱噪，大可制胜。胜了，我是一群中的人，自然也胜了；若败了时，一群中有许多人，未必是我受亏；大凡聚众滋事时，多具这种心理，也就是他们的心理。他们举动，看似猛烈，其实却很卑怯。至于所生结果，则复古尊王，扶清灭洋，等等，已领教得多了。所以多有这"合群的爱国的自大"的国民，真是可哀真是不幸！

不幸中国偏只多这一种自大：古人所作所说的事，没一件不好，遵行还怕不及，怎敢说到改革？这种爱国的自大家的意见，虽各派略有不同，根柢总是一致；计算起来，可分作下列五种：——

甲云，"中国地大物博，开化最早；道德天下第一。"这是完全自负。

乙云，"外国物质文明虽好，中国精神文明更好。"

丙云，"外国的东西，中国都已有过；某种科学，即某子所说的云云。"这两种都是"古今中外派"的支流；依据张之洞的格言，以"中学为体，西学为用"的人物。

丁云，"外国也有叫化子，——（或云）也有草舍，——娼妓，——臭虫。"这是消极的反抗。

戊云，"中国便是野蛮的好。"又云，"你说中国思想昏乱，那正是我民族所造成的事业的结晶。从祖先昏乱起，直要昏乱到子孙；从过去昏乱起，直要昏乱到未来。……（我们是四万万人，）你能把我们灭绝么？"这比"丁"更进一层，不去拖人下水，反以自己的丑恶骄人，至于口气的强硬，却很有《水浒传》中牛二的态度。

五种之中，甲乙丙丁的话，虽然已很荒谬，同戊比较，尚觉情有可原，因为他们还有一点好胜心存在。譬如衰败人家的子弟，看见别家兴旺，多说大话，摆出大家架子；又或寻求人家一点破绽，解他自己的嘲；固然极是可笑；但比那一种掉了鼻子，还说是祖传老病，夸示于众的人，总要算略高一步了。

戊派的爱国论最晚出，我听了也最寒心；这不但因其居心可怕，实因他所说的更为实在的缘故。昏乱的祖先，养出昏乱的子孙；正是遗传的定理。民族根性造成之后，无论好坏，改变都不容易。法国 G. le Bon 著《民族进化的心理》中，说及此事道，原文已忘，今但举其大意。——"我们一举一动，虽似自主，其实多受死鬼的牵制。将我们一代的人，和先前几百代的鬼比较起来，数目上就万不能敌了。"我们几百代的祖先里面,昏乱的人,定然不少;有讲道学的儒生,也有讲阴阳五行的道士,有静坐练丹的仙人,也有打脸打把子的戏子。所以我们现在虽想好好做"人,"难保血管里的昏乱分子不来作怪,我们也不由自主,一变而为研究丹田脸谱的人物;这真是大可寒心的事。但我总希望这昏乱思想遗传的祸害,不至于有梅毒那样猛烈,竟至百无一免。即使同梅毒一样,现在发明了六百零六,肉体上的病,既可医治;我希望也有一种七百零七的药,可以医治思想上的病。这药原来也已发明,就是"科学"一味。只希望那班精神上掉了鼻子的朋友,不要叉着"祖传老病"的旗号来反对吃药,中国的昏乱病,便也总有全愈的一天。祖先的势力虽大,但如从现代起,立意改变;扫除了昏乱的心思,和助成昏乱的物事,儒道两派的文书再用了对症的药,即使不能立刻奏效,也可把那病毒略略屡淡。如此几代之后,待我们成了祖先的时候,就可以分得昏乱祖先的若干势力,那时便有转机,le Bon 所说的事,也不足怕了。

以上是我对于"不长进的民族"的疗救方法;至于"灭绝"一条,那是全不成话,可不必说。"灭绝"这两个可怕的字,岂是我们人类应说的?只有张献忠这等人,会有如此主张,至今为人类唾骂;而且于实际上发生出什么效验呢?但我有一句话,要劝戊派诸公。"灭绝"这句话,只能吓人,却不能吓倒自然。他是毫无情面;他看见有自向灭绝这条路走的民族,便请他们灭绝,毫不客气。我们自己想活,也希望别人都活;不忍说他人的灭绝,又怕他们自己走到灭绝的路上,把我们带连了也灭绝,所以在此着急。倘使不改现状,反能兴旺,能得真实自由的幸福生活,那就是做野蛮也狠好。——但可有人敢答应说"是"么?

(原载《新青年》第五卷第五号,1918年11月15日)

随感录三九

唐俟

《新青年》的五卷四号,隐然是一本戏剧改良号,我是门外汉,开口不得;但见《再论戏剧改良》这一篇中,有"中国人说到理想,便含着轻薄的意味,觉得理想即是妄想,理想家即是妄人"一段话,即令我发生了追忆不免又要说几句空谈。

据我的经验,这理想价值的跌落,只是近五年以来的事。民国以前,还未如此,许多国民,也肯认理想家是引路的人。到了民国元年前后,理论上的事情,着着实现,于是理想派——深浅真伪现在姑且弗论——也格外举起头来。一方面却有旧官僚的攘夺政权,以及遗老受冷不过,豫备下山,都痛恨这一类理想派,说什么闻所未闻的学理法理,横亘在前,不能大踏步摇摆。于是沉思三日三夜,竟想出了一种兵器;有了这利器,才将"理"字排行的元恶大憝,一律肃清。这利器的大名,便叫"经验。"现在又添上一个雅号,便是高雅之至的"事实。"

经验从那里得来,便是从清朝得来。经验提高了他的喉咙,含含糊糊说,"狗有狗道理,鬼有鬼道理,中国与众不同,也自有中国道理。道理各各不同,一味理想,殊堪痛恨。"这时候,正是上下一心理财强种的时候,而且带着理字的,又大半是洋货,爱国之士,义当排斥。所以一转眼便跌了价值;一转眼便遭了嘲骂;又一转眼,便连他的影子,也同拳民时代的教民一般,竟犯了与众共弃的大罪了。

但我们应该明白,人格的平等,也是一种外来的旧理想;现在经验既已登坛,自然株连着化为妄想,理合不分首从,全踏在朝靴的底下,以符列祖列宗的成规。这一踏不觉过了四五年,经验家虽然也增加了四五岁,与素未经验的生物学学理——死,——渐渐接近,但这与众不同的中国,却依然不是理想的位家。一大批踏在朝靴底下的学习诸公,早经竭力大叫,说他也得了经验了。

但我们应该明白从前的经验,是从皇帝脚底下学得;现在与将来的经验,是从皇帝的奴才的脚底下学得。奴才的数目多,心传的经验家也愈多。待到经验家二世的全盛时代,那便理想单被轻薄,理想家单当妄人,还要算是幸福徼幸了。

现在的社会,分不清理想与妄想的区别。再过几时,还要分不清"做不到"与"不肯做到"的区别;要将扫除庭园与劈开地球,浑作一谈。理想家说,这花园有秽气,须得扫除;——到那时候,说这宗话的人,也要算在理想党里,——他却说道,他们从来在此小便,如何扫除,万万不能,也断乎不可。

那时候,只要从来如此,便是宝贝。即使无名肿毒,倘若生在中国人身上,也便"红肿之处,艳若桃花;溃烂之时,美如乳酪。"国粹所在,妙不可言。那些理想学理法理即是洋货,自然完全不在话下了。

但最奇怪的,是七年十月下半,忽有许多经验家,理想经验双全家,经验理想未定家,都说公理战胜了强权;还向公理颂扬了一番,客气了一顿。这事不但溢出了经验的范围,而且又添上一个理字排行的厌物。将来如何收场,我是毫无经验,不敢妄谈。经验诸公,想也未曾经验开口不得。

没有法,只好在此提出,请教受人轻薄的理想家了。

(原载《新青年》第六卷第一号,1919年1月15日)

随感录四一

唐　俟

　　从一封匿名信里看见一句话是"数麻石片"原注江苏方言大约是没有本领便不必提倡改革，不如去数石片的好的意思。因此又记起了本志通信栏内所载四川方言的"洗煤炭。"想来别省方言中，相类的话还多，守着这专劝人自暴自弃的格言的人，也怕不少。

　　凡中国人说一句话，做一件事，倘与传来的积习有若干抵触，须一个筋斗便告成功，才有立足的处所；而且被恭维得烙铁一般热。否则免不了标新立异的罪名，不许说话；或者竟成了大逆不道，为天地所不容。这一种人从前本可以夷到九族，连累邻居；现在是受了外来的影响，形式上难于办到。社会上虽然深恶痛绝，却未必对面现出战士，迎头杀来；不过几支暗箭，连声冷笑，掷几粒石子，送几封匿名信罢了。但意志略略薄弱的人便不免因此萎缩，不知不觉的也入了数麻石片党。

　　所以现在的中国社会上毫无改革，学术上没有发明，美术上也没有创作；至于多人继续的研究前仆后继的探检，那更不必提了。国人的事业，大抵是专谋时式的成功的经营，以及对于一切的冷笑。

　　但冷笑的人，虽然反对改革，却又未必有保守的能力：即如文字一面，白话固然看不上眼，古文也不甚提得起笔；照他的学说，本该去"数麻石片"了。他却不然，只是莫名其妙的冷笑。

　　中国的人，大抵在如此空气里成功，在如此空气里萎缩腐败，以至老死。

随　感

　　我想,人猿同源的学说,大约可以毫无疑义了。但我不懂,何以从前的古猴子,不都努力变人,却到现在还留着子孙,变把戏给人看。还是那时竟没有一匹想站起来学说人话呢？还是虽然有了几匹,却终被社会攻击他标新立异,都咬死了;所以终于不能进化呢？

　　尼采式的超人,虽然太觉渺茫,但就世界现有人种的事实看来,却可以确信将来总有尤为高尚尤近圆满的人类出现。到那时候,类人猿上面,怕要添出"类猿人"这一个名词。

　　所以我时常害怕。愿中国青年都摆脱了冷气,只是向上走不必听自暴自弃流的话。能做事的做事,能发声的发声。有一分热,发一分光;就令萤火一般,也可以在黑暗里发一点光,不必等候炬火。

　　此后如竟没有炬火,我便是唯一的光。倘若有了炬火,出了太阳,我们自然心悦诚服的消失。不但毫无不平,而且还要随喜赞美这炬火或太阳;因为他照了人类,连我都在内。

　　我又愿中国青年都只是向上走,不必理会这冷笑和暗箭。尼采说:

　　　　真的,人是一个浊浪。应该是海了,能容这浊浪,使他干净。

　　　　咄,我教你们超人:这便是海,在他这里,能容下你们的大侮蔑。扎拉图如是说的序言第三节

　　纵令不过一洼浅水,也可以学学大海;横竖都是水,可以相通。几粒石子,任他们暗地里掷来;几滴秽水,任他们从背后泼来就是了。

　　这还算不到"大侮蔑,"——因为大侮蔑也须有胆力。

　　　　　　　　　　（原载《新青年》第六卷第一号,1919年1月15日）

随感录四三

鲁 迅

进步的美术家,——这是我对于中国美术界的要求。

美术家固然须有精熟的技工,但尤须有进步的思想与高尚的人格。他的制作表面上是一张画或一个雕像,其实是他的思想与人格的表现。令我们看了,不但欢喜赏玩,尤能发生感动,造成精神上的影响。

我们所要求的美术家,是能引路的先觉,不是公民团的首领。我们所要求的美术品,是表记中国民族知能最高点的标本,不是水平线以下的思想的平均分数。

近来看见上海什么报的增刊《泼克》上,有几张讽刺画。他的画法,倒也模仿西洋;可是我很疑惑,何以思想如此顽固,人格如此卑劣,竟同没教育的孩子只会在好好的粉白墙上,写几个"某某是我而子"一样。可怜外国事物,一到中国便如落在黑色染缸里,无不失了颜色。美术也是其一:学了体格还未匀称的裸体画,便画淫画;学了明暗还未分明的静物画,只能画招牌。皮毛改新,心思仍旧,结果便是如此。至于讽刺画之变为人身攻击的器具,更是无怪了。

说起讽刺画,不禁想到美国画家勃拉特来(L. D. Bradley 1853—1917)了。他专画讽刺画,关于欧战的画,尤为有名;只可惜前年死了。我见过他一张《秋收时之月》(The Harvest Moon)的画。上面是一个形如骷髅的月亮,照着荒田;田里一排一排的都是兵的死尸。唉唉,这才算得真的进步的美术家的讽刺画。我希望将来中国也能有一日,出这样一个进步的讽刺画家。

(原载《新青年》第六卷第一号,1919 年 1 月 15 日)

随感录四六

唐俟

民国八年正月间，我在朋友家里见到上海一种什么报的星期增刊讽刺画，正是开宗明义第一回；画着几方小图，大意是骂主张废汉文的人的：说是给外国医生换上外国狗的心了，所以读罗马字时，全是外国狗叫。但在小图的上面，又有两个双钩大字"泼克，"似乎便是这增刊的名目；可是全不像中国话。我因此很觉这美术家可怜：他——对于个人的人身攻击姑且不论——学了外国画，来骂外国话；然而所用的名目又仍然是外国话。讽刺画本可以针砭社会的锢疾；现在施针砭的人的眼光，在一方尺大的纸片上，尚且看不分明，怎能指出确当的方向，引导社会呢？

这几天又见到一张所谓"泼克，"是骂提倡新文艺的人了。大旨是说凡所崇拜的，都是外国的偶像。我因此愈觉这美术家可怜：他学了画，而且画了泼克，竟还未知道外国画也是文艺之一。他对于自己的本业，尚且罩在黑坛子里，摸不清楚，怎能有优美的创作，贡献于社会呢？

但"外国偶像"四个字，却亏他想了出来。

不论中外，诚然都像偶像。但外国是破坏偶像的人多；那影响所及，便成功了宗教改革，法国革命。旧像愈摧破，人类便有进步；所以现在才有比利时的义战，与人道的光明。那达尔文易卜生托尔斯泰尼采诸人，便都是近来偶像破坏的大人物。

在这一流偶像破坏者，"泼克"却完全无用；因为他们都有确固不拔的自信,所以决不理会偶像保护者的嘲骂。易卜生说:——

> 我告诉你们:是这个——世界上最强壮有力的人,就是那孤立的人。《国民之敌》第五幕见本志前卷

但也不理会偶像保护者的恭维。尼采说:——

> 他们又拿着称赞,围住你嗡嗡的叫:他们的称赞是厚脸皮。他们要接近你的皮肤和你的血。《札拉图如此说》第二卷市场之蝇

这样,才是创作者。——我辈即使才力不及,不能创作,也该当学习;即使所崇拜的仍然是新偶像,也总比中国陈旧的好。与其崇拜孔丘关羽还不如崇拜达尔文易卜生;与其牺牲于瘟将军五道神,还不如牺牲于 Apllo。

(原载《新青年》第六卷第二号,1919 年 2 月 15 日)

随感录四八

唐　俟

　　中国人对于异族,历来只有两样称呼:一样是禽兽,一样是圣上。从没有称他朋友;说他也同我们一样的。

　　古书里的弱水,竟是骗了我们:闻所未闻的外国人到了;交手几回渐知道"子曰《诗》云"似乎无用。于是乎要维新。维新以后,中国富强了,用这学来的新,打出外来的新,关上大门,再来守旧。

　　可惜维新单是皮毛,关门也不过一梦。外国的新事理,却愈来愈多,愈优胜,"子曰《诗》云,"也愈挤愈苦,愈看愈无用。于是从两样旧称呼以外,别想了一样新号:便是"西哲",或曰"西儒"。

　　他们的称号虽然新了,我们的意见却照旧。因为"西哲"的本领虽然要学,"子曰《诗》云"也更要昌明。换几句话,便是学了外国本领,保存中国旧习。本领要新,思想要旧。要新本领旧思想的新人物,驼了旧本领旧思想的旧人物,请他发挥多年经验的老本领。一言以蔽之:前几年谓之"中学为体西学为用";这几年谓之"因时制宜折衷至当"。

　　其实世界上决没有这样如意的事。即使一头牛,连生命都牺牲了,尚且祀了孔便不能耕田,吃了肉便不能榨乳。何况一个人,先须自己活着,又要驼了前辈先生活着;活着的时候,又须恭听前辈先生折衷:早上打拱,晚上握手;上午"声光化电,"下午"子曰《诗》云"呢?

　　社会上最迷信鬼神的人尚且只能在赛会这一日抬上回神舆。不知那些学"声光化电"的"新进英贤",能否驼着山野隐逸海滨遗老折衷一世?

"西哲"易卜生盖以为不能,以为不可。所以借了 Brand 的嘴说,All or Nothing!

(原载《新青年》第六卷第二号,1919 年 2 月 15 日)

随感录五〇

玄同

王闿运说,耶教的十字架,是墨家"钜子"的变相,钜子就是"矩子。"姑勿论矩的形状和十字架的形状是否一样。就算是一样请问有什么凭据,知道从中国传出去的呢?就算查到了传出去的凭据,请问又有什么大道理在里头?近来中国人常说:"大同是孔夫子发明的;民权议院是孟夫子发明的;共和是二千七百六十年前周公和召公发明的;立宪是管仲发明的;阳历是沈括发明的;大礼帽和燕尾服又是孔夫子发明的;"(这是康有为说的。)此外如电报飞行机之类,都是"古已有之。"这种瞎七搭八的附会,不但可笑,并且无耻。请问:就算上列种种新道理新事物的确是中国传到西洋去的。然而人家学了去,一天一天的改良进步,到了现在的样子;我们自己不但不会改良进步,连老样子都守不住,还有脸来讲这种话吗?这好比一家人家,祖上略有积蓄,子孙不善守成,被隔壁人家盘了去;隔壁人家善于经理,数十年之后,变成了大富翁;这家人家的子弟已经流为乞丐,隔壁人家看了不善,给他钱用给他饭吃,他还要翘其大拇指以告人曰:"这隔壁人家的钱是用了我们祖宗的本钱去孳生的;我们祖宗原是大富翁哩!"你们听了这话,可要不要骂他无耻?——何况隔壁人家的本钱是自己的并不是盘了这位乞丐的祖宗的钱呢?

(原载《新青年》第六卷第二号,1919年2月15日)

随感录五一

玄 同

有一位中国派的医生说:"外国医生动辄讲微生虫。其实那里有什么微生虫呢? 就算有微生虫,也不要紧。这微生虫我们既看不见,想必比虾子鱼子还要小。我们天天吃虾子鱼子还吃不死,难道吃了比他小的什么微生虫,倒会死吗?"我想这位医生的话讲得还不好。我代他再来说一句:"那么大的牛,吃了还不会死,难道这么小的微生虫,吃了倒还死吗?"——闲话少讲,那位医生自己爱拿微生虫当虾子鱼子吃,我们原可不必去管他。独是中国这样的医生,恐怕着实不少。病人受了他的教训,去放量吃那些小的虾子鱼子,吃死的人大概也就不少。我想中国人给"青天老爷"和"丘八太爷"弄死了还不够,还有这班"功同良相"的"大夫"来帮忙,也未免太可怜了。但是"大夫"医死了人,人家不但死而无怨,还要敬送"仁心仁术","三折之良","卢扁再世"的招牌给他,也未免太奇怪了。

(原载《新青年》第六卷第二号,1919年2月15日)

随感录五五

玄　同

昨天在一本杂志上,看见某先生填的一首词,起头几句道:——

故国颓阳,坏宫芳草,秋燕似客谁依？笳咽严城漏停高阁,何年翠辇重归？

我是不研究旧文学的,这首词里有没有什么深远的意思,我却不管。不过照字面看来,这"故国颓阳,坏宫芳草"两句,有点像"遗老"的口吻;"何年翠辇重归"一句似乎有希望"复辟"的意思。我和几个朋友谈起这话,他们都说我没有猜错。照这样看来,填这首词的人,大概总是"遗老""遗少"一流人物了。

可是这话说得很不对;因为我认得填这首词的某先生:某先生的确不是"遗老""遗少,"并且还是同盟会里的老革命党。我还记得距今十一年前,这位某先生做过一篇文章,其中有几句道:——

借使皇天右汉,俾其克绩旧服,斯为吾曹莫大之欣。

当初希望"绩旧服,"现在又来希望"翠辇重归,"无论如何说法,这前后的议论总该算是矛盾罢。

有人说:"大约这位某先生今昔的见解不同了。"我说:这话也不对。我知道这位某先生当初做革命党,的确是真心;但是现在也的确没有变节。不过他的眼界很高,对于一班创造民国的人,总不能满意,常常要讥刺他们。他自己对于"选学"工夫又用得很深;因此,对于我们这班主张国语文学的人,更是嫉之如仇;去年春天,我看他有几句文章道:——

> 今世妄人,耻其不学。已既生而无目,遂乃憎人之明;已则陷于横溢,因复援人入水;谓文以不典为宗,词以通俗为贵;假于殊俗之论,以陵前古之师;无愧无惭,如羹如沸。此真庾子山所以为"驴鸣狗吠,"颜介所以为"强事饰辞"者也。

但是这种嬉笑怒骂,都不过是名士应有的派头。他决非因为眷恋清廷,才来讥刺创造民国的人;他更非附和林纾樊增祥这班,"文理不通的大文豪",才来骂主张国语文学的人。我深晓得他近来的状况我敢保他现在的确是民国的国民,决不是想做"遗老,"也决不是抱住"遗老"的腿想做"遗少。"

那么,何以这首词里有这样的口气呢?

这并不难懂。这个理由,简单几句话就说得明白的,就是:中国旧文学的格局和用字之类,据说都有一定的"谱"的。做某派的文章,做某体的文章,必须按"谱"填写,才能做得像。像了,就好了。要是不像,那就凭你文情深厚,用字的当,声调铿锵,还是不行,总以"旁门左门""野狐禅"论。——所谓像者,是像什么呢?原来是像这派文章的祖师。比如做骈文,一定要像《文选》;做桐城派的古文,一定要像唐宋八大家;学周秦诸子,一定要有几个不认得的字,和佶屈聱牙很难读的句子。要是做桐城派古文的人用上几句《文选》的句调,或做骈文的人用上几句八家的句调,那就不像了;不像,就不对了。——这位某先生就是很守这戒律的。他看见从前填词的人对于古迹,总有几句感慨怀旧的话;他这首词意的说明,是:"晚经玉㻬桥……因和梦窗'西湖先贤堂感旧'韵,以写伤今怀往之情,"那当然要用"故国"……这些字样才能像啊!

有人说:"像虽像了,但是和他所抱的宗旨不是相反对吗?"我说:

这是新文学和旧文学旨趣不同的缘故;新文学以真为要义,旧文学以像为要义。既然以像为要义,那便除了取销自己,求像古人,是没有别的办法了。比如现在有人要造钟鼎,自非照那真钟鼎上的古文"依样葫芦"不可。要是把现行的楷书行书草书刻上去,不是不像个钟鼎了吗?

(原载《新青年》第六卷第三号,1919年3月15日)

随感录五六 "来了"

唐俟

近来时常听得人说,"过激主义来了;"报纸上也时常写着,"过激主义来了。"

于是有几文钱的人,很不高兴。官员也着忙,要防华工,要留心俄国人;连警察厅也向所属发出了严查"有无激党设立机关"的公事。

着忙是无怪的,严查也无怪的;但先要问:什么是过激主义呢?

这是他们没有说明,我也无从知道;——我虽然不知道,却敢说一句话:"过激主义"不会来,不必怕他;只有"来了"是要来的,应该怕的。

我们中国人,决不能被洋货的什么主义引动,有抹杀他扑灭他的力量。军国民主义么,我们何尝会同别人打仗;无抵抗主义么,我们却是主战参战的;自由主义么,我们连发表思想都要犯罪,讲几句话也为难;人道主义么,我们人身还可以买卖呢。

所以无论什么主义,全扰乱不了中国;从古到今的扰乱,也不听说因为什么主义。试举目前的例,便如陕西学界的布告,湖南灾民的布告,何等可怕;与比利时公布的德兵苛酷情形,俄国别党宣布的烈宁政府残暴情形,比较起来,他们简直是太平天下了。德国还说是军国主义,烈宁不消说是过激主义了,然而我们这中国的残杀淫掠,竟是根据着什么主义呢?

这便是"来了"来了。来的是主义,主义达了还会罢;倘若单是"来了,"他便来不完,来不尽,来的怎样,也不可知。

民国成立的时候,我住在一个小县城里,早已挂过白旗。有一日忽然见许多男女,纷纷乱逃:城里的逃到乡下,乡下的逃进城里。问他们什么事,他们答道,"他们说要来了。"

可见大家都单怕"来了,"同我一样。那时还只有"多数主义,"没有"过激主义"哩。

(原载《新青年》第六卷第五号,1919年5月)

随感录五七　现在的屠杀者

唐　俟

高雅的人说,"白话鄙俚浅陋,不值识者一哂之者也。"

中国不识字的人,单会讲话,"鄙俚浅陋,"不必说了。"因为自己不通,所以提倡白话,以自文其陋"如我辈的人,正是"鄙俚浅陋,"也不在话下了。最可叹的是几位雅人,也还不能如《镜花缘》里说的君子国的酒保一般,满口"酒要一壶乎,两壶乎,菜要一碟乎,两碟乎"的终日高雅,却只能在呻吟古文时,显出高古品格;一到讲话,便依然是"鄙俚浅陋"约白话了。四万万中国人嘴里发出来的声音,竟至总共"不值一哂,"真是可怜煞人。

做了人类想成仙;生在地上要上天;明明是现代人,吸着现在的空气,却偏要勒派朽腐的名教、僵死的语言,侮蔑尽现在;这都是"现在的屠杀者。"杀了"现在",也便杀了"将来。"——将来是子孙的时代。

(原载《新青年》第六卷第五号,1919年5月)

随感录六五 暴君的臣民

唐俟

从前看见清朝几件重案的记载,"臣工"拟罪很严重,"圣上"常常减轻,便心里想:大约因为要博仁厚的美名,所以玩这些花样罢了,后来细想,殊不尽然。

暴君治下的臣民,大抵比暴君更暴;暴君的暴政,时常还不能压足暴君治下的臣民的欲望。

中国不要提了罢。在外国举一个例:小事件则如 Gogol 的剧本《按察使》,众人都禁止他,俄皇却准开演;大事件则如巡抚想放耶苏,众人却要求将他钉上十字架。

暴君的臣民,只愿暴政暴在他人的头上,他却看着高兴,拿"残酷"做娱乐,拿"他人的苦"做赏玩做慰安。

自己的本领只是"幸免。"

从"幸免"里又选出牺牲,供给暴君治下的臣民的渴血的欲望,但谁也不明白。死的说"阿呀,"活的高兴着。

(原载《新青年》第六卷第六号,1919 年 11 月 1 日)

随感录七一　调和论与旧道德

独　秀

现在社会上有两种狠流行而不祥的论调,也可以说是社会的弱点:一是不比较新的和旧的实质上的是非,只管空说太新也不好,太旧也不好,总要新旧调和才好;见识稍高的人,又说没有新旧截然分离的境界,只有新旧调和递变的境界,因此要把"新旧调和论"号召天下。二是说物质的科学是新的好西洋的好,道德是旧的好中国固有的好。这两层意见,和我们新文化运动及思想改造上狠有关系,我们应当有详细的讨论,现在姑且简单说几句:

新旧因调和而递变,无显明的界线可以截然分离,这是思想文化史上的自然现象,不是思想文化本身上新旧比较的实质。这种现象是文化史上不幸的现象,是人类惰性的作用;这种现象不但在时间上不能截然分离,即在空间上也实际同时存在;同一人数中,各民族思想文化的新旧不能用时代划分,同一民族中,各社会各分子思想文化的新旧,也不能用时代划分;这等万有不齐新旧杂糅的社会现象,乃是因为人类社会中惰性较深的劣等民族劣等分子,不能和优级民族优级分子同时革新进化的缘故;我们抱着改良社会志愿的人,固然可以据进化史上不幸的事实,叙述他悲悯他实在是如此,不忍心幸灾乐祸得意扬扬的主张他应该如此。譬如人类本能上,有侵略、独占、利己、忌妒、争杀、虚伪、欺诈、等等恶德,也没有人能不承认是实在如此。然断乎没有人肯主张应该如此。惰性也是人类本能上一种恶德,是人类文明进化上一种障碍,新旧杂糅调和缓进的现象,正是这种恶德这种障碍造成的;所以新旧调和只可说是由人类惰性上自然发生的一种不幸的现象,不可说是社会进化上一种应该如此的道理;若是助纣为虐,把他当做指导社会应该如此的一种主义主张,那便误尽苍生了。譬如货物买卖,讨价十元,还价三元;最后的结果是五元;讨价若是五元,最后的结果不过二元五角;社会进化上的惰性作用,也是如此,改新的主张十分,社会惰性当初只能够承认三分,最后自然的结果是五分;若是照调和论者的意见,自始就主张五分,最后自然的结果只有二分五,如此社会进化上所受二分五的损失,岂不是调和论的罪恶吗?所以调和论只能看做客观的自然现象,不能当做主观的故意主张。

再说到道德问题,这是人类进化上重要的一件事,现在人类社会种种不幸的现象,大半因为道德不进步,这是一种普通的现象,却不限于西洋东洋。近几百年,西洋物质的科学进步狠快,而道德的进步却跟他不上;这不是因为西洋人只重科学不重道德,乃因为道德是人类本能和情感上的作用,不能像知识那样容易进步。根于人类本能上光明方面的相爱互助同情心利他心公共心等道德不容易发达,乃是因为受了本能上黑暗方面的虚伪忌嫉侵夺争杀独占心利己心私有心等不道德难以减少的牵制;这人类普通的现象,各民族都是一样,却不限于东洋西洋。我们希望道德革新,正是因为中国和西洋的旧道德观念都不彻底,不但不彻底,而且有助长人类本能上不道德的黑暗方面的部分,所以东西洋自古到今的历史,每页都写满了社会上政治上悲惨不安的状态,我们不懂得旧道德的功效在那里;我们主张的新道德,正是要彻底发达人类本能上光明方面,彻底消灭本能上黑暗方面,来救济全社会悲惨不安的状态,旧道德是我们不能满足的了。所以若说道德是旧的好,是中国固有的好,简直是梦话。旧的中国固有的道德是什么,好处在那里?勤俭二字用在道德的行为上,自然是新旧道德都有的,不算旧道德的特色;若是用在不道德的行为上,像那刻薄成家的守财奴,勤俭都是他作恶的工具,如何算是道德的标准呢?忠、孝、贞节三样,却是中国固有的旧道德,中国的礼教(祭祀教孝,男女防闲,是礼教的大精神。)、纲常、风俗、政治、法律、都是从这三样道德演绎出来的;中国人的虚伪(丧礼最甚)、利己、缺乏公共心、平等观,就是这三样旧道德助长成功的;中国人分裂的生活(男女最甚。),偏枯的现象(君对于臣的绝对权,政府官吏对于人民的绝对权,父母对于子女的绝对权,夫对于妻男对于女的绝对权,主人对于奴婢的绝对权。),一方无理压制一方盲目服从的社会,也都是这三样道德教训出来的;中国历史上现社会上种种悲惨不安的状态,也都是这三样道德在那里作怪。

章行严先生说"中国人之思想,动欲为圣贤、为王者、为天吏、作君、作师,不肯自降其身,仅求为社会之一分子,尽我一分子之义务,与其余分子同心戮力,共齐其家,共治其国,共平天下。"这种偏枯专制,没有人己平等的思想,也正是旧道德造成的。这种道德就是达到他"人人亲其亲长其长"的理想,也只是分裂的生活,利己的社会;去那富于同情心利他心相爱互助全社会公同生活的理想,还远的很,所以我们对于中国固有的旧道德,不能满足。西洋的男子游惰好利,女人奢侈卖淫,战争罢工种种悲惨不安的事,那一样不是私有制度之下的旧道德造成的?现在他们前途的光明,正在要抛弃私有制度之下的一个人一阶级一国家利己主义的旧道德,开发那公有、互助、富于同情心、利他心的新道德,才可望将战争、罢工、好利、卖淫、等等悲惨不安的事止住;倘若他们主张物质上应当开新,道德上应当复旧,岂不是"抱薪救火扬汤止沸"!

(原载《新青年》第七卷第一号,1919年12月1日)

随感录七五　新出版物

独　秀

近来新出了许多杂志,并且十种里总有八九种是说"人"话的新杂志,不用说中国社会上只有这件事是乐观;但是我对于这件事,更有数种进一步的感想:

(一)出版物是文化运动底一端,不是文化运动底全体;出版物以外,我们急于要做的、实在的事业狠多,为什么大家都只走这一条路?若是在僻远的地方——云南甘肃等处——发行杂志,到也罢了;像北京上海同时出了好些同样的杂志,人力上财力上都太不经济了。

(二)我们的民族性,是富于模仿力,缺少创造力;有了大舞台,便有新舞台,更有新新舞台,将来恐怕还有新新新舞台,还有新新新新无穷新……舞台出现;像这点小事,都只知道模仿不知道创造!现在许多人都只喜欢办杂志,不向别的事业底方面发展,这也是缺少创造力底缘故。就以办杂志而论,也宜于办性质不同、读者方面不同的杂志,若是千篇一律,看杂志的同是那一班人,未免太重复了。

(三)凡是一种杂志,必须是一个人一团体有一种主张不得不发表,才有发行底必要;若是没有一定的个人或团体负责任,东拉人做文章,西请人投稿,像这种"百衲"杂志,实在是没有办的必要,不如拿这人力财力办别的急于要办的事。

(原载《新青年》第七卷第二号,1920年1月1日)

随感录八三　解放

独　秀

我们中国人不注重实质上实际的运动,专喜欢在名词上打笔墨官司,这都是迷信名词万能底缘故。

现在大家对于"妇女解放"这个名词也是这样。有人方才主张妇女解放,实际上还没有一点事做出来;又有人并不反对"妇女解放"这个事实,却反对"妇女解放"这个名词,说解放不是自动,辱没了妇女底人格,惹得大家怀疑,慢说实际运动,连口头上也几乎不好说了,这是图什么!

解放就是压制底反面,也就是自由底别名,近代历史完全是解放底历史,人民对君主贵族,奴隶对于主人,劳动者对于资本家,女子对于男子,新思想对于旧思想,新宗教对于旧宗教,一方面还正在压制,一方面要求自由要求解放,事实本来是这样,何必要说得好听,男子也是如此,并非专门辱没妇女。况且解放重在自动,不只是被动的意思,个人主观上有了觉悟,自己从种种束缚的、不正当的思想习惯迷信中解放出来,不受束缚,不甘压制,要求客观上的解放,才能收解放底圆满效果。自动的解放,正是解放底第一义。

我们生在这解放时代,大家只有努力在实际的解放运动上做工夫,不要多在名词上说空话! 名词好听不好听,彻底不彻底,没有什么多大关系。在思想转变底时候,道理真实的名词,固然可以做群众运动底公同指针;但若是离开实际运动,口头上的名词无论说得如何好听,如何彻底,试问有什么用处?

  我们为信名词万能,还是八股底余毒。名词若果万能,"共和"这个名词,自然比"专制""君主立宪"都好听得多,彻底得多,可是中国现在总算有了"共和"这个名词了,实质上实际的效果怎么样?所以我们要觉悟:(一)我们所需要的是理想底实质,不是理想底空名词;(二)我们若要得到理想底实质,必须从实际的事业上一步一步的开步走,一件一件的创造出来;不要睡在空名词圈里,学那变戏法的,把名词当作一种符咒,只是口中念念有词,就梦想他等候他总有一天从空中落下,实现在我们的眼前。空名词固然没有价值,就是他所代表底实质,也只有他本身相当的价值,没有像"万应丸"百病包治的价值;我们被那些"先王之法""圣人之道"等包含一切金科玉律的空法名词遗误已久,此后不可再误了。

(原载《新青年》第七卷第二号,1920年1月1日)

随感录一一七　青年底误会

独秀

"教学者如扶醉人,扶得东来西又倒。"现代青年底误解,也和醉人一般。你说要鼓吹主义,他就迷信了主义底名词万能。你说要注重问题,他就想出许多不成问题的问题来讨论。你说要改造思想,他就说今后当注重哲学不要科学了。你说不可埋头读书把社会公共问题漠视了,他就终日奔走运动把学问抛在九霄云外。你说婚姻要自由,他就专门把写情书寻异姓朋友做日常重要的功课。你说要打破偶像,他就连学行值得崇拜的良师益友也蔑视了。你说学生要有自动的精神自治的能力,他就不守规律不受训练了。你说现在的政治法律不良,他就妄想废弃一切法律政治。你说要脱离家庭压制,他就抛弃年老无依的母亲。你说要提倡社会主义共产主义,他就悍然以为大家朋友应该养活他。你说青年要有自尊底精神,他就目空一切妄自尊大不受善言了。你说反对资本主义的剩余劳动,他就不尊重职务观念连非资本主义的剩余劳动也要诅咒了。你说要尊重女子底人格,他就将女子当做神圣来崇拜。你说人是政治的动物不能不理政治,他就拿学生团体底名义干与一切行政司法事务。你说要主张书信秘密自由,他就公然拿这种自由做诱惑女学生底利器。长久这样误会下去,大家想想是青年底进步还是退步呢?

(原载《新青年》第九卷第二号,1921年6月1日)

随感录一二一　过渡与造桥

独　秀

今人多言过渡时代，我以为这名词还不大妥，因为有个彼岸才用渡船渡过去，永续不断的宇宙人生，简直是看不见彼岸或竟实无彼岸的茫茫大海，我们生存在这大海中之一切努力，与其说是过渡，不如说是造桥。自古迄今人人不断的努力，都像是些工程师和小工在那里不断的造桥。这座桥虽然还没有完工的希望，或者永无完工的希望，但是从古到今已造成的部分却是可以行人，并非劳而无功。我们今后若是不想双脚蹈海，若是还想在桥上行走，只有接续前人工程努力造桥，使这桥一天长似一天，行人一天方便一天；不但天天要把未造的延长，而且时时要把已造的修整，不可妄想一劳永逸，更不应因一时不见彼岸而灰心。或者可以说，这桥渐渐造的又长又阔，能容大家行车跑马，又架上楼阁亭台，这桥便是彼岸，此外更无所谓彼岸。

（原载《新青年》第九卷第三号，1921年7月1日）

新　　诗

朋友（此诗天怜为韵,还单为韵,故用西诗写法,高低一格以别之。）

胡　适

两个黄蝴蝶,双双飞上天。
　不知为什么,一个忽飞还。
剩下那一个,孤单怪可怜。
　也无心上天,天上太孤单。

（原载《新青年》第二卷第六号,1917年2月1日）

鸽　　子

胡　适

云淡天高,好一片晚秋天气!
有一群鸽子,在空中游戏。
看他们,三三两两,
　　　回环来往,
　　　　　夷犹如意,——
忽地里,翻身映日,白羽衬青天,鲜明无比!

（原载《新青年》第四卷第一号,1918年1月15日）

鸽　子

沈尹默

空中飞着一群鸽子,笼里关着一群鸽子,街上走的人,小手巾里还兜着两个鸽子。

飞着的是受人家的指使,带着鞘儿翁翁央央,七转八转绕空飞人家听了欢喜。

关着的是替人家作生意,青青白白的毛羽,温温和和的样子,人家看了欢喜;有人出钱便买去,买去喂点黄小米。

只有手巾里兜着的那两个,有点难算计。不知他今日是生还是死;恐怕不到晚饭时,已在人家菜碗里。

(原载《新青年》第四卷第一号,1918年1月15日)

人 力 车 夫

沈尹默

日光淡淡,白云悠悠,风吹薄冰,河水不流。
出门去,雇人力车。街上行人,往来狠多;车马纷纷,不知干些什么?
人力车上人,个个穿棉衣,个个袖手坐,还觉风吹来,身上冷不过。
车夫单衣已破,他却汗珠儿颗颗往下堕。

(原载《新青年》第四卷第一号,1918年1月15日)

人力车夫

胡 适

"车子!车子!"

车来如飞。

客看车夫,忽然中心酸悲。

客问车夫,"你今年几岁?拉车拉了多少时?"

车夫答客,"今年十六,拉过三年车了,你老别多疑。"

客告车夫,"你年纪太小,我不坐你车。我坐你车,我心惨凄。"

车夫告客,"我半日没有生意,我又寒又饥。你老的好心肠,饱不了我的,饿肚皮。我年纪小拉车,警察还不管,你老又是谁?"

客人点头上车,说"拉到内务部西!"

(原载《新青年》第四卷第一号,1918年1月15日)

相隔一层纸

刘半农

一

屋子里拢着炉火，
老爷分付开窗买水果，
说"天气不冷火太热，
别任他烤坏了我。"

二

屋子外躺着一个叫化子，
咬紧了牙齿，对着北风呼"要死"！
可怜屋外与屋里，
相隔只有一层薄纸！

（原载《新青年》第四卷第一号，1918年1月15日）

月　夜

沈尹默

霜风呼呼的吹着，
　月光明明的照着。
我和一株顶高的树并排立着，
　却没有靠着。

(原载《新青年》第四卷第一号,1918年1月15日)

除　夕

沈尹默

年年有除夕,年年不相同:不但时不同,乐也不同。

记得七岁八岁时,过年之乐,乐不可当,——乐味美满,恰似饧糖。

十五岁后,比较以前,多过一年,乐减一分;难道不乐？——不如从前烂漫天真。

十九娶妻,二十生儿;那时逢岁除情形更非十五十六时,——乐既非从前所有,苦也为从前所无。

　好比岁烛,初烧光明,霎时结花,渐渐暗淡,渐渐销磨。

我今过除夕,已第三十五,欢喜也惯,烦恼也惯,无可无不可。取些子糖果,分给小儿女,——"我将已前所有的欢喜,今日都付你!"

（原载《新青年》第四卷第三号,1918年3月15日）

除　夕

胡　适

除夕过了六七日，
　　忽然有人来讨除夕诗！
除夕"一去不复返，"
　　如今回想未免已太迟！
那天孟和请我吃年饭，
　　记不清楚几只碗；
　　但记海参银鱼下饺子，
　　听说这是北方的习惯，
　　饭后浓茶水果助谈天，
　　天津梨子真新鲜！
吾乡雪梨岂不好，
　　比起他来不值钱！
若问谈的什么事，
　　这个更不容易记。
像是易卜生和白里欧，(Ibsen and Brieux.)
　　这本戏和那本戏，
　　吃完梨子喝完茶，
　　夜深风冷独回家，

回家写了一封除夕信,

　预备明天寄与"他!"

（原载《新青年》第四卷第三号,1918年3月15日）

丁巳除夕歌

陈独秀

古往今来忽有我。
　岁岁年年都遇见他。
明年我已四十岁。
　他的年纪不知是几何？
我是谁？
　人人是我都非我。
他是谁？
　人人见他不识他。
他何为？
　令人痛苦令人乐。
我何为？
　拿笔方作除夕歌。
除夕歌，歌除夕；
　几人嬉笑几人泣：
富人乐洋洋，
　吃肉穿绸不费力。
穷人昼夜忙，
　屋漏被破无衣食。
长夜孤灯愁断肠。

团圆恩爱甜如蜜。
满地干戈血肉飞,
　　孤儿寡妇无人恤。
烛酒香花供灶神,
　　灶神那为人出力。
磕头放炮接财神,
　　财神不管年关急。
年关急,将奈何;
　　自有我身便有他。
他本非有意作威福,
　　我自设网罗自折磨。
转眼春来,还去否?
　　忽来忽去何奔波。
人生是梦。
　　日月如梭。
我有千言万语说不出,
　　十年不作除夕歌。
世界之大大如斗,
　　装满悲欢装不了他。
万人如海北京城,
　　谁知道有人愁似我?

（原载《新青年》第四卷第三号,1918年3月15日）

除 夕

刘半农

一

除夕是寻常事,做诗为什么?
不当他除夕,当作平常日子过。
这天我在绍兴县馆里;馆里大树甚多。
风来树动,声如大海生波。
静听风声,把长夜消磨。

二

主人周氏兄弟,与我谈天;——
　欲招缪撒[(1)],欲造"蒲鞭。"[(2)]
说今年已尽,这等事,待来年。

三

　夜已深,辞别进城。
　满街车马纷扰;

>　　远远近近,多爆竹声。
>
>　　此时谁最闲适?——
>
>　　地上只一个我! 天上三五寒星!

---

(1)缪撒,拉丁文作"musa",希腊"九艺女神"之一,掌文学美术者也。

(2)"蒲鞭",一栏,日本杂志中有之;盖与"介绍新刊"对待,用消极法写促编译界之进步者。余与周氏兄弟,(豫才,启明)均有在《新青年》增设此栏之意;唯一时恐有窒碍,未易实行耳。

(原载《新青年》第四卷第三号,1918年3月15日)

梦

唐　俟

很多的梦,趁黄昏起哄。

前梦才挤却大前梦时,后梦又赶走了前梦。

　　去的前梦黑如墨在的后梦墨一般黑;

　　去的在的仿佛都说,"看我真好颜色。"

颜色许好,暗里不知;

而且不知道,说话的是谁?

暗里不知,身热头痛。

你来你来！明白的梦。

（原载《新青年》第四卷第五号,1918年5月15日）

爱 之 神

唐　俟

一个小娃子,展开翅子在空中,
一手搭箭,一手张弓,
不知怎么一下,一箭射着前胸。
　"小娃子先生,谢你胡乱栽培!
　但得告诉我:我应该爱谁?"
娃子着慌,摇头说,"唉!
你是还有心胸的人,竟也说这宗话。
　你应该爱谁,我怎么知道。
　总之我的箭是放过了!
　你要是爱谁,便没命的去爱他;
　你要是谁也不爱,也可以没命的去自己死掉。"

（原载《新青年》第四卷第五号,1918 年 5 月 15 日）

三　弦

沈尹默

中午时候,火一样的太阳,没法去遮阑,让他直晒着长街上。静悄悄少人行路;只有悠悠风来,吹动路旁杨树。

谁家破大门里,半院子绿茸茸细草,都浮着闪闪的金光。旁边有一段低低土墙,挡住了个弹三弦的人,却不能隔断那三弦鼓荡的声浪。

门外坐着一个穿破衣裳的老年人,双手抱着头,他不声不响。

(原载《新青年》第五卷第二号,1918年8月15日)

山中即景

李大钊

一

是自然的美,是美的自然——
绝无人迹处,空山响流泉。

二

云在青山外,人在白云内。
云飞人自还,尚有青山在。

(原载《新青年》第五卷第三号,1918年9月15日)

香山早起作,寄城里的朋友们。

沈兼士

天刚明,披了衣,拄了杖,
　散步到石桥旁,
　坐在个石头上,
　受他山水的供养。
静悄悄地,领略些带露的草香,
　听一阵迎风的松响,
　赤脚临水,洗脱了肮脏。
这时候,自然的乐趣,
　同那活泼泼的小孩子一样。
一忽尔,山头上吐出了太阳,
　金闪闪的光,照得北京城隐约可望。
　一般都是太阳照的地方,
　何以城里那样烦热,
　乡下这样清凉?

(原载《新青年》第五卷第四号,1918年10月15日)

小 河

周作人

有人问我这诗是什么体,连自己也回答不出。法国波特来尔(Baudelaire)提倡起来的散文诗,略略相像,不过他是用散文格式,现在却一行一行的分写了。内容大致仿那欧洲的俗歌;俗歌本来最要叶韵,现在却无韵。或者算不得诗,也未可知;但这是没有什么关系。

一条小河,稳稳的向前流动。
经过的地方,两面全是乌黑的土,
生满了红的花,碧绿的叶,黄的实。

一个农夫背了锄来,在小河中间筑起一道堰,
下流干了;上流的水,被堰拦着,下来不得:
不得前进,又不能退回,水只在堰前乱转。
水要保他的生命,总须流动,便只在堰前乱转。
堰下的土,逐渐淘去,成了深潭。
水也不怨这堰——便只是想流动,
想同从前一般,稳稳的向前流动,

一日农夫又来,土堰外筑起一道石堰。
土堰坍了;水冲着坚固的石堰,还只是乱转。

堰外田里的稻,听着水声,皱眉说道,——
　　"我是一株稻,是一株可怜的小草,
　　我喜欢水来润泽我,
　　却怕他在我身上流过。
　　小河的水是我的好朋友,
　　他曾经稳稳的流过我面前,
　　我对他点头,他向我微笑,
　　我愿他能够放出了石堰,
　　仍然稳稳的流着,
　　向我们微笑;
　　曲曲折折的尽量向前流着,
　　经过的两面地方,都变成一片锦绣。
　　他本是我的好朋友,——
　　只怕他如今不认识我了;
　　他在地底里呻吟,
　　听去虽然微细,却又如何可怕!
　　这不像我朋友平日的声音,
　　——被轻风挼着走上沙滩来时,
　　快活的声音。
　　我只怕他这回出来的时候,
　　不认识从前的朋友了,
　　便在我身上大踏步过去:
　　我所以正在这里忧虑。"
田边的桑树,也摇头说,——
　　"我生的高,能望见那小河,——
　　他是我的好朋友,

他送清水给我喝,
使我能生肥绿的叶,紫红的桑葚。——
他从前清澈的颜色,
现在变了青黑;
又是终年挣扎,脸上添出许多痉挛的皱纹。
他只向下钻,早没工夫对了我的点头微笑,
堰下的潭,深过了我的根了。
我生在小河旁边,
夏天晒不枯我的枝条,
冬天冻不坏我的根,
如今只怕我的好朋友,
将我带倒在沙滩上,
拌着他卷来的水草。
我可怜我的好朋友,
但实在也为我自己着急。

田里的草和虾蟆,听了两个的话,
也都叹气,各有他们自己的心事,

水只在堰前乱转;
坚固的石堰,还是一毫不摇动。
筑堰的人,不知到那里去了?

八年一月二十四日

(原载《新青年》第六卷第二号,1919 年 2 月 15 日)

爱 与 憎

周作人

师只教我爱，不教我憎；
但我虽然不全憎，也不能尽爱。
爱了可憎的，岂不薄待了可爱的？

农夫田里的害虫，应当怎么处？
蔷薇上的青虫，看了很可憎；
但他换上美丽的衣服，翩翩的飞去。
稻苗上的飞蝗，披着可爱的绿衣，
他却只吃稻苗的新叶。
我们爱蔷薇，也能爱蝴蝶。
为了稻苗，我们却将怎么处？

一九一九，十月一日

（原载《新青年》第七卷第二号，1920年1月1日）

白 杨 树

沈尹默

白杨树！白杨树！你的感觉好灵敏呵！微风吹过，还没摇动地上的草，先摇动了你枝上的叶。

没有人迹的小院落里，树上歇着几个小雀儿，"啾啁啾啁"不住的叫。他是快乐吗？这样寂寞的快乐！

除了"啾啁啾啁"的小雀儿，不听见别的声响。地下睡着的一般人，他们沉沉的睡着，永远没有睡醒时。难道他们也快乐吗？这样寂寞的快乐！

白杨树！白杨树！现在你的感觉是怎么样的，你能告诉我吗？

（原载《新青年》第七卷第二号，1920年1月1日）

庐山纪游

康白情

一

外湖里底水给夜雨后底凉风淌着。
堤上底草吹得只是拜。
两件单衣都凉透了。
摩托车从新坝上直开到妙智铺,
二十几里底工夫就到了。
过眼底东西都飞也似地过去,
只觉得满眼只是莽苍的。
莽苍苍的之中蜿蜒着几条红的道儿。
莲花洞怕被云迷了。
山邪?
云邪?
那里看得清楚啊?
却又何必看得清楚呵?

二

无勇莫游山,

我心里常常地这么想着。

十八里底山程远么?

你自己不作工,还要带累几个人跟着你不作工,还要拿钱买些痛给他们,

这个理出在那一部经上?

你底脚带来干什么的?

你自己不走,也算你自己游山么?

这时我心里更不断地这么问着。

一个提包一枝杖,

更脱下一件单衣,

飞也似地我就往山上走去了。

寺哪,庵哪,洞哪,

我也没有心问他,

只韵着流泉底玲珑声,

望白云底深处上着。

饱我有凉透了的粥;

饮我有激流的泉;

润我有霖霖的雨。

——我还有什么不足呢?

究竟他们底担负要重些,

挑担子的也给我赶过了,

抬箱子的也给我赶过了。

我们底衣裳都湿透了。

看看就上到筋竹岭了。

山阿里流泉打得钦里孔窿地响,

引得我要洗澡底心好动。

我就去洗澡。

石塘上三四家荷兰式的茅店,风吹得凉悠悠地,

引得我要歇憩底心好动,

我就去歇憩。

隔座一个挑担子的:

蒲扇不住地扇着,

茶不住地喝着,

周身底汗不住地流着,

眼里带着一种惊诧的神光,不住地把我打量着,

引得我要问他底心好动,

我就问他:

"朋友,好汗呵!

几颗汗换一个钱呢?"

他望着我笑了一笑,

却不曾想出话来答我。

一九二〇年七月八日至十二日。

(原载《新青年》第八卷第一号,1920年9月1日)

登香港太平山

刘 复

香港太平山,高出海面二千尺。
登山四望,丛岚绕足,白云漫漫:
下不能见地,上不能见青天。
山水溅溅,山树摩肩。
偶从云淡树疏处,窥见远海远山:
海大不如镜,山大不如拳。
稚儿欢笑奔我前,
山风吹短发,飘荡白云间。
"尔胡为乎来哉?"
跳舞拍手,中心茫然。
为折山花佩胸前;
下山入海白阿母:"今日阿爹,携我上天。"

一九二〇年二月十日。

(原载《新青年》第八卷第二号,1920年10月1日)

绍兴西郭门的半夜

俞平伯

一

乌篷推起,没遮拦的踞在船头上。
三里——五里——如画的土墙傍在眼前;
臃肿的山,那瘦怯的塔,
也悄悄的各自移动。
月光——今朝遍满,
画就的分明,
厮对着个画不成的荡漾。
一切所有一切,
深深浸在清寒里边。
死乡的寂寞!
只胜咿哑咿哑橹枝打水声。
呵的!倦意浓,凉意足,
那衣角儿几时的又湿滋滋沿透!
灯火骤黄,十里了!西郭门。

二

夜幕张开,睡魔醒来,
热烘烘一座闹市,
竟留不下一些儿声息。
铺门下闩了,
门缝里的火光更朦胧了;
只粉墙垛儿夹着屋角檐,
尖尖戳着那天。
我踱来踱去痴痴的:
这怕是坟堆呢?
将来的罢?
不是啊!正现在呢!
死乡的寂寞,
不仅是人们,谁得不去!
这该心悸么?
当得你底赏玩呀!
去——先试试去爱着罢。

万万的金星直上的窜,
从很远的屋顶,
马上吓跑了这弄人的撒旦。

三

墙缺处偷双眼睛,

两人忙着做俩自己底工。

风炉抽动,蓬蓬涌起一股火柱,

一上一下耀着四围,——

酱赭的皮肉,蓝紫的筋脉,

都在血黄的芒角下赤裸裸地。

流铁红满了勺子,猛然间泻出;

银电的一溜,花筒也似的喷溅。

眩人底光呀!劳人底工呀!

沉凝的空气,终不受一些一滴的震荡。

死乡的寂寞,重新回到;

将要更深呢!

相信那自然底,人底,人配自然底,

开着形形色色的花朵。

烂熳上这灰色的土泥。

背转脸的美和爱,

两重的恩惠,

裹着脚就可欣然吗?

他总已经给了你们哩!

(原载《新青年》第八卷第三号,1920年11月1日)

儿　　歌

周作人

小孩儿，你为什么哭？
你要泥人儿么？
你要布老虎么？
也不要泥人儿，
也不要布老虎；
对面杨柳树上的三只黑老鸹。
哇儿哇儿的飞去了。

这篇诗是我仿儿歌而作的。我想新诗的节调，有许多地方可以参考古诗乐府与词曲，而俗歌——民歌与儿歌——是现在还有生命的东西，他的调子更可以拿来利用。我这一篇只想模拟儿歌的纯朴这一点，也还未能做到。三只黑老鸹并不含有什么神秘的意思，不过因为乌鸦很多，最为习见罢了。儿童性爱天物，他的拜物教的思想，融入诗中，可以造成一种泛神思想的意境，许多有名的儿童诗都是这样，但是我们不容易希望做到罢了。

十月二十二日。

（原载《新青年》第八卷第四号，1920年12月1日）

十一月二十四夜

胡 适

老槐树的影子
在月光的地上微晃;
枣树上还有几个干叶,
时时做出一种没气力的声。

西山的秋色几回招我,
不幸我被我的病拖住了。
现在他们说我快要好了,
那幽艳的秋天早已过去了!

九,一一,二五。

(原载《新青年》第八卷第五号,1921年1月1日)

稻　　棚

刘　复

（记得八九岁时，曾在稻棚中住过一夜。这情景是不能再得的了，所以把他追记下来。　一九二一，二，八，伦敦）

凉爽的席，
松软的草，
铺成张小小的床；
棚角里碎碎屑屑的，
透进些银白的月光。

一片唧唧的秋虫声，
一片甜蜜蜜的新稻香——
这美妙的浪，
把我的稚梦托着翻着……
直翻到天上的天上！……

回来停在草叶上，
看那晶晶的露珠，
何等的轻！
何等的亮！……

（原载《新青年》第九卷第四号，1921年8月1日）

过去的生命

周作人

  这过去的我的三个月的生命,那里去了?
没有了,永远的走过去了。
我亲自听见他沉沉的,缓缓的,一步一步的,
在我床头走过去了。
我坐起来,拿了一支笔,在纸上乱点,
想将他按在纸上,留下一些痕迹,——
但是一行也不能写,
一行也不能写。
我仍是睡在床上,
亲自听他沉沉的,缓缓的,一步一步的在我床头走过去了。

四月四日在病院中。

(原载《新青年》第九卷第五号,1921 年 9 月 1 日)

山居杂诗

周作人

一

　一丛繁茂的藤萝,
绿沉沉的压在弯曲的老树的枯株上,
又伸出两三枝粗藤,
大蛇一般的缠到柏树上去;
在古老深碧的细碎的柏叶中间,
长出许多新绿的大叶来了。

二

　六株盆栽的石榴,
围绕着一大缸的玉簪花,
开着许多火焰似的花朵,
浇花的和尚被捉去了,
花还是火焰似的开着。

三

我不认识核桃,
错看他作梅子,
卖汽水的少年,
又说他是白果。
白果也罢,梅子也罢,
每天早晨走去看他,
见他一天一天的肥大起来,
总是一样的喜悦。

一九二一年八月十日在北京西山。

四

不知什么形色的小虫,
在槐树枝上嗞嗞的叫着。
听了这迫切尖细的虫声,
引起我一种仿佛枯焦气味的感觉。
我虽然懂得他歌里的意思,
但我知道他正唱着迫切的恋之歌,
这却也便是他的迫切的死之歌了。

六月十七日晚。

五

  一片槐树的碧绿的叶,
现出一切的世界的神秘,
空中飞过的一个白翅膀的百蛉子,
又牵动了我的惊异。
我仿佛会悟了这神秘的奥义,
却又实在未曾了知。
但我已经很是满足,
因为我得见了这个神秘了。

六月二十一日

六

  后窗上糊了绿的冷布,
在窗口放着两盆紫花的松叶菊,
窗外来了一个大的黄蜂,
嗡嗡的飞鸣了好久,
却又惘然的去了。
呵,我真做了怎样残酷的事呵!

六月二十二日

七

"苍蝇纸"上嗞嗞的声响
是振羽的机械的发音么?
是诉苦的恐怖的叫声么?
"虫呵,虫呵!难道你叫着,业便会尽了么?"(注一)
我还不如将你两个翅子都粘上了罢。

(注一)这是日本古代失名的一句诗。

六月二十五日在西山

(原载《新青年》第九卷第五号,1921年9月1日)

希 望

胡 适

我从山中来，
带得兰花草；
种在小园中，
希望开花好。

一日望三回，
望到花时过；
急煞种花人，
苞也无一个。

眼见秋天到，
移花供在家。
明年春风回，
祝汝满盆花！

十,十,四。

（原载《新青年》第九卷第六号,1922年7月1日）

竹　叶

汪静之

溪边的小竹,

恬静地微笑着。

我顺手扯了一片竹叶儿,

爱护地含在嘴里,

又怕咬坏了他,

重新把他插在头发里。

可恨没有插紧,

一阵风吹他落水田去了。

我想去撮他回来,

怎奈满水田的泞泥呢?

大概惯例如此罢——

牛儿来犁田的时候,

蠢呆地踏他一脚,

于是他埋没在泞泥里,

永世不能见天日了。

或者呵,

或者有善的风从泥里吹他起来罢。

呀! 倘能从泥里吹他起来呵!

一九二二,三,十一,杭州。

(原载《新青年》第九卷第六号,1922 年 7 月 1 日)

小　说

碎簪记

苏曼殊

余至西湖之第五日,晨餐甫罢,徘徊于南楼之上,钟声悠悠而逝。遥望西湖风物如恒,但与我游者乃不同耳。计余前后来此凡十三次,独游者九次,共昙谛法师一次,共法忍禅师一次,共邓绳侯、独秀、山民一次,今即同庄湜也。此日天气阴晦,欲雨不雨,故无游人。仅有二三采菱之舟出没湖中。余忽见杨缕毵毵之下,碧水红莲之间,有扁舟徐徐而至。更视舟中,乃一淡装女郎。心谓此女游兴不浅,何以独无伴侣?移时舟停于石步,此女风致果如仙人也。至旅邸之门,以吾名氏叩阍者,阍者肃之登楼。余正骇异,女已至吾前。盈盈为礼,然后赧然言曰:"先生幸恕唐突,闻先生偕庄君同来,然欤?"余漫应曰:"然。"女曰:"妾为庄君旧友,特来奉访。敬问先生,庄君今在否?"余曰:"晨朝策马自去,或至灵隐天竺间。日暮归来,亦未可定。君有何事,吾可代达也。"尔时,女若有所思。已而复启余曰:"妾姓杜,名灵芳,住湖边旅舍第六号室。敬乞传语庄君,明日上午,惠过一谈。但有渎清神,良用歉仄耳。"余曰:"敬闻命矣。"女复含颦谢余,打桨而去。余此际神经颇为此女所扰。如何故哉?一者吾友庄湜,恭慎笃学,向未闻与女子交游,此女胡为乎来?二者吾与此女无一面之雅,何由知吾名姓,又知庄湜同来?三者此女正当绮龄,而私约庄湜于逆旅,此何等事?若谓平康挟瑟者流,则其人仪态万方,非也。若谓庄湜世交,何以独来访问,不畏多言耶?余静坐沉思,久乃耸然曰:"天下女子,皆祸水也。"余立意既定。

抵幕,庄湜归,吾暂不提此事。明日,余以电话询湖边旅舍曰:"六号室客共几人?"曰:"母女并婢三人。"曰:"从何处来?"曰:"上海。"曰:"有几日住?"曰:"饭后乘快车去。"余思此时即使庄湜趋约,亦不能及。又思此亦细事,吾不语庄湜,亦未为无信于良友也。又明日为十八日,友人要余赴江头观潮,并观三牛所牵舟。庄湜倦不果行,迄余还已灯火矣。余不见庄湜,问之阍者,阍者云:"其于六句钟,得一信。时具晚膳,独坐不食,须臾外出,似有事也。"余即往觅之。沿堤行至断桥,方见庄湜临风独盼。余曰:"露重风多,何为不归?"庄湜不余答,但握余手,顺步从余而返。至旅邸,余疲甚,即就寝,仍未与言女子过访之事也。余至夜半忽醒。时明月侵帘,余披衣即帘下窥之。湖光山色,一一在目,此景不可多得。余欲起庄湜同观,正衣步至其榻,榻空如也。余即出楼头觅之。时万籁俱寂,瞥眼见庄湜枯立栏前。余自后凭其肩,借月光看其面,有无数湿痕。余问之曰:"子何思之深耶?"庄湜仍不余答,但悄然以巾掩泪。余心至烦乱,不知所以慰之,惟有强之就榻安眠。实则庄湜果能安眠否?余不知之。以余此夜亦似睡而非睡也。翌朝,余见庄湜面灰白,双目微红,食不下咽。其心似曰:吾幽忧正未有艾,吾殆无机复吾常态,与畏友论湖山风月矣。饭罢,余庄容语之曰:"子自昨日,神色大变,或有隐恫在心,有触而发未尝与我一言,何也?试思吾与子交厚,昨夜睹子情况,使吾与子易地而处,子情何以堪?"此时余反复与言,终不一答。余不欲扰其心绪,遂与放舟同游,冀有以舒其忧郁。而庄湜始终不稍吐其心事。余思庄湜天性至厚,此事不欲与我言者,必有难言之隐。昨日阍者所云得一信,宁非女郎手笔?吾不欲与庄湜提女子事者,因吾知庄湜用情真挚,而年鬓尚轻,恐一失足,万事瓦解。吾非谓人间不得言爱也,今兹据此情景,则庄湜定与淡装女郎有莫大关系。吾老于忧患矣,无端为庄湜动我缠绵悱恻之感,何哉?余同庄湜既登孤山,见碧睛国人数辈,在放鹤亭游览。忽一碧睛女子高歌曰:"Love is enough. Why should we ask for more?"女歌毕,即闻空谷作回音亦曰:

"Love is enough. Why should we ask for more?"时一青年继曰:"Oh! You kid! Sorrow is the depth of Love."空谷作抗音如前。游人均大笑,余见庄湜亦笑。然而强笑不欢,益增吾悲耳。连日天晴湖静,余出必强庄湜同行。余视庄湜愁潮稍退,渐归平静之境,然庄湜弱不胜衣,如在大病之后。余则如泛大海中,但望海不扬波,则吾友之心,庶可收拾。一日,庄湜忽问余曰:"吾骑马出游之日,曾有老人觅我否?"余即曰:"彼日觅子者非老人,乃一女郎。"庄湜愕视余曰:"女子耶?彼曾有何语?"余始将前事告之,并问曰:"彼女子何人也?"庄湜思少间,答曰:"吾知之而未尝见面者也。"余曰:"始吾不欲以儿女之情,扰子游兴,故未言之。今兹反使我不能无问者,子何为得书而神变耶?吾思书必为彼女子所寄,然耶否耶?"庄湜急曰:"否,乃叔父致我者。"余又问曰:"然则书中所言,与女子过访,不相涉耶?"庄湜曰:"彼女过访,实出吾意料之外。君言之,我始知之。"余又问曰:"如彼日子未外出,亦愿见彼女子否?"庄湜曰:"不愿见之。"余又问曰:"子何由问我有无老人来过?彼老人何人也?"庄湜曰:"恐吾叔父来游,不相值耳。"亡何,秋老冬初,庄湜束装归去。余以肠病复发,淹留湖上,或观书,或垂钓,或吸吕宋烟,用已吾疾,实则肠疾固难已也。他日,更来一女子,问庄湜在否,余曰:"早已归去。"余且答且细瞻之,则容光靡艳,丰韵娟逸,正盈盈十五之年也。女闻庄湜已归,即悯悯乘轩去。余沉吟叹曰:前后访庄湜者两人,均丽绝人寰者也。今姑不问二人与庄湜何等缘分,然二人均以不遇庄湜忧形于色,则庄湜必为两者之意中人无疑矣。但不知庄湜心在阿谁边耳。又思庄湜曾言不愿见前之女子,今日使庄湜在者,愿见之乎?抑不愿见之乎?吾今无从而窥庄湜也。夫天下最难解决之事唯情耳。庄湜宵深掩泪时,余心知此子必为情所累。特其情史,未之前闻,余又深信庄湜心无二色。昔人有言:"一丝既定,万死不更。"庄湜有焉?今探问庄湜者,竟有二美,则庄湜之不幸可想而知。哀哉!恐吾良友,不复永年。故余更曰:"天下女子皆祸水也。"半月,余亦归沪。

行装甫卸,即访庄湜。其姊云:"湜日来忽发热症,现住法国医院。"余驰院看之,庄湜见余,执余手,不言亦不笑。余问之曰:"子病略愈否?"庄湜但点首而已。余抚其额,热度亦不高。余此时,更不能以第二女访问之事告之。故余亦无言,默坐室内,可半句钟,见庄湜闭睫而卧。适医者入,余低声以病状问医者,医者谓其病症甚轻,惟神经受伤颇重,并属余不必与谈往事。医者既行,余出表视之,已八句钟又十分矣。余视庄湜仍贴然而睡,起立欲归。方启扉,庄湜忽张目向余曰:"且勿遽行,正欲与君作长谈也。"余曰:"子宜静卧,吾明晨再至。"庄湜曰:"吾事须今夕告君,君请坐。吾得对君吐吾衷曲,较药石为有效验。吾见君时,心绪已宁,更有一事,吾今日适接杜灵芳之简,约于九句钟来院。吾向医者言明,医者已许吾谈至十句钟为止。此子君曾于湖上见之,于吾为第一见,故吾求君陪我,或吾辞有不达意者,君须助我。君为吾至亲爱之友,此子亦为吾至亲爱之友。顾此子向未谋面,今夕相逢,得君一证吾心迹,一证彼为德容俱备之人,异日或能为我求于叔父,于事滋佳。"庄湜且言且振作其精神,不似带病之人。余心始释。然余思今夕处此境地,实生平所未经。盖男女慕恋,憔悴哀痛而外无可言,吾何能于其间置一词哉?继念庄湜今以一片真诚求我,我何忍却之?余复默坐。少间,女郎已至,驻足室外。庄湜略起,肃之入。余鞠躬与之为礼。庄湜肃然言曰:"吾心慕君,为日非浅。今日始亲芳范,幸何如也!"此际女郎双颊为酡,羞赧不知所对。庄湜复曰:"在座者,即吾至友曼殊君,性至仁爱,幸勿以礼防为隔也。"女始低声应曰:"知之。"庄湜曰:"吾无时不神驰左右,无如事多乖忤。前此累次不愿见君者,实不得已,未审令兄亦尝有书传达此意否?"女复应曰:"知之。"庄湜曰:"余游西湖之日,接叔父书,谓闻人言,君受聘于林姓,亲迎有日,然欤?"女容色惨沮,而颤声答曰:"非也。"庄湜继曰:"如此事果确者,君将何以?"语未毕,女截断言曰:"碧海青天,矢死不易吾初心也。"庄湜心为摧折,不复言者久之。女忽问曰:"妾中秋侍家母之钱塘观潮,令叔已知之耶?"庄湜曰:"或知之也。"女曰:"妾湖上访君未遇,令叔亦知之耶?"庄湜曰:"唯吾与曼殊君知之耳。"女曰:"令叔今去通州,何日归耶?"庄湜曰:"不知。"女郎至此欲问而止者再。已而,嗫嚅问曰:"君与莲佩女士曾见面否?与妾同乡同塾,其人柔淑堪嘉也。"庄湜曰:"吾居青岛时,曾三次见之,均吾姊绍介。"女曰:"君偕曼殊君游湖所在,是彼告我者。彼今亦在武林,未与湖上相遇耶?"庄湜曰:"且未闻之。"此际,余始得向庄湜插一言曰:"子行后,果有女子来访。"女惊向余曰:"请问先生,得毋密发虚鬈亭亭玉立者欤?"余曰:"是矣。"庄湜闻言,泪盈其睫。女郎蹶然就榻,执庄湜之手泣然曰:"君知妾,妾亦知君!"言次,自拔玉簪授庄湜曰:"天不从人愿者,碎之可尔!"余心良不忍听此女作不祥之语。余视表,此时刚十句钟矣。余乃劝女郎早归,俾庄湜安歇。女郎默默与余握手,遂凄然而别。嗟乎!此吾友庄湜与灵芳会晤之始,亦即会晤之终也。余既别庄湜、灵芳二人而归,辗转思维,终不得二子真相。庄湜接其叔书,谓灵芳将结缡他姓,则心神骤变,吾亲证之,是庄湜爱灵芳真也。余复思灵芳与庄湜晋接时,虽寥寥数语,然吾窥伺此女有无限情波,实在此寥寥数语之外。余又忽忆彼与余握别之际,其手心热度颇高,此证灵芳之爱庄湜亦真也。据二子答问之言推之,事或为其叔中梗耳。庄湜云与莲佩凡三遇,均其婶氏引见,则莲佩必为其叔婶所当意之人。灵芳问我密发虚鬈亭亭玉立此八字者,舍湖上第二次探问庄湜之女郎而外,吾固不能遽作答辞也。然则所谓莲佩女士者,余亦省识春风之面矣。第未审庄湜亦爱莲佩如爱灵芳否?莲佩亦爱庄湜如灵芳否?既而,余愈思愈见无谓,须知此乃庄湜之情关玉扃,并非属我之事也。又奚可以我之理想,漫测他人情态哉!余乃解衣而睡,遂入梦境。顾梦境之事,似与真境无有差别。但以我私心而论,梦境之味,实长于真境滋多。今兹请言吾梦。梦偕庄湜、灵芳、莲佩三子,从锦带桥泛棹里湖,见四围荷叶已残破不堪,犹自战风不已。时或泻其泪珠,一似哀诉造物。余怜而顾之,有一叶摇其首而对余曰:"吾非乞怜于尔,尔何不思之甚也。"将至西泠桥下,灵芳指水边语莲佩曰:"此数片小花,作金鱼红色者,亦楚楚可人。先吾亲见之而开,今吾复亲见之而谢,此何花也?"莲佩曰:"吾未识之,非蘋花耶?"庄湜转以问余,余曰:"此与蘋同种而异类,俗名鬼灯笼,可为药料者也。"言时已过西泠桥。灵芳、莲佩忽同声歌曰:"同携女伴踏青去,不上道傍苏小坟。"俄而歌声已杳,余独卧胡床之上。窗外晨曦在树,晓风新梦,令人惘然。余饭后,复至医院。以紫白相间之花十二当,赠庄湜。庄湜静卧榻上,昨夕之事,余不欲重提只字,乃絮论湖上之游。明知此于庄湜为不入耳之言,然余不得不如是也。余见昨夕女所遗簪,犹在枕畔,因谓庄湜曰:"此物子好自藏之。"庄湜开眸微视则摇其首。余为出其巾裹之,置枕下。已而庄湜向余曰:"吾婶晨朝来言吾叔将归,与吾同居别业。"余曰:"令叔年几何?"庄湜曰:"六十一。"继曰:"吾叔屡次阻吾与灵芳相见,吾至今仍不审其所以然。然吾心爱灵芳,正如爱吾叔也。"余顺问曰:"灵芳之兄,何人也?"庄湜曰:"吾同学而肝胆照人者也。"余曰:"彼今何在?"曰:"瑞士。"余曰:"有书至否?"曰:"有,书皆为我与灵芳之事者。"余曰:"云何?"曰:"劝我邀求阿婶早订婚约。但吾婶之意,则在莲佩。"余曰:"莲佩何如人耶?"曰:"彼为吾婶外甥,幼工刺绣,兼通经史,吾婶至爱之。"余即接曰:"子亦爱之如爱灵芳耶?"庄湜微叹而答曰:"吾亦爱之如吾婶也。"余曰:"然则二美并爱之矣。"庄湜复叹曰:"君思弱水三千之义,当识吾心。"余曰:"今问子心所先属者阿谁?"曰:"灵芳。"余曰:"子先觌面者为莲佩,而先属意者乃灵芳,其故可得闻欤?"曰:"前者吾游京师,正袁氏欲帝之日。某要人者,吾故人也。一日招我于其私宅,酒阑出文书一纸,嘱余译以法文。余受而读之,乃通告列国文件,盛载各省劝进文中之警句,以证天下归心袁氏。余以此类文句,译成国外之语,均虚妄怪诞诪便辟之辞,非余之所能胜任也。于是敬谢不敏。某要人曰:'子不译之可,今但恳子联名于此,愿耶?'余曰:'我非外交官,又非元老,何贵署区区不肖之名?'遂与某要人别。三日,有巡警提余到一处,余始知被羁押。时杜灵运为某院秘书,闻吾奸人所陷,鼎力为余解免。事后弃职,周游大地,今羁瑞士。灵运弱冠失父,偕灵芳游学罗马四年,兄妹俱有令名者也。当余新归海上,偕灵运卜居涌泉路,肥马轻裘与共。灵运将行,余与之同摄一小影,为他日相逢之券。积日,灵运微示其贤妹之情,拊余肩而问曰:'亦有意乎?'余感激几于泣下。其时吾心许之,而未作答词焉。吾思三日,乃将灵运之言,闻于叔婶。叔婶都不赞一辞,吾亦置之不问。一日灵运别余,萧然自去。灵运情义,余无时不深念之。顾虽未见其妹之面,而吾寸心注定,万劫不能移也。"余曰:"子既爱之,而不愿见之,是又何故?"庄湜曰:"始吾不敢有违叔父之命也。"余曰:"佳哉!为人子侄,固当如是。今吾思令叔之所以不欲子与灵芳相见者,亦以子天真诚笃,一经女子眼光所摄,万无获免。此正令叔慈爱之心所至,非情薄灵芳明矣。吾今复有一言进子,以常理度之,令叔婶必为子安排妥当。子虽初心不转,而莲佩必终属子。子若能急反其所为,收其向灵芳之心,移向莲佩,则此情场易作归宿,而灵芳亦必有谅子之一日。不然者,异日或有无穷悲慨,子虽入山,悔将何及?"余言至此,庄湜面色顿白,身颤如冒寒。余颇悔失言,然而为庄湜计,舍此再无他言可进。余待庄湜神息少靖乃去。数日,其叔婶果挈庄湜居于江湾之别业。余往访之。见其叔手《东莱博议》一卷,坐藤椅之上,且观且摇其膝。庄湜引余到其前曰:"阿叔,此吾友曼殊君,同吾游武林者也。"其叔闻言,乃徐徐脱其玳瑁框大眼镜,起立向余略点其首问曰:"自上海来乎?"余曰:"然。"又曰:"吾闻汝足迹半天下,甚善甚善。今日天色至佳,汝在此可随意游览。"余曰:"敬谢先生。"时侍婢将茶食陈于藤几之上,庄湜引余坐定。其叔劝进良殷,以手取山楂糕、糖、莲子分余,又分庄湜。余密觇其爪甲颇长,且有黑物藏于爪内,余心谓墨也,彼必善爪书。茶既毕,庄湜导余观西苑。余且行且语庄湜曰:"令叔和蔼可亲,子试自明心迹,于事或有济也。"庄湜曰:"吾叔恩重,所命靡不承顺。独此一事,难免有逆其情意之一日,故吾无日不耿耿于怀。迹吾叔心情,亦必知之而怜我,特以此属自由举动。吾叔胡谓蛮夷之风,不可学也。"尔时隆隆有车声,庄湜与余即至苑门。车门既启,一女子提其纤鞋下地,余静立瞻之,乃临存湖上之第二女郎也。女一视余,即转目而视庄湜,含娇含笑,将欲有言。余知庄湜中心已战栗,但此时外貌矫为镇定。女果有言曰:"闻玉体有吝,今已平善耶?"庄湜曰:"谢君见问,愈矣。"女曰:"吾前归自青岛,即往武林探君,不料君已返沪。"言至此,回其清盼而问余曰:"曼殊先生,归几日矣?"余曰:"归已六日。"女少思,已而复问庄湜:"湖上遇灵芳姊耶?"庄湜曰:"彼时适外出,故未遇之。"女急续曰:"然则至今亦未之见面耶?"此语似凤备者,斯时庄湜实难致答,乃不发一言。女凝视庄湜,而目中之意似曰:"枕畔赠簪之时吾一一知之矣。"少选,侍婢请女入,余同庄湜往草场中,徘徊流盼。忽而庄湜颜色惨白,凝立不动。余再三问之,始曰:"余思及莲佩前此垂爱之情,及阿婶深恩,而吾今兹爱情所向,乃乖忤如是,中心如何可安!复悟君前日训迪之言,吾心房碎矣。"余见庄湜忧深而言婉,因慰之曰:"子勿戚戚弗宁,容日吾当代子陈情于令叔,或有转机,亦未可料。"实则余作此语,毫无把握。然而溺于爱者,乃同小儿。其视吾此语,亦如小儿闻人话饼。庄湜又焉知余之所惴惴者耶?(未完)

(原载《新青年》第二卷第三号,1916年11月1日)

(续前号)

余辞庄湜归,中途见一马车瞥然而过。车中人即莲佩也,其眼角颇红。余心叹此女,实天生情种,亦横而不流者矣。方今时移俗易,长妇姹女,皆竞侈邪,心醉自由之风。其实假自由之名而行越货,亦犹男子借爱国之义而谋利禄。自由之女,爱国之士,曾游女、市侩之不若。诚不知彼辈性灵果安在也?盖余此次来沪,所见所闻,无一赏心之事。则旧友中不少怀乐观主义之人,余平心而论,彼负抑塞磊落之才,生于今日,言不救世,学不匡时,念天地之悠悠,唯有强颜欢笑,情郁于中而外貌矫为乐观。迹彼心情,苟谓诸国老独能关心国计民生则亦未也。迄余行至黄浦时约十句钟,扪囊只有铜板九枚。心谓为时夜矣,复何能至友人住宅?昔余羁异国,不能谋一宿,乃往驿路之待客室,吸烟待旦,此法独不能行之上海。余径至一报馆访某君,某君方埋首乱纸堆中,持管疾书。见余笑曰:"得毋谓我下笔千言、胸无一策者耶?"余曰:"此不生问题者也。夜深,吾无宿处,故来奉扰。"某君曰:"甚善,吾有烟榻,请子先卧,吾毕此稿,即来共子叙谈。吾每日以勋爵勋爵、入阁入阁诸名词见累,正欲得素心人一谈耳。"余问曰:"子于何时就寝?"某君曰:"明晨五六句钟始能就寝。子不知报馆中人,一若依美国之起卧为准则耶?"余曰:"然则听我去睡,明晨五六句钟适吾起时也。"某君曰:"子自卧,吾自为文。"余乃和衣而睡。明晨,余更至一友人家。友人顾问余曰:"子冬衣犹未剪裁,何日返西湖去?"余曰未定。友人出百金纸币相赠曰:"子取用之。"余接金即至英界购一表,计七十元,意离沪时,以此表还赠其公子上学之用,亦达其情。余购表后,又购吕宋烟二十元之谱,即返向日寄寓友人之处。翌日接庄湜笺,约余速往。余既至,庄湜即牵余至卧室细语余曰:"吾婶明日往接莲佩来此同住。吾今殊难为计,最好君亦暂寓舍间,共语晨夕。若吾一人独居,彼必时来缠扰。彼日吾冷然对之,彼怅惘而归,吾知彼必有微言陈于吾婶也。"余曰:"尊婶尚有何语?"庄湜曰:"此消息得之侍婢,非吾婶见告者。"余曰:"余一周之内,须同四川友人重赴西湖,愧未能如子意也。"庄湜曰:"使君住此一周亦佳,不然者吾唯有逃之一法。"余即曰:"子逃向何处?"庄湜曰:"吾已审思,如事迫者,吾唯有约灵芳同往苏州,或长江一带商埠。"余曰:"灵芳知子意否?"庄湜曰:"病院一别,未尝再见,故未告之。"余曰:"善,余来陪子住,细细商量可也。子若贸然他遁,此下下策,余不为子取也。"余是日即与庄湜同居,其叔婶遇余一切殷渥,余甚感之。明日,莲佩亦迁来南苑,所携行李甚简单,似不久住也者。余见庄湜与莲佩每相晤面,亦不作他语,但莞尔示敬而已。有时见莲佩伫立厅前,庄湜则避面而去,莲佩故心知之而无如何也。一日天阴,气候颇冷,余同庄湜闲谈书斋中。忽见侍婢捧百叶水晶糕进曰:"此燕小姐新制,嘱馈公子并客。"庄湜受之。侍婢去未移时,而莲佩从容含笑入斋,问起居。庄湜此时无少惊异,亦不表殷勤之貌。但曰:"多谢点心,请燕小姐坐近炉次,今日气候甚寒也。"莲佩待余两人归元座,乃敛裾坐于炉次。盖服西装也,上衣为雪白毛绒所织,披其领角,束桃红领带,状若垂巾。其短裾以墨绿色丝绒制之。着黑长袜,履十八世纪流行之舄,乃元色天鹅绒所制,尖处结桃红 Ribon。不冠,但虚鬌其发,两耳饰钻石作光,正如乌云中有金星出焉。余见庄湜危坐,不与之一言。余乃发言问曰:"燕小组尝至欧美否?"莲佩低鬌应曰:"未也,吾意二三年后,当往欧洲一吊新战场。若美洲,吾不愿往,且无史迹可资凭睇。而其人民以 make money 为要义,常曰'Two dollars is always better than one dollar.'视吾国人,直如狗耳。吾又何颜往彼都哉!人谓美国物质文明,不知彼守财虏正思利用物质文明,而使平民日趋于贫。故倡人道者有言曰:'使大地空气而能买者,早为彼辈吸收尽矣。'此语一何沉痛耶!"言已,出素手加煤于炉中。庄湜乘取书自阅。莲佩加煤既已,遂辞余两人,回身敛裾而去。余语庄湜曰:"斯人恭让温良,好女子也。"庄湜愁叹不语,余乃易一新吕宋烟吸之。未及其半,庄湜忽抛书语余曰:"此人于英法文学,俱能道其精义,盖从苏格兰处士查理司习声韵之学,五年有半,匪但容仪佳也。此人实为我良师,吾深恨相逢太早,至反不愿见之。嗟夫!命也!"庄湜言时,含泪于眶。顷之,谓余曰:"君今同我一访灵芳可乎?其兄久无书至,吾正忧之。"余曰可,遂同行。至巴子路,问其婢,始知灵芳母女往昆山已数日,乃怅怅去之。比归别业,则见莲佩迎于苑门之外,探怀出一函呈庄湜曰:"是灵芳姊手笔,告我云已至昆山,不日返也。"翌日,天气清明。饭罢,庄湜之婶命余等同游。其别业旧有二车。此日,二车均多添一马,成双马车。是日,莲佩易紫罗兰色西服。余等既出,途中行人,莫不举首惊望。以莲佩天生丽质,有以惹之也。甫至南京路,日已傍午,余等乃息于春申楼进午餐焉。当余等凭栏俯视之际,余见灵芳于马路中乘车而过,灵芳亦见余等。但庄湜与莲佩并语,未之见,余亦不以告之。餐罢,即往惠罗、汇司诸肆购物。以莲佩所用之物,俱购自西肆者。是日,莲佩倍觉欣欢,乃益增其媚。庄湜即奉承婶氏慈祥颜色,亦不云不乐。余即类星轺随员,故无所增减于胸中。莲佩复自购泰西银管四枝,赠庄湜一双,赠余一双;观剧之双眼镜二,庄湜一,余一。诸事既毕,即往徐园,而徐家汇,而梁园,而崔圃。游兴既阑,庄湜请于其婶曰:"今夕不归别业可乎?"其婶曰:"不归固无不可,但旅馆太不洁净。"庄湜曰:"有西人旅舍曰圣乔治,颇有幽致,如阿婶愿之,吾今夕当请阿婶观泰西歌剧。"其婶即曰:"今夕闻歌,最大佳事,但汝须恭请燕小姐为我翻译。"庄湜曰:"善。"向晚,余等遂往博物院剧场。至则泰西仕女云集,盖是夕所演为名剧也。莲佩一一口译之,清朗无异台中人,余实惊叹斯人灵秀所终。余等已观至两句钟之久,而莲佩犹滔滔不息。忽一乌衣子弟登台,怒视坐上人,以凄丽之音言曰:"What the world calls love, I neither know nor want, I know God's love, and that is not weak and mild. That is lard even unto the terror of death; it offers caresses which leave wounds. What did God answer in the olive-grove, when the Son lay sweating in agony, and prayed and prayed: 'Let this cup pass from me'? Did he take the cup of pain from his mouth? No, child; He had to drain it to the depth."莲佩至此,忽停其悬河之口。庄湜之婶问之曰:"何以不译?"再问而莲佩已呆若木鸡。余与庄湜俱知莲佩尔时深为感动,但庄湜之婶以为优人作狎辞,即亦不悦,遂命余等归于旅邸。既归,余始知是日为莲佩生日也。明日凌晨,莲佩约庄湜共余出行草地中。行久之,莲佩忽以手轻扶庄湜左臂,低首不语,似有倦态。梨窝微泛玫瑰之色。庄湜则面色转白,但仍顺步徐行。比至廊际,余上阶引彼二人至一小客室,谓庄湜曰:"晨餐尚有一句半钟,吾侪暂歇于此。子听鸟声乎？似云将卒岁也。"莲佩闻余言,引领外盼。已而语庄湜:"汝观郊外木叶半已零坠,飞鸟且绝迹,雪景行将陈于吾人睫畔。"且言且注视庄湜,奈庄湜一若罔闻,拈其表链,玩弄不已。余忽见有旅客手执球网,步经客室而去。余亦随之往观,已有二女一男,候此人于草地。余观彼四人击网球,技甚精妙。余返身欲呼庄湜、莲佩同观,岂料余至客室,则见庄湜犹痴坐梳花椅上。目注地毡,默不发言。莲佩则偎身于庄湜之右,披发垂于庄湜肩次,哆其唇樱,睫间颇有泪痕,双手将丝巾叠折卷之,此丝巾已为泪珠湿透。二人各知余至。莲佩心中,似谓吾今作是态者,虽上帝固应默许,吾钟吾爱无不可示人者。而庄湜此时,心如冰雪。须知对此倾国弗动其怜爱之心者,必非无因。顾莲佩芳心不能谅之,读者或亦有以恕莲佩之处。在庄湜受如许温存腻态,中心亦何尝不碎？第每一思念,上帝汝临无二,尔心之句即亦凛然为不可侵犯之男子耳。余问庄湜曰:"尊婶睡醒未？"庄湜微曰:"吾今往谒阿婶。"遂藉端而去。莲佩即起离椅,就镜台中理其发,而后以丝巾净拭其面。余中心甚为莲佩凄恻。此盖人生至无可如何之事也。迄余等返江湾,庄湜频频叹唱,复时时细诘侍婢。是夕,余至书斋觅书,乃见庄湜含泪对灯而坐。余即坐其身畔,正欲觅辞慰之,庄湜凄声语余曰:"灵芳之玉簪碎矣。"余不觉惊曰:"何时碎之？何人碎之？"庄湜曰:"吾俱不知,吾归时,即枕下取观,始知之。"庄湜言已,呜咽不胜。适其时,莲佩亦至,立庄湜之前问曰:"君何谓而哭也？或吾有所开罪于君耶？幸相告也。"百问不一答。莲佩固心知其哭也为彼,遂亦即庄湜身畔,掩面而哭。久之,侍婢扶莲佩归卧室。余见庄湜战栗不已,知其病重矣,即劝之安寝。明晨,余复看庄湜,庄湜见余如不复识,但注目直视,默不一言。余即时请谒其叔,语以庄湜病症颇危,而稍稍道及灵芳之事,冀有以助庄湜于毫末。其叔怒曰:"此人不听吾言,狂悖已甚。烦汝语彼,吾已碎其玉簪矣。此人年少任情,不知炫女不贞、炫士不信,古有明训耶？"言已,就案草一方交余曰:"据此人病状,乃肝经受邪之证,用人参、白芍、半夏各三钱,南星、黄连各二钱,陈皮、甘草、白芥子各一钱,水煎服,两三剂则愈。烦为我照料一切。"言时浩叹不置。余接方嗒然而退,招侍婢往药局配方。侍婢低声语余曰:"燕小姐昨夜死于卧室,事甚怪。主母戒勿泄言于公子。"余即问曰:"汝亲见燕小姐死状否?"侍婢曰:"吾今早始见之,盖以小刃自断其喉部也。"余曰:"万勿告公子,汝速去取药。"及余返庄湜卧内,庄湜面发紫色,其唇已白,双目注余面不转。余问安否,累问,庄湜都如不闻。余静坐室中待侍婢归。庄湜忽而摇首叹息,一似知莲佩昨夕之事者。然余心料无人语彼,何由知之?忽侍婢归,以药付余,复以一信呈庄湜。庄湜观信既已,即以授余,面色复变而为青。余侧身抚其肩。庄湜此时略下其泪,然甚稀疏。余知此乃灵芳手笔,顾今无暇阅之。更迟半句钟,侍婢将汤药而进。庄湜徐徐服之,然后静卧。余乃乘间披灵芳之信览之。信曰:"湜君足下,病院相晤之后,银河一角,咫尺天涯。每思隆情盛意,即亦点首太息而已。今者,我两人情分绝矣。前日趋叩高斋,正君偕莲姑出游时也。蒙令叔出肺腑之言相劝,昔日遗簪,乃妾请令叔碎之用践前言者也。今兹玉簪既碎,而吾初心易矣。望君勿恋恋细弱,须一意怜爱莲姑。妾此生所不与君结同心者,有如皎日,复望君顺承令叔婶之命,以享家庭团圆之乐,则薄命之人亦堪告慰。嗟乎!但愿订姻缘于再世,尽燕婉于来生。自兹诀别,夫复何言!灵芳再拜。"余观竟,一叹庄湜一生好事,已成逝水,一叹莲佩之不可复作,而灵芳此后情境,余不暇计及之矣。庄湜忽醒而吐,余重复搓其背。庄湜吐已,语余曰:"灵芳绝我,我固谅之,盖深知其心也,惜吾后此无缘复见灵芳。"然而言至此,咽气不复成声。余即扶之而卧,直至晚上,都不作一言。余嘱侍婢好好看视,冀其明日神识清爽,即可仍图欢聚。余遂离其病榻,归寝室。然余是夕已震恐不堪,亦唯有静坐吸烟。联吸十余枝,始解衣而睡。出新表视之,不觉一句半钟。余甫合眼,忽闻有人启余寝室之门。望之,则见侍婢持烛仓皇带泪而启余曰:"公子气断矣!"余急起趋至其室,案庄湜之体,冷如冰霜。少间，其叔婶俱至。其叔舍太息之外无他言。唯其婶垂泪颤声抚庄湜曰："汝真不解事，累我至此田地！"言已复哭。天明，余亟雇车驰至红桥某当铺，出新表典押，意此表今不送人亦无不可。余既典得四十金。即出，乃遇一女子，其面右腮有红志如瓜子大。猛忆此女乃灵芳之婢，遂问之曰："灵姑安否？"女含泪不答。余知不佳，时女引余至当铺屋角语余曰："姑娘前夕已自缢，恫哉！今家中无钱部署丧事，故主母命我来此耳。"余闻此语，伤心之处不啻庄湜亲闻之也。

迟三日，为庄湜出葬之日，来相送者，则其远亲一人，同学一人，都不知庄湜以何因缘而殒其天年也。既安葬于众妙山庄，余出厚资给守山者，令其时购鲜花种于坟前。盖不忍使庄湜复见残英。今兹庄湜、灵芳、莲佩之情缘既了，彼三人者，或一日有相见之期，然而难也！

后　　序

余恒觉人间世，凡一事发生，无论善恶，必有其发生之理由。况为数见不鲜之事，其理由必更充足。无论善恶，均不当谓其不应该发生也。食色性也，况夫终身配偶、笃爱之情耶？人类未出黑暗野蛮时代，个人意志之自由，迫压于社会恶习者又何仅此？而此则其最痛切者。古今中外之说部，多为此而说也。前者，吾友曼殊造《绛纱记》，秋桐造《双枰记》，都是说明此义，余皆叙之。今曼殊造《碎簪记》，复命余叙，余复作如是观。不审吾友笑余穿凿有失作者之意否邪？

一九一六年十一月二十二日　独秀叙

（原载《新青年》第二卷第四号，1916年12月1日）

狂人日记

鲁 迅

某君昆仲,今隐其名,皆余昔日在中学校时良友;分隔多年,消息渐阙。日前偶闻其一大病;适归故乡,迂道往访,则仅晤一人,言病者其弟也。劳君远道来视,然已早愈,赴某地候补矣。因大笑,出示日记二册,谓可见当日病状,不妨献诸旧友。持归阅一过,知所患盖"迫害狂"之类。语颇错杂无伦次,又多荒唐之言;亦不著月日,惟墨色字体不一,知非一时所书。间亦有略具联络者,今撮录一篇,以供医家研究。记中语误,一字不易;惟人名虽皆村人,不为世间所知,无关大体,亦悉易去。至于书名,则本人愈后所题,不复改也。

七年四月二日识

一

今天晚上,很好的月光。

我不见他,已是三十多年;今天见了,精神分外爽快。才知道以前的三十多年,全是发昏;然而须十分小心。不然,那赵家的狗,何以看我两眼呢?

我怕得有理。

二

今天全没月光,我知道不妙。早上小心出门,赵贵翁的眼色便怪:似乎怕我,似乎想害我。还有七八个人,交头接耳的议论我,又怕我看见。一路上的人,都是如此。其中最凶的一个人,张着嘴,对我笑了一笑;我便从头直冷到脚跟,晓得他们布置,都已妥当了。

我可不怕,仍旧走我的路。前面一伙小孩子,也在那里议论我;眼色也同赵贵翁一样,脸色也都铁青。我想我同小孩子有什么仇,他也这样。忍不住大声说:"你告诉我!"他们可就跑了。

我想:我同赵贵翁有什么仇,同路上的人又有什么仇;只有廿年以前,把古久先生的陈年流水簿子,踹了一脚,古久先生很不高兴。赵贵翁虽然不认识他,一定也听到风声,代抱不平;约定路上的人,同我作冤对。但是小孩子呢?那时候,他们还没有出世,何以今天也睁着怪眼睛,似乎怕我,似乎想害我。这真教我怕,教我纳罕而且伤心。

我明白了。这是他们娘老子教的!

三

晚上总是睡不着。凡事须得研究,才会明白。

他们——也有给知县打枷过的,也有给绅士掌过嘴的,也有衙役占了他妻子的,也有老子娘被债主逼死的;他们那时候的脸色,全没有昨天这么怕,也没这么凶。

最奇怪的是昨天街上的那个女人,打他儿子,嘴里说道:"老子呀!我要咬你几口才出气!"他眼睛却看着我。我出了一惊,遮掩不住;那青面獠牙的一伙人,便都哄笑起来。陈老五赶上前,硬把我拖回家中了。

拖我回家,家里的人都装作不认识我;他们的眼色,也全同别人一样。进了书房,便反扣上门,宛然是关了一只鸡鸭。这一件事,越教我猜不出底细。

前几天,狼子村的佃户来告荒,对我大哥说,他们村里的一个大恶人,给大家打死了;几个人便挖出他的心肝来,用油煎炒了吃,可以壮壮胆子。我插了一句嘴,佃户和大哥便都看我几眼。今天才晓得他们的眼光,全同外面的那伙人一模一样。

想起来,我从顶上直冷到脚跟。

他们会吃人,就未必不会吃我。

你看那女人"咬你几口"的话,和一伙青面獠牙人的笑,和前天佃户的话,明明是暗号。我看出他话中全是毒,笑中全是刀。他们的牙齿,全是白厉厉的排着,这就是吃人的家伙。

照我自己想,虽然不是恶人,自从踹了古家的簿子,可就难说了。他们似乎别有心思,我全猜不出。况且他们一翻脸,便说人是恶人。我还记得大哥教我做论,无论怎样好人,翻他几句,他便打上几个圈;原谅坏人几句,他便说:"翻天妙手,与众不同。"我哪里猜得到他们的心思,究竟怎样;况且是要吃的时候。

凡事总须研究,才会明白。古来时常吃人,我也还记得,可是不甚清楚。我翻开历史一查,这历史没有年代,歪歪斜斜的每页上都写着"仁义道德"几个字。我横竖睡不着,仔细看了半夜,才从字缝里看出字来,满本都写着两个字是"吃人!"

书上写着这许多字,佃户说了这许多话,却都笑吟吟的睁着怪眼睛看我。

我也是人,他们想要吃我了!

四

早上,我静坐了一会。陈老五送进饭来。一碗菜,一碗蒸鱼;这鱼的眼睛,白而且硬,张着嘴,同那一伙想吃人的人一样。吃了几筷,滑溜溜的不知是鱼是人,便把他兜肚连肠的吐出。

我说:"老五,对大哥说,我闷得荒,想到园里走走。"老五不答应,走了;停一会,可就来开了门。

我也不动,研究他们如何摆布我;知道他们一定不肯放松。果然!我大哥引了一个老头子,慢慢走来;他满眼凶光,怕我看出,只是低头向着地,从眼镜横边暗暗看我。大哥说:"今天你仿佛很好。"我说:"是的。"大哥说:"今天请何先生来,给你诊一诊。"我说:"可以!"其实我岂不知道这老头子是刽子手扮的!无非借了看脉这名目,揣一揣肥瘠;因这功劳,也分一片肉吃。我也不怕;虽然不吃人,胆子却比他们还壮。伸出两个拳头,看他如何下手。老头子坐着,闭了眼睛,摸了好一会,呆了好一会;便张开他鬼眼睛说:"不要乱想,静静的养几天,就好了。"

不要乱想,静静的养!养肥了,他们是自然可以多吃;我有什么好处,怎么会"好了"?他们这群人,又想吃人,又是鬼鬼祟祟,想法子遮掩,不敢直接下手,真要令我笑死。我忍不住,便放声大笑起来,十分快活。自己晓得这笑声里面,有的是义勇和正气;老头子和大哥,都失了色,被我这勇气正气镇压住了。

但是我有勇气,他们便越想吃我,沾光一点这勇气。老头子跨出门,走不多远,便低声对大哥说道:"赶紧吃罢!"大哥点点头。原来也有你!这一件大发现,虽似意外,也在意中;合伙吃我的人,便是我的哥哥!

吃人的是我哥哥!

我是吃人的人的兄弟!

我自己被人吃了,可仍然是吃人的人的兄弟!

五

这几天是退一步想:假使那老头子不是刽子手扮的,真是医生,也仍然是吃人的人。他们的祖师李时珍做的"本草什么"上，明明写着人肉可以煎吃；他还能说自己不吃人么？

至于我家大哥，也毫不冤枉他。他对我讲书的时候，亲口说过可以易子而食；又一回偶然议论起一个不好的人，他便说不但该杀，还当食肉寝皮。我那时年纪还小，心跳了好半天。前天狼子村佃户来说吃心肝的事，他也毫不奇怪，不住的点头。可见心思是同从前一样狠。既然可以易子而食，便什么都易得什么人都吃得。我从前单听他讲道理，也胡涂过去；现在晓得他讲道理的时候，不但唇边还抹着人油，而且心里满装着吃人的意思。

六

黑漆漆的，不知是日是夜。赵家的狗又叫起来了。

狮子似的凶心，兔子的怯弱，狐狸的狡猾，……

七

我晓得他们的方法，直接杀了，是不肯的，而且也不敢，怕有祸祟。所以他们大家连络，布满了罗网，逼我自戕。试看前几天街上男女的样子，和这几天我大哥的作为，便足可悟出八九分了。最好是解下腰带，挂在梁上，自己紧紧勒死；他们没有杀人的罪名，又偿了心愿，自然都欢天喜地的发出一种呜呜咽咽的笑声。否则惊吓忧愁死了，虽则略瘦，也还可以首肯几下。

他们是只会吃死肉的！——什么上说，有一种东西叫"海乙那"的，眼光和样子都很难看；时常吃死肉，连极大的骨头，都细细嚼烂，咽下肚子去，想起来也教人害怕。"海乙那"是狼的亲眷，狼是狗的本家。前天赵家的狗，看我几眼，可见他也同谋，早已接洽。老头子眼看着地，岂能瞒得我过。

最可怜的是我的大哥。他也是人,何以毫不害怕,而且合伙吃我呢?还是历来惯了,不以为非呢?是丧了良心,明知故犯呢?

我诅咒吃人的人,先从他起头;要劝转吃人的人,也先从他下手。

八

其实这种道理,到了现在,他们也该早已懂得,……

忽然来了一个人;年纪不过二十左右,相貌是不很看得清楚,满面笑容,对了我点头,他的笑也不像真笑。我便问他:"吃人的事,对么?"他仍然笑着说:"不是荒年,怎么会吃人。"我立刻就晓得,他也是一伙,喜欢吃人的;便自勇气百倍,偏要问他。

"对么?"

"这等事问他什么。你真会……说笑话。……今天天气很好。"

天气是好,月色也很亮了。可是我要问你:"对么?"

他不以为然了。含含胡胡的答道:"不……"

"不对?他们何以竟吃!"

"没有的事……"

"没有的事?狼子村现吃;还有书上都写着,通红斩新!"

他便变了脸,铁一般青。睁着眼说:"有许有的,这是从来如此……"

"从来如此便对么?"

"我不同你讲这些道理;总之你不该说,你说便是你错!"

我直跳起来,张开眼,这人便不见了。上身出了一大片汗。他的年纪,比我大哥小得远,居然也是一伙;这一定是他娘老子先教的。还怕已经教给他儿子了;所以连小孩子,也都恶狠狠的看我。

九

　　自己想吃人,又怕被别人吃了,都用着疑心极深的眼光,面面相觑。……

　　去了这心思,放心做事走路吃饭睡觉,何等舒服。这只是一条门槛,一个关头。他们可是父子兄弟夫妇朋友师生仇敌和各不相识的人,都结成一伙,互相劝勉,互相牵掣,死也不肯跨这一步。

十

　　大清早,去寻我大哥;他立在堂门外看天,我便走到他背后,拦住门,格外沉静、格外和气的对他说:

　　"大哥,我有话告诉你。"

　　"你说就是,"他赶紧回过脸来,点点头。

　　"我只有几句话,可是说不出来。大哥,大约当初野蛮的人,都吃过一点人。后来因为心思不同,有的不吃人了,一味要好,便变了人,变了真的人。有的却还吃,——也同虫子一样,有的变了鱼鸟猴子,一直变到人。有的不要好,至今还是虫子。这吃人的人比不吃人的人,何等惭愧。怕比虫子的惭愧猴子,还差得狠远狠远。

　　"易牙蒸了他儿子,给桀纣吃,还是一直从前的事。谁晓得从盘古开辟天地以后,一直吃到易牙的儿子;从易牙的儿子,一直吃到徐锡林;从徐锡林,又一直吃到狼子村捉住的人。去年城里杀了犯人,还有一个生痨病的人,用馒头蘸着血舐。

　　"他们要吃我,你一个人,原也无法可想;然而又何必入伙。吃人的人,什么事做不出;他们会吃我,也会吃你,一伙里面也会自吃。但只要转一步,只要立刻改了,也就人人太平。虽然从来如此,我们今天也可以格外要好，说是不能！大哥，我相信你能说，前天佃户要减租，你说过不能。"

当初，他还只是冷笑，随后眼光便凶狠起来，一到说破他们的隐情，那就满脸都变成青色了。在门外立着一伙人，赵贵翁和他的狗，也在里面，都探头探脑的挨进来。有的是看不出面貌，似乎用布蒙着；有的是仍旧青面獠牙，抿着嘴笑。我认识他们是一伙，都是吃人的人。可也晓得他心思很不一样，一种是以为从来如此，应该吃的；一种是知道不该吃，可是仍然要吃，又怕别人说破他，所以听了我的话，越发气愤不过，可是抿着嘴冷笑。

这时候，大哥也忽然显出凶相，高声喝道：

"都出去！疯子有什么好看！"

这时候，我又懂得一件他们的巧妙了。他们岂但不能改，而且早已布置；预备下一个疯子名目罩上我。将来吃了，不但太平无事，怕还会有人见情。佃户说的大家吃了一个恶人，正是这个方法。这是他们的老谱！

陈老五也气愤愤的直走进来。如何按得住我的口，我偏要对这伙人说：

"你们可以改了，从真心改起！要晓得将来容不得吃人的人，活在世上。

"你们要不改，自己也会吃尽。即使生得多，也会给真的人除灭了，同猎人打完狼子一样！——同虫子一样！"

那一伙人，都被陈老五赶走了。大哥也不知哪里去了。陈老五劝我回屋子里去。屋里面全是黑沉沉的。横梁和椽子都在头上发抖；抖了一会，便大起来，堆在我身上。

万分沉重，动弹不得；他的意思是要我死。我晓得他的沉重是假的，便挣扎出来，出了一身汗。可是偏要说：

"你们立刻改了，从真心改起！要晓得将来容不得吃人的人！……"

十一

　　太阳也不出,门也不开,日日是两顿饭。

　　我捏起筷子,便想起我大哥。晓得妹子死掉的缘故,也全在他。那时我妹子才五岁,可爱可怜的样子,还在眼前。母亲哭个不住,他却劝母亲不要哭;大约因为自己吃了,哭起来不免有点过意不去。如果还能过意不去,……

　　妹子是被大哥吃了,母亲知道没有,我可不得而知。

　　母亲想也知道;不过哭的时候,却并没说明,大约也以为应当的了。记得我四五岁时,坐在堂前乘凉,大哥说爷娘生病,做儿子的须割下一片肉来,煮熟了请他吃,才算好人;母亲也没说不行。一片吃得,整个的自然也吃得。但是那天的哭法,现在想起来,实在还教人伤心,这真是奇极的事!

十二

　　不能想了。

　　四千年来时时吃人的地方,今天才明白,我也在其中混了多年;大哥正管着家务,妹子恰恰死了,他未必不和在饭菜里,暗暗给我们吃。

　　我未必无意之中,不吃了我妹子的几片肉,现在也轮到我自己,……

　　有了四千年吃人履历的我,当初虽然不知道,现在明白,难见真的人!

十三

没有吃过人的孩子,或者还有?

救救孩子……

(原载《新青年》第四卷第五号,1918年5月15日)

孔 乙 己

鲁 迅

鲁镇的酒店的格局,是和别处不同的;都是当街一个曲尺形的大柜台,柜里面预备着热水,可以随时烫酒。做工的人,傍午傍晚散了工,每每花四文铜钱,买一碗酒,——这是二十多年前的事,现在每碗要涨到十文,——靠柜外站着!热热的喝了休息;倘肯多花一文,便可以买一碟盐煮笋,或茴香豆,做下酒物了。但这些顾客,多是短衣帮,大抵没有这样阔绰。只有着长衫的,才踱进店面隔壁的房子里,要酒要菜,慢慢地吃喝。

我从十二岁起,便在镇口的咸亨酒店里当伙计。掌柜说,样子太傻,怕侍候不了长衫主顾,就在外面做点事罢。外面的短衣主顾,虽然容易说话,但唠唠叨叨缠夹不清的,也很不少。他们往往要亲看着黄酒从坛子里舀出,看过壶子底里有水没有,又亲看将壶子放在热水里烫着,然后放心。在这严重监督之下,羼水也很为难。所以过了几天,掌柜又说我干不了这事。幸亏荐头的情面大,辞退不得,便改为专管烫酒的一种无聊职务了。

我从此便整天的站在柜台里,专管我的职务。虽然没有什么失职,但总觉有些单调,有些无聊。掌柜是一副凶面孔,主顾也没有好声气,教人活泼不得;只有孔乙己到店,才可以笑几声,所以至今记得。

孔乙己是站着喝酒而着长衫的唯一的人。他身材很高大;青白脸色,皱纹中间,时常夹些伤痕;一部乱蓬蓬的花白胡子。穿的虽是长衫,可是又脏又破,似乎十多年没有补,也没有洗。他对人说话,总是满口之乎者也,教人半懂不懂的。因为他姓孔,别人便从描红纸上"上大人孔乙己"这半懂不懂的话里,替他取下一个绰号,叫作孔乙己。孔乙己一到店,所有喝酒的人便都看着他笑。有的叫道,"孔乙己,你脸上又添上新伤疤了!"他不答应,对柜里说,"烫两碗酒,要一碟茴香豆。"便排出九文大钱。他们又故意的高声嚷道,"你一定又偷了人家东西了!"孔乙己睁大眼睛说,"你怎么这样凭空污人清白……""什么清白?我前天亲眼见你偷了何家的书,吊着打。"孔乙己便涨红了脸,额上的青筋条条绽出,急辩道,"窃书不能算偷。……窃书……读书人的事,能算偷么?"接连便是难懂的话,什么"君子固穷",什么"者乎"之类,引得众人都哄笑起来;店内外充满了快活的空气。

听人家背地谈论,孔乙己原来也读过书,但终于没有进学,又不会营生;于是愈过愈穷,弄到将要讨饭了。幸而写得一笔好字,便替人家钞钞书,换一碗饭吃。可惜他又有一样坏脾气,便是好喝懒做。坐不到几天,便连人和书籍纸张笔砚,一齐失踪。如是几次,叫他钞书的人,也没有了。孔乙己没有法,便免不了偶然做些偷窃的事。但他在我们店里,品行却比别人都好,就是从不拖欠;虽然间或没有现钱,暂时记在粉板上面,但不出一月,定然还清,从粉板上拭去了孔乙己的名字。

孔乙己喝过半碗酒,涨红的脸色,渐渐复原。旁人便又问道,"孔乙己,你当真认识字么?"孔乙己看着问他的人,显出不屑置辩的神气。他们便接着说道,"你怎的连半个秀才也捞不到呢?"孔乙己立刻显出颓唐不安模样,脸上笼上了一层灰色,嘴里说些话;这回可是全是之乎者也之类,一些也不懂了。在这时候,众人也都哄笑起来;店内外充满了快活的空气。

在这些时候,我可以附和着笑,掌柜是决不责骂的。而且掌柜见了孔乙己,也每每这样问他,引人发笑。孔乙己自己知道不能和他们谈天,便只好向孩子说话。有一回对我说道:"你读过书么?"我略略点一点头。他说,"读过书,……我便考你一考。茴香豆的茴字,怎么写的?"我想讨饭一样的人也配考我么?便回过脸,不再理会。孔乙己等了许久,很恳切的说道,"不能写罢?……我教给你,记着!这些字应该记着。将来做掌柜的时候,写账要用。"我想我和掌柜的等级还很远呢,而且我们掌柜也从不将茴香豆上账;又好笑,又不耐烦,懒懒的答他道,"谁要你教,不是草头底下一个来回的回字么?"孔乙己显出极高兴的样子,将两个指头的长指甲敲着柜台,点头说,"对呀对呀!……回字有四样写法,你知道么?"我愈不耐烦,努着嘴走远。孔乙己刚用指甲蘸了酒,想在柜上写字,见我毫不热心,便又叹了一口气,显出极惋惜的样子。

有几回,邻舍孩子听得笑声,也赶热闹,围住了孔乙己。他便给他们茴香豆吃,一人一颗。孩子吃完豆,仍然不散,眼睛都望着碟子。孔乙己发了慌,伸开五指将碟子罩住,弯腰下去说道,"不多了,我已经不多了。"直起身又看一看豆,自己摇头说,"不多不多!多乎哉?不多也。"于是这一群孩子,又在笑声里走散。

孔乙己是这样使人快活,可是没有他,别人也便这么过。

有一天,大约是中秋前的两三天,掌柜正在慢慢的结账,取下粉板,忽然说,"孔乙己长久没有来了。还欠十九个钱呢?"我才也觉得他的确长久没有来了。一个喝酒的人说道,"他怎么来?……他打折了腿了。"掌柜说,"哦!"他总仍旧是偷。这一回,是自己发昏,竟偷到丁举人家里去了。他家的东西,偷得的么?""后来怎么样?""怎么样?先写服辩,后来是打,打了大半夜,再打折了腿。""后来呢?""后来打折了腿了。""打折了怎样呢?""怎样?……谁晓得?许是死了。"掌柜也不再问,仍然慢慢的算他的账。

中秋过后,秋风是一天凉比一天,看看将近初冬;我整天的靠着火,也须穿上棉袄了。一天的下半天,没有一个顾客,我正合眼坐着。忽然间听得一个声音:"烫一碗酒。"这声音极低,却很耳熟。看时又全没有人。站起来向外一望,那孔乙己便在柜台下对了门槛坐着。他面孔黑而且瘦,已经不成样子;穿一件破夹袄,盘着两腿,下面垫一个蒲包,用草绳在肩上挂住;见了我,又说道,"烫一碗酒。"掌柜也伸出头去,一面说:"孔乙己么?你还欠十九个钱呢!"孔乙己很颓唐的仰面答道,这……下回还清罢。这一回是现钱,酒要好。"掌柜仍然同平常一样,笑着对他说,"孔乙己,你又偷了东西了!"但他这回却不十分分辩,单说了一句"不要取笑!""取笑?要是不偷,怎么会打断腿?"孔乙己低声说道,"跌断,跌跌……"他的眼色,很像恳求掌柜,不要再提。此时已经聚集了几个人,便和掌柜都笑了。我热了酒,端出去,放在门槛上。他从破衣袋里,摸出四文大钱,放在我手里,见他满手是泥,原来他便用这手走来;不一会喝完酒,也在旁人的说笑声中,坐着用这手慢慢走去。

　　自此以后,又长久没有见孔乙己。到了年关,掌柜取下粉板说,"孔乙己还欠十九个钱呢!"到第二年的清明,又说"孔乙己还欠十九个钱呢!"到端午可是没有说,再到中秋也没有见他。

　　我到现在终于没有见,——大约孔乙己的确死了。

　　这一篇很拙的小说,还是去年冬天做成的。那时的意思,单在描写社会上的或一种生活,请读者看看,并没有别的深意。但用活字排印了发表,却已在这时候,——便是忽然有人用小说盛行人身攻击的时候。大抵著者走入暗路,每每能引读者的思想跟他堕落;以为小说是一种泼秽水的器具,里面糟蹋的是谁。这实在是一件极可叹可怜的事。所以我在此声明,免得发生猜度,害了读者的人格。

一九一九年三月廿六日记

(原载《新青年》第六卷第四号,1919 年 4 月 15 日)

药

鲁　迅

一

秋天的后半夜,月亮去了,太阳还没有出,只剩下一片乌蓝的天。除了夜游的东西,什么都睡着。华老栓忽然坐起身,擦着火柴,点上遍身油腻的灯盏。茶馆的两间屋子里,便弥满了青白的光。

"小栓的爹,你就去么?"是一个老女人的声音。里边的小屋子里,也发出一阵咳嗽。

"唔。"老栓一面听,一面应,一面扣上衣服,伸手过去说:"给我罢。"

华大妈在枕头底下掏了半天,掏出一包洋钱,交给老栓。老栓接了,抖抖的装入衣袋,又在外面按了两下,便点上灯笼,吹熄灯盏,走向里屋子去了。那屋子里面,正在窸窸窣窣的响,接着便是一通咳嗽。老栓候他平静过去,才低低的叫道:"小栓……你不要起来。……店么?你娘会安排的。"

老栓听得儿子不再说话,料他安心睡了,便出了门,走到街上。街上黑沉沉的一无所有,只有一条灰白的路,看得分明。灯光照着他的两脚,一前一后的走。有时也遇到几只狗,可是一只也没有叫。天气比屋子里冷的多了,老栓倒觉爽快,仿佛一旦变了少年,得了神通,有给人生命的本领似的,跨步格外高远。而且路也愈走愈分明,天也愈走愈亮了。

老栓正在专心走路,忽然吃了一惊,远远里看见一条丁字街,明明白白横着。便退了几步,寻到一家关着门的铺子,蹩进檐下,靠门立住了。好一会,身上觉得有些发冷。

"哼,老头子。"

"倒高兴……"

老栓又吃一惊,睁眼看时,几个人从他面前过去了。一个还回头看他,样子不甚分明,但很像久饿的人,见了食物一般眼里闪出一种攫取的光。老栓看看灯笼,已经熄了。按一按衣袋,硬硬的还在。仰起头两面一望,只见许多古怪的人,三三两两,鬼似的在那里徘徊;定睛再看,却也看不出什么别的奇怪。

没有多久,又见几个兵,在那边走动。衣服前后的一个大白圆圈,远地里也看得清楚。走过面前的,并且看出号衣上暗红色的镶边。——一阵脚步声响,一眨眼,已经拥过了一大簇人。那三三两两的人,也忽然合作一堆,潮一般向前赶,将到丁字街口,便突然立住,簇成一个半圆。

老栓也向那边看,却只见一堆人的后背,颈项都伸的很长,仿佛许多鸭,被无形的手捏住了的,向上提着。静了一会,似乎有点声音,便又动摇起来,轰的一声,都向后退,一直散到老栓立着的地方,几乎将他挤倒了。

"喂!一手交钱,一手交货!"一个浑身黑色的人,站在老栓面前,眼光正像两把刀,刺得老栓缩小了一半。那人一只大手,向他摊着,一只手却撮着一个鲜红的馒头,那红的还是一点一点的往下滴。

老栓慌忙摸出洋钱,抖抖的想交给他,却又不敢去接他的东西。那人便焦急起来,嚷道:"怕什么?怎的不拿!"老栓还踌躇着,黑的人便抢过灯笼,一把扯下纸罩,裹了馒头,塞与老栓。一手抓过洋钱,捏一捏,转身去了。嘴里哼着说,"这老东西……"

"这给谁治病的呀?"老栓也似乎听得有人问他,但他并不答应;他的精神,现在只在一个包上,仿佛抱着一个十世单传的婴儿,别的事情,都已耳无闻目无见了。他现在要将这包里的新的生命,移植到他家里,收获许多幸福。太阳也出来了;在他面前,显出一条大道,直到他家中,后面也照见丁字街头破匾上"古□亭口"这四个黯淡的金字。

二

老栓走到家,店面早经收拾干净,一排一排的茶桌,滑滑的发光。但是没有客人;只有小栓坐在里排的桌前吃饭,大粒的汗,从额上滚下,夹袄也贴住了脊心,两块肩胛骨高高凸出,印成一个阳文的"八"字。老栓见这样子,不免皱一皱展开的眉心。他的女人,从灶下急急走出,睁着眼睛,嘴唇有些发抖。

"得了么?"

"得了。"

两个人一齐走进灶下,商量了一会;华大妈便出去了,不多时,拿着一片老荷叶回来,摊在桌上。老栓也打开灯笼罩,用荷叶重新包了那红的馒头。小栓也吃完饭,他的母亲慌忙说:——

"小栓——你坐着,不要到这里来。"

一面整顿了灶火,老栓便把一个碧绿的包,一个红红白白的破灯笼,一同塞在灶里;一阵红黑的火焰过去时,店屋里散满了一种奇怪的香味。

"好香!你们吃什么点心呀?"这是驼背五少爷到了。这人每天总在茶馆里过日,来得最早,去得最迟,此时恰恰蹩到临街的壁角的桌边,便坐下问话。然而没人应他,"炒米粥么?"仍然没有人应;老栓匆匆走出,给他泡上茶。

"小栓进来罢!"华大妈叫小栓进了里面的屋子,中间放好一条凳,小栓坐了。他的母亲端过一碟乌黑的圆东西,轻轻说:——

"吃下去罢,——病便好了。"

小栓撮起这黑东西,看了一会,似乎拿着自己的性命一般,心里说不出的奇怪。十分小心的拗开了,焦皮里面窜出一道白气,白气散了,是两半个白面的馒头。——不多工夫,已经全在肚里了,却全忘了什么味,面前只剩下一张空盘。他的旁边,一面立着他的父亲,一面立着他的母亲,两人的眼光,都仿佛要在他身里注进什么又要取出什么似的;便禁不住心跳起来,按着胸膛,又是一阵咳嗽。

"睡一会罢,——便好了。"

小栓依他母亲的话,咳着睡了。华大妈候他喘气平静,才轻轻的给他盖上了满幅补钉的夹被。

三

店里坐着许多人,老栓也忙了,提着大铜壶,一趟一趟的给客人冲茶;两个眼眶,都围着一圈黑线。

"老栓你有些不舒服么?——你生病么?"一个花白胡子的人说。

"没有。"

"没有?——我想笑嘻嘻的,原也不像……"花白胡子便取消了自己的话。

"老栓只是忙。要是他的儿子……"驼背五少爷话还未完,突然闯进了一个满脸横肉的人,披一件玄色布衫,散着纽扣,用很宽的玄色腰带,胡乱捆在腰间。刚进门,便对老栓嚷道——

"吃了么?好了么?老栓,就是运气了你!你运气,要不是我信息灵……"

老栓一手提了茶壶,一手恭恭敬敬的垂着;笑嘻嘻的听。满坐的人,也都恭恭敬敬的听。华大妈也黑着眼眶,笑嘻嘻的送茶碗茶叶出来,加上一个橄榄,老栓便去冲了水。

"这是包好!这是与众不同的。你想,趁热的拿来,趁热吃下。"横肉的人只是嚷。

"真的呢,要没有康大叔照顾,怎么会这样……"华大妈也很感激的谢他。

"包好,包好!这样的趁热吃下。这样的人血馒头,什么痨病都包好!"

华大妈听到"痨病"这两个字,变了一点脸色,似乎有些不悦;但又立刻堆上笑,搭讪着走开了。这康大叔却没有觉察,仍然提高了喉咙只是嚷,嚷得里面睡着的小栓也合伙咳嗽起来。

"原来你家小栓碰到了这样的好运气了。这病自然一定全好;怪不得老栓整天的笑着呢。"花白胡子一面说,一面走到康大叔面前,低声下气的问道,"康大叔——听说今天结果的一个犯人,便是夏家的孩子,那是谁的孩子?究竟是什么事?"

"谁的?不就是夏四奶奶的儿子么?那个小家伙!"康大叔见众人都耸起耳朵听他,便格外高兴,横肉块块饱绽,越发大声说,"这小东西不要命,不要就是了。我可是这一回一点没有得到好处;连剥下来衣服,都给管牢的红眼睛阿义拿去了。——第一要算我们栓叔运气;第二是夏三爷赏了二十五两雪白的银子,一个人落腰包,一文不花。"

小栓慢慢的从小屋子走出,两手按了胸口,不住的咳嗽;走到灶下,盛出一碗冷饭,泡上热水,坐下便吃。华大妈跟着他走,轻轻的问道,"小栓你好些么?——你仍旧只是肚饿……?"

"包好,包好!"康大叔瞥了小栓一眼,仍然回过脸,对众人说,"夏三爷真是乖角儿,要是他不先告官,连他满门抄斩,现在怎样?银子!——这小东西也真不成东西!关在牢里,还要劝牢头造反。"

"阿呀,那还了得。"坐在后排的一个二十多岁的人,很现出气愤模样。

"你要晓得红眼睛阿义是去盘盘底细的,他却和他攀谈了。他说:这大清的天下是我们大家的。你想:这是人话么,红眼睛原知道他家里只有一个老娘,可是没有料到他竟会那么穷,榨不出一点油水,已经气破肚皮了。他还要老虎头上搔痒,便给他两个嘴巴!"

"义哥是一手好拳棒,这两下,一定够他受用了。"壁角的驼背忽然高兴起来。

"他这贱骨头打不怕,还要可怜可怜哩。"

花白胡子的人说,"打了这种东西,有什么可怜呢?"——

康大叔显出看他不上的样子,冷笑着说,"你没有听清我的话;看他神气,是说阿义可怜呢!"

听着的人的眼光,忽然有些板滞;话也停顿了。小栓已经吃完饭,吃得满身流汗,头上都冒出蒸气。

"阿义可怜——疯话,简直是发了疯了。"花白胡子恍然大悟似的说。

"发了疯了。"二十多岁的人也恍然大悟的说。

店里的座客,便又现出活气,谈笑起来。小栓也趁着热闹,拼命咳嗽;康大叔走上前,拍他肩膀说:——

"包好!小栓——你不要这么咳。包好!"

"疯了。"驼背五少爷点着头说。

四

西关外靠着城根的地面,本是一块官地;中间歪歪斜斜一条细路,是贪走便道的人,用鞋底造成的,但却成了自然的界限。路的左边,都埋着死刑和瘐毙的人,右边是穷人的丛冢。两面都已埋到层层叠叠,宛然富翁家里祝寿时候的馒头。

这一年的清明,分外寒冷;杨柳才吐出半粒米大的新芽。天明未久,华大妈已在右边的一座新坟前面,排出四碟菜,一碗饭,哭了一场。化过纸,呆呆的坐在地上;仿佛等候什么似的,但自己也说不出等候什么。微风起来,吹动她短发,确乎比去年白的多了。

小路上又来了一个女人,也是半白头发,褴褛的衣裙;提一个破旧的朱漆圆篮,外挂一串纸锭,三步一歇的走。忽然见华大妈坐在地上看她,便有些踌躇,惨白的脸上,现出些羞愧颜色;但终于硬着头皮,走到左边的一座坟前,放下了篮子。

那坟与小栓的坟,一字儿排着,中间只隔一条小路。华大妈看她排好四碟菜,一碗饭,立着哭了一通,化过纸锭;心里暗暗地想:"这坟里的也是儿子了。"那老女人徘徊观望了一回,忽然手脚有些发抖,跄跄踉踉退下几步,瞪着眼只是发怔。

华大妈见这样子,生怕她伤心到快要发狂了;便忍不住立起身,跨过小路,低声对她说,"你这位老奶奶不要伤心了,——我们还是回去罢。"

那人点一点头,眼睛仍然向上瞪着;也低声吃吃的说道,"你看,——看这是什么呢?"

华大妈跟了她指头看去,眼光便到了前面的坟,这坟上草根还没有全合,露出一块一块的黄土,煞是难看。再往上仔细看时,却不觉也吃一惊;——分明有一圈红白的花,围着那尖圆的坟顶。

他们的眼睛都已老花多年了,但望这红白的花,还能明白看见。花也不很多,圆圆的排成一个圈,不很精神,倒也整齐。华大妈忙看她儿子和别人的坟,却只有不怕冷的几点青白小花,零星开着;便觉得心里忽然感到一种不足和空虚,不愿意根究。那老女人又走近几步,细看了一遍,自言自语的说,"这没有根,不像自己开的。——这地方有谁来呢?孩子不会来玩;——亲戚本家早不来了。——这是怎么一回事呢?"她想了又想,忽又流下泪来,大声说道:——

"瑜儿他们都冤枉了你,你还是忘不了,伤心不过,今天特意显点灵,要我知道么?"他四面一看,只见一只乌鸦,站在一株没有叶的树上,便接着说,"我知道了。——瑜儿可怜他们坑了你,他们将来总有报应,天都知道;你闭了眼睛就是了。——你如果真在这里,听到我的话,——便教这乌鸦飞上你的坟顶,给我看罢。"

微风早经息了;枯草支支直立有如铜丝。一丝发抖的声音,在空气中愈颤愈细,细到没有,周围便都是死一般静。两人站在枯草丛里,仰面看那乌鸦;那乌鸦也在笔直的树枝间,缩着头,铁铸一般站着。

许多工夫过了;上坟的人渐渐增多,几个老的小的,在土坟间出没。

华大妈不知怎的,似乎卸下了一挑重担,便想到要走;一面劝着说,"我们还是回去罢。"

那老女人叹一口气,无精打采的收起饭菜;又迟疑了一刻,终于慢慢地走了。嘴里自言自语的说,"这是怎么一回事呢?……"

他们走不上二三十步远,忽听得背后"哑——"的一声大叫;两个人都竦然的回过头,只见那乌鸦张开两翅,一挫身,直向着远处天空,箭也似的飞去了。

(原载《新青年》第六卷第五号,1919年5月)

风　波

鲁　迅

　　临河的土场上,太阳渐渐的收了他通黄的光线了。场边靠河的乌桕树叶,干巴巴的才喘过气来,几个花脚蚊子在下面哼着飞舞。面河的农家的烟突里,逐渐减少了炊烟,女人孩子们都在自己门口的土场泼些水,放下小桌子和矮凳;人知道,这已经是晚饭时候了。

　　老人男人坐在矮凳上,摇着大芭蕉扇闲谈,孩子飞也似的跑,或者蹲在乌桕树下赌玩石子。女人端出乌黑的蒸干菜和松花黄的米饭,热蓬蓬冒烟。河里驶过文人的酒船,文豪见了,大发诗兴,说,"无思无虑,这真是田家乐呵!"

　　但文豪的话有些不合事实,就因为他们没有听到九斤老太的话。这时候,九斤老太正在大怒,拿破芭蕉扇敲着凳脚说:

　　"我活到七十九岁了,活够了,不愿意眼见这些败家相,——还是死的好。立刻就要吃饭了,还吃炒豆子,吃穷了一家子!"

　　伊的曾孙女儿六斤捏着一把豆,正从对面跑来,见这情形,便直奔河边,藏在乌桕树后,伸出双丫角的小头,大声说,"这老不死的!"

　　九斤老太虽然高寿,耳朵却还不很聋,但也没有听到孩子的话,仍旧自己说,"这真是一代不如一代!"

　　这村庄的习惯有点特别,女人生下孩子,多喜欢用秤称了轻重,便用斤数当作小名。九斤老太自从庆祝了五十大寿以后,便渐渐的变了不平家,常说伊年青的时候,天气没有现在这般热,豆子也没有现在这般硬:总之现在的时世是不对了。何况六斤比伊的曾祖,少了三斤,比伊父亲七斤,又少了一斤,这真是一条颠扑不破的实例。所以伊又用劲说,"这真是一代不如一代!"

伊的儿媳七斤嫂子正捧着饭篮走到桌边,便将饭篮在桌上一摔,愤愤的说,"你老人家又这么说了。六斤生下来的时候,不是六斤五两么?你家的秤又是私秤,加重称,十八两秤;用了准十六,我们的六斤该有七斤多哩。我想便是太公和公公,也不见得正是九斤八斤十足,用的秤也许是十四两……"

"一代不如一代!"

七斤嫂还没有答话,忽然看见七斤从小巷口转出,便移了方向,对他嚷道,"你这死尸怎么这时候才回来,死到那里去了!不管人家等着你开饭!"

七斤虽然住在农村,却早有些飞黄腾达的意思。从他的祖父到他,三代不捏锄头柄了;他也照例的帮人撑着航船,每日一回,早晨从鲁镇进城,傍晚又回到鲁镇,因此很知道些时事:例如什么地方,雷公劈死了蜈蚣精,什么地方,闺女生了一个夜叉之类。他在村人里面,的确已经是一名出场人物了。但夏天吃饭不点灯,却还守着农家习惯,所以回家太迟,是该骂的。

七斤一手捏着象牙嘴白铜斗六尺多长的湘妃竹烟管,低着头,慢慢地走来,坐在矮凳上。六斤也趁势溜出,坐在他身边,叫他爹爹。七斤没有应。

"一代不如一代!"九斤老太说。

七斤慢慢地抬起头来,叹一口气说,"皇帝坐了龙庭了。"

七斤嫂呆了一刻,忽而恍然大悟的道,"这可好了,这不是又要皇恩大赦了么!"

七斤又叹一口气,说,"我没有辫子。"

"皇帝要辫子么?"

"皇帝要辫子。"

"你怎么知道呢?"七斤嫂有些着急,赶忙的问。

"咸亨酒店里的人,都说要的。"

七斤嫂这时从直觉上觉得事情似乎有些不妙了,因为咸亨酒店是消息灵通的所在。伊一转眼瞥见七斤的光头,便忍不住动怒,怪他恨他怨他;忽然又绝望起来,装好一碗饭,搡在七斤的面前道,"还是赶快吃你的饭罢!哭丧着脸,就会长出辫子来么?"

太阳收尽了他最末的光线了,水面暗暗地回复过凉气来;土场上一片碗筷声响,人人的脊梁上又都吐出汗粒。七斤嫂吃完三碗饭,偶然抬起头,心坎里便禁不住突突地发跳。伊透过乌桕叶,看见又矮又胖的赵七爷正从独木桥上走来,而且穿着宝蓝色竹布的长衫。

赵七爷是邻村茂源酒店的主人,又是这三十里方圆以内的唯一的出色人物兼学问家;因为有学问,所以又有些遗老的臭味。他有十多本金圣叹批评的《三国志》,时常坐着一个字一个字的读;他不但能说出五虎将姓名,甚而至于还知道黄忠表字汉升和马超表字孟起。革命以后,他便将辫子盘在顶上,像道士一般;常常叹息说,倘若赵子龙在世,天下便不会乱到这地步了。七斤嫂眼睛好,早望见今天的赵七爷已经不是道士,却变成光滑头皮,乌黑发顶;伊便知道一定是皇帝坐了龙庭,而且一定须有辫子,而且七斤一定是非常危险。因为赵七爷的这件竹布长衫,轻易是不常穿的,三年以来,只穿过两次:一次是和他呕气的麻子阿四病了的时候,一次是曾经砸烂他酒店的鲁大爷死了的时候;现在是第三次了,这一定又是于他有庆,于他的仇家有殃了。

七斤嫂记得,两年前七斤喝醉了酒,曾经骂过赵七爷是"贱胎",所以这时便立刻直觉到七斤的危险,心坎里突突地发起跳来。

赵七爷一路走来,坐着吃饭的人都站起身,拿筷子点着自己的饭碗说,"七爷,请在我们这里用饭!"七爷也一路点头,说道"请请",却一径走到七斤家的桌旁。七斤们连忙招呼,七爷也微笑着说"请请",一面细细的研究他们的饭菜。

"好香的干菜,——听到了风声了么?"赵七爷站在七斤的后面七斤嫂的对面说。

"皇帝坐了龙庭了。"七斤说。

七斤嫂看着七爷的脸,竭力陪笑道,"皇帝已经坐了龙庭,几时皇恩大赦呢?"

"皇恩大赦? ——大赦是慢慢的总要大赦罢。"七爷说到这里,声色忽然严厉起来,"但是你家七斤的辫子呢,辫子?这倒是要紧的事。你们知道,长毛时候,留发不留头,留头不留发,……"

七斤和他的女人没有读过书,不很懂得这古典的奥妙,但觉得有学问的七爷这么说,事情自然非常重大,无可挽回,便仿佛受了死刑宣告似的,耳朵里嗡的一声,再也说不出一句话。

"一代不如一代,——"九斤老太正在不平,趁这机会,便对赵七爷说,"现在的长毛,只是剪人家的辫子,僧不僧,道不道的。从前的长毛,这样的么?我活到七十九岁了,活够了。从前的长毛是——整匹的红缎子裹头,拖下去,拖下去,一直拖到脚跟;王爷是黄缎子,拖下去,黄缎子;红缎子,黄缎子,——我活够了,七十九岁了。"

七斤嫂站起身,自言自语的说:"这怎么好呢?这样的一班老小,都靠他养活的人,……"

赵七爷摇头道,"那也没法。没有辫子,该当何罪,书上都一条一条明明白白写着的。不管他家里有些什么人。"

七斤嫂听到书上写着,可真是完全绝望了;自己急得没法,更忽然又恨到七斤。伊用筷子指着他的鼻尖说,"这死尸自作自受!造反的时候,我本来说,不要撑船了,不要上城了。他偏要死进城去,滚进城去,进城便被人剪去了辫子。从前是绢光乌黑的辫子,现在弄得僧不僧道不道的。这囚徒自作自受,带累了我们又怎么说呢?这活死尸的囚徒……"

村人看见赵七爷到村,都赶紧吃完饭,聚在七斤家饭桌的周围。七斤自己知道是出场人物,被女人当大众这样辱骂,很不雅观,便只得抬起头,慢慢地说道:

"你今天说现成话,那时你……"

"你这活死尸的囚徒……"

看客中间,八一嫂是心肠最好的人,抱着伊的两周岁的遗腹子,正在七斤嫂身边看热闹;这时过意不去,连忙解劝说,"七斤嫂,算了罢。人不是神仙,谁知道未来事呢?便是七斤嫂,那时不也说,没有辫子倒也没有什么丑么?况且衙门里的大老爷也还没有告示,……"

七斤嫂没有听完,两个耳朵早通红了;便将筷子转过向来,指着八一嫂的鼻子,说,"阿呀,这是什么话呵!八一嫂,我自己看来倒还是一个人,会说出这样昏诞胡涂话么?那时我是,整整哭了三天,谁都看见;连六斤这小鬼也都哭,……"六斤刚吃完一大碗饭,拿了空碗,伸手去嚷着要添。七斤嫂正没好气,便用筷子在伊的双丫角中间,直扎下去,大喝道,"谁要你来多嘴!你这偷汉的小寡妇!"

扑的一声,六斤手里的空碗落在地上了,恰巧又碰着一块砖角,立刻破成一个很大的缺口。七斤直跳起来,捡起破碗,合上了检查一回,也喝道,"入娘的!"一巴掌打倒六斤。六斤躺着哭,九斤老太拉了伊的手,连说着"一代不如一代",一同走了。

八一嫂也发怒,大声说,"七斤嫂,你恨棒打人……"

赵七爷本来是笑着旁观的;但自从八一嫂说了"衙门里的大老爷没有告示"这话以后,却有些生气了。这时他已绕出桌旁,接着说,"恨棒打人,算什么呢。大兵是就要到的。你可知道,这回保驾的是张大帅,张大帅就是燕人张翼德的后代,他一支丈八蛇矛,就有万夫不当之勇,谁能抵挡他,"他两手同时捏起空拳,仿佛握着无形的蛇矛模样,向八一嫂抢进几步道,"你能抵挡他么!"

八一嫂正气得抱着孩子发抖,忽然见赵七爷满脸油汗瞪着眼,对准伊冲过来;便十分害怕,不敢说完话,回身走了。赵七爷也跟着走去,众人一面怪八一嫂多事,一面让开路,几个剪过辫子重新留起的便赶快躲在人丛后面,怕他看见。赵七爷也不细心察访,通过人丛,忽然转入乌桕树后,说道"你能抵挡他么!"跨上独木桥,扬长去了。

村人们呆呆站着,心里计算,都觉得自己确乎抵不住张翼德,因此也决定七斤便要没有性命。七斤既然犯了王法,想起他往常对人谈论城中的新闻的时候,就不该含着长烟管显出那般骄傲模样,所以对于七斤的犯法,也觉得有些畅快。他们也仿佛想发些议论,却又觉得没有什么议论可发。嗡嗡的一阵乱,蚊子都撞过赤膊身子,闯到乌桕树下去做市;他们也就慢慢地走散回家,关上门睡觉。七斤嫂咕哝着,也收了家伙和桌子矮凳回家,关上门睡觉了。

七斤将破碗拿回家里,坐在门槛上吸烟;但非常忧愁,忘却了吸烟,象牙嘴六尺多长湘妃竹烟管的白铜斗里的火光,渐渐发黑了。心里但觉得事情似乎十分危急,也想想些方法,想些计画,但总是非常模糊,贯穿不得:"辫子呢辫子?丈八蛇矛。一代不如一代!皇帝坐龙庭。破的碗须上城才能钉好。谁能抵挡他?书上一条一条写着。入娘的!……"

第二日清晨,七斤依旧从鲁镇撑航船进城,傍晚回到鲁镇,又拿着六尺多长的湘妃竹烟管和一个饭碗回村。他在晚饭席上,对九斤老太说,这碗是在城内钉合的,因为缺口大,所以要十六个铜钉,三文一个,一总用了四十八文小钱。

九斤老太很不高兴的说,"一代不如一代,我是活够了。三文钱一个钉;从前的钉,这样的么?从前的钉是……我活了七十九岁了,——"

此后七斤虽然是照例日日进城,但家景总有些黯淡,村人大抵回避着,不再来听他从城内得来的新闻。七斤嫂也没有好声气,还时常叫他"囚徒"。

过了十多日,七斤从城内回家,看见他的女人非常高兴,问他说,"你在城里听到些什么么?"

"没有听到些什么。"

"皇帝坐了龙庭没有呢?"

"他们没有说。"

"咸亨酒店里也没有人说么?"

"也没人说。"

"我想皇帝一定是不坐龙庭了。我今天走过赵七爷的店前,看见他又坐着念书了,辫子又盘在顶上了,也没有穿长衫。"

"……"

"你想,不坐龙庭罢了?"

"我想,不坐了罢。"

现在的七斤,七斤嫂和村人又都早给他相当的尊敬,相当的待遇了。到夏天,他们仍旧在自家门口的土场上吃饭;大家见了,都笑嘻嘻的招呼。九斤老太早已做过八十大寿,仍然不平而且康健。六斤的双丫角,已经变成一支大辫子了;伊虽然新近裹脚,却还能帮同七斤嫂做事,捧着十八个铜钉的饭碗,在土场上一颠一拐的往来。

(原载《新青年》第八卷第一号,1920年9月1日)

小 雨 点

陈衡哲

小雨点的家,在一个紫山上面的云里。有一天,他正同着他的哥哥姊姊,在屋子里游玩,忽然外面来了一阵风,把他卷屋外去了。

小雨点着了急,伸直了喉咙叫道:

"风伯伯,快点放了我呀!"

风伯,一些也不睬,止管吹着他,向地下卷去。小雨点吓得闭了眼,连气也不敢出。后来觉得风伯伯去了,他才慢慢的把眼睛睁开,四围看了一看。阿呀!他怎的会垂在一个红胸鸟的翅翮上呢?那个红胸鸟此时正扑着他的翅翮,好像要飞上天去的光景。小雨点觉着了,拍着手叫道:

"好了,好了!他就要把我带回我的家去了。"

谁知道那个红胸鸟把他的翅翮扑得太利害了,竟把小雨点掀了下来。

小雨点看见自己跌在一个草叶上面,他便爬了起来,两只手掩了眼睛,呜呜咽咽的哭起来了。他正哭着,忽听见有一个声音叫着他说道:

"小雨点,小雨点,不要哭了,我这里来罢。"小雨点依着那声音的来处看去,只见有一个泥沼在那里叫他去哩。他心里喜欢,便从那个草叶上面,一跤滚了下来,向着那泥沼跑去。他跑到了那里,把那泥沼看了一看,不觉掩着鼻子说道:

"好龌龊呵!"

泥沼把手放在他的嘴上说道：

"听呀！"

此时小雨点忽听见有流水的声，自远渐渐的近了来。

泥沼便对小雨点说：

"这是涧水哥哥，河伯伯那里去，现在凑巧走过这里。我们何不也同他一路去呢？"于是小雨点跟了泥沼，去会见了涧水哥哥，一同到河伯伯那里去。

小雨点见了河伯伯，觉得自己很小，便问他道：

"河伯伯，我为什么这样小？"

河伯伯笑着答道：

"好孩子这不打紧，我小的时候，也和你一样。"

小雨点又说道，

"大河伯伯，你现在到那里去？"

泥沼和涧水哥哥也同声说道：

"不错，不错！大河伯伯，你现在到那里去？"

河伯伯道：

"我到海公公那里去，就永远住在他那里了。"

小雨点，和泥沼，和涧水哥哥，都同声说道：

"好伯伯，你能告诉我们，海公公是怎么一个样子吗？"

河伯伯道：

"海公公吗？他是再要慈爱没有的了。他见了什么东西，都要请他去住在他的家里的。"

小雨点道：

"他也请像我一样的小雨点吗？"

河伯伯道：

"只要你愿意，他一定请你的。你可知道他小的时候，也是一个小雨点吗？"

他们四个一路上有谈有笑,倒也很快活。隔了两天,居然到了海公公的宫里去,只见海公公掀着雪白的胡子,笑着迎了出来。他见了小雨点,十分喜欢,问讯道好多说话。小雨点心里也觉得快活,那天竟没有想到家里。可见是到了来,又想回去了。他便拉着海公公的胡子说:

"海公公,你肯送我回家去吗?"

海公公说:

"好孩子,你若要回去,也没有什么不可以。但你须要耐心些才是。"

海公公的房子,是一个又大又深的宫。小雨点在他的底下住了两天。到了第三天,他正一人哭着,想回家去,忽听见海公公在屋面上叫着他。小雨点跟着那声音,升了上去。只见白云紫山,可不是他的家吗?他见了喜得手舞脚蹈的说道:

"看呀,看呀!海公公,那不是我的家吗?"

海公公摩着他的头说道:

"好孩子,我是留不住你的了,只好让你回去罢。"

小雨点也很不忍心离开这样慈爱的海公公。不过他要回家的心太利害了,所以竟含了眼泪,辞了海公公,向着天上升去。

说也希奇,此刻小雨点止觉得他的身子,一刻大似一刻。不一会,他已升得很高。他心里喜欢,说道:

"今晚我一定可以到家的了,好不快活呵!"

到了下午,他升到了一个高山的顶上,觉得有些疲倦。他向下一看,只见有一朵小小的青莲花,睡在一堆泥土的旁边。他便对着自己说:

"我今天升得也够了,不如休息一刻再说罢。"

说了这个,他便向着那青莲花进行。忽然他的身子,又缩小起来。他着了慌,再睁眼仔细一看:阿呀!他不在那朵花瓣上,又在那里呢?他此时不觉又哭起来了。

他正哭着,忽听见那青莲花叫着他的名字,说道:

"小雨点,不要哭了,请你快来救救我的命罢。"

小雨点听了很希奇,不由得止了哭,把那青莲花细细的看了一看。只见他干枯苍白,怪可怜的。青莲花此时又接着说道:

"我差不得要死了,请你救救我的命罢。"

小雨点听了,心里很不忍,便答道:

"极愿极愿!但是我可不知道,应该怎样的救你。"

青莲花道:

"听着呵!我为了欠了水,所以差不多要死。你若愿意救我的命,你须让我把你吸到我的血管里去。"

小雨点吓了一大跳。说道:

"阿呀!那我自己又到那里去了呢?"

青莲花道:

"小雨点,不要害怕,你将来终究要回家去的,不过现在冒一冒险罢了。你愿意吗?"

小雨点听了,心里安了些。又把青莲花看了一看,不由得又疼又爱。他想了一想,便壮着胆说道:

"青莲花,我为了你的缘故,现在情愿冒这个险了!"

青莲花十分感激,果真的把小雨点吸到他的血管里去了。不到一会,他那干枯苍白的皮肤,忽然变了美丽丰满。他在风中颤着,四处瞧望。忽见有个小女儿,走过他的身旁。他便把他身上的香味,送到那女孩的鼻子里,说道:

"女孩子,看我好不美丽。为什么不把我戴在你的发上呢?"

那女孩子果真把他折了,戴在他自己的发上。

但是到了晚上,那女孩子忽然又不喜欢这个青莲花了。他便把他从发里取了下来,丢在他爹爹的园里。

青莲花知道他此次真要死了。他又想到了温柔的小雨点,心里便

痛苦,不由得叫道:

"小雨点,小雨点。"

小雨点本来没有死,不过睡着罢了。此刻听了青莲花的声音,便醒了起来,说道,

"我在什么地方呀?"

青莲花答道:

"你在我的血管里。"

小雨点听到这里,才慢慢的把往事记了起来。他叹着气说道:

"青莲花,你自己又在那里?"

青莲花便把他的经历,一一的去告诉了小雨点,他又说道:

"小雨点,现在我可真的要死了。"

小雨点着了急,说道:

"青莲花,青莲花!快快的不要死。我愿意让你吸我到血管里去。"

青莲花叹了一口气,说道:

"痴孩子,现在是没用的了。况且你已经在我的血管里,我又怎样能再吸你呢?但是,小雨点,你不必失望,因为我明年春间仍要复活的。你若想念我,应该重来看看我呵!——再会了。"

小雨点哭道:

"青莲花,青莲花!快快不要死呀!"

但是青莲花已经听不见他了。小雨点一面哭着,一面看去,好不希奇:他那里在什么青莲花的血管里,他不是明明在一个死池旁边的草上吗?他把死池看了一看,央着说道:

"泥沼哥哥……"

死池恶狠狠的说道:

"我不是泥沼,我是死池。"

小雨点便道:

"死池哥哥,你能把我送到海公公家里去吗?"

死池哼着鼻子,说道:

"我从来没有听见过这个地方。"

小雨点听了,知道没望了,不由得又哭了起来。他哭得好不伤心,死池听了,也有些不忍,便问道:

"你要到海公公家去做什么?"

小雨点答道:

"我要他送我回家去。"

死池皱着眉毛,想了一想,说道:

"你可知道,你不必到海公公家,也可以回家去的吗?"

小雨点听了,快活得跳了起来,说道:

"死池哥哥,你的话真吗?你肯告诉我,又怎样的回去吗?"

死池道:

"你且等着,待太阳公公来了,便知道了。"

小雨点不敢再问,只得睡在草上,静待了一夜。明朝太阳公公来了,果然的把小雨点送回了家去。小雨点见了他的哥哥姊姊,自然喜欢得说不出来。他又把他在地上的经历,一一的告诉了他们。后来他还约了他们,明年春间,同到地上去看那复活的青莲花哩!

(原载《新青年》第八卷第一号,1920年9月1日)

波　　儿

陈衡哲

外面的天色很暗了,波儿的房中,却还没有灯火。波儿睡在床上静听着客厅中的琴声,和一个女孩子的歌声。停了一会琴声歌声都止了。波儿叹着气,自言自语道:"可怜赫克托那样的音乐天才,却须天天的到木行里去做工。爱伦娜那孩子的歌音也不恶,但是哪里有机会去栽培他呢?"

此时波儿的母亲康登太太走了进来,波儿用着很微弱的声音说:"可是妈妈呀!请你把电灯开了罢。"

康登太太一面开着电灯,一面说:"波儿你现在觉得怎样?"

波儿:"我现在没有什么——妈妈,你今天太辛苦了,可不要再到菜圃里去罢。"

康登太太:"赫克托方才已经代替我去了。不过我觉得这孩子近来也十分辛苦,我让他去了之后,心中很不好过。"

波儿:"但是赫克托能代你的劳,他一定心里很快活呵!"

康登太太:"爱伦娜今天又接到了他姑母的信,说他可以到他乡里去游玩半个月。他恨不得明天就去哩!"

波儿(极力的把咳嗽止住了):"呵呀!我现在病着,他去了,又有谁来帮助你烧饭洗衣呢?我巴望他待我好了再去罢。"

康登太太:"是呵!他虽然已经十五岁了,却还和七八岁的孩子差不多。不过他也一天的做到晚,怪可怜,让他去玩儿天罢。"

波儿叹气不语。忽然大咳,脸上红得和火烧一般。

康登太太一面给他理着被,一面说:

"波儿,我的孩子,你将息些罢,不要管闲事了。爱伦娜今晚左右须把他的裙补好,不能洗碗了。我今去叫他来伴着你做罢。"

康登太太去。

波儿:"天啊!怎叫我病在床上,一点也不能帮助他们呵!"

爱伦娜走进房来,手里携着破裙和针线,口中嚷着说:"波儿,妈妈许我后天到姑母家去了。你说快活不快活呀?"

波儿:"好孩子,你愿意听我一句话吗?"

爱伦娜:"什么?"

波儿:"我现在病了。赫克托在木行里一天做到晚,他身体又弱,若是晚上不得休息,也是要病的。妈妈……"(大咳)

爱伦娜:"你可觉得寒呀?我和你把窗子关了,好吗?"

波儿摇着头。隔了一会,咳少止了,他方接着说:"妈妈年纪大了,又是天天哭泣爹爹。爱伦娜你爱妈妈吗?"

爱伦娜:"自然!"

波儿:"那么,你且在家帮助他,待我的病好了,再出去游玩好吗?"

爱伦娜把眼看着地上不做声。隔了半天,他方很低的说道:"波儿,我一天做到晚,晚上睡的时候,骨节痛得什么似的。你该可怜我呀!"

波儿:"我怎的不可怜你。想你应该知道,自从二月间爹爹死了,妈妈至少老了十岁,头发也白了。你难道不可怜他吗?"

爱伦娜噙着泪,眼看着地上不语。

波儿:"爱伦娜,请你去把那个抽屉开了。把我的针线取了来。"

爱伦娜:"阿呀!波儿,你病得这样,还要做什么针线呀?"

波儿:"你不曾看见妈妈身上的衣服吗?我恨不得今晚把这件衣做好了,好让他明天穿哩!"

爱伦娜走到床边,伏在波儿的身上,一面哭,一面说:"波儿,我不到姑母家去了,我今晚来做妈妈的衣服罢。"

波儿含着泪,抚摩着爱伦娜的发,说:"好孩子,我对不住你了!"

爱伦娜擦干了眼泪,把抽屉中的衣服取去,坐在波儿的床边上。且缝且说:

"波儿,今晚鱼行里又打电话来,问你什么时候可以去做工。你知道吗?"

波儿摇头不语。

爱伦娜接着说:"礼拜堂里的洛德太太,也打电话来问妈妈说,若是明天做礼拜的时候,你不能去唱,可有人去代你。波儿,你说我可以代你吗?"

波儿:"妈妈和赫克托的意思怎样?"

爱伦娜:"妈妈说勉强可以。赫克托说,我的歌音,和你的差得尚远,想怕不能勉强。"

波儿:"你且唱给我听听。"

爱伦娜方欲开唱,忽听见有人在门外轻轻的敲着。

爱伦娜:"请进来。"

此时房门开了,走进了一个又黑又瘦又长的少年。

波儿(问着那少年):"赫克托,你该辛苦极了。"

赫克托倒身在一个软椅中,摇着头说:

"不打紧,一会儿就好了。波儿,今天医生说些什么?"

波儿:"我不知道。爱伦娜,你知道吗?"

爱伦娜:"他说……"(急把手掩着口不语。)

赫克托:"他说些什么?"

爱伦娜:"他说些什么。"

波儿:"我晓得了,他说我这个病是不能好的。"

爱伦娜(自床边上跳起):"阿呀!你怎样知道的?"

波儿:"我不过猜猜罢了。"

爱伦娜(走到赫克托的椅旁):"赫克托,这如何是好呢?妈妈叫我不要说的,这可算是我说的吗?"

赫克托(未曾听见爱伦娜的话):"我不信,难道这个医生竟不能医好波儿吗?"

爱伦娜:"哦!他说只有一个法子。"

赫克托:"什么?"

爱伦娜:"他说,除非把波儿送到乡下去,一点闲事都不管,尽地休息和吃顶好的东西。"

波儿此时叹着气,声音极微的对着赫克托说:

"赫克托,我自己也知道,我这个病是不易好的。不过我若死了,家里又没有人赚钱,真要苦你一人了。"

赫克托泣,爱伦娜也泣。

波儿:"快点不要这个样子,给妈妈听见了,害他心里难过。爱伦娜,你且不必告诉妈妈,说我已经知道医生的话了。你理会得我的意思吗?"

爱伦娜正要开口,忽听见康登太太在房门外低声唤赫克托。

赫克托拭着泪走出。爱伦娜取了他妈妈的衣,且缝且唱。波儿闭眼微哭听着。停了一会;他似乎睡着了。爱伦娜却仍旧唱着,一面缝他妈妈的衣。

(原载《新青年》第八卷第二号,1920年10月1日)

故　乡

鲁　迅

　　我冒了严寒,回到相隔二千余里,别了二十余年的故乡去。
　　时候既然是深冬;渐近故乡时,天气又阴晦了,冷风吹进船舱中,呜呜的响,从篷隙向外一望,苍黄的天底下,远近横着几个萧索的荒村,没有一些活气。我的心禁不住悲凉起来了。
　　阿！这不是我二十年来时时记得的故乡？
　　我所记得的故乡全不如此。我的故乡好得多了。但要我记起他的美丽,说出他的佳处来,却又没有影像,没有言辞了。仿佛也就如此。于是我自己解释说:故乡本也如此,——虽然没有进步,也未必有如我所感的悲凉,这只是我自己心情的改变罢了,因为我这次回乡,本没有什么好心绪。
　　我这次是专为了别他而来的。我们多年聚族而居的老屋,已经公同卖给别姓了,交屋的期限,只在今年,所以必须赶在正月初一以前,永别了熟识的老屋,而且远离了熟识的故乡,搬家到我在谋食的异地去。
　　第二日清早晨我到了我家的门口了。瓦楞上几枝枯草的断茎当风抖着,正在说明这老屋难免易主的原因。几房的本家大约已经搬走了,所以很寂静。我到了自家的房外,我的母亲早已迎着出来了,接着便飞出了八岁的侄儿宏儿。
　　我的母亲很高兴,但也藏着许多凄凉的神情,教我坐下,歇息,喝茶,且不谈搬家的事。宏儿没有见过我,远远的对面站着只是看。

但我们终于谈到搬家的事。我说外间的寓所已经租定了，又买了几件家具，此外须将家里所有的木器卖去，再去增添。母亲也说好，而且行李也略已齐集，木器不便搬运的，也小半卖去了，只是收不起钱来。

"你休息一两天，去拜望亲戚本家一回，我们便可以走了。"母亲说。

"是的。"

"还有闰土，他每到我家来时，总问起你，很想见一回面。我已经将你到家的大约日期通知他，他也许就要来了。"

这时候，我的脑里忽然闪出一幅神异的图画来：深蓝的天空中挂着一轮金黄的圆月，下面是海边的沙地，都种着一望无际的碧绿的西瓜，其间有一个十一二岁的少年，项带银圈，手捏一柄钢叉，向一匹猹尽力的刺去，那猹却将身一扭，反从他的胯下逃走了。

这少年便是闰土。我认识他时，也不过十多岁，离现在将有三十年了；那时我的父亲还在世，家景也好，我正是一个少爷。那一年，我家是一件大祭祀的值年。这祭祀，说是三十多年才能轮到一回，所以很郑重；正月里供祖像，供品很多，祭器很讲究，拜的人也很多，祭器也很要防偷去。我家只有一个忙月（我们这里给人做工的分三种：整年给一定人家做工的叫长年；按日给人做工的叫短工；自己也种地，只在过年过节以及收租时候来给一定的人家做工的称忙月），忙不过来，他便对父亲说，可以叫他的儿子闰土来管祭器的。

我的父亲允许了；我也很高兴，因为我早听到闰土这名字，而且知道他和我仿佛年纪，闰月生的，五行缺土，所以他的父亲叫他闰土。他是能装弶捉小鸟雀的。

我于是日日盼望新年，新年到，闰土也就到了。好容易到了年末，有一日，母亲告诉我，闰土来了，我便飞跑的去看，他正在厨房里，紫色的圆脸，头戴一顶小毡帽，颈上套一个明晃晃的银项圈。这可见他的父亲十分爱他，怕他死去，所以在神佛面前许下愿心，用圈子将他套住了。他见人很怕羞，只是不怕我，没有旁人的时候，便和我说话，于是不到半日,我们便熟识了。

我们那时候不知道谈些什么,只记得闰土很高兴,说是上城之后,见了许多没有见过的东西。

第二日,我便要他捕鸟。他说:

"这不能。须大雪下了才好。我们沙地上,下了雪,我扫出一块空地来,用短棒支起一个大竹匾,撒下秕谷,看鸟雀来吃时,我远远地将缚在棒上的绳子只一拉,那鸟雀就罩在竹匾下了。什么都有:稻鸡,角鸡,鹁鸪,蓝背……"

我于是又很盼望下雪。

闰土又对我说:

"现在太冷,你夏天到我们这里来。我们日里到海边捡贝壳去,红的绿的都有,鬼见怕也有,观音手也有。晚上我和爹管西瓜去,你也去。"

"管贼么?"

"不是。走路的人口渴了摘一个瓜吃,我们这里是不算偷的。要管的是獾猪,刺猬,猹。月亮地下,你听,啦啦的响了,猹在咬瓜了。你便捏了胡叉,轻轻地走去……"

我那时并不知道这所谓猹的是怎么一件东西——便是现在也没有知道——只是无端的觉得状如小狗而很凶猛。

"他不咬人么?"

"有胡叉呢。走到了,看见猹了,你便刺。这畜生很伶俐,倒向你奔来,反从胯下窜了,他的皮毛是油一般的滑……"

我素不知道天下有这许多新鲜事:海边有如许五色的贝壳;西瓜有这样危险的经历,我先前单知道他在水果店里出卖罢了。

"我们沙地里,潮汛要来的时候,就有许多跳鱼儿只是跳,都有青蛙似的两个脚……"

阿!闰土的心里有无穷无尽的希奇的事,都是我往常的朋友所不知道的。他们不知道一些事,闰土在海边时,他们都和我一样只看见院子里高墙上的四角的天空。

可惜正月过去了,闰土须回家里去,我急得大哭,他也躲到厨房里,哭着不肯出门,但终于被他父亲带走了。他后来还托他的父亲带给我一包贝壳和几枝很好看的鸟毛,我也曾送他一两次东西,但从此没有再见面。

现在我的母亲提起了他,我这儿时的记忆,忽而全都闪电似的苏生过来,似乎看到了我的美丽的故乡了。我应声说:

"这好极!他,——怎样?……"

"他?……他景况也很不如意……"母亲说着,便向房外看,"这些人又来了。说是买木器,顺手也就随便拿走的,我得去看看。"

母亲站起身,出去了。门外有几个女人的声音。我便招宏儿走近面前,和他闲话:问他可会写字,可愿意出门。

"我们坐火车去么?"

"我们坐火车去。"

"船呢?"

"先坐船,……"

"哈!这模样了!胡子这么长了!"一种尖利的怪声突然大叫起来。

我吃了一吓,赶忙抬起头,却见一个凸颧骨,薄嘴唇,五十岁上下的女人站在我面前,两手搭在髀间,没有系裙,张着两脚,正像一个画图仪器里细脚伶仃的圆规。

我愕然了。

"不认识了么?我还抱过你咧!"

我愈加愕然了。幸而我的母亲也就进来,从旁说:

"他多年出门,统忘却了。你该记得罢,"便向着我说,"这是斜对门的杨二嫂,……开豆腐店的。"

哦,我记得了。我孩子时候,在斜对门的豆腐店里确乎终日坐着一个杨二嫂,人都叫伊"豆腐西施"。但是搽着白粉,颧骨没有这么高,嘴唇也没有这么薄,而且终日坐着,我也从没有见过这圆规式的姿势。那时人说:因为伊,这豆腐店的买卖非常好。但这大约因为年龄的关系,我却并未蒙着一毫感化,所以竟完全忘却了。然而圆规很不平,显出鄙夷的神色,仿佛嗤笑法国人不知道拿破仑,美国人不知道华盛顿似的,冷笑说:

"忘了?这真是贵人眼高……"

"那有这事……我……"我惶恐着,站起来说。

"那么,我对你说。迅哥儿,你阔了,搬动又笨重,你还要什么这些破烂木器,让我拿去罢。我们小户人家,用得着。"

"我并没有阔哩。我须卖了这些,再去……"

"阿呀呀,你放了道台了,还说不阔?你现在有三房姨太太;出门便是八抬的大轿,还说不阔?吓,什么都瞒不过我。"

我知道无话可说了,便闭了口,默默的站着。

"阿呀阿呀,真是愈有钱,便愈是一毫不肯放松,愈是一毫不肯放松,便愈有钱……"圆规一面愤愤的回转身,一面絮絮的说,慢慢向外走,顺便将我母亲的一副手套塞在裤腰里,出去了。

此后又有近处的本家和亲戚来访问我。我一面应酬,偷空便收拾些行李,这样的过了三四天。

一日是天气很冷的午后,我吃过午饭,坐着喝茶,觉得外面有人进来了,便回头去看。我看时,不由的非常出惊,慌忙站起身,迎着走去。

这来的便是闰土。虽然我一见便知道是闰土,但又不是我记忆上的闰土了。他身材增加了一倍;先前的紫色的圆脸,已经变作灰黄,而且加上了很深的皱纹;眼睛也像他父亲一样,周围都肿得通红,这我知道,在海边种地的人,终日吹着海风,大抵都如此的。他头上是一顶破毡帽,身上只一件极薄的棉衣,浑身瑟索着;手里提着一个纸包和一支长烟管,那手也不是我所记得的红活圆实的手,却又粗又笨而且开裂,像是松树皮了。

我这时很兴奋,但不知道怎么说才好,只是说:

"阿,闰土哥,——你来了?……"

我接着便有许多话,想要连珠一般涌出:角鸡,跳鱼儿,贝壳,猹,……但又总觉得被什么挡着似的,单在脑里面回旋,吐不出口外去。

他站住了,脸上现出欢喜和凄凉的神情;动着嘴唇,却没有作声。他的态度终于恭敬起来了,分明的叫道:

"老爷!……"

我似乎打了一个寒噤;我就知道,我们之间已经隔了一层可悲的厚障壁了。我也说不出话。

他回过头去说,"水生,给老爷磕头。"便拖出躲在背后的孩子来,这正是一个廿年前的闰土,只是黄瘦些,颈子上没有银圈罢了。"这是第五个孩子,没有见过世面,躲躲闪闪……"

母亲和宏儿下楼来了,他们大约也听到了声音。

"老太太。信是早收到了。我实在喜欢的了不得,知道老爷回来……"闰土说。

"阿,你怎的这样客气起来。你们先前不是哥弟称呼么?还是照旧:迅哥儿。"母亲高兴的说。

"阿呀,老太太真是……这成什么规矩。那时是孩子,不懂事……"闰土说着,又叫水生上来打拱,那孩子却害羞,紧紧的贴在背后。

"他就是水生?第五个?都是生人,怕生也难怪的;还是宏儿和他去走走。"母亲说。

宏儿听得这话,便来招水生,水生却松松爽爽同他一路出去了。母亲叫闰土坐,他迟疑了一回,终于就了坐,将长烟管靠在桌旁,递过纸包来,说:

"冬天没有什么东西了。这一点干青豆倒是自家晒在那里的,请老爷……"

我问问他的景况。他只是摇头。

"非常难。第六个孩子也会帮忙了,却总是吃不够……又不太平……什么地方都要钱,没有定规……收成又坏。种出东西来,挑去卖,总要捐几回,折了本;不去卖,又只能烂掉……"

他只是摇头;脸上虽然刻着许多皱纹,却全然不动,仿佛石像一般。他大约只是觉得苦,却又形容不出,沉默了片时,便拿起烟管来默默的吸烟了。

母亲问他,知道他的家里事务忙,明天便得回去;又没有吃过午饭,便叫他自己到厨下炒饭吃去。

他出去了;母亲和我都叹息他的景况:多子,饥荒,苛税,兵,匪,官,绅,都苦得他像一个木偶人了。母亲对我说,凡是不必搬走的东西,尽可以送他,可以听他自己去拣择。

下午,他拣好了几件东西:两条长桌,四个椅子,一副香炉和烛台,一杆抬秤。他又要所有的草灰(我们这里煮饭是烧稻草的,那灰,可以做沙地的肥料),待我们启程的时候,他用船来载去。

夜间,我们又谈些闲天,都是无关紧要的话;第二天早晨,他就领了水生回去了。

又过了九日,是我们启程的日期。闰土早晨便到了,水生没有同来,却只带着一个五岁的女儿管船只。我们终日很忙碌,再没有谈天的工夫。来客也不少,有送行的,有拿东西的,有送行兼拿东西的。待到傍晚我们上船的时候,这老屋里的所有破旧大小粗细东西,已经一扫而空了。

我们的船向前走,两岸的青山在黄昏中,都装成了深黛颜色,连着退向船后梢去。

宏儿和我靠着船窗,同看外面模胡的风景,他忽然问道:

"大伯!我们什么时候回来?"

"回来?你怎么还没有走就想回来了。"

"可是,水生约我到他家玩去咧……"他睁着大的黑眼睛,痴痴的想。

我和母亲也都有些惘然,于是又提起闰土来。母亲说,那豆腐西施的杨二嫂,自从我家收拾行李以来,本是每日必到的,前天伊在灰堆里,掏出十多个碗碟来,议论之后,便定说是闰土埋着的,他可以在运灰的时候,一齐搬回家里去;杨二嫂发见了这件事,自己很以为功,便拿了那狗气杀(这是我们这里养鸡的器具,木盘上面有着栅栏,内盛食料,鸡可以伸进颈子去啄,狗却不能,只能气死),飞也似的跑了,亏伊装着这么高底的小脚,竟跑得这样快。

老屋离我愈远了;故乡的山水也都渐渐远离了我,但我却并不感到怎样的留恋。我只觉得我四面有看不见的高墙,将我隔成孤身,使我非常气闷;那西瓜地上的银项圈的小英雄的影象,我本来十分清楚,现在却忽地模胡了,又使我非常的悲哀。

母亲和宏儿都睡着了。

我躺着,听船底潺潺的水声,知道我在走我的路。我想:我竟与闰土隔绝到这地步了,但我们的后辈还是一气,宏儿不是正在想念水生么。我希望他们不再像我,又大家隔膜起来……然而我又不愿意他们因为要一气,都如我的辛苦展转而生活,也不愿意他们都如闰土的辛苦麻木而生活,也不愿意都如别人的辛苦恣睢而生活。他们应该有新的生活,为我们所未经生活过的。

我想到希望,忽然害怕起来了。闰土要香炉和烛台的时候,我暗地里笑他,以为他总是崇拜偶像,什么时候都不忘却。现在我所谓希望,不也是我自己手制的偶像么?只是他的愿望切近,我的愿望茫远罢了。

我在朦胧中,眼前展开一片海边碧绿的沙地来,上面深蓝的天空中挂着一轮金黄的圆月。我想:希望是本无所谓有,无所谓无的。这正如地上的路;其实地上本没有路,走的人多了,也便成了路。

(原载《新青年》第九卷第一号,1921年5月1日)

戏　剧

老夫妻(短剧)

陈衡哲

(外面狠大的雷雨,渐渐住了。有一个老太婆,在灶内烫衣服。他的丈夫,浑身淋着水,自外面走进。)

老太婆　哪,我晓得你又忘记了。

老太公　忘记了什么?

老太婆　忘记了什么?你须问你自己,我那里知道?

老太公　哦!我记得了。你不是说那块鸡蛋糕吗?

老太婆　不是他又是什么?

老太公　你看哪!我两只手装得这样的满那里再能把他带回来?

老太婆　狠好,晚餐的时候你可不要咕啰就是了。

(老太公走进卧房,换湿衣。)

老太婆　(对着卧房高声说)你换了衣服,立刻就去把那扇门钉好罢!

老太公　(口中咕啰着向外面走去)大概我终年终日,是不应该有一刻儿休息的。

老太婆　不错不错,这句话是我常常对自己说的。我说:"我自从嫁了这个亨利华伦,简直可以说没有休息过一天。一家八口,烧洗缝补,那一件不是我一人做的?)今早我的腰背……

(一个隔壁的寡妇走进来向老太婆借报纸,忽见他怒容满面。)

寡　妇　华伦太太,今天又有甚事不称心了?

老太婆　(指着篮中未烫的衣服)你看!

寡　妇　但你有那么大的家庭,真是福气:多烫一件衣服,就是说你多了一个孩子。像我这样……

(老太公口中嘘着气,自外面走进:陡见了寡妇。)

老太公　陶林太太,你来得正好。今天我的妻子不知又吃了些什么不消化的东西,他正在发气哩。

寡　妇　(站了起来,且笑且叹着气)好了好了,华伦太太,我丈夫没死的时候,我也常常如此。现在我想起从前我们两口儿呕气的情形,觉得已经和在天上一样,更不要说起我们说笑快乐的情形了。

(寡妇取了报纸自去。)

老太公　爱娜,我们该用晚餐了。

老太婆　(放下熨斗,一面解围裙,一面说)好好,我也饿了。

(二人坐下吃晚餐。)

老太婆　阿呀!你的鞋袜都湿了。还不快去换掉,明天又要生病了。

(老太公进内换鞋。)

(老太婆取了一块苹果做的点心,放在老太公的座位面前。)

老太公　(自房中走,见点心)这是那里来的?

老太婆　这是我今天为了你做的。

老太公　爱娜,你可记得三十多年前的那一天,我到你家去看你,你把这个点心给我吃的情形吗?

老太婆　怎的不记得?你那天差不多把碟子都吃下去呢。

老太公　(且吃点心且说)这个点心,也和那天的差不多。不过碟子是我自己的,我舍不得把他吃下去罢了。

(老太公说着,两个人忍不住,都笑起来了。)

(原载《新青年》第五卷第四号,1918年10月15日)

终身大事(游戏的喜剧)

胡 适

(序)前几天有几位美国留学的朋友来说,北京的美国大学同学会不久要开一个宴会。中国的会员想在那天晚上演一出短戏。他们限我于一天之内编成一个英文短戏,预备给他们排演。我勉强答应了,明天写成这出独折戏,交与他们。后来他们因为寻不到女角色,不能排演此戏。不料我的朋友卜思先生见了此戏,就拿去给《北京导报》主笔刁德仁先生看,刁先生一定要把这戏登出来,我只得由他。后来因为有一个女学堂要排演这戏,所以我又把他翻成中文。这一类的戏,西文教做 Farce,译出来就是游戏的喜剧。这是我第一次弄这一类的玩意儿,列位朋友莫要见笑。

戏中人物

田太太

田先生

田亚梅女士

算命先生(瞎子)

田宅的女仆李妈

布景

田宅的会客室。右边有门,通大门。左边有门,通饭厅。背面有一张莎法榻。两旁有两张靠椅。中央一张小圆桌子,桌上有花瓶。桌边有两张坐椅。左边靠壁有一张小写字台。

墙上挂的是中国字画,夹着两块西洋荷兰派的风景画。这种中西合璧的陈设,狠可表示这家人半新半旧的风气。

开幕时,幕慢慢的上去,台下的人还可听见台上算命先生弹的弦子将完的声音。田太太坐在一张靠椅上。算命先生坐在桌边椅子上。

田太太　你说的话我不大听得懂。你看这门亲事可对得吗?

算命先生　田太太我是据命直言的。我们算命的都是据命直言的。你知道——

田太太　据命直言是怎样呢?

算命先生　这门亲事是做不得的。要是你家这位姑娘嫁了这男人,将来一定没有好结果。

田太太　为什么呢?

算命先生　你知道,我不过是据命直言。这男命是寅年亥日生的,女命是巳年申时生的。正合着命书上说的"蛇配虎,男克女。猪配猴,不到头"。这是合婚最忌的八字。属蛇的和属虎的已是相克的了。再加上亥日申时,猪猴相克,这是两重大忌的命。这两口儿要是成了夫妇,一定不能团圆到老。仔细看起来,男命强得多,是一个夫克妻之命,应该女人早年短命。田太太我不过是据命直言,你不要见怪。

田太太　不怪,不怪。我是最喜欢人直说的。你这话一定不会错。昨天观音娘娘也是这样说。

算命先生　哦!观音菩萨也这样说吗?

田太太　是的,观音娘娘签诗上说——让我寻出来念给你听。(走到写字台边,翻开抽屉,拿出一条黄纸,念道)这是七十八签,下下。签诗说:"夫妻前生定,因缘莫强求。逆天终有祸,婚姻不到头。"

算命先生　"婚姻不到头"? 这句诗和我刚才说的一个字都不错。

田太太　观音娘娘的话自然不会错的。不过这件事是我家姑娘的终身大事,我们做爷娘的总得二十四分小心的办去。所以我昨儿求了签诗,总还有点不放心。今天请你先生来看看这两个八字里可有什么合得拢的地方。

算命先生　没有,没有。

田太太　娘娘的签诗只有几句话,不容易懂得。如今你算起命来,又合签诗一样。这个自然不用再说了。(取钱付算命先生)难为你。这是你对八字的钱。

算命先生　(伸手接钱)不用得,不用得。多谢,多谢。想不到观音娘娘的签诗居然和我的话一样!(立起身来)

田太太　(喊道)李妈(李妈从左边门进来)你领他出去。(李妈领算命先生从左边门出去)

田太太　(把桌上的红纸庚帖收起,折好了,放在写字台的抽屉里。又把黄纸签诗也放进去,口里说道)可惜!可惜这两口儿竟配不成!

田亚梅女士　(从右边门进来。他是一个二十三四岁的女子,穿着出门的大衣,脸上现出有心事的神气。进门后,一面脱下大衣,一面说道,)妈,你怎么又算起命来了?我在门口碰着一个算命的走出去。你忘了爸爸不准算命的进门吗?

田太太　我的孩子,就只这一次,我下次再不干了。

田　女　但是你答应了爸爸以后不再算命了。

田太太　我知道,我知道,但是这一回我不能不请教算命的。我叫他来把你和那陈先生的八字排排看。

田　女　哦!哦!

田太太　你要知道,这是你的终身大事,我又只生了你一个女儿,我不能胡里糊涂的让你嫁一个合不来的人。

田　女　谁说我们合不来?我们是多年的朋友,一定狠合得来。

田太太　一定合不来。算命的说你们合不来。

田　女　他懂得什么?

田太太　不单是算命的这样说,观音菩萨也这样说。

田　女　什么?你还去问过观音菩萨吗?爸爸知道了更要说话了。

田太太　我知道你爸爸一定同我反对,无论我做什么事,他总同我反对。但是你想,我们老年人怎么敢决断你们的婚姻大事。我们无论怎样小心,保不住没有错。但是菩萨总不会骗人。况且菩萨说的话,和算命的说的,竟是一样,这就更可相信了。(立起来,走到写字台边,翻开抽屉)你自己看菩萨的签诗。

田　女　我不要看,我不要看!

田太太　(不得已把抽屉盖了)我的孩子,你不要这样固执。那位陈先生我是狠喜欢他的。我看他是一个狠可靠的人。你在东洋认得他好几年了,你说你狠知道他的为人。但是你年纪还轻,又没有阅历,你的眼力也许会错的。就是我们活了五六十岁的人,也还不敢相信自己的眼力。因为我不敢相信自己,所以我去问观音菩萨又去问算命的。菩萨说对不得,算命的也说对不得,这还会错吗?算命的说,你们的八字正是命书最忌的八字,叫做什么"猪配猴,不到头",因为你是巳年申时生的,他是——

田　女　你不要说了,妈,我不要听这些话。(双手遮着脸,带着哭声,)我不爱听这些话!我知道爸爸不会同你一样主意。他一定不会。

田太太　我不管他打什么主意。我的女儿嫁人,总得我肯。(走到他女儿身边,用手巾替他揩眼泪。)不要掉眼泪。我走开去,让你仔细想想。我们都是替你打算,总想你好。我去看午饭好了没有。你爸爸就要回来了。不要哭了,好孩子。(田太太从饭厅的门进去了。)

田　女　(揩着眼泪,抬起头来,看见李妈从外面进来,便用手招呼他走近些,低声说)李妈我要你帮我的忙。我妈不准我嫁陈先生——

李　妈　可惜,可惜!陈先生是一个狠懂礼的君子人。今儿早晨,我在路上碰着他,他还点头招呼我咧。

田　女　是的,他看见你带了算命先生来家,他怕我们的事有什么变卦,所以他立刻打电话到学堂去告诉我。我回来时,他在他的汽车里远远的跟在后面。这时候恐怕他还在这条街的口子上等候我的信息。你去告诉他,说我妈不许我们结婚。但是爸爸就回来了,他自然会帮我们。你叫他把汽车动到后面街上去等我的回信。你就去罢。(李妈转身将出去,)回来!(李妈回转身来)你告诉他——你叫他——你叫他不要着急!(李妈微笑出去)

田　女　(走到写字台边,翻开抽屉,偷看抽屉里的东西。伸出手表看道)爸爸该应回来了,快十二点了。

(田先生约摸五十岁的样子,从外面进来。)

田　女　(忙把抽屉盖了。站起来接他父亲)爸爸,你回来了!妈说,……妈有要紧话同你商量,——有狠要紧的话。

田先生　什么要紧话?你先告诉我。

田　女　妈会告诉你的。(走到饭厅边,喊道)妈,妈,爸爸回来了。

田先生　不知道你们又弄什么鬼了。(坐在一张靠椅上。田太太从饭厅那边过来。)亚梅说你有要紧话,——狠要紧的话要同我商量。

田太太　是的,狠要紧的话。(坐在左边椅子上。)我说的是陈家这门亲事。

田先生　不错,我这几天心里也在盘算这件事。

田太太　狠好,我们都该盘算这件事了。这是亚梅的终身大事,我一想起这事如何重大,我就发愁,连饭都吃不下了,觉也睡不着了。那位陈先生我们虽然见过好几次,我心里总有点不放心。从前人家看女婿总不过偷看一面就完了。现在我们见面越多了,我们的责任更不容易担了。他家是狠有钱的,但是有钱人家的子弟总是坏的多,好的少。他是一个外国留学生,但是许多留学生回来不久就把他们原配的妻子休了。

田先生　你讲了这一大篇,究竟是什么主意?

田太太　我的主意是,我们替女儿办这件大事,不能相信自己的主意。我就不敢相信我自己。所以我昨儿到观音庵去问菩萨。

田先生　什么?你不是答应我不再去烧香拜佛了吗?

田太太　我是为了女儿的事去的。

田先生　哼!哼!算了罢。你说罢。

田太太　我去庵里求了一签。签诗上说,这门亲事是做不得的。我把签诗给你看。(要去开抽屉)

田先生　呸!呸!我不要看。我不相信这些东西!你说这是女儿的终身大事,你不敢相信自己,难道那泥塑木雕的菩萨就可相信吗?

田　女　(高兴起来)我说爸爸是不信这些事的。(走近他父亲身边)谢谢你。我们该应相信自己的主意,可不是吗?

田太太　不单是菩萨这样说。

田先生　哦!还有谁呢?

田太太　我求了签诗,心里还不狠放心,总还有点疑惑。所以我叫人去请城里顶有名的算命先生张瞎子来排八字。

田先生　哼!哼!你又忘记你答应我的话了。

田太太　我也知道。但是我为了女儿的大事,心里疑惑不定,没有主张,不得不去找他来决断决断。

田先生　谁叫你先去找菩萨惹起这点疑惑呢?你先就不该去问菩萨,——你该先来问我。

田太太　罪过,罪过,阿弥陀佛,——那算命的说的话同菩萨说的一个样儿。这不是一桩奇事吗?

田先生　算了罢!算了罢!不要再胡说乱道了。你有眼睛,自己不肯用,反去请教那没有眼睛的瞎子,这不是笑话吗?

田　女　爸爸,你这话一点也不错。我早就知道你是帮助我们的。

田太太　(怒向他女儿)亏你说得出,"帮助我们的",谁是"你们"?"你们"是谁?你也不害羞!(用手巾蒙面哭了)你们一齐通同起来反对我;我女儿的终身大事,我做娘的管不得吗?

田先生　正因为这是女儿的终身大事,所以我们做父母的该应格外小心,格外慎重。什么泥菩萨哪,什么算命合婚哪,都是骗人的,都不可相信。亚梅你说是不是?

田　女　正是,正是。我早知道你决不会相信这些东西。

田先生　现在不许再讲那些迷信的话了。泥菩萨,瞎算命,一齐丢去!我们要正正经经的讨论这件事,(对田太太)不要哭了。(对田女士)你也坐下。(田女在莎法楣上坐下)

田先生　亚梅我不愿意你同那姓陈的结婚。

田　女　(惊慌)爸爸,你是同我开顽笑,还是当真?

田先生　当真。这门亲事一定做不得的。我说这话,心里狠难过,但是我不能不说。

田　女　你莫非看出他有什么不好的地方?

田先生　没有。我狠欢喜他。拣女婿拣中了他,再好也没有了,因此我心里更不好过。

田　女　(摸不着头脑)你又不相信菩萨和算命?

田先生　决不,决不。

田太太与田女　(同时间)那么究竟为了什么呢?

田先生　好孩子,你出洋长久了,竟把中国的风俗规矩全都忘了。你连祖宗定下的祠规都不记得了。

田　女　我同陈家结婚,犯了那一条祠规?

田先生　我拿给你看。(站起来从饭厅边进去)

田太太　我竟想不出什么。阿弥陀佛,这样也好,只要他不肯许就是了。

田　女　(低头细想,忽然抬头显出决心的神气)我知道怎么办了。

田先生　(捧着一大部族谱进来)你瞧,这是我们的族谱。(翻开书页,乱堆在桌上)你瞧,我们田家两千五百年的祖宗,可有一个姓田的和姓陈的结亲?

田　女　为什么姓田的不能和姓陈的结婚呢?

田先生　因为中国的风俗不准同姓的结婚。

田　女　我们并不同姓。他家姓陈我家姓田。

田先生　我们是同姓的。中国古时的人把陈字和田字读成一样的音。我们的姓有时写作田字,有时写作陈字,其实是一样的。你小时候读过《论语》吗?

田　女　读过的,不大记得了。

田先生　《论语》上有个陈成子,旁的书上都写作田成子便是这个道理。两千五百年前,姓陈的和姓田的只是一家。后来年代久了,那写做田字的便认定姓田,写做陈字的便认定姓陈。外面看起来好像是两姓,其实是一家。所以两姓祠堂里都不准通婚。

田　女　难道两千五百年前同姓的男女也不能通婚吗?

田先生　不能。

田　女　爸爸,你是明白道理的人,一定不认这种没有道理的祠规。

田先生　我不认他也无用。社会承认他。那班老先生们承认他。你叫我怎么样呢?还不单是姓田的和姓陈的呢?我们衙门里有一位高先生告诉我说,他们那边姓高的祖上本是元朝末年明朝初年陈友谅的子孙,后来改姓高。他们因为六百年前姓陈,所以不同姓陈的结亲;又因为二千五百年前姓陈的本又姓田,所以又不同姓田的结亲。

田　女　这更没有道理了!

田先生　管他有理无理,这是祠堂里的规矩,我们犯了祠规就要革出祠堂。前几十年有一家姓田的在南边做生意,就把一个女儿嫁给姓陈的。后来那女的死了,陈家祠堂里的族长不准他进祠堂。他家花了多少钱,捐到祠堂里做罚款,还把"田"字当中那一直拉长了,上下都出了头,改成了"申"字,才许他进祠堂。

田　女　那是狠容易的事。我情愿把我的姓当中一直也拉长了改作"申"字。

田先生　说得好容易!你情愿,我不情愿咧!我不肯为了你的事连累我受那班老先生们的笑骂。

田　女　(气得哭了)但是我们并不同姓!

田先生　我们族谱上说是同姓,那班老先生们也都说是同姓。我已经问过许多老先生了,他们都是这样说,你要知道,我们做爹娘的,办儿女的终身大事,虽然不该听泥菩萨瞎算命的话,但是那班老先生们的话是不能不听的。

田　女　(作哀告的样子)爸爸!——

田先生　你听我说完了。还有一层难处。要是你这位姓陈的朋友是没有钱的,到也罢了,不幸他又是狠有钱的人家。我要把你嫁了他,那班老先生们必定说我贪图他家有钱,所以连祖宗都不顾,就把女儿卖给他了。

田　女　(绝望了)爸爸!你一生要打破迷信的风俗,到底还打不破迷信的祠规!这是我做梦也想不到的!

田先生　你恼我吗?这也难怪。你心里自然总有点不快活。你这种气头上的话,我决不怪你,——决不怪你。

李　妈　(从左边门出来)午饭摆好了。

田先生　来,来,来。我们吃了饭再谈罢。我肚里饿得狠了。(先走进饭厅去)

田太太　（走近他女儿）不要哭了。你要自己明白,我们都是想你好。忍住。我们吃饭去。

田　女　我不要吃饭。

田太太　不要这样固执。我先去,你定一定心就来。我们等你咧。（也进饭厅去了。李妈把门随手关上,自己站着不动）

田　女　（抬起头来,看见李妈）陈先生还在汽车里等着吗?

李　妈　是的。这是他给你的信,用铅笔写的。（摸出一张纸,递与田女）

田　女　（读信）"此事只关系我们两人,与别人无关。你该自己决断。"（重念末句）"你该自己决断!"是的,我该自己决断!（对李妈说）你进去告诉我爸爸和妈,叫他们先吃饭不用等我。我要停一会再吃。（李妈点头自进去。田女士站起来,穿上大衣,在写字台上匆匆写了一张字条,压在桌上花瓶底下。他回头一望,匆匆从右边门出去了。略停一会）

田太太　（戏台里的声音）亚梅你快来吃饭,菜要冰冷了,（门里出来）你那里去了?亚梅。

田先生　（戏台里）随他罢!他生了气了,让他平平气就会好了。（门里出来）他出去了?

田太太　他穿了大衣出去了。怕是回学堂去了。

田先生　（看见花瓶底下的字条）这是什么?（取字条念道）"这是孩儿的终身大事,孩儿应该自己决断。孩儿现在坐了陈先生的汽车去了。暂时告辞了。"

（田太太听了,身子往后一仰,坐倒在靠椅上。田先生冲向右边的门,到了门边,又回头一望,眼睁睁的显出迟疑不决的神气。幕下来）

　　（跋）这出戏本是因为几个女学生要排演,我才把他译成中文的。后来因为这戏里的田女士人跟人跑了,这几位女学生竟没有人敢扮演田女士。况且女学堂似乎不便演这种不狠道德的戏!所以这稿子又回来了。我想这一层狠是我这出戏的大缺点。我们常说要提倡写实主义。如今我这出戏竟没有人敢演,可见得一定不是写实的了。这种不合写实主义的戏,本来没有什么价值,只好送给我的朋友高一涵去填《新青年》的空白罢。

(适)

(原载《新青年》第六卷第三号,1919 年 3 月 15 日)

人力车夫(短剧)

陈 绵

(**人物**) 李二:人力车夫

　　　　李氏:李　妻

　　　　红儿:李　女

　　　　秃子:李　子

　　　　学生

(**布景**) 李二家——一间破屋子的里面——左面,一个临街的板门——右面,靠墙一个土炕,炕上铺着一领破席,里边一个用破麻包卷着的铺盖——正面墙上,高高的一个小窗,窗纸已经破碎,窗栏也有几根折断的——左角,一个柴火,火台是用黄土堆的,上面放着些罐子、碗、盆、筷子,炉口已被火烟熏黑,土作的烟筒也裂了缝子,屋顶、墙上,都熏成了棕色——当中,一张桌子、两三个板凳、一个瓦盆——墙角上结满了蜘蛛的网——屋中是黑暗的,只有几缕阳光从小窗和板门上的缝里射进来。

　　　　(附注——剧中"哎!"字是京白应词,不是叹词。)

李　氏　(坐在炕上,做着活计。)红儿呀你! 该买药去啦!

红　儿　(在桌旁洗着衣服。)哎! (走到李氏旁边。)

李　氏　(从怀中摸出一把铜子,先拿一个给红儿。)买一个子儿大腌萝卜——(又拿八个给红儿。)这八个买两斤杂合面儿来,快喳呵!

红　儿　(伸手接钱。)哎! 妈再给得一个子儿,买点儿线。

李　氏　(拍了拍怀。)嘻!那儿还有啦!孩儿呀!这回存了十二吊钱,连昨天你爸爸挣的五吊钱,一共是十七吊,你爸爸昨天晚上才买了件棉袄。你们身上穿的是去年的,存着没敢给你们当了。我跟你爸爸的棉袄,是今年夏天你跟秃子病的时候当的,直到昨儿晚上你爸爸才穿上棉袄,我的棉袄还不知在那儿哪。嘻!这日子怎么过!你等你爸爸回来再买罢!

红　儿　哎!(低着头出去了。)

李　氏　(向炉边望了一望,要起身下炕。)哎呦!柴火也没有了,我还得捡柴火去。(听见外面有人嚷着玩。)秃子!秃子!你回来啦?

秃　子　(在后台里面)大中华民国万岁!大中华民国万岁!(推着门进来,挑着一个卖茶的小担。)是我!妈叫我干么呀!

李　氏　(仍坐在炕上。)你刚才嚷的什么?

秃　子　(把挑子放在地下。)我听大街上的学生嚷的。今天街上的学生多极啦,都拿白旗子,排着队走。我同隔壁的狗儿,我们还拿着棍儿给他们举枪立正来着呢!我竟听说什么"福建!杀人!……"

李　氏　真个的这是怎么回事!等回头你爸爸回来,咱们问问他。你先给我捡柴火去!你这半天卖了几碗茶?

秃　子　卖了十二碗,六个子儿。我花了一个子儿,买糖吃啦还剩五个子儿。

李　氏　你这孩子!快拿来给我罢!刚才你姊姊要买一个子儿线都没有。捡柴去罢!好孩子!拿罐子打点儿水来!等你姊姊回来,咱们好蒸窝头。

秃　子　哎!(拿了垆子,跳着出去——在后台里面。)姊姊!你回来啦!你看见学生过队了么?

红　儿　(在后台里面。)看见了!天不早啦,你快去打水去罢!(走进屋里。)妈!今天杂合面儿长了价儿啦,卖五个子儿一斤啦!(把

405

手里拿的大腌萝卜和一个白纸包放在桌上。)

李　氏　(下了炕,走近桌子。)他们说:"今年庄稼不错!"怎么会长了价哪?

红　儿　我听米铺里的人说:"米都卖给了外国,带的连杂合面儿都贵啦。"

李　氏　嗐!真正要我们苦人的命啦!

秃　子　(抱着柴,提着罐,笑着进来。)水打来喽!(把罐放在桌旁,把柴放在锅边。)

李　氏　(帮着红儿倒水,和面。)秃子!这儿没你的事,你再上街上卖一回儿茶去!带看你爸爸回来没有。(对红儿说)真个的,你爸爸怎么这时候还不回来?

(秃子挑着挑子出去。)

红　儿　许是跟上回一样,今天我爸爸准有好买卖。那天我爸爸不是天黑了才回来?那一天不是卖了十吊多钱么?

李　氏　那么咱们先熬点儿粥,喝着。

(李氏红儿点火,熬粥。)

李　二　(一个学生扶着,跑了进来。手里拿着一节折断的车把,头上,流着血,慢慢的坐在炕上。)哎呦!……

李　氏　(脸色变白了,颤着说。)你这……这是怎么一回事?(颤着,撕下了衣襟,替李二缠头。)

李　二　(喘着。)我让汽车给碰啦!巡警看着汽车跑……没一个人管我……多亏这位先生……好在离家近,扶我回来……嗐!这个年头那儿还有穷人走的路……嗳!红儿跟秃子的妈呀!我今天怕是活不成啦……你们好好的过罢……嗳!秃子他那儿去啦?……

李　氏　(哭着,大声的说。)你别瞎说说啦,不要紧的!秃子卖茶去啦!(对红儿说。)红儿!你叫你兄弟去!红儿(擦着泪,开开门,遥指着外面远处。)哎呦！妈！您快来看那不是秃子！壶破了,水流了一地！一个大兵还在那里踢他！

(李氏各人都向外看。)完

(原载《新青年》第七卷第五号,1920年4月1日)

通 信

通 信

胡适 独秀

独秀先生足下:

二月三日,曾有一书奉寄,附所译《决斗》一稿,想已达览。久未见《青年》,不知尚继续出版否?今日偶翻阅旧寄之贵报,重读足下所论文学变迁之说,颇有鄙见,欲就大雅质正之。

足下言曰:"吾国文艺犹在古典主义、理想主义时代,今后当趋向写实主义。"此言是也,然贵报三号登谢无量君长律一首,附有记者按语,推为"希世之音"。又曰:"子云、相如而后,仅见斯篇,虽工部亦只有此工力,无此佳丽……君国人伟大精神,犹未丧失也欤,于此征之。"细检谢君此诗,至少凡用古典套语一百事(中略)。稍读元、白、柳、刘(禹锡)之长律者,皆将谓贵报案语之为厚诬工部而过誉谢君也。适所以不能已于言者,正以足下论文学已知古典主义之当废,而独啧啧称誉此古典主义之诗,窃谓足下难免自相矛盾之诮矣。适尝谓:凡人用典或用陈套语者,大抵皆因自己无才力,不能自铸新辞,故用古典套语转一湾子,含糊过去,其避难趋易,最可鄙薄。在古大家集中,其最可传之作,皆其最不用典者也。老杜《北征》何等工力!然全篇不用一典(其"不开殷周衰,中自诛褒妲"二语乃比拟非用典也),其《石壕》《羌村》诸诗亦然。韩退之诗亦不用典,白香山《琵琶行》全篇不用一典,《长恨歌》更长矣,仅用"倾国""小玉""双成"三典而已。律诗之佳者,亦不用典,堂皇莫如"云移雉尾开宫扇,日映龙鳞识圣颜";宛转莫如"岂谓尽烦回纥马,翻然远救朔方兵";纤丽莫如"梦为远别啼难唤,书被催成墨未浓";悲壮莫如"永夜角声悲自语,中天月色好谁看"。然其好处,岂在用典哉(又如老杜《闻官军收河南河北》一首更可玩味)!总之,以用典见长之诗,决无可传之价值。虽工亦不值钱,况其不工但求押韵者乎?

尝谓今日文学之腐败极矣,其下焉者,能押韵而已矣。稍进,如南社诸人,夸而无实,滥而不精,浮夸淫琐,几无足称者(南社中间亦有佳作,此所讥评就其大概言之耳)。更进,如樊樊山、陈伯严、郑苏盦之流,视南社为高矣。然其诗皆规摹古人,以能神似某人某人为至高目的。极其所至,亦不过为文学界添几件赝鼎耳,文学云乎哉!

综观文学堕落之因,盖可以"文胜质"一语包之。文胜质者,有形式而无精神,貌似而神亏之谓也。欲救此文胜质之弊,当注重言中之意,文中之质,躯壳内之精神。古人曰:"言之不文,行之不远。"应之曰,若言之无物,又何用文为乎?

年来思虑观察所得,以为今日欲言文学革命,须从八事入手,八事者何?

　　一曰不用典。

　　二曰不用陈套语。

　　三曰不讲对仗(文当废骈,诗当废律)。

　　四曰不避俗字俗语(不嫌以白话作诗词)。

　　五曰须讲求文法之结构。

此皆形式上之革命也。

　　六曰不作无病之呻吟。

　　七曰不摹仿古人语,语须有个我在。

　　八曰须言之有物。

此皆精神上之革命也。

此八事略具要领而已,其详细节目,非一书所能尽,当俟诸他日再为足下详言之。

以上所言,或有过激之处。然心所谓是,不敢不言。倘蒙揭之贵报,或可供当世人士之讨论。此一问题关系甚大,当有直言不讳之讨论,始可定是非。适以足下洞晓世界文学之趋势,又有文学改革之宏愿,故敢贡其一得之愚。伏乞恕其狂妄而赐以论断,则幸甚矣。匆匆不尽欲言。即祝撰安。

胡适 白

拜诵惠书,敬悉一一。以提倡写实主义之杂志,而录古典主义之诗,一经足下指斥,曷胜惭感。惟今之文艺界,写实作品,以仆寡闻,实未尝获觏。本志文艺栏,罕录国人自作之诗文。即职此故,不得已偶录一二诗,乃以其为写景叙情之作,非同无病而呻。其所以盛称谢诗者,谓其继迹古人,非谓其专美来者。若以西洋文学眼光,批评工部及元、白、柳、刘诸人之作,即不必吹毛求疵,其拙劣不通之处,又焉能免?望足下平心察之,实非仆厚诬古人也。承示文学革命八事,除五、八二项,其余六事,仆无不合十赞叹,以为今日中国文界之雷音。倘能详其理由,指陈得失,衍为一文,以告当世,其业尤盛。第五项所谓文法之结构者,不知足下所谓文法,将何所指?仆意中国字,非合音无语尾变化,强律以西洋之Gramma,未免画蛇添足。(日本国语,乃合音,惟只动词、形容词,有语尾变化。其他种词,亦强袭西洋文法,颇称附会无实用,况中国文乎?)若谓为章法语势之结构,汉文亦自有之,此当属诸修辞学,非普通文法。且文学之文与应用之文不同,上未可律以论理学,下未可律以普通文法,其必不可忽视者,修辞学耳。质之足下,以为如何?尊示第八项"须言之有物"一语,仆不甚解。或者足下非古典主义,而不非理想主义乎?鄙意欲救国文浮夸、空泛之弊,只第六项"不作无病之呻吟"一语足矣。若专求"言之有物",其流弊将毋同于"文以载道"之说。以文学为手段、为器械,必附他物以生存。窃以为文学之作品,与应用文字作用不同。其美感与伎俩,所谓文学、美术自身独立存在之价值,是否可以轻轻抹杀,岂无研究之余地?况乎自然派文学,义在如实描写社会,不许别有寄托,自堕理障,盖写实主义之与理想主义不同也。以此以上二事,尚望足下有以教之。海内外讲求改革中国文学诸君子,倘能发为宏议,以资公同讨论,敢不洗耳静听!若来书所谓加以论断,以仆不学无文,何敢何敢!

独秀谨复

(原载《新青年》第二卷第二号,1916年10月1日)

通　信

程演生　独　秀

独秀先生左右:读报得知足下近长北京大学文科,不胜欣祝。将于文科教授,必大有改革。西方实写之潮流,可输灌以入矣。其沉溺于陈旧腐浅古典文学及桐城派者,其亦闻而兴起乎！万望鼓勇而前,勿为俗见所阻。仆久欲作"予之中国近二十年文学观"一文,因循未果,然他日终必质之足下以评论之。余不尽宣。

程演生启

手教谨悉。仆对于吾国国学及国文之主张,曰百家平等,不尚一尊;曰提倡通俗国民文学。誓将此二义遍播国中,不独主张于大学文科也。大作何日告成,急欲一读。谨复。

独　秀

（原载《新青年》第二卷第六号,1917年2月1日）

通　信

钱玄同　独　秀

日前见公所拟大学文科中国文学门课程表,似以魏晋至唐宋为第二期,元明清为第三期。鄙意宋世文学,实为启后,非是承前。词开曲先,固不待言,即欧苏之文,实启归方,其与昌黎柳州,谅为貌同而心异。又如说理之文,以语录为大宗。以白话说理,尤前此所无。小说是世近文学中之杰构,亦自宋始。(以前小说如《虞初》《世说》,为野史而非文学作品。唐代小说,描画淫亵,称道鬼怪,乃轻薄文人浮艳之作,与纪昀蒲松龄所著相同,于文学上实无大价值,断不能与《水浒》《红楼》《儒林外史》诸书相提并论也。)故鄙意中国文学,当以自魏至唐为一期,自宋至清为一期。质之高明,以为然否。(后略)

钱玄同上言

惠书谨悉。以先生之声韵训诂学大家,而提倡通俗的新文学,何优全国之不景从也! 可为文学界浮一大白。先生前所见之课程表,日来各门均小有更改。中国文学则拟以自魏至北宋为一期,自南宋至清为一期,未审安否,尚希赐教。

独秀谨复

(原载《新青年》第二卷第六号,1917年2月1日)

通　信

钱玄同　独　秀

独秀先生鉴：

　　胡适之君之《文学改良刍议》，其陈义之精美，前已为公言之矣。兹反覆细读，窃有私见数端。愿与公商榷之。倘得藉杂志余幅，以就教于胡君，尤所私幸。

　　胡君"不用典"之论最精，实足祛千年来腐臭文学之积弊。尝谓齐梁以前之文学，如《诗经》《楚辞》及汉魏之歌诗、乐府等，从无用典者。（古代文学，白描体外，只有比兴。比兴之体，当与胡君所谓"广义之典"为同类，与后世以表象之语直代实事者迥异。）短如《箜篌引》（文为"公无渡河，公竟渡河。堕河而死，当奈公何"），长如《焦仲卿妻》诗，皆纯为白描，不用一典。而作诗者之情感，诗中人之状况，皆如一一活现于纸上。《焦仲卿妻》诗，尤与白话之体无殊，至今已越千七百年。读之，犹如作诗之人与我面谈。此等优美文学，岂后世用典者所能梦见。（后世如杜甫、白居易之"写实体"，亦皆具此优美。然如《长恨歌》中，杂用"小玉""双成"二典，便觉可厌。）自后世文人无铸造新词之材，乃力竞趋于用典，以欺世人。不学者从而震惊之，以渊博相称誉，于是习非成是。一若文不用典，即为俭学之征。此实文学窳败之一大原因。胡君辞而辟之，诚知本矣。惟于"狭义之典"，胡君虽主张不用，顾又谓"工者偶一用之，未为不可"，则似犹未免依违于俗论。弟以为凡用典者，无论工拙，皆为行文之疵病。即如胡君所举五事，1.3.5虽曰工切，亦是无谓。胡君自评，谓"其实此种诗尽可不作"，最为直捷痛快之论。若2所举之苏诗，胡君已有"近于纤巧"之论。弟以为苏轼此种词句,在不知文学之斗方名士读之,必赞为词令妙品。其实索然无味,只觉可厌,直是用典之拙者耳。4 所举江亢虎之诔文,胡君称其"用赵宣子一典甚工切",弟实不知其佳处。至如"未悬太白"一语,正犯胡君用典之拙者之第五条。胡君知"灞桥""阳关""渭城""莼鲈"为"古事之实有所指,不可移用",则宜知护国军本无所谓"太白旗",彼时纵然杀了袁世凯,当不能沿用"枭首示众"之旧例。如是则"悬太白"三字,无一合于事实。非用典之拙者而何。故弟意胡君所谓典之工者,亦未为可用也。

文学之文,用典已为下乘,若普通应用之文,尤须老老实实讲话,务期老妪能解。如有妄用典故、以表象语代事实者,尤为恶劣。章太炎先生尝谓公牍中用"水落石出""剜肉补疮"诸词为不雅。亡友胡仰曾君谓曾见某处告诫军人之文,有曰:"此偶合之乌,难保无害群之马。果尔以有限之血蚨,养无数之飞蝗。"此不通已极。满清及洪宪时代司法不独立。州县长官遇婚姻讼事,往往喜用滥恶之四六为判词,既以自炫其淹博,又藉以肆其轻薄之口吻。此虽官吏心术之罪恶,亦由此等滥恶之四六有以助之也。弟以为古代文学,最为朴实真挚。始坏于东汉,以其浮词多而真意少也。弊盛于齐梁,以其渐多用典也。唐宋四六,除用典外,别无他事,实为文学《燕山外史》中之最下劣者。至于近世《聊斋志异》《淞隐漫录》诸书,直可谓全篇不通。戏曲小说,为近代文学之正宗。小说因多用白话之故,用典之病少(白话中罕有用典者,胡君主张采用白话,不特以今人操今语,于理为顺。即为驱除用典计,亦以用白话为宜。蒙于胡君采用白话之论,固绝对赞同者也)。传奇诸作,即不能免用典之弊,元曲中喜用四书文句,尤为拉杂可厌。弟为此论,非荣古贱今。弟对于古今文体造句之变迁,决不以为古胜于今。亦与胡君所谓"有《尚书》之文,有先秦诸子之文,有司马迁班固之文,有韩柳欧苏之文,有语录之文,有施耐庵曹雪芹之文,此文之进化。"同意。惟用典一层,确为后人劣于前人之处,事实昭彰不能为讳也。

用典以外尚有一事,其弊与用典相似,亦为行文所当戒绝者,则人之称谓是也。人之有名,不过一种记号。夏殷以前,人止一名,与今之西人相同。自周世尚文,于是有"幼名、冠字、五十以伯仲、死谥"种种繁称,已大可厌矣。六朝重门第,争标郡望。唐宋以后,"峰泉溪桥楼亭轩馆",别号日繁。于是一人之记号,多乃至数十,每有众所共知之人,一易其名称,竟茫然不识为谁氏者。一翻《宋元学案》目录,便觉头脑疼痛者,即以此故。而自昔文学之文,于此等称谓,尤喜避去习见。改用隐僻,甚或删削本名,或别创新称。近时流行,更可骇怪。如"湘乡""合肥""南海""新会""项城""黄陂""善化""河间"等等,专以地名名人。一若其地往古来今,即此一人可为代表者然。非特使不知者无从臆想,即揆诸情理,岂得谓平。故弟意今后文学,凡称人,悉用其姓名,不可再以郡望别号地名等等相摄代。(又官名,地名须从当时名称,此前世文人所已言者,虽桐城派诸公,亦知此理。然昔人所论,但谓金石文学及历史传记之体宜然。鄙意文学之文,亦当守此格律。又文中所用事物名称,道古时事,自当从古称,若道现代事,必当从今称。故如古称"冠、履、袷、裳、笾、豆、尊、鼎"仅可用于道古。若道今事,必当改用"帽、鞋、领、裤、碗、盆、壶、锅"诸名,断不宜效法"不敢题糕"之迂谬见解。)

一文之中,有骈有散,悉由自然。凡作一文,欲其句句相对,与欲其句句不相对者,皆妄也。桐城派人鄙夷六朝骈偶,谓韩愈作散文,为古文之正宗。然观《原道》一篇,起首仁义二句,与道德二句相对。下文云:"仁与义为定名,道与德为虚位。"又云:"故道有君子小人,而德有凶有吉。"皆骈偶之句也。阮元以孔子文言为骈文之祖,因谓文必骈俪。(近人仪征某君即笃信其说,行文必取骈俪。尝见其所撰经解,乃似墓志。又某君之文,专务改去常用之字,以同训诂之隐僻字代之,大有"夜梦不祥开门大吉"改为"宵寐匪祯辟札洪庥"之风,此又与用僻典同病。)则当诘之曰,然则《春秋》一万八千字之经文,亦孔子所作,何缘不作骈俪,岂文才既竭、有所谢短乎。弟以为今后文学律诗可废,以其中四句必须对偶,且须调平仄也。若骈散之事，当一任其自然，如胡君所谓"近于语言之自然而无牵强刻削之迹"者。此等骈句，自在当用之列。

胡君所云"须讲文法"，此不但今人多不讲求，即古书中亦多此病。如《乐毅报燕惠王书》中"蓟丘之植植于汶篁"二语，意谓齐国汶上之篁，今植于燕之蓟丘也。江淹《恨赋》"孤臣危涕，孽子坠心"，实危心坠涕也。杜诗"香稻啄余鹦鹉粒，碧梧栖老凤凰枝。"香稻与鹦鹉，碧梧与凤凰，皆主宾倒置，此皆古人不通之句也。《〈史记〉裴骃集解序索隐》有句曰："正是冀望圣贤，胜于饱食终日无所用心，愈于论语不有博弈者乎之人耳。"凡见此句者，殆无不失笑。然如此生吞活剥之引用成语，在文学文中亦殊不少，宋四六中，尤不胜枚举。

语录以白话说理，词曲以白话为美文，此为文章之进化，实今后言文一致之起点。此等白话文章，其价值远在所谓"桐城派之文""江西派之诗"之上，此蒙所深信而不疑者也。至于小说为近代文学之正宗，此亦至确不易之论，惟此皆就文体言之耳。若论词曲小说诸著，在文学上之价值，窃谓仍当以胡君"情感""思想"两事为标准。无此两事之词曲小说，其无价值亦与"桐城派之文""江西派之诗"相等。胡如元人杂曲，及《西厢记》《长生殿》《牡丹亭》《燕子笺》之类，词句虽或可观，然以无"高尚思想""真挚情感"之故，终觉无甚意味。至于小说，非海淫海盗之作（海淫之作，从略不举，海盗之作，如《七侠五义》之类是。《红楼梦》断非海淫，实足写骄侈家庭，浇漓薄俗，腐败官僚，纨袴公子耳。《水浒》尤非海盗之作，其全书主脑所在，不外"官逼民反"一义。施耐庵实有社会党人之思想也。）即神怪不经之谈（如《西游记》《封神传》之类），否则以迂谬之见解，造前代之野史（如《三国演义》《说岳》之类。）最下者，所谓"小姐后花园赠衣物""落难公子中状元"之类，千篇一律，不胜缕指。故词曲小说，诚为文学正宗。而关于词曲小说之作，其有价值者则殊鲜。（前此所谓文学家者，类皆喜描写男女情爱。然此等笔墨，若用写实派文学之眼光去做，自有最高之价值。若出于一己之儇薄思想，以秽亵之文笔，表示其肉麻之风流，则无丝毫价值之可言。前世文人,属于前者殆绝无,属于后者则滔滔皆是。)以蒙寡陋,以为传奇之中,惟《桃花扇》最有价值。小说之有价值者,不过施耐庵之《水浒》,曹雪芹之《红楼梦》,吴敬梓之《儒林外史》三书耳。今世小说,惟李伯元之《官场现形记》,吴趼人之《二十年目睹之怪现状》,曾孟朴之《孽海花》三书为有价值。曼殊上人思想高洁,所为小说,描写人生真处,足为新文学之始基乎。此外作者,皆所谓公等碌碌、无足置齿者矣。刘铁云之《老残游记》胡君亦颇推许,吾则以为其书中惟写毓贤残民以逞一段为佳,其他所论,大抵皆老新党头脑不甚清晰之见解。黄龙子论"北拳南革"一段信口雌黄,尤足令人忍俊不禁。

总之,小说戏剧,皆文学之正宗,论其理固然。而返观中国之小说戏剧,与欧洲殆不可同年而语。小说略如上节所述。至于戏剧一道,南北曲及昆腔,虽鲜高尚之思想,而词句尚斐然可观。若今之京调戏,理想既无,文章又极恶劣不通,固不可因其为戏剧之故,遂谓有文学上之价值也。"假使当时编京调戏本者,能全用白话,当不至滥恶若此。"又中国戏剧,专重唱工。所唱之文句,听者本不求其解,而戏子打脸之离奇,舞台设备之幼稚,无一足以动人情感。夫戏中扮演,本期确肖实人实事,即观向来"优孟衣冠"一语,可知戏子扮演古人,当如优孟之像孙叔敖,苟其不肖,即与演剧之义不合。顾何以今之戏子绝不注意此点乎。戏剧本为高等文学,而中国之戏,编自市井无知之手,文人学士不屑过问焉,则拙劣恶滥固宜。弟尝为滑稽之比喻,谓中国之旧戏如骈文,外国之新戏如白话小说。以骈文外貌虽极炳烺,而叩其实质,固空无所有,即其敷引故实,泛填词藻之处,苟逐字逐句为之解释,则事理文理不通者殊多。旧戏之仅以唱工见长,而扮相布景举不合于实人实事,正同此例。白话小说能曲折达意,某也贤,某也不肖,俱可描摹其口吻神情。故读白话小说,恍如与书中人面语。新剧讲究布景,人物登场,语言神气务求与真者酷肖,使观之者几忘其为舞台扮演。故曰与白话小说为同例也。

梁任公实为创造新文学之一人,虽其政论诸作,因时变迁,不能得国人全体之赞同。即其文章,亦未能尽脱帖括蹊径。然输入日本新体文学,以新名词及俗语入文,视戏曲小说与论记之文平等。(梁君之作《新民说》《新罗马传奇》《新中国未来记》皆用全力为之,未尝分轻重于其间也。)此皆其识力过人处。鄙意论现代文学之革新,必数梁君。

至于当世,所谓桐城巨子,能作散文。选学名家,能作骈文。做诗填词,必用陈套语。所造之句,不外如胡君所举旅美某君所填之词。此等文人,自命典瞻古雅,鄙夷戏曲小说,以为猥俗不登大雅之堂者。自仆观之,公等所撰皆高等八股耳(此尚是客气话,据实言之,直当云变形之八股)。文学云乎哉。(又如某氏与人对译欧西小说,专用《聊斋志异》文笔,一面又欲引韩柳以自重。此其价值,又在桐城派之下,然世固以大文豪目之矣。)

又弟对于应用之文,以为非做到言文一致地步不可。此论甚长,异日当本吾臆见,写成一文,以就正有道,兹则未遑详述也。

钱玄同白　二月二十五日

崇论宏议,钦佩莫名。仆对于吾国近代文学,本不满足,然方之前世,觉其内容与社会实际生活,日渐接近,斯为可贵耳。国人恶习,鄙夷戏曲小说为不足齿数,是以贤者不为,其道日卑。此种风气,倘不转移,文学界决无进步之可言。章太炎先生,亦薄视小说者也,然亦称《红楼梦》善写人情。夫善写人情,岂非文字之大本领乎。庄周司马迁之书,以文评之,当无加于善写人情也。八家七子以来,为文者皆尚主观的无病而呻。能知客观的刻画人情者盖少,况夫善写者乎。质之足下,以为如何。

独　秀

(原载《新青年》第三卷第一号,1917年3月1日)

通　信

刘半农　独　秀

独秀先生惠鉴：改良文学之事，关系甚重，苟不实心实力做去，恐此项学说，仍是昙花一现，不久即为学究派之腐说所战胜。故就鄙见所及，举关于实行一方面之事数项，条列如下，愿先生有以教之。

一《新青年》杂志，既抱鼓吹文学改良之宗旨，则此后本志所登文字，即当就新文学之范围做去。白话诗与白话小说固可登，即白话论文亦当采用。

一孑民秋桐曼殊诸先生，均为当代文士所宗仰。倘表同意，宜请其多作提倡改良文学之文字。

一关于改良文学之文字，当允许各报转载，勿以杂志之版权问题妨害学说之进行。

一吾人今日所论之改良方法，仅举其落落大端。文学为一种精微玄妙之科学，其应行讨论之处，决非此落落大端所能尽，亦决非一时之中，三数人之心思才力所能尽。故《青年杂志》除时时登载此项论说外，应特辟"文学研究"栏以容众见。凡有关于文学问题，无论如何微细，亦一律刊入，以供同人讨论。

一今日学国文者，多取前人所作文字为读本。平心而论，前人文字虽有不尽为吾人所满意者，然亦未必尽非不可效法，只须选刻之人，能破除迷信古人之念而已。故最好商诸群益或他书局，请其延聘长于国学而有新文学思想之人，刻选自古至今之文字，不论文言白话散文韵文,但须确有可取,即采入书中,以资雒诵。(私意此事对于后来学者颇觉重要。)

一改良文学,是永久的学问。破坏孔教,是一时的事业。因文学随时以进步,不能说今日已经改良,明日即不必改良。孔教之能破坏与否,却以宪法制定之日为终点。其成也固幸,其不成亦属无可奈何。故《青年杂志》对于文学改良问题,较破坏孔教更当认真一层。尤贵以毅力坚持之,不可今朝说了一番,明朝即视同隔年历本,置之不问。

刘半农白

所示各条,均应力谋实行。鄙意欲创造新文学,"国语研究"当与"文学研究"并重。本志拟锐意征求此二种材料。至特辟一栏与否,似不必拘泥。高明以为如何。

独　秀

(原载《新青年》第三卷第三号,1917年5月1日)

通　信

钱玄同　独　秀

独秀先生：

我以前所说要把右行直下的汉文改用左行横迤。先生回答道："极以为然。"现在我想，这个意思先生既然赞成，何妨把《新青年》从第四卷第一号起，就改用横式？近年以来所出的杂志，我所看见的，第一个改用横式的是美国留学生所办的《科学》。后来教育部出版的《观象丛报》，也是用横式。这两种杂志，都是讲科学的，常有算式表谱嵌在文章中间，用横式便利，自不消说得。至于别种杂志书籍，即使不纯粹讲科学，或完全和科学不相干的（小说诗歌之类），也是用横式比用直式来得便利。因为以后的中国文章中间，要嵌进外国字的地方很多。假如用了直式，则写的人、看的人，都要把本子直搬横搬，两只眼睛、两只手，都费力得很。又像文章中间所用的符号和句读，要他清楚完全，总是全用西洋的好，（《科学》的符号和句读，全用西式，看下去很明白。《观象丛报》仍用中式，便不醒目。）这又是宜于横式的。（直式的用西洋符号和句读［引号在直式里面，只能用 ·，""两种。西洋引号，很不适用，］止有《旅欧杂志》和《旅欧教育运动》，把 ·，：；？！记在每句每读的底下，留出字的右旁，以便记"本名符号"等等。依我看来，究竟不甚清楚。）况且眼睛是左右横列的，自然是看横比看直来得不费力。《新青年》杂志拿除旧布新做宗旨，则自己便须实行除旧布新。所有认做"合理"的新法，说了就做得到的，总宜赶紧实行去做，以为社会先导，才是。这改直式为横式，虽然是形式上的事情,然而于看写二层,都极有便利,所以我总想先生早日实行。(《新青年》于原文译文并列的文章,既用横式,而 Page 的排列,仍照中国旧式,这更不便,尤其不可不改良。)

改用横式以后,符号和句读,固然全改西式。但是有人说,疑问号的"?",嗟叹号的"!",可以不必用。胡适之先生道:"窃谓疑问之号,非吾国文所急需也。吾国文凡疑问之语,皆有特别助字以别之。故凡'何''安''乌''孰''岂''焉''乎''欤''哉'诸字,皆即吾国之疑问符号也。故问号可有可无也。"(见《科学》第二卷第一期《论句读及文字符号》。)刘半农先生道:"'?'一种似可不用。以吾国文言中有'欤''哉''乎''耶'等,白话中有'么''呢'等问语助词,无须借助于记号也。然在必要之处,亦可用之。'!'一种,文言中可从省,白话中决不可少。"(见《新青年》第三卷第三号《我之文学改良观》。)我以为这话不很大对。我国文章里面的"也"字,也有当疑问词用的。《论语》:"子张问十世可知也。""井有人焉,其从之也。""岂若匹夫匹妇之为谅也。"这几个"也"字,都是疑问词。《礼记·祭义》:"夫人曰,此所以为君服欤。"这个"欤"字,又是决定口气。(这是俞樾说的。《古书疑义举例》卷四。)又《尚书·西伯戡黎》:"我生不有命在天。"《吕刑》:"何择非人,何敬非刑,何度非及。"《史记》所引的,底下都加"乎"字,这是疑问词不用"乎"字的。又像那"焉"字,在每句头上或中间的,除训"何"的外,还有训"于是"的。(见王引之《经传释词》。)又"乎""哉"这类字,疑问也用他,嗟叹也用他。像"人焉廋哉"的"哉"字是"?","恶用是鶃鶃者为哉"的"哉"字是"!"。"其然岂其然乎"的"乎"字是"?","使乎使乎"的"乎"字是"!"。诸如此类,倘使不加符号,实在不能明白。所以我以为这两种符号,也是必不可少的。(有人说,上列的几条例,是古人文章的不整齐。现在新体白话文章,出于人造。这种地方,当然要做很整齐,决不许再有例外,那么似乎"?""!"仍是可省。这话我也不以为然。新体文章用字固然有定,倘使再加符号,岂不格外明白。又我所主张中国书籍须加符号一层,并不限于现在的书。

就是古书,将来如其有人重刻,也非加符号不可。)

还有"……"符号表"说话停顿"和"语意未完",也是不可少的。《左传·襄公廿五年》有句道:

> 盟国人于大宫。曰:"所不与崔庆者……。"晏子仰天叹曰:"婴所不唯忠于君、利社稷者是与,有如上帝。"乃歃。

这一节里加了"……"符号,才能显出"所不与崔庆者"底下"有如上帝"四个字还没有喊出,就被晏婴抢了去重行说过。

又《尚书·顾命》:"奠丽陈教,则肄……肄不违。"江声注:"肄肄重言之者,病甚气喘而语吃也。"《史记·张丞相列传》:"昌为人吃,又盛怒。曰,臣口不能言,然臣期……期知其不可。陛下虽欲废太子,臣期……期不奉诏。"这都应该用"……"号去表他口吃的神情。(《史记·高祖本纪》:"诸君必以为便……便国家。……"章太炎先生说,这一句,《汉书》里改做"诸侯王幸以为便于天下之民,则可矣"。比《史记》明白完备得多。大约汉高祖那时看见诸侯将相做出一种"天命攸归奏请登极"的样子来。请他做皇帝,心里虽然快活得很,面子上觉得有些不好意思答应出来,于是胀红了脸,说出这样一句不爽快不完全的话来。《史记》直录原语,《汉书》照他说话的意思译成一句明白完备的文章,所以两书记载不同。那么,在两个"便"字的中间,用"……"号表说话停顿,"家"字底下再用"……"号表语意未完,便活跳画出一个正要做皇帝时候的汉高祖来了。)

胡适之先生又说,一切"本名",在西文里面,都是把第一个字母用大写。中国文应该在"本名"的下面记一横画(直式,则记在"本名"的右旁)。这话我极其赞成。《孟子》"季孙曰异哉子叔疑"。这一句有两种解法。

(1) 季孙曰:"异哉!"子叔疑。(赵岐说)

(2) 季孙曰:"异哉!子叔疑。"(朱熹说)

《左传》"遂置姜氏于城颍"。这一句也有两种解法。

427

(1)遂置姜氏于城颍。(杜预说)

(2)遂置姜氏于城,颍。(金人瑞说)

这两条,朱熹和金人瑞的解说都是错的。假使当日孟轲、左丘明做书的时候有了符号,自己记得明明白白,那么朱熹、金人瑞也不至于随便乱解了。

以前我写信给先生和适之先生,说《水浒》《红楼梦》《儒林外史》《西游记》《金瓶梅》和近人李伯元、吴趼人两家的著作,都是中国有价值的小说。这原是短中取长的意思。也因为现在那种旧文学家的谬见,把欧、曾、苏、王、归、方、姚、曾这些造劣等假古董的人看做大文学家,反说施耐庵、曹雪芹只会做小说,便把他排斥在文学以外,觉得小说是很下等的文章。所以我们不得不匡正他们的误谬,表彰《水浒》《红楼梦》那些书。其实若是拿十九、二十世纪的西洋新文学眼光去评判,就是施耐庵、曹雪芹、吴敬梓也还不能算做第一等。因为他们三位的著作虽然配得上称"写实体小说",但是笔墨总嫌不干净。若是和西洋的Goncourt兄弟,Moupassant'、Tolstoi、Turgeneu诸人相比,便有些比不上。这大概有两个缘故。(1)中国小说家喜欢做长篇小说,动不动便是八十回、一百回,一定要把许多各色各样的人写在一处。人数既多,写的时候总有照顾不到的地方。于是写某甲写得很神,写某乙便容或不能完全合拍。外国小说,专就一种社会,或一部分的人,细细体察,绘影绘声,维妙维肖,不在乎字数多、篇幅长,在乎描写得十分确切。这是胜过中国小说的地方。(2)外国小说家拿小说看做一种神圣的学问。或则自己思想见解很高,以具体的观念,写一理想的世界。(中国陶潜的《桃花源记》,很有这一种的意味。)或则拿很透辟的眼光去观察现在社会,用小说笔墨去暴露他的真相。自己总是立在"第三者"的地位。若是做的时候,写到那男女恋爱奸私和武人强盗显他特殊势力那些地方,决没有自己忽然动心,写上许多肉麻得意的句子。所以意境既很高超,文笔也极干净。中国小说则不然。就是施曹两公,也未能免俗。(像武松打老虎、贾宝玉初试云雨之类。)吴敬梓自己也颇有酸气。(像虞博士祭泰伯初之类。)这一层,是中国小说更远不及外国小说的地方。施曹吴三人以外,《西游记》虽说恢诡别有情致,究竟是"理想主义派里的名产",拿新文学的眼光去看,实在是过去时代的东西。和施曹的"写实派"去比,便有新旧的不同。《金瓶梅》虽具刻画恶社会的本领,然而描写淫亵,太不成话,若是勉强替他辨护,说做书的人下笔的时候自己没有存着肉麻的冥想,恐怕这话总是说不圆的,(《野叟曝言》里的文素臣,《老残游记》里的铁补残,《九尾龟》里的章秋谷,写得全智全能,都是作者自道。叫人看了,实在替他肉麻。)至于近人李吴两家,适之先生说他"皆为《儒林外史》之产儿",这话很对。论到名笔意境,实在比《儒林外史》还差一点。所以我以为就是《水浒》以下的几种小说,也还远比不上外国小说。

至于从"青年良好读物"上面着想,实在可以说,中国小说,没有一部好的,没有一部应该读的。若是能读西文的,可以直读 Tolstoi、Moupassant' 这些人的名著。若是不懂西文的,像胡适之先生译的《二渔夫》,马君武先生译的《心狱》,和我的朋友周豫才、起孟两先生译的《域外小说集》《炭画》,都还可以读得。(但是某大文豪用《聊斋志异》文笔和别人对译的外国小说,多失原意。并且自己搀进一种迂谬批评,这种译本,还是不读的好。)

总而言之,中国现在没有一件事情可以不改革。政治革命,晓得的人较多,并且招牌上也居然写了"共和"两个字了。伦理革命,先生已经大加提倡,对于尊卑纲常的旧伦理痛加排抵,主张完全改用西洋新伦理。至于文学革命,先生和适之先生虽也竭力提倡新文学,但是对于元明以来的中国文学,似乎有和西洋现代文学看得平等的意思。我以为元明以来的词曲小说,在《中国文学史》里面,必须要详细讲明。并且不可轻视,要认做当时极有价值的文学才是。为什么呢?因为在当时,他是"开新的",还有先生所说的"其内容与社会实际生活日渐接近,斯为可贵"的缘故。但是到了现在,这种文学,又渐渐成了过去的陈迹。

现在中国的文学界,应该完全输入西洋最新文学,才是正当办法。

我们既然绝对主张用白话体做文章,则自己在《新青年》里面做的,便应该渐渐的改用白话。我从这书通信起,以后或撰文、或通信,一概用白话,就和适之先生做《尝试集》一样的意思。并且还要请先生、胡适之先生和刘半农先生,都来尝试尝试。此外别位在《新青年》里面撰文的先生,和国中赞成做白话文章的先生们,若是大家都肯"尝试",那么必定"成功"。"自古无"的,"自今"今后,一定会"有"。不知道先生们的高见赞成不赞成。

有人说,现在"标准国语"还没有定出来,你们各人用不三不四半文半俗的白话做文章,似乎不很大好。我说,朋友!你这话讲错了。试问"标准国语",请谁来定?难道我们没有这个责任吗?难道应该让那些专讲"干脆""反正""干么""您好""取灯儿""钱串子",称不要为 pie,称不用为 pong 的人,在共和时代还仗着他那"天子脚下地方"的臭牌子,说什么"日本以东京语为国语,德国以柏林语为国语,故我国当以北京语为国语",借这似是而非的语来抹杀一切,专用北京土话做国语吗?想来一定不是的。既然不是,则这个"标准国语",一定是要由我们提倡白话的人实地研究"尝试",才能制定。我们正好借这《新青年》杂志来做白话文章的试验场。我以为这是最好最便的办法。先生,你道对不对呢?

钱玄同

玄同先生:

《新青年》改用左行横迤,弟个人的意思,十分赞成。待同发行部和其他社友商量同意,即可实行。但是改用白话一层,似不必勉强一致。社友中倘有绝对不能做白话文章的人,即偶用文言,也可登载,尊见以为如何。文中符号,到不得已的时候,自然用得。说话停顿和语意未完的时候，自然当用虚点做符号，方能清楚。就是引用古书、或他人的话，中间不关紧要的，也可以省略用虚点代之。本名旁加符号，往时本有此法。但是人名地名，要用单画双画分别不用？还要讨论一番。中国小说，有两大毛病。第一是描写淫态，过于显露。第二是过贪冗长。(《金瓶梅》《红楼梦》细细说那饮食、衣服、装饰摆设，实在讨厌。)这也是"名山著述的思想"的余毒。吾人尝识近代文学，只因为他文章和材料，都和现在社会接近些，不过短中取长罢了。若是把元明以来的词曲小说，当做吾人理想的新文学，那就大错了。不但吾人现在的语言思想，和元明清的人不同。而且一代有一代的文学，钞袭老文章，算得什么文学呢。但是外国文学经过如许岁月，中间许多作者，供给我们许多语文学的技术和文章的形式，所以喜欢文学的人，对于历代的文学，都应该去切实研究一番才是，(就是极淫猥的小说弹词，也有研究的价值。)至于普通青年读物，自以时人译著为宜。若多读旧时小说弹词，不能用文学的眼光去研究，却是徒耗光阴有损无益。并非是我说老究的话。也不是我一面提倡近代文学，一面又劝人勿读小说弹词，未免自相矛盾。只因为专门研究文学和普通青年读书，截然是两件事，不能并为一谈也。此时用国语为文，当然采用各省多数人通用的语言。北京话也不过是一种特别方言，那能算是国语呢。而且既然是取"文言一致"的方针，就要多多夹入稍稍通行的文雅字眼，才和纯然白话不同。俗话中常用的文话，(像岂有此理、无愧于心、无可奈何、人生如梦、万事皆空等类。)更是应当尽量采用。必定要"文求近于语，语求近于文"，然后才做得到"文言一致"的地步。高明以为如何。

独 秀

(原载《新青年》第三卷第六号，1917年8月1日)

论小说及白话韵文

胡 适 钱玄同

玄同先生：

前奉读《二十世纪第十七年七月二日》的长书，至今尚未答覆。此中原因，想蒙原谅。先生对于吾前书所作答语，大半不须我重行答覆。仅有数事，略有鄙见，欲就质正：

(4)(数目字指三卷第六号中原书之各条)《三国演义》一书，极为先生所不喜。然先生于吾原书所云，似有误会处。吾谓此书"能使今之妇人女子皆痛恨曹孟德，亦可见其魔力之大"。吾并非谓此书于曹孟德、刘备诸人褒贬得当。吾但谓以小说的魔力论，此书实具大魔力耳。先生亦言："《说岳》既出，不甚有何等之影响。《三国演义》既出，于是关公、关帝、关夫子，闹个不休。"此可见《说岳》之劣而《三国演义》之优矣。平心而论，《三国演义》之褒刘而贬曹，不过是承习凿齿朱熹的议论，替他推波助澜，并非独抒己见。况此书于曹孟德，亦非一味丑诋。如白门楼杀吕布一段，写曹操人品实高于刘备百倍。此外写曹操用人之明，御将之能，皆远过于刘备、诸葛亮。无奈中国人早中了朱熹一流人的毒，所以一味痛骂曹操。戏台上所演《三国演义》的戏，不是《逼宫》，便是《战宛城》，凡是曹操的好处，一概不编成戏。此则由于编戏者之不会读书，而《三国演义》之罪实不如是之甚也。先生又谓此书"写刘备成一庸懦无用的人，写诸葛亮成一阴险诈伪的人"。此则非关作者"文才笨拙"，乃其所处时代之影响也。彼所处之时代，固以庸懦无能为贤,以阴险诈伪为能,故其写刘备、诸葛亮亦只如此。此如古人以"杀人不眨眼""喝酒三四十大碗"为英雄,今人如张春帆之徒以能"吊膀子"为风流。故《水浒传》之武松,自西人观之,必诋为无人道;而《九尾龟》之章秋谷,自吾与先生观之,必诋为淫人。此与吾前书所言《品花宝鉴》不知男色为恶事,同一道理。此理于读书甚有益,故不惮重言之。即如孔子时代,原不以男女相悦为非,故叔梁纥与徵在"野合而生孔子",(见《史记》)时人不以此遂轻孔子。及孔子选诗,其三百篇中,大半皆情诗也。即如《关雎》一篇,明言男子恋一女子,至于"寤寐思服","辗转反侧",害起"单思病"来了。孔子不以为非,却说"《关雎》乐而不淫,哀而不伤"。又如"陟彼南山,言采其蕨。未见君子,忧心惙惙。亦既见止,亦既觏止,我心则说。"明言女子与男子期会于野。凡此诸诗,所以能保存者,正以春秋时代本不以男女私相恋爱为恶德耳。后之腐儒,不明时代之不同,风尚之互异,遂想出种种谬说来解《诗经》。诗之真价值遂历二千余年而不明,则皆诸腐儒之罪也。更举一例:白香山的《琵琶行》,本是写实之诗。后之腐儒不明风俗之变迁,以为朝廷命官岂可深夜登有夫之妇之舟而张筵奏乐。于是强为之语,以为此诗全是寓言。不知唐代人士之自由,固有非后世腐儒所能梦见者矣。先生以为然否?

(5)先生与独秀先生所论《金瓶梅》诸语,我殊不敢赞成。我以为今日中国人所谓男女情爱,尚全是兽性的肉欲。今日一面正宜力排《金瓶梅》一类之书,一面积极译著高尚的言情之作,五十年后,或稍有转移风气之希望。此种书即以文学的眼光观之,亦殊无价值。何则?文学之一要素,在于"美感"。请问先生读《金瓶梅》,作何美感?

又先生屡称苏曼殊所著小说。吾在上海时,特取而细读之,实不能知其好处。《绛纱记》所记,全是兽性的肉欲。其中又硬拉入几段绝无关系的材料,以凑篇幅,盖受今日几块钱一千字之恶俗之影响者也。《焚剑记》直是一篇胡说。其书尚不可比《聊斋志异》之百一,有何价值可言耶？

以上答先生见答之语竟。

先生论吾所作白话诗，以为"未能脱尽文言窠臼"。此等净言，最不易得。吾于去年(五年)夏秋初作白话诗之时，实力屏文言，不杂一字。如《朋友》《他》《尝试篇》之类皆是。其后忽变易宗旨，以为文言中有许多字尽可输入白话诗中。故今年所作诗词，往往不避文言。吾曾作《白话解》，释白话之义，约有三端：

（一）白话的"白"，是戏台上"说白"的白，是俗语"土白"的白。故白话即是俗话。

（二）白话的"白"，是"清白"的白，是"明白"的白。白话但须要"明白如话"，不妨夹几个文言的字眼。

（三）白话的"白"，是"黑白"的白。白话便是干干净净没有堆砌涂饰的话，也不妨夹入几个明白易晓的文言字眼。

但是，先生今年十月三十一日来书所言，也极有道理。先生说："现在我们着手改革的初期，应该尽量用白话去做才是。倘使稍怀顾忌，对于'文'的一部分不能完全舍去，那么便不免存留旧污，于进行方面，狠有阻碍。"我极以这话为然。所以在北京所做的白话诗，都不用文言了。

先生与刘半农先生都不赞成填词，却又都赞成填西皮二簧。古来作词者，仅有几个人能深知音律。其余的词人，都不能歌。其实词不必可歌。由诗变而为词，乃是中国韵文史上一大革命。五言七言之诗，不合语言之自然，故变而为词。词旧名长短句。其长处正在长短互用，稍近语言之自然耳。即如稼轩词：

> 落日楼头，断鸿声里，江南游子，把吴钩看了，阑干拍遍，无人会、登临意。

此决非五言七言之诗所能及也。故词与诗之别，并不在一可歌而一不可歌，乃在一近言语之自然而一不近言语之自然也。作词而不能歌之，不足为病。正如唐人绝句大半可歌,然今人不能歌亦不妨作绝句也。

词之重要,在于其为中国的韵文添无数近于言语自然之诗体。此为治文学史者所最不可忽之点。不会填词者,必以为词之字字句句皆有定律,其束缚自由必甚。其实大不然。词之好处,在于调多体多,可以自由选择。工词者,相题而择调,并无不自由也。人或问既欲自由,又何必择调?吾答之曰,凡可传之词调,皆经名家制定,其音节之谐妙,字句之长短,皆有特长之处。吾辈就已成之美调,略施裁剪,便可得绝妙之音节,又何乐而不为乎?(今人作诗往往不讲音节。沈尹默先生言作白话诗尤不可不讲音节,其言极是。)

然词亦有二短。(一)字句终嫌太拘束。(二)只可用以达一层或两层意思,至多不过能达三层意思。曲之作,所以救此两弊也。有衬字,则字句不嫌太拘。可成套数,则可以作长篇。故词之变为曲,犹诗之变为词,皆所以求近语言之自然也。

最自然者,终莫如长短无定之韵文。元人之小词,即是此类。今日作"诗"(广义言之),似宜注重此种长短无定之体。然亦不必排斥固有之诗词曲诸体。要各随所好,各相题而择体,可矣。

至于皮簧,则殊无谓。皮簧或十字为句,或七字为句,皆不近语言之自然。能手为之,或亦可展舒自如,不限于七字十字之句,如《空城计》之城楼一段是也。然不如直作长短句之更为自然矣。

以上所说,皆拉杂不成统系,尚望有以教正之。

民国六年十一月二十夜　胡　适

惠书敬悉。我个人的意见:以为《三国演义》所以具这样的大魔力者,并不在乎文笔之优,实缘社会心理迂谬所致。因为社会上有这种"忠孝节义""正统""闰统"的谬见,所以这种书才能迎合社会,乘机而入。我因为要祛除国人的迂谬心理,所以排斥《三国演义》,这正和先生的排斥《金瓶梅》同一个意思。至于前书论《金瓶梅》诸语,我亦自知大有流弊,所以后来又写了一封信给独秀先生,说:"从青年良好读物上面着想,实在可以说,中国小说没有一部好的,没有一部应该读的,"(此信是七月杪间写的,亦见三卷六号。)这就是我自己取消前说的证据。且我以为不但《金瓶梅》流弊甚大,就是《红楼》《水浒》,亦非青年所宜读;吾见青年读了《红楼》《水浒》,不知其一为实写腐败之家庭,一为实写凶暴之政府,而乃自命为宝玉武松,因此专务狎邪以为情,专务"拆梢"以为勇者甚多。我现在要再说几句话:中国今日以前的小说,都该退居到历史的地位;从今日以后,要讲有价值的小说,第一步是译,第二步是新做。先生以为然否?

　　论填词一节,先生最后之结论,也是归到"长短无定之韵文",是吾二人对于此事,持论全同,可以不必再辩。惟我之不赞成填词,正与先生之主张废律诗同意,无非因其束缚自由耳。先生谓:"工词者相题而择调,并无不自由。"然则工律诗者所作律诗,又何尝不自然?不过未"工"之时,做律诗勉强对对子,填词硬扣字数,硬填平仄,实在觉得劳苦而无谓耳。总而言之,今后当以"白话诗"为正体,(此"白话",是广义的,凡近乎言语之自然者皆是。此"诗",亦是广义的,凡韵文皆是。)其他古体之诗,及词曲,偶一为之,固无不可,然不可以为韵文正宗也。填皮簧之说,我不过抄了半农先生的话,老实说,我于此事全然不懂;至于"先帝爷,白帝城,龙归海禁",这种句调,也实在觉得可笑。不过中国现在可歌之调,最普通者惟有皮簧,(昆腔虽未尽灭,然工者极少。梆子,则更卑下矣。)故为是云云也。

钱玄同

(原载《新青年》第四卷第一号,1918年1月15日)

论汉字索引制及西洋文学

林玉堂　钱玄同

玄同先生足下：

前于《新青年》第四卷第二号，鄙人粗著一篇《汉字索引制说明》的论，得先生高明指教，感激的很。先生说到画一字体，以便检查。这个问题，兄弟意思，现在的法子，只靠着"首笔"来做使用，算还容易。因为这几个"首笔"，就带着"增广首笔表"所列的，算也不过一百的数目；就中有什么点画不一，也是屈指可算的，都可以在表中注明好了，不怕什么，即如先生所说，"勝"字首笔有"ノ""丶"两种的不同，表中早已注明"⺼"系属"ノ"的。这层大概不足为患罢？（表中注明以外，尚有十几个字，首笔难定的，都已列入"首笔疑似表"去，以备参考。）

兄弟有本书，不日就要出来了。内中排好七千多字，做个模样；并且有几条凡例，略略说明。出版之后，拟要寄本给足下。望足下笑纳。有什么不当之处，还求足下指正。

现在要讲到文字革命了！兄弟觉得，近来对于这个问题的讨论，有一方面尚未能十分注重，未能十分发挥。其于此问题上已占之地位，与其当然应有的地位；已受之注意，与其应受的，似不相当。这个意思，并不是什么新奇的，也用不了几句话去说明他；只是很为要紧，所以趁此机会，想同足下讨论讨论。就是：我们文学革命的大宗旨，实在还只是个形式的改革。（用白话代文言之谓也。）兄弟每读西书，随便什么稍稍读书的人做的，大半都是论理精密，立断确当，有规模有段落的文字。其一种有名的讲学说理之文,如 Huxley Buckle, Mathew arnold, William James,其用字的适当,段落的妥密,逐层进论的有序,分辨意义的精细,正面反面的兼顾,引事证实的细慎;并且其文的好处,西人叫做 Lucidity,(清顺) Perspicuity,(明了) Cogency of thought,(构思精密) truth and appropriateness of expression,(用字精当,措词严谨) 我们一点也不像。——都使读的人有一种义理畅达、学问阐明的愉快。这都是我们新文学还没有达到的工夫。我读他们随便那一个大学教员所做的书,觉得在学问价值上,胜过我们的诸子万万。所以心里焦急,想我们文学革命必定须以这种文字做我们至高最后的目的。倘或我们国人看见这种文字的流行,那就是中国民智复生的日子。我找来找去,只看见秋桐君的著作,可以与他们比较,(如秋桐君的文字,可谓能够完全代表西文的佳处。近来人想讲到西文,或是新文学,必定是要想一句、做一句,支支节节的做出来。我真为西文抱不平,并为白话抱不平。)以外却是很少。兄弟意思应该注重的,就是这种。

我现在对足下说,是有两层缘故。一则,我们既然以文学革命提倡,而吾国人尚未曾看见西文的好处到底是怎样,自然该负那做个榜样、唤醒国人心目的责任。应该以此为我们的大义务。对于此点,应该下全力着手。虽是现在《新青年》所刊的自然皆是注重老实有理的话。其趋向,自然是对的。但弟的意思,是要为白话文学(白话当文用,后来自有白话文学。)设一个像西方论理细慎精深、长段推究、高格的标准。人家读过一次这种的文字,要教他不要崇拜新文学也做不到了。这才尽我们改革新国文的义务。

自然,文生于情,须要与情感题目相配才好。凡文不必皆是义理讲的深奥,因其应用不同;写信有写信的体,谈论有谈论的体,讲学有讲学的体,科学专门有科学记事的体,西人亦分 familiar style, conversational style, style of scientific reports, oratorical style, etc. 这都是要做的;但是这讲学说理的一种,(essay style) 应该格外注意。

二则，白话为吾人平日所说的话，所以其性质，最易泛滥，最易说一大场无关着落似是而非的老婆话。我们须要戒用白话的人，不要胡思乱写，没有去取。虽是形式上，正如胡适君所说："宁可失之于欲，不要失之于文，"（记不清是胡君说的不是）而意义上，决不容有此毛病也。

我实在不懂什么，不过照我所觉得的，说给足下听听，足下想对不对？

林玉堂　一九一八　三月二日

惠书敬悉。我上次跋《汉字索引制说明》时，未曾看见大箸，故对于字体的画一，略略说了几句。现承来书说明，乃知大箸于此等地方早已计画得非常精密；很为佩服。承示大箸出版之后，要见赐一部，现在预先道谢。西人文章之佳处，我们中国人当然要效法他的。我们提倡新文学，自然不单是改文言为白话，便算了事。惟第一步，则非从改用白话做起不同。因为改用白话，才能把旧文学里的那些死腔套删除；才能把西人文章之佳处输到汉文里来。否则虽有别国良好之模范，其如下腐臭之旧文学不相容何？所以本志同人均以改白话为新文学之入手办法，高明以为何如？

钱玄同　13, March, 1918

（原载《新青年》第四卷第四号，1918年4月15日）

新文学及中国旧戏

张厚载　胡　适　钱玄同　刘半农　独　秀

记者足下：

仆自读《新青年》后，思想上获益甚多。陈胡钱刘诸先生之文学改良说，翻陈出新，尤有研究之趣味。仆以为文学之有变迁，乃因人类社会而转移，决无社会生活变迁，而文学能墨守迹象，亘古不变者。故三代之文，变而为周秦两汉之文，再变而为六朝之文，乃至于唐宋元明之文。虽古代文学家好摹仿古文，不肯自辟蹊径，然一时代之文，与他一时代之文，其变迁之痕迹，究竟非常显著。故文学之变迁，乃自然的现象，即无文学家倡言改革，而文学之自身，终觉不能免多少之改革；但倡言改革，乃应时代思潮之要求，而益以促进其变化而已。梁任公之《时务报》《新民丛报》，在前清时代八股思想未除净尽之日，乃能以新名词、新文体（在当时固为最新之文体，）为士流所叹赏；其所著述，皆能风靡一时；则文学改良为社会固有之思想，为进化自然之现象，可以想见。故黄远生亦谓："文学之必须改革，乃时代思想当然之倾向。"（见所著《想影录》）且文学改良之后，文学上有三大利益：

（一）绝无窒碍思想之弊。旧文学之所以当然淘汰，即因其窒碍思想：如八股为旧文学中最劣等之文学，明太祖创设此种文学，即所以使人民绝对无思想之自由也。新文学第一利益，即使吾人思想活泼，不致为特种情形所障碍，而常有自由进取之精神。

（二）使文学有明确之意思，真正之观念。旧文学之弊，在笼统含胡；黄远生且以"笼统为国人之公毒，不仅文学一事。"（见《东方杂志》远生所著《国人之公毒》一篇)新文学则绝无此种弊病,一字有一字之意思,一句有一句之意思,一节有一节之意思,一篇有一篇之意思,文字浅显,而意思明确;多作此种文字,可使吾人头脑清楚,知识明白。

(三)为文言一致之好机会。新文学干净明白,使人易于了解;且杂以普通习用之名词,尤为雅俗所共晓:如"结果""改良""脑筋简单""神经过敏"以至"当然""必要""事实""理想"等语,一般社会,几成为一种漂亮之俗语,尽人皆能言之,而文学上用此等语调,亦仍不失为雅洁,此岂非文言一致之动机乎?

有此三事,故仆对于改良文字,极表赞成。至于改良上具体的办法,如胡钱诸先生所举,仆最表同情者,为"不用典"一事,因此事最足以窒碍思想也。袁随园亦谓"用典如陈设古玩,各有攸宜;然明窗净几,亦有以绝无一物为佳者,孔子所谓'绘事后素'也。"又谓"唐人诗不用生典,叙风景不过'夕阳芳草',用字面不过'月露风云',一经调度,便日月轩新;犹之易牙治味,不过鸡猪鱼肉,华陀用药,不过青粘漆叶,其胜人处,不求之海外异国也",云云。则不用典故,一意白描,洵文学上之最美者也。此外若趋重白话一节,仆亦赞成。惟以《水浒》《西厢》等书为极有价值的文学,与金圣叹批评《才子书》同一见解:而金圣叹之批评,乃未尝一为胡钱诸先生所援引,岂尚怕与人苟同耶?仆以为圣叹之批评,亦甚有价值,以其思想,即文学改良的思想。先生等既倡言改良,而吐弃其人,不屑一称道其与先生等同一之论调,此仆所不解也。

仆尤有怀疑者一事,即最近贵志所登之诗是也。贵志第四卷第二号登沈尹默先生《宰羊》一诗,纯粹白话,固可一洗旧诗之陋习,而免窒碍性灵之虞。但此诗从形式上观之,竟完全似从西诗翻译而成;至其精神,果能及西诗否,尚属疑问。中国旧诗虽有窒碍性灵之处,然亦可以自由变化于一定范围之中,何必定欲作此西洋式的诗,始得为进化耶?西人翻译中国诗,自应作长短句,以取其便于达意。中国译外国人诗,能译成中国诗体,固是最妙;惟其难恰好译成中国诗体,故始照其原文字句,译成西洋式的长短句。《宰羊》一诗,及其他《人力车夫》《鸽子》《老鸦》《车毯》等作,并非译自西诗,又何必为此西诗之体裁耶?《旅欧杂志》载汪精卫先生译《Fa'les de Florian》一诗,作五言诗体,韵调格律,亦甚自然。彼译西诗,且用中国固有之诗体。先生等作中国诗,乃弃中国固有之诗体,而一味效法西洋式的诗,是否矫枉过正之讥,仆于此事,实在怀疑之至。(《清华月刊》载《忏情丛谈》,对于先生等之文学改良谈攻击甚力,于白话诗尤甚。)仆之意思,以为文学改良,乃自然的进化。但一切诗文,总须自由进化于一定范围之内。胡先生之《尝试集》,仆终觉其轻于尝试,以此种尝试,(沈先生之《宰羊》诗等,皆统论在内。)究竟能得一般社会之信仰否,以现在情形论,实觉可疑。盖凡一事物之改革,必以渐,不以骤;改革过于偏激,反失社会之信仰,所谓"欲速则不达",亦即此意。改良文学,是何等事,决无一走即到之理。先生等皆为大学教师,实行改良文学之素志,仆佩服已非一日。但仆怀疑之点,亦不能不为胡沈诸先生一吐,故敢致书于贵记者之前,恳割贵志之余白,以容纳仆之意见,并极盼赐以明了之教训,则仆思想上之获益,当必有更进者。

张厚载白

又:戏剧为高等文学,钱胡刘三先生所论极是。胡适之先生更将有《戏剧改良私议》之作,刘半农先生亦谓当另撰关于改良戏剧之专论,仆皆渴望其发表,以一读为快。但胡适之先生《历史的文学观念论》中,谓"昆曲卒至废绝,而今之俗剧乃起而代之"。俗剧下自注云:"吾徽之徽调,与今日京调高腔皆是也。"此则有一误点。盖"高腔"即所谓"弋阳腔",其在北京舞台上之运命,与"昆曲"相等。至现在则"昆曲"且渐兴,而"高腔"将一蹶不复起,从未闻有"高腔"起而代"昆曲"之事。又论中所主张废唱而归于说白,乃绝对的不可能。此言亦甚长,非通讯栏所能罄。刘半农先生谓"一人独唱,二人对唱,二人对打,多人乱打,中国文戏、武戏之编制,不外此十六字",云云。仆殊不敢赞同。只有一人独唱,二人对唱,则"二进宫"之三人对唱,非中国戏耶?至于多人乱打,"乱"之一字,尤不敢附和。中国武戏之打把子,其套数至数十种之多,皆有一定的打法;尤伶自幼入科,日日演习,始能精熟;上台演打,多人过合,尤有一定法则,决非乱来;但吾人在台下看上去,似乎乱打,其实彼等在台上,固从极整齐极规则的工夫中练出来也。又钱玄同先生谓"戏子打脸之离奇",亦似未可一概而论。戏子之打脸,皆有一定之脸谱,"昆曲"中分别尤精,且隐寓褒贬之义,此事亦未可以"离奇"二字一笔抹杀之。总之中国戏曲,其劣点固甚多;然其本来面目,亦确自有其真精神。固欲改良,亦必以近事实而远理想为是。否则理论甚高,最高亦不过如柏拉图之"乌托邦",完全不能成为事实耳。近有刘筱珊先生,颇知中国戏曲固有之优点,其思想亦新,戏剧改良之议,仆以为可与彼一斟酌之也。

张厚载又白

穆子君以评戏见称于时,为研究通俗文学之一人,其赞成本社改良文学之主张,固意中事。但来书所云,亦有为本社同人所不敢苟同者。今就我个人私见所及,略一论之。

来书云:"中国旧诗虽有窒碍性灵之处,然亦可以自由变化于一定范围之中,何必定欲作此西洋式的诗,始得为进化耶?"又云:"汪精卫先生译西诗且用中国固有之诗体。先生等作中国诗,乃弃中国固有之诗体,而一味效法西洋式的诗,是否矫枉过正,仆于此事,实在怀疑之至。"今试问何者为西洋式之诗?来书谓沈刘两君及我之《宰羊》《人力车夫》《鸽子》《老鸦》《车毯》等作皆为"西洋式的长短句"。岂长短句即为"西洋式"耶?实则西洋诗固亦有长短句,然终以句法有一定长短者为多。亦有格律极严者。然则长短句不必即为西洋式也。中国旧诗中长短句多矣。《三百篇》中,往往有之。乐府中尤多此体。《孤儿行》《蜀道难》皆人所共晓。至于词,旧皆名"长短句"。词中除《生查子》《玉楼春》等调之外,皆长短句也。长短句乃诗中最近语言自然之体,无论中西皆有之。作长短句未必即为"西洋式的诗"也。平心论之,沈君之《人力车夫》最近《孤儿行》,我之《鸽子》最近词。此外则皆创体也。沈君生平未读西洋诗,吾稍读西洋诗而自信无摹仿西洋诗体之处。来书所云,非确论也。

以上所说,但辩明吾辈未尝采用西洋诗体,并非谓采用西诗体之为不是也。吾意以为,如西洋诗体文体果有采用之价值,正宜尽量采用。采用而得当,即成中国体。然此另是一问题,兹不具论。

来书两言诗文须"自由变化于一定范围之中"。试问自由变化于一定范围之"外",又有何不可?又何尝不是自然的进化耶?来书首段言中国文学变迁,自三代之文以至于梁任公之"新文体",此岂皆"一定范围之中"之变化耶?吾辈正以为文学之为物,但有"自由变化"而无"一定范围",故倡为文学改革之论,正欲打破此"一定范围"耳。

来书谓吾之《尝试集》为"轻于尝试",此误会吾尝试之旨也。《尝试集》之作,但欲实地试验白话是否可以作诗,及白话入诗有如何效果。此外别无他种奢望。试之而验,不妨多作。试之而不验,吾亦将自戒不复作。吾亦甚望国中文学家都来尝试尝试,庶几可见白话韵文是否有成立之价值。今尝试之期仅及年余,尝试之人仅有二三;吾辈方以"轻于尝试"自豪,而笑旁观者之不敢"轻于一试"耳!

来书末段论戏剧,与吾所主张,多不相合,非一跋所能尽答,将另作专篇论之。惟吾《历史的文学观念论》中所谓"高腔",并非指"弋阳腔",乃四川之"高腔"。四川之"高腔"与"徽调""京调",同为"俗剧",以其较"昆腔""弋阳腔"皆更为通俗也。

胡　适　七年三月二十七日

我所谓"离奇"者即指此"一定之脸谱"而言;脸而有谱,且又一定,实在觉得离奇得很。若云"隐寓褒贬",则尤为可笑。朱熹做《纲目》学孔老爹的笔削《春秋》,已为通人所讥讪;旧戏索性把这种"《阳秋》笔法"画到脸上来了:这真和张家猪肆记卍形于猪鬣,李家马坊烙圆印于马蹄一样的办法。哈哈!此即所谓中国旧戏之"真精神"乎?

金圣叹用迂谬的思想去批《水浒》,用肉麻的思想去批《西厢》,满纸"胡说八道",我看了实在替他难过。玄同虽不学,然在本志上发表之文章,似乎尚不至与金氏取"同一之论调"。

钱玄同　1,April,1918

"二人对唱"一句话,仅指多数通行脚本之大体言之,若要严格批驳,恐怕京戏中不特有《二进宫》之三人对唱,必还有许多是四人对唱、五人对唱,……以至于多人合唱的。且"唱"字亦用得不妥:——戏子登场,例须念引子报名,岂可算得唱;淫戏中的小旦小生,做了许多手势,只用胡琴衬托,并不开口,岂可算得唱;《下河南》中,许多丑角打混,岂可算得唱;……诸如此类,举不胜举。是足下所驳倒者,只一"二"字;鄙人自为批驳,竟可将全句打消。然我辈读书作文,对于所用字义,固然有许多是一定不可移易;却也有许多应当放松了活看的。这句话,并不是鄙人自为文饰;汪容甫的《说三九》,早就辨论得很明白了。至于"多人乱打",鄙人亦未尝不知其"有一定的打法";然以个人经验言之,平时进了戏场,每见一大伙穿脏衣服的,盘着辫子的,打花脸的,裸上体的跳虫们,挤在台上打个不止,衬着极喧闹的锣鼓,总觉眼花撩乱,头昏欲晕。虽然各人的见地不同,我看了以为讨厌,决不能武断一切,以为凡看戏者均以此项打工为讨厌;然戏剧为美术之一,苟诉诸美术之原理而不背,(是说他能不背动人美感。足下谓"吾人台下看去,似乎乱打",似即不能动人美感之一证。)即无"一定的打法",亦决不能谓之"乱";否则即使"极规则极整齐",似亦终不能谓之不"乱"也。

刘半农 一九一八,四,一三。

醪子君鉴:

尊论中国剧,根本谬点,乃在纯然囿于方隅,未能旷域外也。剧之为物,所以见重于欧洲者,以其为文学美术科学之结晶耳。吾国之剧,在文学上美术上科学上果有丝毫价值邪?尊谓刘筱珊先生颇知中国剧曲固有之优点,愚诚不识其优点何在也。欲以"隐寓褒贬"当之邪?夫褒贬作用,新史家尚鄙弃之,更何论于文学美术。且旧剧如《珍珠衫》《战宛城》《杀子报》《战蒲关》《九更天》等,其助长淫杀心理于稠人广众之中,诚世界所独有,文明国人观之,不知作何感想。至于"打脸""打把子"二法,尤为完全暴露我国人野蛮暴戾之真相,而与美感的技术立于绝对相反之地位。若谓其打有定法,脸有脸谱,而重视之邪?则作八股文之路闰生等,写馆阁字之黄自元等,又何尝无细密之定法,"从极整齐极规则的工夫中练出来",然其果有文学上美术上之价值乎?演剧与歌曲,本是二事;适之先生所主张之"废唱而归于说白",及足下所谓"绝对的不可能",皆愿闻其详。

独 秀

(原载《新青年》第四卷第六号,1918年6月15日)

新文学问题之讨论

朱经农　胡　适　任鸿隽　钱玄同

适之足下：

《新青年》第四卷第四号已收到。《建设的文学革命论》所主张甚是，比之从前的"八不主义"及文规四条，更周密、更完备了。周作人君所译之《皇帝之公园》弟极喜欢。何不寄一本到清宫里给满洲皇族读读？《老洛伯》诗平平而已。译诗本不容易。弟既不能自译，就不敢妄评他人译作，内容姑置不论罢。报中通信一门所论，大半是"中国今后之文字问题。"弟非文学专家，又于白话文章缺少实验，本不应插口乱说。只因这块"文字革命"的招牌底下，所卖的货色种类不一，所以我们作"顾客"的也当选择选择那样是可用的，那样是不可用的。今请分述于下：

现在讲文字革命的大约可分四种。（第一种）是"改良文言"，并不"废止文言"；（第二种）"废止文言"，而"改良白话"；（第三种）"保存白话"，而以罗马文拼音代汉字；（第四种）是把"文言""白话"一概废了，采用罗马文字作为国语。（这是钟文鳌先生的主张）

这第四种弟是极端反对，因为罗马文字并不比汉文简易，并不比汉文好。凡罗马文字达得出的意思，汉文都达得出来。"舍己之田以耘人之田"，似可不必。拉丁文是"死文字"，不用说了。请看法文一个"有"字，便有六十种变化，（比孙行者七十二变少不多少。）"命令格"等等尚不在内。同一形容词，有的放在名词前面，有的又在后面，忽阴忽阳，一弄就错。一枝铅笔为什么要属阳类？一枝水笔为什么要属阴类？全无道理可说。西班牙文之繁复艰难,亦复类此。弟试了一试,真是"望洋兴叹";上学期考试一过,就把法文教科书高高的放在书架顶上,不敢再问,连 Ph. D. 的梦想也随之消灭。意大利文我没有见过,不敢乱说;只是同为拉丁文支派,想必也差不多的。就是英文,我也算读了好几年,动起笔来仍是不大自然,并不是我一人如此。虽说各人天分有高低,恐怕真真写得好的也不甚多。试问今日若是把汉文废了,要通国的人民都把娘肚子里带来的声调腔口全然抛却,去学那 ABCD,可以做得到吗?即就欧洲而论,英、法、德、意、西、葡、丹、荷各有方言,各有文字,彼此不能强同,至今无法统一。德国人尚不能采用法文,英国人尚不能采用俄语,何以中国人却要废了汉文,去学罗马文字呢?此外可讨论的地方尚多,想兄等皆极明白,不用我费话。且把这第四种放开一边,再来说第三种。

废去汉字,采用罗马替法,一切白话皆以罗马字书之也是做不到的。请教"诗""丝""思""私""司""师"这几个字,用罗马字写起来有何分别?如果另造新名代替同音之字,其弊亦与第四种主张相等,因为不自然,不易记,并且同音之字太多,造新名亦不容易。据我的意思,还是学日本人的办法,把拼音写在字傍边,以作读音标准,似乎容易些。

至于第一,第二两种,应当相提并论。不讲文字革命则已,若讲文字革命,必于二者择一。二者不同之点,就是文言存废问题。有人说,文言是千百年前古人所作,而今已成为"死文字";白话是现在活人用品,所以写出活泼泼的生气满纸。文言既系"死"的,就应当废。弟以为文字的死活,不是如此分法。古人所作的文言,也有"长生不死"的;而"用白话做的书,未必皆有价值有生命"。足下已经说过,不用我重加引申了。平心而论,曹雪芹的《红楼梦》、施耐庵的《水浒》固是"活文学";左丘明的《春秋传》、司马迁的《史记》未必就"死"了。我读《项羽本纪》中的樊哙何尝不与《水浒》中的武松、鲁智深、李逵一样有精神呢?(其余写汉高祖、写荆轲、豫让、聂政等,亦皆活灵现。)就是足下所译的

《老洛伯》诗"羊儿在栏,牛儿在家,静悄悄的黑夜",比起《诗经》里的"鸡栖于埘,日之夕矣,羊牛下来"等,其趣味也差不多。所以我说文言有死有活,不宜全行抹杀。我的意思,并不是反对以白话作文,不过"文学的国语",对于"文言""白话",应该并采兼收而不偏废。其重要之点,即"文学的国语"并非"白话",亦非"文言"。须吸收文言之精华,弃却白话的糟粕,另成一种"雅俗共赏"的"活文学"。(第一)是要把作者的意思完完全全的描写出来;(第二)要使读文字的人能把作者的意思容容易易、透透彻彻的领会过去;(第三)是把当时的情景,或正确的理由,活灵活现、实实在在的放在读者的面前。(这三层或者有些重复,信笔写去,不及修饰,望会其意,而弃其文。)有些地方用文言便当,就用文言;有些地方用白话痛快,就用白话。我见《新青年》所载陈独秀、钱玄同诸君的大作,也是半文半俗,"文言""白话"夹杂并用。而足下所引《木兰辞》《兵车行》、陶渊明的诗、李后主的词,也是如此,并非完全白话。我所以大胆说一句:"主张专用文言而排斥白话,或主张专用白话而弃绝文言,都是一偏之见。"我知道——足下听了狠不高兴,但是我心里如此想,嘴里就不能不如此说。我不会说假话,以取悦于老哥,尚望原谅原谅。

我现在有的地方非常顽固。看见有几位先生要把法文或其他罗马文字代汉文,心里万分难过,故又在——足下面前多嘴。我知——足下必说:"你自己法文不好,就反对法文,和那些不懂汉文的人要废汉文一样荒谬。"这句话是不合名学的。古人说,"君子不以人废言",又说,"智者千虑,必有一失"。若说"钱玄同的主张必然不错",就犯了 Argumentum ad hominem 的语病;若说"老朱的话一定不对",就犯了 Ighoratio Elenchi 的语病了。我正在这里反对用外国语代汉文,自己忽然写了两个外国字进去——足下必然笑我。须知"废止汉文",与"引用外国术语"是两件事体。英文里面可引用日本语"Kimono"(着物),因为"着物"非英美所固有;汉文里头也未尝不可引用一二"名学术语",因为"国语"尚未完全造成,译语尚无一定标准,恐所译不达原意,故存其真耳。

今天我没有功夫多写信了。还有一句简单的话,就是"白话诗"应该立几条规则。我们学过 Rhetovie,都知道"诗"与"文"之别,用不着我详加说明。总之足下的"白话诗"是狠好的,念起来有音,有韵,也有神味,也有新意思,我决不敢妄加反对。不过《新青年》中所登他人的"白话诗",就有些看不下去了。须知——足下未发明"白话诗"以前,曾学杜诗(在上海做"落日下山无"的时代)。后来又得力于苏东坡、陆放翁诸人的诗集,并且宋词、元曲融会贯通,又读了许多西人的诗歌,现在自成一派;好像小叫天唱戏,随意变更旧调,总是不脱板眼的。别人学他,每每弄得不堪入耳。所以我说,要想"白话诗"发达,规律是不可不有的。此不特汉文为然,西文何尝不是一样。如果诗无规律,不如把诗废了,专做"白话文"的为是。

要说的话狠多,将来再谈罢。

朱经农白　六月五日寄于美京

经农足下:

在美国的朋友久不和我打笔墨官司了。我疑心你们以为适之已得了不可救药的证候,尽可不用枉费医药了。不料今天居然接到你这封信,不但讨论的是"文学革命",并且用的是白话文体。我的亲爱的经农,你真是"不我遐弃"的了!来信反对第四种文字革命(把文言、白话都废了,采用罗马字母的文字作为国语)的话,极有道理,我没有什么驳回的话。且让我的朋友钱玄同先生来回答罢。

第三种文字革命,(保存白话,用拼音代汉字,)是将来总该办到的。此时决不能做到。但此种主张,根本上尽可成立。(赵元任君曾在前年《留美学生月报》上详细讨论,为近人说此事最精密的讨论。)即如来信所说诗、丝、思、司、私、师等字,在白话里,都不成问题。为什么呢?因为白话里这些字差不多全成了复音字,如"蚕丝""思想""思量""司理""职司""自私""私下里""私通""师傅""老师",翻成拼音字有何妨碍?又如"诗"字,虽是单音字,却因上下文的陪衬,也不致误听。例如说:"你近来做诗吗?""我写一首诗给你看。"这几句话里的"做诗""一首诗",都不致听错的。平常人往往把语言中的字看作一个一个独立的东西,其实这是大错的。言语全是上下文的(Contextual),即如英文的 Rite,Right,Write 三个同音字,从来不曾听错,也只是因为这个原故。

来书论第一、二种文字革命(改良文言与改用白话)的话,你以为我"听了狠不高兴",其实我并没有不高兴的理由。你这篇议论,宗旨已和我根本相同,但略有几个误解的论点,不能不辩个明白:

(第一)来书说:"古人所作的文言,也有长生不死的。"你所说的"死",和我所说的"死",不是一件事。我也承认《左传》《史记》在文学史上,有"长生不死"的位置。但这种文学是少数懂得文言的人的私有物,对于一般通俗社会,便同"死"的一样。我说《左传》《史记》是"死"的,与人说希腊文、拉丁文 "死"的是同一个意思。你说《左传》《史记》是"长生不死"的,与希腊学者和拉丁学者说 Euripides 和 Virgil 的文学是"长生不死"的是同一个意思。《左传》《史记》在"文言的文学"里,是活的,在"国语的文学"里,便是死的了。这个分别,你说对不对?

(第二)来书所主张的"文学的国语","并非白话,亦非文言,须吸收文言之精华,弃却白话的糟粕,另成一种雅俗共赏的活文学"。这是狠含糊的话。什么叫做"文言之精华?"什么叫做"白话的糟粕?"这两个名词含混得狠,恐怕老兄自己也难下一个确当的界说。我自己的主张,可用简单的话说明如下:

我所主张的"文学的国语",即是中国今日比较的最普通的白话。这种国语的语法、文法,全用白话的语法、文法。但随时随地不妨采用文言里两音以上的字。

这种规定——白话的文法,白话的文字,加入文言中可变为白话的文字——可不比"精华""糟粕"等等字样明白得多了吗?至于来书说的"雅俗共赏"四个字,也是含糊的字。什么叫做"雅"？什么叫做"俗"？《水浒》说:"你这与奴才做奴才的奴才!"请问这是雅是俗？《列子》说:"设令发于余窍,子亦将承之。"这一句字字高古,请问是雅是俗？若把雅俗两字作人类的阶级解,说"我们"是雅,"他们"小百姓是俗,那么说来,只有白话的文学是"雅俗共赏"的,文言的文学只可供"雅人"的赏玩,决不配给"他们"领会的。

　　来书末段论白话诗,未免有点偏见。老兄初次读我的《两个黄蝴蝶》的时候,也说"有些看不下去"。如今看惯了,故觉得我的白话诗"是狠好的"。老兄若多读别人的白话诗,自然也会看出他们的好处。就如《新青年》四卷一号所登沈尹默先生的《霜风呼呼的吹着》一首,几百年来那有这种好诗! 老兄一笔抹煞,未免太不公了。

　　来书又说"白话诗应该立几条规则"。这是我们极不赞成的。即以中国文言诗而论,除了"近体"诗之外,何尝有什么规则？即以"近体"诗而论,王维、孟浩然、李白、杜甫的律诗又何尝处处依着规则去做？我们做白话诗的大宗旨,在于提倡"诗体的释放",有什么材料做什么诗,有什么话,说什么话,把从前一切束缚诗神的自由的枷锁镣铐拢统推翻。这便是"诗体的释放"。因为如此,故我们极不赞成诗的规则。还有一层,凡文的规则和诗的规则,都是那些做《古文笔法》《文章轨范》《诗学入门》《学诗初步》的人所定的。从没有一个文学家自己定下做诗文的规则。我们做的白话诗,现在不过在尝试的时代,我们自己也还不知什么叫做白话诗的规则。且让后来做《白话诗入门》《白话诗规范》的人去规定白话诗的规则罢!

民国七年七月十四日　胡　适

适之足下:

　　读《新青年》第四号中足下之《建设的文学革命论》大为赞成,记去年曾向足下说过,改良文学非空言可以收效,必须有几种文学上的产品,与世人看看。果然有了真正价值,怕他们不望风景从么?但是创造的文学,一时做不来,自然以翻译西方文学上的产品为第一步。此层屡向此邦学文学诸人提及。无奈他们皆忙自己的功课,不肯去做。足下现在既发大愿,要就几年之内,译几百部文学书,那就越发好了。

读《新青年》中广告,知《易卜生号》专载 A Doll's House 一剧。此剧就意思言,固足以代表易卜生的"个人主义",与针砭西方社会的恶习。就构造言,尚嫌其太紧凑了一点。足下若曾看过此剧,便知其各节紧连而下,把个主人翁 Nora 忙得要死,观者也屏气不息。

昨日经农把致足下的书与我看了再行发出。我看了过后,觉得也有几句话要向足下说说。足下说:"白话可做活文字,也可做死文字;文话只能做死文字,不能做活文字。"此层,经农已举左丘明的《春秋传》、太史公的《史记》来辨难了。我想,要替文话觅辩护人,可借重的,尚不止左史两位。即以诗论,足下说:"《木兰行》《孔雀东南飞》、杜工部的《兵车行》《石壕村》以及陶渊明、白居易的诗是好诗,因为他们是用白话做的,或近于白话的。"今姑勿论上举各篇作者不必尽是白话。就有唐一代而言,足下要承认白香山是诗人,大约也不能不承认杜工部是诗人。要承认杜工部的《兵车行》《石壕村》是好诗,大约也不能不承认《诸将怀古》《闻官军收河南河北》……等是好诗。但此等诗不但是文语,而且是律体。可见用白话可做好诗,文话又何尝不可做好诗呢?不过要看其人生来有几分"诗心"没有罢了。再讲韩昌黎的《南山诗》,足下说他是死文字。比起《木兰行》《石壕村》等来,《南山诗》自然是死的。但是我想南山这个题,原在形容景物,与他种述事言情的诗不同。《南山诗》共用五十二个"或若",把南山的形状刻画尽致,在文学上自算一种能品。要用白话去做,未见做得出。岂可因其不是白话,反轻看他呢?以上各种说法,并非与白话作仇敌,也非与文话作忠臣,不过据我一个人的鄙见,以为现在讲改良文学:第一,当在实质上用工夫;

第二，只要有完全驱使文字的能力，能用工具而不为工具所用，就好了。白话不白话，倒是不关紧要的。

经农又说：《新青年》上的白话诗，除了足下做的，是"有声、有韵、有情"（记不清楚了，想是如此说的），他不敢妄加反对外，其余的便有些念不下去了。我想这个又是诗体问题。久已要向足下讲讲，现在趁此机会，略说几句，一并请足下指教。今人倡新体的，动以"自然"二字为护身符，殊不知"自然"也要有点研究。不然，我以为自然的，人家不以为自然，又将奈何？足下记得尊友威廉女士的新画 *Two Rhythms*，足下看了，也是"莫名其妙"。再差一点，对于此种新美术，素乏信仰的，就少不得要皱眉了。但是画画的人，岂不以其画为自然得很吗？所以我说"自然"二字也要加以研究，才有一个公共的理解。大凡有生之物，凡百活动，不能一往不返，必有一个循环张弛的作用。譬如人体血液之循环，呼吸之往复，动作寝息之相间，皆是这一个公理的现象。文中之有诗，诗中之有声有韵，音乐中之有调和（harmony），也不过是此现象的结果罢了。因为吾人生理上既具有此种天性，一与相违，便觉得不自在。近来心理学家用机器试验古人的好诗好文，其字音的长短轻重，皆有一定的次序与限度。我想此种研究，于诗的 Meter（平仄？）、句法的构造都有关系。吾国诗体由三百篇的四言，（James Lezze 说中国有二言诗，固附会得可笑。三言诗，汉《郊礼歌》等有之，但不足为重。）变成汉魏的五言，又由汉魏的五言，变成唐人的七言。大约系因古人言语短简急促，后人言语纡徐迟缓的原故。（文体的变迁亦然。）但是诗到了七言，就句法构造上言，便有不能再长之势。再长，就非断不可了。且七言诗句，大概前四字可作一顿，后三字又自成一段。韩昌黎有时费全身的气力，于七言中别开生面，但只可于长诗中偶杂一、二句。若句句是"点窜《尧典》《舜典》字，涂改《清庙》《生民》诗"的句法，（因韩诗已不记得，故引李诗为例。）也就不能读了。七言既成了诗句的最长极限，所以宋元的词曲起而代之。长短句搀杂互用，倒可免通体长句，或通体短句的不便处。但是他们的音调平仄,也越发讲究。我以为此种律例,现在看来,自然是可厌。但是创造新体的人,却不能不讲究。就是以后做诗的人,也不可不遵循一点。实在讲起来,古人留下来的诗体,竟可说是"自然"的代表。什么缘故?因为古人作诗的时候,也是想发挥其"自然"的动念,断没有先作一个形式来缚束自己的。现在存留下的,更是经了几千百年无数人的试验,以为可用。所以我要说,现在各种诗体,说他们不完备、不新鲜,则可;说他们不自然,却未必然。我再要说,若是现在讲改良文学的人,专以创造几种新体为无上的天职,我把此种人比各科学上的一种人专以发明新器具、新方法为事,也只得恭敬他,再没多话说。若是要创造文学的产品,我倒有一句话奉劝:公等做新体诗,一面要诗意好,一面还要诗调好,一人的精神分作两用,恐怕有顾此失彼之虑。若用旧体旧调,便可把全副精神用在诗意一方面,岂不于创造一方面更有希望呢?这个主张,足下以为何如?

瞎三不着四的议论,发了一阵,纸已写的不少了。还有钱玄同先生的废灭汉文大问题不曾讲到。若是用文话,断不会有如许啰嗦。这也是白话的一种坏处。

经农对于废灭汉文的问题,已经说"心中万分难受"了。我想钱先生要废汉文的意思,不是仅为汉文不好,是因汉文所载的东西不好,所以要把他拉杂摧烧了,廓而清之。我想这却不是根本的办法。吾国的历史、文字、思想,无论如何昏乱,总是这一种不长进的民族造成功了留下来的。此种昏乱种子,不但存在文字历史上,且存在现在及将来子孙的心脑中。所以我敢大胆宣言,若要中国好,除非使中国人种先行灭绝!可惜王、张废汉文汉语的,虽然走于极端,尚是未达一间呢!

此层且按下不讲。尚有一个实际问题:《新青年》一面讲改良文学,一面讲废灭汉文,是否自相矛盾?既要废灭不用,又用力去改良不用的物件。我们四川有句俗话说:"你要没有事做,不如洗煤炭去罢。"

钱先生的废灭汉文一篇大文,原来有点 Sentimental。我讲到此处,也有点Sentimental起来。恕罪恕罪。

任鸿隽白　六月八日

叔永足下：

经农的白话信来，使我大欢喜。今又得老兄的白话信，并且还对于我的文学革命论"大为赞成"，我真喜欢的了不得。来书有许多话，我已在答经农的信里回答过了（见本期），我现在且把那信里不曾说过的话，提出来回答如下：

（一）来书说："用白话可做好诗，文话又何尝不可做好诗呢？"又举杜甫的《诸将怀古》《闻官军收河南河北》……等诗为证。《闻官军收河南河北》一首的确是好诗。这诗所以好，因为他能用白话写出当时高兴得狠、左顾右盼、颠头播脑、自言自语的神气。第三、四、七、八句虽用对仗，都恰合语言的自然。五、六两句"白首放歌须纵酒，青春作伴好还乡"，便有点做作，不自然了。这可见律诗总不是好诗体，做不出完全好诗。《诸将》五首，在律诗中可算得是革命的诗体。因为这几首极老实本色，又能发挥一些议论，故与别的律诗不同。但律诗究竟不配发议论，故老杜这五首诗可算得完全失败。如"胡卤千秋尚入关"，成何说话？"见愁汗马西戎逼，曾闪朱旗北斗殷"，实在不通。"拟绝天骄拔汉旌"，也不通。这都是七言所说不完的话，偏要把他挤成七个字，还要顾平仄对仗，故都成了不能达意又不合文法的坏句。《咏怀古迹》五首，也算不得好诗。"三峡楼台淹日月，五溪衣服共云山"，实在不成话。"一去紫台连朔漠，独留青冢向黄昏"，是律诗中极坏的句子。上句无意思，下句是凑的。"青冢向黄昏"，难道不向白日吗？一笑。他如"羯胡事主终无赖"，"志决身歼军务劳"，都不是七个字说得出的话，勉强并成七言，故文法上便不通了。——这都可证文言不易达意，律诗更做不出好诗。《儒林外史》上评"桃花何苦红如此？杨柳忽然青可怜",说上句加上一个"问"字,便是一句好词,如今强对上一句,便无味了。这话评诗律真不错。即如杜诗"江天漠漠鸟双去",本是绝好写景诗,可惜他硬造一句"风雨时时龙一吟"作对,便讨厌了。——至于韩愈的《南山诗》,何尝是写景?不过是押韵罢了。老兄和我都不曾到过南山又何从知道他"把南山的形状刻画尽致"呢?

(二)来书说:"现在讲改良文学,第一当在实质上用工夫;第二要有完全驱使文字的能力,能用工具而不为工具所用就好了。白话不白话,倒是不关紧要的。"这话的第一层极是,不用辩了。第二层"能用工具而不为工具所用",固是不错。但是我们极力主张用白话作诗,也有几层道理。(第一)我们深信文言不是适用的工具(说详《建设的文学革命论》);(第二)我们深信白话是狠合用的工具;(第三)我们因为要"用工具而不为工具所用",故敢决然弃去那不适用的文话工具,专用那合用的白话工具。正如古人用刀刻竹作字,后来有了纸笔,便不用刀笔、竹简了。若必斤斤争文言之不当废,那又是"为工具所用",作了工具的奴隶了。老兄以为何如?

(三)来书说:"自然也要有点研究。"这话极是。但这个大前提却不能发生下文的断语。下文说:"古人留下来的诗体,竟可说是自然的代表。甚么缘故?因为古人作诗的时候,也是想发挥其自然的动念,断没有先作一个形式来束缚自己的。"这种逻辑,有如下例:"古人留下来的缠足风俗,竟可说是自然的代表。为什么呢?因为古人缠足的时候,也是想发挥他的自然的美感,决没有先作一种小脚形式来束缚自然的!"再引老兄的话:"现在存留下的,更是经了几千百年无数人的试验,以为可用。"这话可说诗体,也可说缠足,也可说八股,也可说君主专制政体!可不是吗?——原书前文所说:"近来心理学家用机器试验古人的好诗好文,其字音的长短轻重,皆有一定的次序与限度。"老兄的意思,以为这就可以作自然的证据吗?老兄何不请那些心理学家用机器试验几篇仁在堂的八股文章?我可保那几篇"字音的长短轻重,也皆有一定次序与限度"。如若不然,我请你看三天好戏,你敢赌这东道吗?——北京最常见的喜事门对,是"诗歌杜甫其三句,风咏周南第一章"。这两句若拿去上那心理学的机器,也是"有一定的次序与限度的"。——总而言之,四言诗(三百篇实多长短句,不全是四言。)变为五言,又变为七言,三变为长短句的词,四变为长短句加衬字的曲,都是由前一代的自然变为后一代的自然。我们现在作不限词牌、不限套数的长短句,也是承这自然的趋势。至于说我们的"自然"是没有研究的自然,那是蔽于成见,不细心体会的话。我的朋友沈尹默先生做一首《三弦》诗,做了两个月才得做成,我们岂可说他没有研究?不过他不曾请北京大学心理学教授陈百年先生用机器试验罢了!

（四）老兄劝我们道:"公等做新体诗,一面要诗意好,一面还要诗调好。一人的精神分作两用,恐怕有顾此失彼之虑。若用旧体旧调,便可把全副精神用在诗意一方面,岂不于创造一方面更有希望呢?"这个主张,有一个根本的误会。因为我们现在有什么诗料,用什么诗体;有什么话,说什么话:并不一面顾诗意,一面顾诗调。那些用旧调旧诗体的,人有了料,须要截长补短,削成五言,或凑成七言;有了一句,须对上一句;有了腹联,须凑上颈联;有了上阕,须凑成下阕;有了这韵,须凑成那韵,……那才是顾此失彼呢。——岂但顾此失彼,竟是"削足适履"了!

还有论废灭汉文一段,我且让老兄和钱玄同先生去打Sentimenal官司罢。好在老兄不久就要回国,我们再谈罢。

七年七月廿六日,适

朱、任两先生鉴:

日前由适之先生交来两先生的信,中间对于玄同主张废灭汉文的议论,很为反对。玄同对于这个问题,虽经说道:"不论赞成反对,皆所欢迎。"今得两先生赐教,固极欣喜。惜乎两先生未曾将汉字之优点,及中国古书不可不读之理由说出,只说了几句感情的话。玄同不免失望。今虽欲与两先生详细讨论这个问题,竟至无从说起,只好简单奉答几句:——

答朱先生　法文虽然不能尽善,究竟是有字母、有规则的文字。无论如何难法,总比汉文要容易得多。况且现代新学上的"术语",非中国所固有。英国没有 Kimono,就该用日本原字,则中国没有新学"术语",也就该用欧洲原字。Kimono 之类不过偶然用到,而新学"术语",则讲到学问,便满纸皆是。一篇文章里,除了几个普通名词、动词、形容词和语词以外,十之六七都是欧洲字。是汉文在今后世界,无独立及永久存在价值,自不消说。

答任先生　我爱我支那人的热度,自谓较今之所谓爱国诸公,尚略过之。惟其爱他,所以要替他想法,要铲除这种"昏乱"的"历史、文字、思想",不使复存于"将来子孙的心脑中"。要"不长进的民族"变成了长进的民族,在二十世纪的时代,算得一个文明人。要是现在自己不去想法铲除旧文字,则这种"不长进"的"中国人种",循进化公例,必有一天要给人家"灭绝"。

还有一层:同人做《新青年》的文章,不过是各本其良心见解,说几句革新铲旧的话;但是各人的大目的虽然相同,而各人所想的手段方法,当然不能一致。所以彼此议论,时有异同,绝不足奇,并无所设"自相矛盾"。至于玄同虽主张废灭汉文,然汉文一日未废灭,即一日不可不改良。譬如一所很老很破的屋子,既不可久住,自须另造新屋;新屋未曾造成以前,居此旧屋之人自不得不将旧屋东补西修以蔽风雨。但决不能因为旧屋既经修补,便说新屋不该另造也。

钱玄同　5, August, 1918.

(原载《新青年》第五卷第二号,1918 年 8 月 15 日)

论中国旧戏之应废

周作人 钱玄同

玄同兄：

《随感录》第十八条中所说关于旧戏的话及某君的话，我都极以为然。我于中国旧戏也全是门外汉，所以技工上的好坏，无话可说。但就表面观察，看出两件理由，敢说：中国旧戏没有存在的价值。

第一，我们从世界戏曲发达上看来，不能不说中国戏是野蛮。但先要说明，这野蛮两个字，并非骂人的话；不过是文化程序上的一个区别词，毫不含着恶意。譬如说人年纪大小，某甲还幼稚，某乙已少壮，正是同一用法。中国戏多含原始的宗教的分子，是识者所共见的；我们只要翻开Ridgéway所著《非欧罗巴民族的演剧舞蹈》，就能看出这些五光十色的脸、舞蹈般的动作、夸张的象征的科白：凡中国戏上的精华，在野蛮民族的戏中，无不全备。在现今文明国的古代，也曾有过。野蛮是尚未文明的民族，正同尚未长成的小孩一般；文明国的古代，就同少壮的人经过的儿时一般，也是野蛮社会时代：中国的戏，因此也不免得一个野蛮的名称。原来野蛮时代，也是民族进化上必经的一阶级，譬如个人长成，必须经过小儿时代。所以我们对于原始民族与古代的戏，并不说他是野蛮便一概抹杀；因他在某一社会、某一时期上，正相适合：在那时原有存在的理由，在后世也有可研究的价值。小孩应了年岁的差别，自有各种游戏。这游戏在大人看来，不免幼稚，但在小孩却正适应，所以我们承认他在儿童社会中，有存在的理由；而且我们也可以研究他，于儿童心理学上,狠有益处。但我们自己却决不去一同玩耍;因年纪长了,识见自然更进,觉得小时的游戏没有意味了。倘若二三十岁的人,还在那里做那些小儿的游戏,便觉不甚相宜;虽不能说他是件恶事,却不能不说是件坏事,——不是道德上的不善,是实际上的有害。——我们因此可以断定这人的精神不发达,还在小儿时代那一阶级:是退化的征候。中国虽然久已看惯了旧戏,换点花样怕就是要不"惯";但在现今时代,已不甚相宜,应该努力求点长进,收起了千年老谱才是。人不能做小孩过一世,民族也不能老做野蛮,反以自己的"丑"骄人:这都是自然所不容许的。若世上课有如此现象,那便是违反自己的事,是病的现象,——退化衰亡的预兆。

旧戏应废的第二理由,是有害于"世道人心"。我因为不懂旧戏,举不出详细的例。但约略计算,内中有害分子,可分作下列四类:淫、杀、皇帝、鬼神。(这四种,可称作儒道二派思想的结晶。用别一名称,发现在现今社会上的,就是:一"房中",二"武力",三"复辟",四"灵学"。)在中国民间传布有害思想的,本有"下等小说"及各种说书,但民间有不识字、不听过说书的人,却没有不曾看过戏的人,所以还要算戏的势力最大。希望真命天子,归依玉皇大帝,(及"道教搢绅录"上的人物,)想做"好汉",这宗民间思想,全从戏上得来;至于传布淫的思想,方面虽多,终以戏为最甚:唱说之外,加以扮演,据个人所见,已狠有奇怪的实例。皇帝与鬼神的思想,中国或尚有不以为非的人;淫、杀二事,当然非"精神文明最好"的中国所应有,其为"世道人心"之害,毫无可疑,当在应禁之列了。中国向来固然也曾禁止,却有什么效果呢? 因为这两件,——皇帝与鬼神的两件,也是如此,——是根本的野蛮思想,也就是野蛮戏的根本精神:做了那种戏,自然不能缺这两件——或四件;要除这两件也只有不做那种戏。

我对于旧戏的意见,略如上面所说,想兄也以为然。至于建设一面,也只有兴行欧洲式的新戏一法。现在有一种大惊小怪的人,最怕说欧洲式,最怕说"欧化"。其实将他国的文艺学术运到本国,决不是被别国征服的意思。不过是经过了野蛮阶级蜕化出来的文明事物在欧洲先发现,所以便跳了一步,将他拿来,省却自己的许多力气。既然拿到本国,便是我的东西,没有什么欧化不欧化了。倘若亚洲有了比欧洲更进化的戏,自然不必去舍近求远;只可惜没有这样如意的事。

七年十一月一日　周作人

启明兄:

你来信的话,我句句都赞成。末段"其实将他国的文艺学术运到本国,……没有什么欧化不欧化了"数语,更是至精至确之论。吴稚晖先生道:"今日欧美的物质文明,并非西学,乃是人类进化阶级上应有的新学。"(见本号)这话虽然是专说科学,其实一切美术、文艺皆应作如是观。我们对于一切学问事业,固然不"保存国粹",也无所谓"输入欧化";总之趋向较合真理的去学、去做,那就不错。至于有一班人,已到成年还在那里骑竹马,带鬼脸,或简直还要"打哇哇""斗斗虫";我们固然尽可睨之而笑,听其自由。但他们如其装出小儿样子,向着别的成年人的面孔唾唾沫,拿笔在书上乱画乱涂,这是不能不训斥他、管教他、开导他的。你道我这话对不对?

钱玄同　6, November, 1918.

(原载《新青年》第五卷第五号,1918年11月15日)

白话诗的三大条件

俞平伯　胡　适

记者足下：

《新青年》提倡新文学以来，招社会非难，也不知道多少。大约无意识的占据大半。我们固然应该笃信我的是处，竭力做去，决不可浮荡无根，轻易存退缩心思，鄙人意思，完全同。

诸位一样，而其中独以新体诗招人反对最力。我们对于社会这种非难，亦应该分别办理。一种是一知半解的人，他们只知道古体律体、五言七言，算是中国诗体正宗；斜阳芳草，春花秋月，这类陈腐的字眼，才足以装点门面；看见诗有用白话做的，登时惶恐起来，以为诗可以这般随便做去，岂不是把他们的斗方名士派辱没了吗？这种人正合屈原所说"邑犬群吠兮吠所怪也"。我们何必领教他们的言论呢？还有一种非难，却有点见识，他们并不是根本反对白话诗，不过从组织方面，肆其攻击罢了。我听社会这种评论，不觉引起我对于白话诗的意见。大凡无论何种文章，一方是文字之组织，一方是所代表的意义。在一般通俗文章，尽可专注意于内质，文词只要明显，种种修词，概可免去。但诗歌一种，确是发抒美感的文学，虽主写实，亦必力求其遣词命篇之完密优美。因为雕琢是陈腐的，修饰是新鲜的。文词粗俗，万不能发抒高尚的理想。这是一定不易的道理。现在我对于白话诗，胡乱拟出三条，供诸位商榷。

（1）用字要精当，造句要雅洁，安章要完密。这是凡白话文，都该注意的,而用白话入诗尤甚。因为如没有这种限制,随着各人说话的口气,做起诗来,一天尽可以有几十首,还有什么价值呢?自己先没有美感,怎样能动人呢?用白话做诗,发挥人生的美,虽用不着雕琢,终与开口直说不同。这个是用通俗的话做美术的诗之第一条件。

(2)音节务求谐适,却不限定句末用韵。这条亦是做白话诗应该注意的。因为诗歌明是一种韵文,无论中外,都是一样。中国语既系单音,音韵一道,分析更严。现在句末虽不定用韵,而句中音节,自必力求和谐。否则做出诗来,岂不成了一首短篇的散文吗?何以见得他是诗呢?做白话诗的人,固然不必细剖宫商,但对于声气音调顿挫之类,还当考求,万不可轻轻看过,随便动笔。

(3)说理要深透,表情要切至,叙事要灵活。前边两条,都是表面,这个说到本质。凡是好的文章,决不仅在文法上之构造。其所代表的内容,最为重要。而诗尤与文不同。在文可以直说者,诗必当曲绘;文可以繁说者,诗只可简括。所以诗的说理表情叙事,均比较散文深一层。话说正了,意思依然反的。话说一部分,意思却笼罩全体。这无论文言白话都是一样,而用白话入诗,比较更难。因为说得太多太真便失了诗的面目;太包括了,又怕笼统含糊,意义欠清晰。所以真正有价值的白话诗,比某生某翁大作难做的多。如没好的意思,只好不做。在文学界上尽嫌他少,不嫌他多。但有一首诗便有一首诗的价值,做诗的人,才算不白费脑筋。我个人意见如此。

诸位以为怎样呢?

俞平伯　十月十六日

俞君这封信寄到我这里已有四五个月了。我当初本想做一篇《白话诗的研究》,所以我留下他这封信,预备和我那篇文章同时发表。不料后来我奔丧回南,几个月以来,我那篇文章还没有影子。我只好先把这封通信登出去。我对于俞君所举的三条,都极赞成。我也还有几条意见,此时来不及加入,只好等到我那篇《白话诗的研究》了。

俞君这信里我所最佩服的两句话是:"雕琢是陈腐的,修饰是新鲜的。"近来外面的批评家不懂得这个道理,固属难怪。但是我们做白话诗的人千万不可忘记这个道理。近来我看见俞君自己做的诗(《新潮》二号),知道俞君是能实行这个道理的。

八年三月　胡　适

(原载《新青年》第六卷第三号,1919 年 3 月 15 日)